Uni-Taschenbücher 1320

Eine Arbeitsgemeinschaft der Verlage

Wilhelm Fink Verlag München
Gustav Fischer Verlag Jena und Stuttgart
Francke Verlag Tübingen
Paul Haupt Verlag Bern und Stuttgart
Hüthig Verlagsgemeinschaft
Decker & Müller GmbH Heidelberg
Leske Verlag + Budrich GmbH Opladen
J. C. B. Mohr (Paul Siebeck) Tübingen
Quelle & Meyer Heidelberg · Wiesbaden
Ernst Reinhardt Verlag München und Basel
F. K. Schattauer Verlag Stuttgart · New York
Ferdinand Schöningh Verlag Paderborn · München · Wien · Zürich
Eugen Ulmer Verlag Stuttgart
Vandenhoeck & Ruprecht in Göttingen und Zürich

Kurt Wuchterl

Lehrbuch der Philosophie

Probleme – Grundbegriffe – Einsichten

4., überarbeitete Auflage

Verlag Paul Haupt Bern und Stuttgart

KURT WUCHTERL, geboren 1931, ist apl. Professor für Philosophie an der Universität Stuttgart und unterrichtet gleichzeitig Mathematik und Philosophie am Scheffold-Gymnasium in Schwäbisch Gmünd. – Studium der Mathematik und Physik in Heidelberg und Göttingen. Promotion bei H.-G. Gadamer und D. Heirich. Habilitation 1975 über Logik und Sprachphilosophie.

In UTB sind von Kurt Wuchterl erschienen: „Methoden der Gegenwartsphilosophie" (Band 646), „Religion und Philosophie" (Band 1199) und „Grundkurs: Geschichte der Philosophie" (Band 1390), „Analyse und Kritik der religiösen Vernunft" (Band 1543). Weitere Veröffentlichungen über Wittgenstein, analytische Philosophie, Grundlagenmathematik u. a.

Die Deutsche Bibliothek – CIP-Einheitsaufnahme

Wuchterl, Kurt: Lehrbuch der Philosophie : Probleme – Grundbegriffe – Einsichten / Kurt Wuchterl. – 4., überarb. Aufl. – Bern ;
Stuttgart : Haupt, 1992
   (UTB für Wissenschaft : Uni-Taschenbücher ; 1320 : Philosophie)
   ISBN 3-258-04461-9
NE: UTB für Wissenschaft / Uni-Taschenbücher

Copyright 1992 by Paul Haupt Berne
Alle Rechte vorbehalten
Jede Art der Vervielfältigung ohne Genehmigung des Verlages ist unzulässig.
Printed in Gemany

Inhalt

Vorwort	11
Einleitung – Von der Philosophie im allgemeinen	15
A. Zur Problematik einer Definition der Philosophie	15
B. Erwartungen an die Philosophie	16
C. Philosophie zwischen Spekulation und Religion	17
D. Philosophie zwischen Ideologie und Wissenschaft	20
E. Philosophie zwischen Kathederweisheit und gesundem Menschenverstand	23

1. Was ist der Mensch? – Philosophische Anthropologie	27
1.1 Ein Zentralproblem: Der Mensch als Naturwesen und als sittliches Wesen	27
1.2 Ein Lösungsversuch: Schelers Grundlegung der neueren philosophischen Anthropologie	31
1.3 Anthropologische Grundbegriffe	34
a) Leben – Leib – Seele – Geist	34
b) Umwelt und Weltoffenheit	38
c) Die Evolution der Natur	39
1.4 Abriß einiger Grundprobleme	41
a) Die Entstehung des Lebens: Vitalismus – Reduktionismus – kosmische und biologische Evolution	41
b) Das Leib-Seele-Problem: Christliche Tradition – Freuds Psychoanalyse – Behaviorismus – Identitätstheorie (Feigl) – Linguistische Interpretationen (Wittgenstein) – Teilhard de Chardins Synthese – Künstliche Intelligenz	47
1.5 Einige Repräsentanten der philosophischen Anthropologie	59
a) Platon und die griechische Anthropologie	59
b) Denker um Ludwig Feuerbach und Karl Marx	61
c) Arnold Gehlen	67
1.6 Neuere Diskussionen: Evolutionäre Anthropologie	72

2. Wissen und Wahrheit – Erkenntnis- und Wissenschafts-theorie 79

2.1 Ein Zentralproblem: Vom sicheren Wissen (Letztbe-gründungsversuche) 79

2.2 Ein Lösungsversuch: Descartes' Grundlegung der neu-zeitlichen Philosophie 81

2.3 Wissenschaftstheoretische Grundbegriffe 85
   a) Empirismus – Rationalismus 85
   b) Induktion – Deduktion 87
   c) Urteils- und Erkenntnisarten 89
   d) Wahrheit – Verifikation und Falsifikation 92

2.4 Abriß einiger Grundprobleme 94
   a) Was ist eine wissenschaftliche Theorie der Erfah-rung? Naiver Empirismus – Kritischer Rationalis-mus – Erklärungen – Widerspruchsfreiheit . . . 94
   b) Wissenschaftstheorie der hermeneutischen Wissen-schaften: Verstehen – Horizontverschmelzung – Hermeneutischer Zirkel – Die Kritik Kurt Hübners – Dialektik 100
   c) Ordnung und Chaos 108

2.5 Einige Repräsentanten der Wissenschaftstheorie . . . 110
   a) Vom „Wiener Kreis" zu Karl Popper 110
   b) Von Horkheimer bis Habermas (Kritische Theorie) 118
   c) Thomas S. Kuhn und das Problem der Wissen-schaftsgeschichte 123

2.6 Neuere Diskussionen: Das Problem der Technik . . . 129

3. Vom Guten – Ethik 133

3.1 Ein Zentralproblem: Was sollen wir tun? 133

3.2 Ein Lösungsversuch: Die Grundlegung der Ethik durch den kategorischen Imperativ (I. Kant) 136

3.3 Ethische Grundbegriffe 140
   a) Normative Ethik und Metaethik 140
   b) Normative Begriffe: Normsätze, Imperative, Werte 144
   c) Ethische Zielvorstellungen: Das höchste Gut und das Glück 148

3.4 Abriß einiger Gundprobleme 151
   a) Das Problem der Freiheit: Determinismus und Indeterminismus – Spinozas Lehre von Freiheit und Notwendigkeit – Absolute Freiheit (Sartre) – Der Dualismus Kants 151

b) Der ethische Egoismus und sittliches Verhalten:
Die Egoismusthese – Schopenhauers Mitleid-
Theorie 159

c) Der aristotelische Eudämonismus:
Glückseligkeit und Vollkommenheit – Die Mesotes-
Lehre 161

d) Der Utilitarismus und das Problem verallgemeinern-
der Prinzipien:
Prinzip der Nützlichkeit (Bentham) – Handlungs-
und Regelutilitarismus – Prinzip der Gleichheit, der
Fairneß, der Gerechtigkeit, der Goldenen Regel –
Das Liebesgebot – Grundrechte – Verantwortungs-
und Gesinnungsethik (Weber) 164

3.5 Einige Repräsentanten der Ethik 171

a) J. Rawls und die Gerechtigkeit 171

b) G. Patzigs Relativismuskritik und K. O. Apels
Grundlegung der Ethik 177

3.6 Neuere Diskussionen: Neue Formen der Ethik? 184

4. Vom Ganzen und von den Prinzipien – Metaphysik 190

4.1 Ein Zentralproblem: Von den Hintergründen des
Selbstverständlichen 190

4.2 Ein Lösungsversuch: Platons Ideenlehre – Das Höhlengleichnis 192

4.3 Metaphysische Grundbegriffe 196

a) Das Seiende und das Sein 196

b) Kategorien 198

4.4 Abriß einiger Grundprobleme 200

a) Erste Prinzipien und letzte Gründe:
Beispiele – Grund und Ursache – Ursache und Wirkung – Die vier causae – Rationale Theologie . . . 200

b) Metaphysik als Transzendentalphilosophie:
Das autonome Subjekt – Die transzendentale
Grundfrage Kants – Metaphysica generalis als ein-
zige Möglichkeit – Kritik der metaphysica specialis
(rationale Psychologie, Kosmologie und Theologie)
– Vernunftideen als Regulative 204

4.5 Einige Repräsentanten und Kritiker der Metaphysik . 208

a) Hegel und das System 208

b) Heidegger und das Ende der Metaphysik 213

c) Wittgenstein und die analytische Negation der Metaphysik 215
4.6 Neuere Diskussionen: Deskriptive Metaphysik und pragmatische Offenheit 220

Anhang A: Drei Lebensbilder 224
A1. Sokrates 224
A2. Immanuel Kant 226
A3. Ludwig Wittgenstein 228

Anhang B: Problemskizzen 232
B1. Zur Anthropologie 232
a) Fünf Grundideen vom Wesen des Menschen 232
b) Mensch und Existenz 233
c) Mensch und Geschichte 235
d) Mensch und Gesellschaft 236
B2. Zur Wissenschaftstheorie 237
a) Wissenschaft und Sprache („Sprachanalyse") . . . 237
b) Definitionstheorien 239
c) Letztbegründungsversuche in der Gegenwart . . . 239
d) Formale Logik 241
B3. Zur Ethik 244
a) Der Werturteilsstreit 244
b) Deontische Logik und der naturalistische Fehlschluß . 246
c) Tugendlehren 247
B4. Zur Metaphysik 248
a) Die Metaphysik als kosmologische Arché-Forschung . 248
b) Patristik und Scholastik als christliche Metaphysik . . 249
c) Der Universalienstreit 250

Anhang C: Literatur und Übersichten 252
C1. Primärtextquellen zur Vertiefung und Erweiterung der einzelnen Kapitel 252
C2. Weiterführende Literatur 256
C3. Einige philosophische Wörterbücher und Zeitschriften . 258
C4. Zeittafel: Bedeutende Philosophen 259
C5. Einige Werke der philosophischen Weltliteratur in zeitlicher Reihenfolge 264
C6. Ein Gang durch die Geschichte (Skizze eines historischen Einführungskurses) 265

Sachregister 267
Namenregister 273

Vorwort zur vierten, aktualisierten Auflage

Die bisherige gute Aufnahme des „Lehrbuchs" erforderte im Laufe der Jahre zwei Neuauflagen. Dabei wurde bis auf die Korrektur von Druckfehlern jede weitere Änderung vermieden. Da das Buch aber außer in die philosophischen Grundprobleme und Grundbegriffe auch in die *aktuellen* Themenkreise einführen will, war es nach nunmehr sieben Jahren notwendig, einige Abschnitte auf einen neueren Diskussionsstand zu bringen.

Die Aktualisierung bezieht sich dabei mit zwei Ausnahmen (1.4b [5] „Die neue Wissenschaft von der ‚künstlichen Intelligenz'" und 2.4.c. „Ordnung und Chaos") und drei kurzen Einfügungen (auf S. 14, 30 und 36) ausschließlich auf die jeweiligen 6. Abschnitte, in denen die *„Neueren Diskussionen"* der einzelnen Disziplinen behandelt werden. Diese Abschnitte erscheinen z. T. in neuer Form. In die *Anthropologie* wurden die Auswirkungen der Evolutionstheorie auf den Personenbegriff (vgl. Singer-Affäre), in die *Wissenschaftstheorie* die Problematik der Autonomie der modernen Technik eingefügt. In der *Ethik* kommen zusätzlich verschiedene Formen der Umweltethik und in der *Metaphysik* die analytische Deskription und der Neo-Aristotelismus zur Sprache.

Es wurde darauf geachtet, daß die alten Seitenzahlen erhalten bleiben; damit ist die Parallelverwendung von verschiedenen Auflagen in Klassensätzen gewährleistet. Zugleich sind so alle Bedingungen für eine weitere erfolgreiche Verwendung des Buches in Kursen sowie für das Eigenstudium gegeben.

Vorwort

So paradox es klingen mag: viele Menschen, vor allem Jugendliche, hungern nach Philosophie, ohne diese zu kennen. Man sucht Orientierungen in unserer verworrenen Zeit, will Klarheit über die Welt und erwartet Auskünfte über richtiges Handeln, ja über den Sinn des Lebens. Um die Klärung dieser und ähnlicher Fragen haben sich seit alters her vor allem *Philosophen* bemüht. Obwohl heute Kulturkritiker, Soziologen, Theologen, Künstler, Journalisten und Wissenschaftler ähnliche Ansprüche erheben, ist die Stimme der Philosophen keineswegs verstummt. Es gibt auch heute zahlreiche philosophische Untersuchungen, die jenen Fragen nachgehen; doch sind diese meist sehr spezialisiert, in Fachzeitschriften verstreut oder in Büchern und Monographien enthalten, die auf Anfänger wenig Rücksicht nehmen. Auch die vielfältigen philosophischen Textsammlungen helfen dem Leser nur selten weiter, weil die Originaltexte der didaktischen Vermittlung bedürfen.

Das vorliegende Lehrbuch versteht sich als eine Einführung in die Philosophie, die einerseits zentrale philosophische Fragestellungen, Grundbegriffe, Methoden und Einsichten entwickelt, aber andererseits bei der Darstellung die didaktischen Notwendigkeiten nicht vergißt. Im Vordergrund steht eine zumutbare Lesbarkeit für den Anfänger, der sich selbständig orientieren will. Darüber hinaus werden in speziellen Abschnitten und insbesondere im Anhang Materialien angeboten, die von Lehrern und Dozenten weiter ausgebaut und in zusammenhängende Unterrichtseinheiten und in Seminarkurse eingefügt werden können.

Das didaktische Konzept der folgenden Einführung stellt eine Synthese dar

- aus systematischer Explikation wissenschaftsorientierter Philosophie,
- aus der Vermittlung wirkungsgeschichtlich bedeutsamer Traditionen und
- aus kritischen Elementen eines allgemeinen dialogischen Verständigungsprozesses.

In seiner Logik-Vorlesung unterscheidet Kant die Philosophie als Sy-

Vorwort

stem der philosophischen Erkenntnisse (Philosophie als „Schulbegriff") und als Wissenschaft von den letzten Zwecken der menschlichen Vernunft (Philosophie in „weltbürgerlicher Bedeutung"). Wir würden heute von der Philosophie als lehrbarer Wissenschaft und von der Philosophie als Lebenshilfe oder – in moderner didaktischer Terminologie – als „problemorientiertem Verständigungsprozeß" (E. Martens) sprechen.

Die Philosophie in weltbürgerlicher Bedeutung bringt Kant auf vier Fragen:

„1. Was kann ich wissen?
 2. Was soll ich tun?
 3. Was darf ich hoffen?
 4. Was ist der Mensch?"[1]

Kant fährt nach der Aufzählung der vier Fragen und der Erwähnung der zugehörigen Disziplinen fort:»Im Grunde könnte man aber alles dieses zur Anthropologie rechnen, weil sich die drei ersten Fragen auf die letzte beziehen". Damit ist der pragmatische Bezug formuliert, wonach Philosophie nicht um *ihrer selbst willen* betrieben wird, sondern um des *Menschen* willen.

Da angesichts der Uferlosigkeit philosophischer Problemstellungen und der Vielzahl der Antworten eine Auswahl getroffen werden mußte, haben wir die Arbeit im Anschluß an Kant in vier Abschnitte eingeteilt. Wir beginnen allerdings mit der Anthropologie, auf die nach unseren Überlegungen alle Fragen hinauslaufen. Außerdem ordnen wir die Frage „Was darf ich hoffen?" der *Metaphysik* zu und nicht – wie bei Kant – der Religion. So ergeben sich vier Kapitel: *Anthropologie – Wissenschaftstheorie – Ethik – Metaphysik*.

Die Erörterungen in den einzelnen Kapiteln erfolgen jeweils nach gleichen Gesichtspunkten:
1. Darlegung einer für die betreffende Disziplin zentralen *Fragestellung*.
2. Ausführliche Darstellung eines *Lösungsvorschlags*. Dabei werden vor allem wirkungsgeschichtlich bedeutsame Antworten herangezogen, die zugleich als Höhepunkte der philosophischen Weltliteratur angesehen werden können (z. B. Platons Höhlengleichnis).

---

1 I. Kant: Werkausgabe VI, hrsg. von W. Weischedel, Frankfurt 1977, S. 448, A 26

Vorwort

3. Analyse einiger *Grundbegriffe,* die sich eng an das Lösungsbeispiel anschließt. Es handelt sich um die Einführung von Termini, die weit verbreitet sind und deren Kenntnis zu den notwendigen Bedingungen jeder sinnvollen philosophischen Auseinandersetzung gehört.
4. Abriß von *Problementfaltungen,* die sich einerseits aus der Einleitungsfrage ergeben, andererseits zu den häufig diskutierten Themen zählen.
5. Vorstellung einiger *Repräsentanten* der einzelnen Disziplinen und ihres historischen Umfelds. Diese Abschnitte setzen jeweils eine intensivere Erarbeitung voraus als die vorausgegangenen Teile und können daher bei der ersten Lektüre übergangen werden.
6. Darlegung einiger *neuerer Diskussionen,* die natürlich nur kursorisch und stark perspektivisch bleiben kann. Hier kommt die Gegenwartsphilosophie zu ihrem Recht.

Für den Lehrbuchcharakter ist der Anhang von größter Wichtigkeit.

Anhang A erhält drei Kurzbiographien bedeutender Philosophen. Ihre Lektüre dient der Auflockerung der abstrakten Strenge und verdeutlicht den Bezug zwischen Philosophie und menschlicher Existenz.

Anhang B stellt Materialien für eine Vertiefung und Erweiterung des Themenbereichs zur Verfügung. Durch den Stichwortcharakter unterscheidet sich die Darstellung hier von den vorangegangenen Texten. Die Problemskizzen können als Ausgangspunkt für Unterrichtssequenzen, als Anregungen zur Diskussion, als Quellen für Referate oder als Zusammenfassungen von historisch bedeutsamen Streitfragen verwendet werden.

Anhang C berücksichtigt den Umstand, daß in didaktischen Diskussionen gelegentlich statt von Philosophie vom *Philosophieren* die Rede ist und letzteres auf eine kritische Erarbeitung von Primärtexten bedeutender Denker hinausläuft. Aus Raumgründen können in ein umfassendes Lehrbuch nur wenige Primärtexte aufgenommen werden. Deshalb werden zu den einzelnen Abschnitten der vier Paragraphen weitere Stellen aus philosophischen Textsammlungen angegeben. Anhang C enthält außerdem weitere Literaturhinweise, zahlreiche Übersichten, Tabellen und Tafeln, welche für eine erste Orientierung von Bedeutung sind.

Die Zweigliederung in einen Elementarteil (1.–4., 6.) und in einen weiterführenden Teil (5., Anhang) ermöglicht eine Verwendung des

Vorwort

Lehrbuchs sowohl in Kursen an Gymnasien als auch in Einführungsseminaren an Universitäten. Es ist aber vor allem auch an die vielen interessierten Leser gedacht, die einen ersten Einblick in die Philosophie erlangen wollen, ohne sich in die Vielgestaltigkeit von Primärtext-Sammlungen beziehungsweise in die Schwierigkeit einzelner Monographien zu verlieren. Ihnen soll ein möglicher Leitfaden zur Grundorientierung gegeben werden, der zwar nicht die gesamte Philosophiegeschichte umfassen kann, aber doch einige zentrale philosophische Begriffe und Problemstellungen betrifft, die gewissermaßen ein Skelett des philosophischen corpus darstellen. Daß dabei wichtige Bereiche wie die Sprach- und Religionsphilosophie, die Gesellschafts- und Staatsphilosophie oder die philosophische Ästhetik nicht ausführlich zur Sprache kommen, hängt mit dem Zwang zur Auswahl und mit der Orientierung an Kants Grundfragen zusammen.

Die langjährige Lehrtätigkeit vor Philosophiestudenten der Universität Stuttgart, die Unterrichtspraxis in Grundkursen an Gymnasien, die Erfahrungen bei der Fortbildung von Philosophie-Lehrern und nicht zuletzt die Durchführung von Vorlesungen vor Studenten anderer Fachrichtungen machten immer wieder deutlich, daß das „metaphysische Bedürfnis" (Kant) auch heute noch ungebrochen die geistigen Interessen mitbestimmt, aber dieses Bedürfnis nur schwer mit dem wissenschaftlichen Perfektionismus der Fachphilosophie vermittelt werden kann. Diese Vermittlung zu erleichtern, ist das Hauptziel des vorliegenden Leitfadens.

Der Inhalt des Lehrbuchs wurde in den Hauptteilen erprobt und von Fachleuten, Philosophielehrern und interessierten Laien durchgesehen und kritisiert. Mein besonderer Dank gilt in diesem Zusammenhang den Herren Professoren Dr. Günther Bien, Dr. Hans-Otto Rebstock, Dr. Dietrich Marsal, Herrn Dr. Hartmut Müller und vor allem meiner Ehefrau, die – wie auch bei allen früheren Veröffentlichungen – die Schreibarbeiten, Korrekturen und Umarbeitungen mit größter Sorgfalt und Geduld ausgeführt hat.

Einleitung – Von der Philosophie im allgemeinen

A. Zur Problematik einer Definition der Philosophie

Die Frage, was Philosophie sei, läßt sich nur schwer beantworten, weil die Antwort selbst schon tief in die Philosophie führt. Wer wissen will, was Mathematik oder Geschichte ist, wird dies kaum in Mathematik- bzw. Geschichtsdarstellungen beantwortet finden; denn eine Antwort darauf kann eigentlich nur innerhalb der Philosophie erfolgen. Die Philosophen ihrerseits aber können die Beantwortung der Frage nach dem Wesen der Philosophie nicht anderen Disziplinen überlassen. So ergibt sich für den Anfänger eine doppelte Schwierigkeit: etwas, das man noch gar nicht kennt, auf eine Weise, die man ebenfalls nicht kennt, erklärt haben zu wollen.

Die Schwierigkeit unserer prinzipiellen Frage schließt jedoch nicht aus, daß wir im Alltag nicht schon ständig *philosophische Standpunkte* einnehmen. Jeder Mensch hat seine eigene Philosophie, ohne diese allerdings in allen Einzelheiten formulieren zu können und ohne ihre zahlreichen inneren Widersprüche zu durchschauen.

Wer sich angesichts der Armut zahlloser Menschen über den Reichtum einiger weniger Millionäre empört, verfügt über einen bestimmten Begriff von Gerechtigkeit, über den sich schon viele Philosophen den Kopf zerbrochen haben. Wer die Statik einer Brücke berechnet, vertraut auf Naturgesetze, deren Geltung nicht selbstverständlich ist und zu zahlreichen wissenschaftstheoretischen Überlegungen Anlaß gab. Und wer durch die Vielzahl der Informationen und Fakten die Orientierung in unserer natürlichen Umwelt verloren hat und verzweifelt sinnstiftende Instanzen wie Religion oder Weltweisheitslehren zu Rate zieht, geht von einer Einheitsidee unseres Seins aus, die seit Jahrtausenden das Zentralthema der Metaphysik darstellt. Das Verhältnis zum anderen Geschlecht, die Einschätzung der Institution der Familie, die Bewertung von beruflicher Verpflichtung und Freizeitgestaltung sind zutiefst von einer bestimmten Auffassung von Freiheit geprägt. Häufig werden dabei nur bestimmte Verhaltensweisen spontan nachgeahmt und die zugrundeliegenden Leitbegriffe selten rational analysiert oder gar gerechtfertigt.

Unsere Stellungnahmen zu moralischen, gesellschaftlichen, politi-

Einleitung A. B. C.

schen, wissenschaftlichen und künstlerischen Fragen sind demnach häufig von philosophischen Grundsätzen und Gedanken durchsetzt, die wir mit der Erziehung im Elternhaus und in der Schule sowie durch die Beeinflussung durch Medien und persönliche Vorbilder unbewußt in uns aufgenommen haben. Erst eine genauere gedankliche Entfaltung zeigt, wie viele Ungereimtheiten oft in diesen Annahmen enthalten sind.

B. Erwartungen an die Philosophie

Trotz aller Schwierigkeiten mit einer *Definition* der Philosophie haben wir doch eine Reihe von *Erwartungen,* was die Bedeutung und Reichweite der Philosophie betrifft.

Der moderne Mensch fühlt sich in unserer Zeit verunsichert und bedroht. Die Anforderungen in Ausbildung und Beruf, die Belastungen im familiären und gesellschaftlichen Leben sind oft bedrückend und verwirrend. Man vermißt klare Maßstäbe, glaubwürdige Vorbilder und Orientierungsmöglichkeiten. Trübe Zukunftsaussichten sowohl im privaten als auch im politischen Bereich, Angst vor einem Krieg und vor technischen Katastrophen, die Sorge um ein menschenwürdiges Dasein in einer übervölkerten und hungernden Welt belasten tagtäglich unsere Existenz.

Solche Erfahrungen auf der einen und der unstillbare Drang nach Einsicht und Verstehen auf der anderen Seite führen immer wieder auf die bohrende Frage nach dem „Sinn des Lebens". Die Autoritäten, die in der Vergangenheit darauf eine Antwort gegeben haben, sind, zumindest bei uns, unglaubwürdig geworden. Weder die Appelle religiöser Institutionen noch die Ergebnisse der Wissenschaften oder die Stimme der Tradition haben die Überzeugungskraft wie in früheren Zeiten. Die Komplexität moderner Religiosität, die Undurchsichtigkeit und die Anmaßungen der Wissenschaften sowie der hektische Wandel unserer Lebensformen machen es uns schwer, hier einen letzten Halt zu finden. Während früher Religion, Wissenschaft und Tradition weitgehend Orientierungs- und Lebenshilfen gewährten, werden diese Stützen heute selbst in Frage gestellt. So kommt schließlich der eine oder andere wieder darauf, sich an die Philosophie zu wenden.

Es wurden hiermit die wichtigsten Themen genannt, die zwar noch keine *Definition* der Philosophie ermöglichen, aber deren *Standortbestimmung* erleichtern:

Standortbestimmung der Philosophie

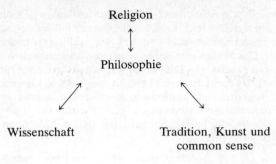

Mit wenigstens diesen drei Problemkreisen muß sich jede Philosophie auseinandersetzen, um ihre Aufgabe bestimmen zu können.
Allerdings besteht bei zu großem Vertrauen auf die Möglichkeiten der Philosophie die Gefahr, daß an die Stelle gewachsener Religionen wilde Spekulationen und Phantastereien ohne jegliche Verbindlichkeit treten. Ebenso können Wissenschaften durch verführerische Ideologien ersetzt werden, die Sicherheit nur vorgaukeln und nach der Ernüchterung noch größere Verzweiflung hinterlassen. Auch individuelle Umdeutungen der Werte und Aufrufe zu einer neuen Moral durch selbstbewußte Einzelgänger bleiben im allgemeinen nur Ausdruck einer diffusen Genialität ohne Einfluß auf die Allgemeinheit.
Soll Philosophie wirklich eine sinnvolle Funktion übernehmen, dann muß sie ihre Position *zwischen* den genannten Extremen einnehmen.
So ergibt sich die Aufgabe einer Standortbestimmung auf dreifache Weise:
– Philosophie zwischen Spekulation und Religion
– Philosophie zwischen Ideologie und Wissenschaft
– Philosophie zwischen Kathederweisheit und gesundem Menschenverstand.

C. Philosophie zwischen Spekulation und Religion

Vor rund hundert Jahren verkündete Friedrich Nietzsche, der leidenschaftliche Diagnostiker des modernen Nihilismus, daß *Gott tot sei*. In diesem lapidaren Satz faßte er die Unglaubwürdigkeit der christlichen Verkündigung zusammen, die er bei vielen Zeitgenossen beobachtet hatte.

Einleitung C.

„Warum heute Atheismus? – ‚Der Vater‘ in Gott ist gründlich widerlegt; ebenso ‚der Richter‘, ‚der Belohner‘. Insgleichen sein ‚freier
Wille‘: er hört nicht – und wenn er hörte, wüßte er trotzdem nicht zu
helfen. Das Schlimmste ist: er scheint unfähig, sich deutlich mitzu-
teilen: ist er unklar? – Dies ist es, was ich, als Ursachen für den Niedergang des europäischen Theismus, aus vielerlei Gesprächen, fra-
gend, hinhorchend, ausfindig gemacht habe; es scheint mir, daß
zwar der religiöse Instinkt mächtig im Wachsen ist – daß er aber gerade die theistische Befriedigung mit tiefem Mißtrauen ablehnt"
(Nietzsche).[2]

Der „Tod Gottes" bedeutet nicht einfach das Ende eines Märchens,
das uns seit Jahrhunderten erzählt wurde und in einer aufgeklärten
Zeit an Interesse verloren hat. Es handelt sich vielmehr um den Verlust des Glaubens an eine persönliche Macht, die durch ihre Richter-
funktion zugleich Gerechtigkeit in unserem Leben ermöglichte. Gott
galt in der Vergangenheit als Garant einer allumfassenden Ordnung,
in welche sich der Mensch sinnvoll eingeordnet fühlen durfte.
Selbst wenn es heute noch genügend Menschen gibt, die Nietzsches
Prophetie Lügen strafen und weiterhin an einen persönlichen Gott
glauben, so sind sie trotz allem ähnlichen Anfechtungen ausgesetzt
wie die sogenannten „freien Geister". Durch den Wandel unseres
Weltbildes wird es immer schwerer, die Sonderrolle des Menschen
und seine Einordnung in einen *Kosmos ohne Transzendenz* zu verstehen. Die religiöse Verkündigung ist eine dauernde Herausforderung
an den naturwissenschaftlich Gebildeten und an den Kenner psycho-
analytischer und gesellschaftlicher Heilsverheißungen.
Nietzsche war Philosoph. Kann demnach *Philosophie als Religionskritik* gedeutet werden? Wurde nicht Sokrates, das Ideal eines Philosophen, wegen Zerstörung der religiösen Vorstellungen der griechischen Jugend zum Giftbecher verurteilt? Bestand nicht die Aufklärung, die schließlich zur Französischen Revolution führte, in einer systematischen Untergrabung der Ordnungsgedanken des christlichen
Mittelalters? Und repräsentierte nicht Jean Paul Sartre in seiner atheistischen Existenzphilosophie den Kritiker moderner Religiosität?
In der Tat spielt die Religionskritik bei vielen Philosophen eine wichtige Rolle. Sie ergibt sich aber stets als *Folgerung aus einem philoso-*

---

2 F. Nietzsche: Werke in sechs Bänden, hrsg. von K. Schlechta, Bd. 4, Jenseits von Gut und Böse, § 53

Philosophie und Religionskritik

phischen Entwurf, der als solcher Geltungsansprüche stellt und das eigentliche Anliegen jener Philosophen darstellt.

Der Philosoph glaubt, *aus reiner Vernunft,* das heißt, ohne Offenbarung durch ein jenseitiges Wesen, Aussagen über das Ganze des Seins, über das Absolute, über die Stellung des Menschen im Kosmos, über den Sinn des Lebens, über die Rolle der Gesellschaft und der Geschichte für unsere Existenz entwickeln zu können.

Sokrates kämpfte einst nicht gegen die alten Götter Griechenlands, sondern gegen die Sophisten, die häufig als gutbezahlte professionelle Wortverdreher die moralischen Fundamente seiner Zeit ins Wanken brachten.[3] Er versuchte, aus der Vernunft und in tiefer Verantwortlichkeit das Wesen moralischer Grundsätze zu durchschauen, gerade um dem brüchigen Gebäude moralischer Vorstellungen ein neues Fundament zu geben. Die alten Götter waren also schon im Fallen begriffen, als Sokrates seine Philosophie lehrte. Ebenso war die innere Auflösung des mittelalterlichen Weltbildes nicht die Leistung einzelner Philosophen, sondern das Ergebnis eines komplexen Vorgangs, in dem sich gesellschaftliche und wirtschaftliche Strukturveränderungen, naturwissenschaftliche Entdeckungen, künstlerische Ideen und abenteuerliche Spekulationen zahlreicher Generationen niederschlugen. Die Philosophie versuchte, dieses neue Lebensgefühl „auf Begriffe zu bringen" (Hegel), die entscheidenden Vernunftprinzipien zu formulieren und mit deren Hilfe ein geschlossenes Orientierungssystem zu entwerfen. Auch in der Gegenwart drücken atheistische Philosophien, wie z. B. Sartres Lehre, eher eine allgemein verbreitete Grundhaltung des Unglaubens aus, als daß sie die Religion zum vorrangigen Ziel ihrer kritischen Untersuchungen machten. In autonomen Existenzanalysen soll vielmehr Klarheit über die Strukturen unseres Daseins gewonnen werden, wobei in dieser Suche nach Wahrheit weitgehend auf religiöse Bilder verzichtet wird.

Philosophie zeigt häufig eine religionskritische Einstellung. Ihr eigentliches Anliegen ist aber positiv, nämlich allein aus der Kraft menschlicher Vermögen die Wahrheit zu finden und Orientierungs- und Leitsysteme für unser Leben zu entwerfen.

Daß dabei auch wilde Spekulationen, Phantastereien und substanz-

---

3 „Sophisten" hießen früher alle Weisen. Zur Zeit des Sokrates übertrug man den Namen vor allem auf die gewandten Rhetoriker. Wegen der vielen Spitzfindigkeiten in ihren Überredungskünsten erhielt die Bezeichnung allmählich die negative Bedeutung, in welcher sie heute verwendet wird.

Einleitung C. D.

lose Utopien verkündet werden, darf nicht der Philosophie als ganzer angelastet werden. Echte Philosophie wird nicht nur Kritik an anderen üben, sondern auch *selbstkritisch* sein. Seit Immanuel Kant gehört die Frage nach den *Grenzen* der menschlichen Vernunft zum Zentralthema jeder ernst zu nehmenden Philosophie, ist die Vernunft doch selbst Produkt einer jahrtausendealten Geschichte und so Bedingungen unterworfen, deren sie sich erst in mühevoller Reflexion wenigstens zum Teil bewußt werden kann.

D. Philosophie zwischen Ideologie und Wissenschaft

Im Zeitalter der Wissenschaft klingt der Anspruch der Philosophen, die Stellung des Menschen *aus reiner Vernunft* reflektieren zu können, nicht sehr überzeugend. Haben nicht Physik, Chemie und Biologie die Aufgabe, die Wahrheit über die Stellung des Menschen in der Natur zu bestimmen? Und wozu betreiben Soziologen und Geschichtswissenschaftler ihre Forschungen, wenn nicht zur Klärung der Rolle des Menschen in Gesellschaft und Geschichte? Sind Philosophen jene Großsprecher, die dort selbstsicher weiterwissen wollen, wo die wissenschaftliche Forschung noch keine Antwort gefunden hat?

In der Einleitung zu einer Textsammlung über Philosophen, die der empirischen Forschung und den Naturwissenschaftlern sehr nahe stehen, werden laute Vorwürfe gegen die reine Vernunft und gegen die Vernachlässigung von handfesten Erfahrungen innerhalb philosophischer Gedankengänge vorgebracht:

„Jahrhundertelang war die deutsche Philosophie traditionell anti-empirisch, erfahrungsfeindlich orientiert. Dem ‚bloß Empirischen‘ setzte sie ihre höheren, besseren, wertvolleren Erkenntnisideale oder vorgeblichen Erkenntnismethoden entgegen. Was die Wissenschaften mühsam an Erkenntnissen erarbeiteten, das wurde von der Philosophie entweder für irrelevant erklärt, oder durch ‚reine Vernunft‘ nachträglich ‚bewiesen‘ oder ‚begründet‘. Aber der alte platonische Traum von der absoluten Erkenntnis aus reiner Vernunft, die sich die Hände nicht in den Niederungen dieser empirischen Welt beschmutzt, ist ausgeträumt."[4]

4 H. Schleichert: Logischer Empirismus – Der Wiener Kreis, München 1975, S. 7

Philosophie und Wissenschaft

Das Verhältnis zwischen Philosophen und Wissenschaftlern ist auch heute noch recht gespannt, obwohl sich beide letztlich um dieselbe Wahrheit bemühen. Dabei erschweren *zahlreiche Vorurteile* eine sachliche Auseinandersetzung. Da ist einmal die Charakterisierung des Philosophen als Phantasten und Sophisten, als „nutzlosen Luxusschmuck", wie es einmal drastisch formuliert wurde. Die Philosophie eignet sich in den Augen ihrer Gegner weniger zur Bestimmung der Wahrheit, sondern eher zur „Repräsentation, zur ideologischen Prestige-Dokumentation klassischer Bildungsinteressen" und zur „feierabendlichen Erbauung".[5]

Auf der anderen Seite ist auch das Bild, das sich Philosophen von Naturwissenschaftlern machen, nicht immer schmeichelhaft. Man erinnert sich an Martin Heideggers Ausspruch, die Wissenschaft denke nicht, oder an die Vorstellung, daß Naturwissenschaftler letztlich kritiklose Arbeitstiere seien, die gewisse Entdeckungen in vorgegebene Schubladen einordnen (T. S. Kuhn). Man schreckt auch nicht vor Übertreibungen zurück, in denen der Wissenschaft strenge Methoden überhaupt abgesprochen werden (P. Feyerabend); da heißt es dann, die Wissenschaft sei „eine der vielen Formen des Denkens, die der Mensch entwickelt hat, und nicht unbedingt die beste. Sie ist laut, frech und fällt auf"; sie wird die „jüngste, aggressivste und dogmatischste Institution" der Gegenwart genannt.[6]

Ein entscheidendes Argument in der Diskussion dieses gestörten Verhältnisses zwischen Wissenschaft und Philosophie ist zweifellos der fehlende Nutzen des philosophischen Räsonierens. Während die Wissenschaften, insbesondere die Naturwissenschaften, mit Stolz auf ihre Anwendungsmöglichkeiten und auf ihren ungeheuren Einfluß auf das moderne Leben hinweisen können, fehlt eine solche ins Auge springende Wirkung bei der Philosophie offensichtlich ganz und gar.

Aber genau dies ist die Stelle, an der wir heute umdenken müssen. Die kritiklose positive Einschätzung der Wissenschaften gehört in Westeuropa seit einiger Zeit der Vergangenheit an. Die wissenschaftliche Weiterentwicklung, die jahrhundertelang als *Fortschritt* im Sinne einer Steigerung der Lebensqualität und einer aufgeklärten Daseinsbewältigung gefeiert wurde, steht heute bei uns am Pranger und wird als Gefährdung für die Menschheit empfunden.

---

5 H. Lenk: Wozu noch Philosophie? In: Philosophie im technologischen Zeitalter, Stuttgart 1971, S. 9
6 Wider den Methodenzwang, Frankfurt 1976, S. 9

Einleitung D. E.

Wissenschaftsfeindlichkeit ist hierzulande geradezu Mode geworden und gilt als Zeichen intellektueller Progressivität und moralischer Sensibilität. Sie ist sicherlich Ausdruck einer versteckten existentiellen Problematik und Symptom einer radikalen Gefährdung. Andererseits verführt sie aber manch einen Fanatiker zu ideologischen Übertreibungen, die leicht in einen selbstzerstörerischen Wissenschaftshaß umschlagen. Wenn der schon zitierte Erkenntniskritiker Feyerabend die echte Wissenschaft als anarchistisches Unternehmen hinstellt, dessen einziger Grundsatz lautet „Anything goes" (Mach, was du willst), so läuft dieser Standpunkt auf eine Auflösung jedes verantwortungsbewußten Orientierungsversuchs hinaus. Wie sich dann Menschen verhalten sollen, beschreibt Feyerabend selbst recht deutlich:

„Kluge Menschen halten sich nicht an Maßstäbe, Regeln, Methoden, auch nicht an ‚rationale' Methoden, die sind Opportunisten, das heißt, sie verwenden jene geistigen und materiellen Hilfsmittel, die in einer bestimmten Situation am ehesten zum Ziele zu führen scheinen".[7]

Wenn das alles wäre, was Philosophen zu bieten haben, könnte man es Wissenschaftlern nicht verübeln, wenn sie sich von solchem Gerede distanzierten. Dann wäre es auch verständlich, daß sich heute so viele Forscher hinter der Ausrede einer fatalen Eigendynamik der wissenschaftlichen Tätigkeit verschanzen. Aber weder Wissenschaftsgläubigkeit noch Wissenschaftsfeindlichkeit helfen in dieser Situation weiter. Die Argumente müssen zur Kenntnis genommen, aber zugleich mit dem richtigen Gewicht versehen werden.

So hat Philosophie zwar eine kritische, aber letztlich doch positive Aufgabe zu erfüllen. Sie muß das Wesen und damit zugleich die ethischen Grenzen wissenschaftlicher Denkweisen herausarbeiten. Zugleich darf sie die Bedeutung der modernen Wissenschaft und Technik mit ihren Gefahren nicht unterschätzen; sie muß sich um eine zeitgemäße Ethik bemühen, die verantwortungsvolles Handeln definiert und begründet.

Es ist erfreulich, daß auch Naturwissenschaftler (wie z. B. C. Friedrich von Weizsäcker oder Konrad Lorenz) zunehmend die Notwendigkeit einer Vermittlung beider Bereiche erkennen und zu realisieren suchen.

7 Erkenntnis für freie Menschen, Frankfurt 1981², S. 9

Die Grenzen des gesunden Menschenverstandes

E. Philosophie zwischen Kathederweisheit und gesundem Menschenverstand

Wir haben bereits erkannt, daß die Philosophie ihre Existenzberechtigung hat und eine Reihe lebenswichtiger Aufgaben erfüllen sollte. Wie steht es aber nun tatsächlich mit der Frucht ihrer Bemühungen? Der erste Eindruck ist nicht gerade einladend: wir finden eine verwirrende Vielzahl von Systemen, Behauptungen und Gegenbehauptungen, Theorien und Gegentheorien; Vermutungen und Unklarheiten stehen neben Banalitäten, weltfremde Konstruktionen neben bodenloser Kritik, deren Maßstäbe nicht offengelegt werden; komplizierte Fachausdrücke, verkünstelte Satzkonstruktionen, höchste Abstraktheit bestimmen die Texte. Für den „gesunden Menschenverstand" erscheint die Philosophie einfach als Sprachverdrehung:

„Philosophie ist der systematische Mißbrauch einer eigens zu diesem Zwecke erfundenen Nomenklatur" (Werner Heisenberg).[8]

„Die Ergebnisse der Philosophie sind die Entdeckung irgendeines schlichtes Unsinns und Beulen, die sich der Verstand beim Anrennen an die Grenze der Sprache geholt hat" (Ludwig Wittgenstein).[9]

Warum geht man nicht mit diesem gesunden Menschenverstand, der sich in der Praxis eines erfolgreichen Lebens bewährt hat und aus der Erfahrung des konkreten Alltags spricht, an die Probleme heran? Müssen die Prinzipien unseres Denkens und Handels so abstrakt formuliert und so intensiv ins Bewußtsein gehoben, d. h. reflektiert werden, wie es in den zahlreichen philosophischen Systemen geschieht? Verlieren sie dadurch nicht ihre Unmittelbarkeit und ihre Wirksamkeit?

So plausibel dieser Standpunkt zunächst erscheint, so ist er letztlich doch fragwürdig, ja geradezu gefährlich. Es gibt zahlreiche Situationen, in denen wir uns für eine bestimmte Handlung entscheiden müssen. Nicht nur der Spitzenpolitiker, der das letzte Wort über Krieg und Frieden spricht, oder der Richter, der über Freiheit oder Haft eines Angeklagten urteilt, auch der einfache Mensch steht ständig vor folgenreichen Alternativen. Will man sich nicht dem blinden Zufall ausliefern, braucht man Kriterien und Gründe für die eine oder andere Entscheidung. Solche Kriterien werden uns von Eltern, Lehrern,

8 Der Teil und das Ganze, München 1969, S. 49
9 Philosophische Untersuchungen, Frankfurt 1960, § 119

Einleitung E.

Freunden, Vorbildern, Medien und Institutionen vermittelt. Sie prägen jenen gesunden Menschenverstand.

Sobald man diesen Zusammenhang im Laufe der geistigen Reife durchschaut hat, ist die Unmittelbarkeit dahin; an die Stelle der ahnungslosen Unschuld der erlernten Verhaltensweisen und Wertschätzungen tritt die *philosophische Verwunderung.* Wir suchen dann *sachliche und objektive Gründe* für unsere Entscheidungen und geben uns nicht mehr damit zufrieden, daß die Eltern, der Pastor oder die Presse gerade diesen oder jenen Standpunkt vertreten haben, der uns bis dahin plausibel erschien. Wir erkennen, daß Institutionen, Medien und Autoritäten Abhängigkeiten anstreben und unsere Meinungen rigoros manipulieren können. Wir wehren uns gegen solche Möglichkeiten und versuchen, nur jene Zwänge anzuerkennen, die auf sachliche Notwendigkeiten zurückzuführen sind. Sobald sich diese Rechtfertigung entfaltet, entstehen philosophische Gedankengänge. Man versucht beispielsweise zu verstehen, wie weit sich die Freiheit in einer Gemeinschaft sinnvoll entfalten kann und soll. Dazu ist ein Wissen über die Natur des Menschen und die Struktur der Gesellschaft nötig. Da die Menschen seit alters her ähnliche Situationen erlebten, hat das Nachdenken über jene Gründe eine lange Tradition. Generationen von Philosophen versuchten, jene Zusammenhänge aufzudecken, und entwickelten dabei verschiedene philosophische Gebäude. Scharfsinnige und geschulte Denker stellten genaue Überlegungen an, die wir nicht ohne weiteres vom Tisch wischen sollten. Solche philosophischen Gedankengänge dürfen nicht nur als autoritative Zwänge und museale Raritäten betrachtet werden, sondern als wertvolle Hilfen, eigene Rechtfertigungen aus persönlich verantworteter Überlegung zu finden.

Philosophie beginnt mit der Verwunderung über Selbstverständlichkeiten; sie zerstört notwendigerweise die Unmittelbarkeit durch kritische Reflexion und sucht trotz bewußter gesellschaftlicher und historischer Abhängigkeiten eigene Rechtfertigungen. Die Ausgestaltung solcher Begründungen führt auf abstrakte Formulierungen und philosophische Termini, eben weil in der Philosophie die naive Alltagswelt „hinterfragt" wird.

Zweifellos besteht bei der Reflexion solcher Unmittelbarkeiten die Gefahr einer Übertreibung. Im Eifer der Kritik werden die natürlichen Sprachgewohnheiten vergewaltigt, verkünstelte Begriffssysteme entwickelt und das gesunde metaphysische Bedürfnis zum abstrakten selbstgenügsamen „Glasperlenspiel" (Hermann Hesse). Die Gegenbewegung einer Besinnung auf die ursprünglichen Sprachregeln (ana-

Definitionen der Philosophie

lytische Philosophie), auf die historisch gewachsenen Lebensformen (Phänomenologie) und auf die gesellschaftlichen Alltagszwänge (Neo-Marxismus und Philosophie des Alltags) zeigen, daß die Philosophie ihren Platz in der Mitte zwischen Kathederweisheit und gesundem Menschenverstand suchen muß.

Die philosophische Argumentation darf sich nicht in unverbindliche Spekulation verlieren, sondern muß stets den existentiellen Bezug zur praktischen Lebenswirklichkeit bewahren. Das eindrucksvollste Beispiel einer solchen Existenz, die aus philosophischer Verantwortung selbst nicht vor dem Tod zurückschreckte, ist Sokrates.[10]

Nach diesen Überlegungen wird deutlich, wie verschiedenartig die *Definitionen der Philosophie* ausfallen müssen. Wir deuten einige Definitionsversuche an, obwohl diese jeweils eine ganze Philosophie enthalten und letztlich nur am Ende der Beschäftigung mit jenen Philosophen ganz verständlich sind.

Platon: Philosophie ist die Erkenntnis des Seienden oder des Ewigen und Unvergänglichen.

Aristoteles: Philosophie ist die Wissenschaft von der Wahrheit. Philosophie ist die Untersuchung der Ursachen und Prinzipien der Dinge.

Epikur: Philosophie ist das Vermögen, durch Vernunft glücklich zu werden.

Christliches Mittelalter (z. B. Augustinus; Thomas von Aquin) Philosophie ist Weltweisheitslehre, die sich auf das natürliche Licht der Vernunft beruft, also das übernatürliche Licht der Offenbarung zunächst unberücksichtigt läßt.

Kant: Philosophie ist die Wissenschaft von der Beziehung aller Erkenntnis auf die wesentlichen Zwecke der menschlichen Vernunft.

Hegel: Philosophie ist die denkende Betrachtung der Gegenstände, die Wissenschaft der sich selbst begreifenden Vernunft.

Marxismus (z. B. G. Klaus/M. Buhr): Philosophie ist die Form des gesellschaftlichen Bewußtseins, die sich als Wissenschaft von den allgemeinen Bewegungs- und Entwicklungsgesetzen der Natur, der Gesellschaft und des Denkens manifestiert.

Heidegger: Philosophie ist das An-Denken an das Sein.

Russell: Philosophie ist der Inbegriff aller Probleme, welche die Menschen interessieren, aber noch nicht wissenschaftlich behandelt werden können.

10 Eine Kurzbiographie findet man im Anhang A1.

Einleitung E.

Wittgenstein: Philosophie ist der Kampf gegen die Verhexung des Verstandes, welcher wir durch die Verführungen der Sprache ausgesetzt sind.

Sprachbezogene Definition: „Philosophie" ist aus „Philos" (gr. Freund, Liebhaber) und „Sophia" (gr. Sachkunde, Weisheit) zusammengesetzt. Der Philosoph ist also der Liebhaber der Weisheit.

1. Was ist der Mensch? – Philosophische Anthropologie

Wenn Kant in seiner Bestimmung der „weltbürgerlichen Philosophie" die Anthropologie als die wichtigste aller philosophischen Disziplinen charakterisiert, so heißt das letztlich, daß die philosophischen Bemühungen vor allem auf die Beantwortung der einen Frage nach dem Wesen des Menschen hinauslaufen.

In der Tat sind unsere Erkenntnismöglichkeiten (vgl. 2) entscheidend von der Struktur des menschlichen Geistes bestimmt; auch die *Wissenschaft* stellt keinen Selbstzweck dar, sondern soll uns eine Hilfe sein, die vom Menschen gesetzten Zwecke zu erreichen. Die Entwicklung einer sinnvollen *Ethik* (vgl. 3) steht und fällt mit der Annahme von

Freiheit und Verantwortung des Menschen. Und selbst die *Metaphysik* (vgl. 4) ist nichts anderes als ein Ringen um Einsicht in die Stellung des Menschen im Ganzen des Seins.

1.1 Ein Zentralproblem: Der Mensch als Naturwesen und als sittliches Wesen

(1) Unser biologisches Wissen hat im letzten Jahrhundert solch gewaltige Fortschritte gemacht, daß über die Stellung des Menschen in der Natur keine Meinungsverschiedenheiten zu bestehen scheinen. Der Mensch ist wie jedes andere Wesen in die Natur eingeordnet und durch natürliche Evolution aus dieser hervorgegangen. Die Komplexität der Organismen erreicht im Menschen ihren Höhepunkt. Die Idee einer Sonderstellung des Menschen im Kosmos schrumpft auf diesen *quantitativen* Unterschied zusammen.

Jahrhundertelang haben die Menschen geglaubt, aus der Natur auf besondere Weise herausgehoben zu sein und sich wesensmäßig von den Tieren zu unterscheiden. Die *Griechen* waren davon überzeugt, daß sie neben den Göttern als einzige Lebewesen mit der Gabe der Vernunft (Logos, Ratio) ausgezeichnet seien. Diese befähige sie, mit Hilfe einer hochentwickelten Sprache das Wesen der Welt zu erkennen. Möglich ist in ihren Augen eine solche Erkenntnis vor allem deshalb, weil die Vernunft auch den Kosmos durchwalte und sich als harmonische Gesetzmäßigkeit einer ewig gleichen Ordnung innerhalb

Anthropologie 1.1

der Arten von Lebewesen zeige. In Analogie zum Kreislauf der unmittelbar erlebten Natur ist in den Augen vieler Griechen auch der Kosmos als Ganzer dem allgemeinen Gesetz der „ewigen Wiederkehr des Gleichen" unterworfen. Im 30. Fragment des Heraklit heißt es:

> „Diesen Kosmos hier vor uns, derselbe für Alles und Alle, hat weder einer der Götter erschaffen noch der Mensch. Er war schon immer, er ist und wird sein. Sein Logosfeuer ist ewig aufflammend und wieder verlöschend nach festen Maßen."[1]

(2) In noch radikalerem Maße waren die *christlichen Denker* der Antike und vor allem des Mittelalters von der Sonderstellung des Menschen überzeugt. Der Mensch wurde als Ebenbild Gottes in einem besonderen Schöpfungsakt und in besonderer Absicht erschaffen. Die Gottesebenbildlichkeit besagt nicht nur, daß der Mensch die von Gott nach dessen Ideen geschaffene Natur erkennen kann, sondern sie bezieht sich vor allem auf die Möglichkeit der Freiheit, sich in einer Selbstreflexion von der Sünde zu distanzieren und sich Gott zuzuwenden. Der Mensch als Individuum kann sich selbst bestimmen, im positiven wie im negativen Sinn. Er erhielt den Auftrag, die Natur zu beherrschen und seinem Heil dienstbar zu machen. Er steht in christlicher Sicht nicht mehr in einem anonymen und ungeschaffenen ewig gleichen Kosmos, sondern er versteht sich als Gegenüber eines persönlichen Gottes, der alle menschlichen Geschicke lenkt.

(3) Die moderne Deutung des Menschen als ganz und gar biologisches Wesen ist das Ergebnis einer langen Geschichte der Desillusionierung. Sigmund Freud hebt drei historische Ereignisse auf dem Weg dieser Entzauberung besonders hervor, die *„drei Kränkungen der menschlichen Eigenliebe."*

> „Zwei große Kränkungen ihrer naiven Eigenliebe hat die Menschheit im Laufe der Zeiten von der Wissenschaft erdulden müssen. Die erste, als sie erfuhr, daß unsere Erde nicht der Mittelpunkt des Weltalls ist, sondern ein winziges Teilchen eines in seiner Größe kaum vorstellbaren Weltsystems. Sie knüpft sich für uns an den Namen Kopernikus, obwohl schon die alexandrinische Wissenschaft ähnliches verkündet hatte. Die zweite dann, als die biologische Forschung das angebliche Schöpfungsvorrecht des Menschen zunichte machte, ihn auf die Abstammung aus dem Tierreich und die Unvertilgbarkeit seiner animalischen Natur hinwies. Diese Umwertung hat sich in unseren Tagen unter dem Einfluß von Ch. Darwin, Wallace und ihren Vor-

---

1 Übersetzung nach W. Jaeger (Die Theologie der frühen griechischen Denker, 1953)

Zur Sonderstellung des Menschen

gängern nicht ohne das heftige Sträuben der Zeitgenossen vollzogen. Die dritte und empfindlichste Kränkung aber soll die menschliche Größensucht durch die heutige psychologische Forschung erfahren, welche dem Ich nachweisen will, daß es nicht einmal Herr im eigenen Hause, sondern auf kärgliche Nachrichten angewiesen bleibt von dem, was unbewußt in seinem Seelenleben vorgeht."[2]

Kopernikus, Darwin und Freud sind die Stationen der Demontage des Sonderwesens „Mensch", wie es in der griechischen Klassik und im Christentum angenommen wurde. Man kann aus aktuellem Anlaß noch Norbert Wiener, den Begründer der Kybernetik, hinzurechnen. Aus deren Perspektive ergibt sich ein ganz anderes Bild: Der Mensch

- ein Verlorener auf einem einsamen Stern im grenzenlosen Weltraum;
- eine sterbliche Kreatur im erbarmungslosen Überlebenskampf der abermillionen Lebewesen;
- ein ständig Betrogener, der sich von Einsicht und Selbstbestimmung geleitet fühlt und doch nur ein Spielball seiner unbewußten Motivationen und Energien ist;
- ein Computer, der sich nur in seiner ungeheuren Kompliziertheit von den technischen Computern unterscheidet, die er selbst hergestellt hat.

(4) Aber ist das nicht nur *eine* Seite? Betrachten wir einmal die Wirklichkeit des Alltags. Phänomene wie Erziehung und Rechtsprechung, politische Einflußnahme und persönliches Engagement sind nur denkbar, wenn man die Möglichkeit von *Freiheit* ernst nimmt. All diese Erscheinungen bauen auf der Überzeugung auf, daß der Mensch bis zu einem gewissen Grad aus sich heraus seine Handlungen bestimmen kann. Wenn unser Tun ausschließlich durch chemisch-physikalische Prozesse und durch Motivationszwänge im Unterbewußtsein festgelegt ist, dann müssen alle unsere Absichten und Willensentscheidungen als Täuschungen interpretiert werden. Eine solche Überzeugung würde sofort auf unsere Handlungen zurückwirken und diese bis zum neurotischen Defätismus lähmen. In Wirklichkeit nehmen wir die theoretischen Einwände gegen unsere Freiheit nicht ernst. Wir handeln, *als ob* wir frei wären und *als ob* wir die Entscheidungen ganz aus uns heraus bestimmten.

Aber dieses „als ob" vergessen wir ständig gründlich; und wir müssen es vergessen. Denn was hieße schon „Würde des Menschen", „Grund-

2 Studienausgabe Bd. 1, Fischer, Frankfurt 1972[4], S. 283 f.

recht", „Eigenwert der Person", wenn alles nur das Ergebnis einer Verdrängung und einer großen Selbsttäuschung wäre? Sind wir nicht zutiefst davon überzeugt, daß ein Unterschied besteht zwischen einem Massaker unschuldiger Menschen und der Vertilgung eines Ameisenhaufens im Garten? Müßten wir nicht die Ausbeutung Ohnmächtiger, die Manipulation Schwacher und die Verführung Unwissender in Anbetracht des Rechts des Stärkeren im Kampf ums Dasein einfach hinnehmen? Und wäre die Tötung Kranker und lästiger Alter nicht biologisch sinnvoll und gerechtfertigt? Wie aktuell diese Problematik ist, zeigen Beispiele aus der Gegenwartsethik, in der infolge einseitiger biologischer Betrachtungsweisen die Tötung Behinderter und unerwünschter Kleinkinder bis zum ersten Lebensjahr zur Diskussion gestellt werden (vgl. 1.6).

Diese Schizophrenie zwischen Theorie und Praxis ist erstaunlich. Sie zeigt die Grenzen der rein naturwissenschaftlichen und psychologischen Betrachtungsweise und die Ohnmacht der Gegentheorien, welche die Sonderstellung des Menschen im Ganzen der Natur zu rechtfertigen versuchen. Sie definiert aber zugleich ein *Grundproblem der modernen philosophischen Anthropologie*. Seit Max Scheler versteht man darunter die Erklärung des wachsenden Selbstbewußtseins des Menschen in der Naturgeschichte und das heißt zugleich die Reflexion der in der Praxis gelebten *Sonderrolle des Menschen unter Berücksichtigung der großen wissenschaftlichen Entzauberungen* durch Kopernikus, Darwin, Freud und andere, welche unsere Vorstellungen unwiderruflich geprägt haben. Die Sonderrolle, die früher vor allem in der *Theologie* gelehrt wurde, wird zum *philosophischen* Problem. Nicht unser Verhältnis zu *Gott*, sondern zur *erfahrbaren Natur* ist das Thema der neuen philosophischen Anthropologie; nicht die *metaphysische* Spekulation (metaphysische Anthropologie), sondern die *wissenschaftliche* Betrachtung der Wesensunterschiede zwischen Tier und Mensch (wissenschaftliche Anthropologie) sind der Ausgangspunkt der Anthropologie als philosophische Grunddisziplin.

Scheler entstammt der phänomenologischen Bewegung. Unter Phänomenologie versteht man die philosophische Methode, alle Erscheinungen so zu beschreiben, wie sie sich unabhängig von historischen Traditionen und angelernten wissenschaftlichen Theorien *dem Bewußtsein unmittelbar* geben. Wir stellen im folgenden den Versuch Schelers dar, diese Aufgabe in bezug auf das Phänomen Mensch zu lösen.

Eigenschaften des Lebens

1.2 Ein Lösungsversuch: Schelers Grundlegung der neueren philosophischen Anthropologie

Scheler hat die Grundzüge seiner Anthropologie kurz vor seinem Tod in der Abhandlung „Die Stellung des Menschen im Kosmos" (1928) skizzenhaft und programmatisch entworfen.[3]

Zu Beginn der Untersuchung weist er darauf hin, daß wir bis heute keine einheitliche Vorstellung vom Menschen haben. In einer Vielzahl von Meinungen konkurrieren ganz verschiedenartige Auffassungen. Dabei lassen sich jedoch *drei Gedankenkreise* angeben, welche unsere Tradition entscheidend geprägt haben:

– der jüdisch-christliche,
– der griechisch-antike, und
– der naturwissenschaftlich-psychologische Gedankenkreis.

Ihre gegenseitige Kritik und Verunsicherung veranlaßt Scheler zu der Behauptung, „daß in keiner Zeit der Geschichte der Mensch sich so *problematisch* geworden ist wie in der Gegenwart." Auch heute, ein halbes Jahrhundert später, hat sich die Situation nicht verbessert, eher kritisch verschärft. Schelers neue Anthropologie versteht sich als Versuch, diesen Mißstand zu überwinden.

Scheler führt zunächst einige „objektive phänomenale Eigenschaften" auf, die er dem Leben wesensmäßig zuschreibt: „Selbstbewegung, Selbstformung, Selbstdifferenzierung, Selbstbegrenzung in zeitlicher und räumlicher Hinsicht."[4]

In einer mehr empirischen Redeweise, die auf Wesensaussagen verzichtet, gelten heute die folgenden Prozesse als charakteristisch für das Leben auf der Erde: „Stoffwechsel, Selbstregulation; Wachstum, Zellteilung und damit verbunden Vererbung durch Weitergabe genetischen Materials; Veränderung des genetischen Materials (Mutation)" (Kull).[5] Die Abweichung der Schelerschen Wesensbeschreibung von dieser Charakterisierung ist für das Weitere nicht ausschlaggebend, dagegen muß der folgenden Behauptung größte Bedeutung zugemessen werden. Scheler sagt,

„daß Lebewesen nicht nur Gegenstände für äußere Beobachter sind, sondern auch ein *Fürsich- und Innesein* besitzen, in dem sie sich selber inne wer-

---

3 Einen vorzüglichen Text zur Verdeutlichung des Unterschieds zwischen der natürlichen und sittlichen Deutung des Menschen findet man in: Kolakowski S 8, S. 74 (vgl. die Textsammlung im Anhang C1)
4 Die Stellung des Menschen im Kosmos, München 1947, S. 10 bzw. 11
5 U. Kull: Evolution, Stuttgart 1977, S. 43

Anthropologie 1.2

den, ein für sie wesentliches Merkmal – ein Merkmal, von dem man zeigen kann, daß es mit dem objektiven Phänomen des Lebens an Struktur und Ablaufform die innigste Seinsgemeinschaft besitzt. Es ist die psychische Seite der Selbständigkeit, Selbstbewegung etc. des Lebens überhaupt – das psychische Urphänomen des Lebens."[6]

Der Aufbau der biophysischen Welt ist nach Scheler in *vier* Stufen gegliedert und geordnet.

Die unterste Stufe stellt ein diffuser „Gefühlsdrang" dar, der im Menschen vor allem das Widerstandserlebnis ermöglicht, die Wurzel allen Habens von Realität und Wirklichkeit. Die zweite Stufe ist der Instinkt; dann folgt das assoziative Gedächtnis, durch welches in Selbst- und Fremddressur Gewohnheiten erworben werden. Schließlich spricht Scheler noch von praktischer Intelligenz als letzter Stufe, welche das Lebewesen befähigt, neuartige Aufgaben im Dienste der Triebregung und der Bedürfnisstillung zu lösen.

Offensichtlich ist die Konzeption dieser Stufentheorie vom Stand der biologischen Forschung zu Schelers Zeit geprägt. Nach dem heutigen Wissensstand wird man mit E. Mayr statt auf diese vier Stufen vor allem auf den Unterschied zwischen geschlossenen und offenen genetischen Programmen hinweisen: Es gibt Arten mit einem geschlossenen Verhaltensprogramm, das einen „fast kompletten Satz gebrauchsfertiger, voraussagbarer Reaktionen auf Umweltreize enthält". Daneben gibt es Lebewesen, „die in der Lage sind, ihrem Verhaltensprogramm weitere ‚Informationen' hinzuzufügen;"[7] sie besitzen damit die Fähigkeit, auf die Umweltreize zu reagieren, das heißt, zu lernen. Aber die Antwort auf solche Differenzierungen ist letztlich ein Thema der *Biologie*. Ausschlaggebend für eine *philosophische Reflexion* dagegen sind die folgenden Texte, welche die spezifische Position Schelers umreißen und den eigentlichen Zündstoff der anthropologischen Diskussion darstellen.

„Hier aber erhebt sich nun die für unser ganzes Problem entscheidende Frage: Besteht dann, wenn dem Tier bereits Intelligenz zukommt, überhaupt noch mehr als ein nur gradueller Unterschied zwischen Mensch und Tier – besteht dann noch ein *Wesensunterschied*? Oder aber gibt es über diese bisher behandelten Wesensstufen hinaus noch etwas ganz anderes im Menschen, ihm spezifisch Zukommendes, was durch Wahl und Intelligenz überhaupt noch nicht getroffen und erschöpft ist?"

6 a.a.O. S. 11/12
7 Evolution und die Vielfalt des Lebens, Berlin u. a. 1979, S. 10

Leben und Geist bei Scheler

Die Antwort Schelers ist eindeutig und radikal:

> „Das Wesen des Menschen und das, was man seine ‚Sonderstellung' nennen kann, steht hoch über dem, was man Intelligenz und Wahlfähigkeit nennt, und würde auch nicht erreicht, wenn man sich diese Intelligenz und Wahlfähigkeit quantitativ beliebig, ja bis ins Unendliche gesteigert vorstellte."

> „Das neue Prinzip steht *außer*halb alles dessen, was wir ‚Leben' im weitesten Sinne nennen können: Das, was den Menschen allein zum ‚Menschen' macht, ist nicht eine neue Stufe des Lebens..., sondern es ist ein allem und *jedem Leben überhaupt, auch dem Leben im Menschen entgegengesetztes Prinzip,* eine echte neue Wesenstatsache, die als solche überhaupt nicht auf die ‚natürliche Lebensevolution' zurückgeführt werden kann, sondern, wenn auf etwas, nur auf den obersten einen Grund der Dinge selbst zurückfällt: auf denselben Grund, dessen eine große Manifestation das ‚Leben' ist."[8]

Scheler nennt diese zweite große Manifestation des Grundes aller Dinge „*Geist*". Lebewesen, in denen sich Geist aktualisiert, heißen *Personen*.

Was Geist bei Scheler im einzelnen bedeutet, läßt sich am besten in der Gegenüberstellung zum Leben (bios, vita, Drang) und damit zur Natur verstehen. Geist ist die existentielle Entbundenheit vom Organischen, ist Freiheit, Ablösungsmöglichkeit vom Druck des Lebens, die Möglichkeit, zum Trieb- und Naturbedingten „Nein!" sagen zu können. Geist vermag, sich selbst einem anderen gegenüberzustellen und dieses als Objekt (ob-iectum), als interessefreie Sache in seinem Sosein zu betrachten. Voraussetzung dafür ist ein Reflexionsakt. Der Geist kann sich nur dadurch einem Objekt gegenüberstellen, weil er sich als Selbst kennt, also zugleich *Selbstbewußtsein* ist.

Scheler baut die Gedanken des *Grundgegensatzes von Leben* (Drang) *und Geist* noch weiter aus, indem er auf die Weltoffenheit des Menschen verweist und vor allem die Fähigkeit des Geistes zur Wesenserkenntnis untersucht. Damit ist eine hohe Abstraktionsfähigkeit verbunden, welche als Voraussetzung für eine funktionsfähige Sprache und für alle übrigen Kulturleistungen angesehen werden muß.

Aus der bisherigen Darstellung läßt sich nur schwer ein Unterschied zur griechischen Auffassung erkennen, in welcher der Mensch als Vernunftwesen (animal rationale) ebenfalls außerhalb der Dimension des Organischen gestellt wurde. Die wesentliche Differenz zu diesem Dualismus liegt in der durch die Ergebnisse der biologischen und psychologischen Wissenschaften nahegelegten neuen Deutung der Macht der Triebe und damit verbunden in der „Ohnmacht des Geistes".

---

8 a.a.O. S. 34/35

Anthropologie 1.2–1.3

Hatte in der alten Tradition der Geist absoluten Vorrang, so wurden nach Hegel immer mehr Lehren von der Macht des Lebens verkündet (Schopenhauer, Nietzsche). Scheler versucht eine Vermittlung. Er setzt nach wie vor den Geist als Prinzip; aber der Geist ist eher Aufgabe innerhalb eines vom Drang bewegten Daseins. Der Geist kann nur sublimieren, das heißt, durch Umstrukturierung der Triebvorgaben richtungweisend wirken; der eigentliche Realisationsfaktor aber ist die Triebwelt.

So entwickelt Scheler eine Anthropologie, welche die zwiespältigen Phänomene erklärt, die unsere menschliche Welt prägen. Bei den dabei auftretenden Interpretationsschwierigkeiten, wie z. B. der mangelhaften Erklärung des Geschichtlichen und Sozialen aus der „Ohnmacht des Geistes", muß man berücksichtigen, daß Schelers Anthropologie in einen Lebensabschnitt fiel, in dem er seine Philosophie umbaute. Daher enthalten seine Gedanken viel Programmatisches und konnten wegen des frühen Todes des Philosophen nicht weiter ausgebaut werden.

1.3 Anthropologische Grundbegriffe

a) Leben – Leib – Seele – Geist

In der Anthropologie schwirren Begriffe wie Leib und Seele, Leben, Bewußtsein und Selbstbewußtsein, Vernunft, Verstand und Geist wirr durcheinander. Sie alle dienen zur Umschreibung der Phänomene, die wir der toten Natur gegenüberzustellen pflegen. Zur besseren Verständigung versuchen wir für unsere Zwecke eine Präzisierung wenigstens einiger dieser Schlüsselbegriffe, die im Laufe der Geschichte die verschiedenartigsten Bedeutungen angenommen haben.

(1) „Leben" bezeichnet – anders als bei Scheler – den Oberbegriff *aller* aufgezählten Phänomene. Dem Leben steht die tote Materie gegenüber, deren Einheiten „Körper" heißen. Das Leben kann unter zwei Aspekten gesehen werden: als Seele und als Leib: „Ein und dasselbe Leben ist es, das in seinem Innesein psychische, in seinem Sein für andere leibliche Formgestaltung besitzt" (Scheler).[9]

9 a.a.O. S. 67

Leib und Seele

(2) Der *Leib* (als beseelte Materie) unterscheidet sich im Sinne der Naturwissenschaft vom (toten) Körper durch Stoff- und Energiewechsel, Wachstum, Fortpflanzung samt Vererbung und durch eine gewisse individuelle Identität. Es handelt sich um lebendige Einheiten, sofern sie äußerlich beschreibbar und so Gegenstand der Naturwissenschaften sind.

(3) Die *Seele* oder *Psyche* betrifft die Innenseite des Lebendigen, soweit sie durch äußeres Verhalten erschließbar ist. Wir klammern also bewußt alle „nur mir zugänglichen Regungen" aus. Da man von diesen – eben weil sie „nur mir zugänglich sind" – nicht sprechen kann, sind sie für eine wissenschaftliche oder philosophische Diskussion uninteressant. Bei niederen Lebewesen ohne neuronalen Rückmeldeapparat ist es schwierig, diese Innenseite plausibel zu machen. Zwischen einem Stein und einem Hund besteht nach der Auffassung des gesunden Menschenverstandes ein auffälliger Unterschied: während ein Stein seine eigene Existenz, sein Ansichsein, nicht erlebt, nehmen wir dieses Erleben beim Hund an. Tiere sind nicht nur *„an sich"*, sondern auch *„für sich"*. Wenn ein Hund winselt, vermuten wir (im Gegensatz zu Descartes, der alle Tiere nur als Automaten betrachtete), daß er durch das Winseln einen inneren Zustand, ein *Erleben,* ausdrückt. Er hat in der Wahrnehmung etwas, das *an sich* ist, zugleich auch *für sich*. Es wird immer wieder darauf hingewiesen, daß es keine stichhaltigen Kriterien gibt, die Existenz eines solchen Fürsichseins bei anderen Lebewesen zu beweisen. Vollmer bemerkt dazu:

> „Die Zweckmäßigkeit des Verhaltens reicht dazu jedenfalls nicht aus; denn zweckmäßige Funktionen und Strukturen weist jedes Lebewesen auf, und die natürliche Auslese liefert dafür auch eine kausale Erklärung. Ferner können Fähigkeiten wie Gedächtnis, Wahlvermögen, logisches Schließen oder Handeln nach Voraussicht durch Computer oder Automaten simuliert werden, denen wir Bewußtsein gleichwohl absprechen. Auch bei den Kriterien, die Morphologie, Physiologie und Verhaltensforschung liefern, handelt es sich immer nur um Analogieschlüsse".[10]

Neuere Untersuchungen, insbesondere von L. Wittgenstein, lassen erhebliche Zweifel aufkommen, ob hier sinnvoll von einem Analogieschluß gesprochen werden kann.[11] Daß unser menschlicher Ge-

---

10 G. Vollmer: Evolutionäre Erkenntnistheorie, Stuttgart 1981³, S. 72
11 Wittgenstein über das Problem der Privatsprache (z. B. in Philosophische Untersuchungen)

Anthropologie 1.3

sprächspartner ein ähnliches Fürsichsein repräsentiert, beruht nämlich auf ganz handfesten Kriterien; unser diesbezügliches Wissen hat nicht nur Wahrscheinlichkeitswert wie bei Analogieschlüssen. Diese Kriterien werden allerdings in dem Maße unsicherer, je fremdartiger die Strukturen der Lebewesen im Vergleich zum Menschen sind.

Leib und Seele können also als zwei Seiten eines Identischen aufgefaßt werden, wie ein Stück Papier, das auf zwei Seiten beschrieben ist. Auf der einen Seite ist es biologisches Leben, das durch die Gesetze der Naturwissenschaften exakt bestimmbar ist; auf der anderen Seite, dem Inneren, ist es seelisches Erleben und durch psychologische (das heißt das Innere betreffende) Regelmäßigkeiten beschreibbar.

(4) *Der Geist*. Wir Menschen sind in der Lage, bestimmte Erlebnisinhalte als solche zu identifizieren. Während ich die Wärme des Zimmers gewissermaßen unbewußt erlebe, wird mir beim Blick durch das Fenster die Blütenpracht im Garten bewußt, das heißt, ich sehe nicht nur die Gegenstände, sondern ich weiß zugleich, daß ich sie sehe. Diese Reflexion im *Selbstbewußtsein* setzt voraus, daß ich mich als betrachtendes Ich den Objekten gegenüberstellen kann. Das Fürsichsein objektiviert seine eigene Tätigkeit; es wird zum An-und-Fürsichsein. Dieses heißt *Geist*. Lebewesen mit dieser Fähigkeit werden zu *Personen* im Sinne Kants, zu etwas, „was sich der numerischen Identität seiner Selbst in verschiedenen Zeiten bewußt ist...“[12] Ein solcher reflektierender Geist erkennt die Welt der Gegenstände und stellt sich diesen gegenüber. So wird sein freies Handeln zugleich verantwortliches Tun. Die *Produkte* des reflektierenden Geistes, wie mathematische Strukturen, naturwissenschaftliche und juristische Gesetze, Dichtungen, Kunstwerke oder gesellschaftliche Institutionen gelten für mehrere Menschen und besitzen deshalb einen *objektiven* Charakter. Sie sind Gegenständlichkeiten jenseits des einzelnen Individualbewußtseins. Sie gehören einer „dritten Welt“ an neben den materiellen Gegenständen und dem innerlich Erlebten.

(5) Wir verdeutlichen unsere Terminologie, indem wir auf eine Einteilung Poppers Bezug nehmen (diese ist von unten nach oben zu lesen):[13]

12 Kritik der reinen Vernunft, 1. Auflage A 361, Werkausgabe Bd. IV
13 Vgl. Popper in: K. R. Popper und J. C. Eccles: Das Ich und sein Gehirn, München 1982², S. 38

Drei-Welten-Lehre von Popper

Stufen kosmischer Evolution nach Popper	Unsere Terminologie	
„WELT 3"	6. Kunstwerke; wissenschaftliche Entdeckungen	Geistige Produkte (objektiver Geist, Sittlichkeit...)
	5. Menschliche Sprache; Theorien (Mythen) über uns selbst und über den Tod	
„WELT 2"	4. Ich-Bewußtsein und Wissen um den Tod	Geist (Selbstbewußtsein, Reflexion, Freiheit)
	3. Empfindung (tierisches Bewußtsein)	Seele (Psyche)
„WELT 1"	2. Lebende Organismen	Leib
	1. Schwere Elemente; Flüssigkeiten	tote Materie
	0. Wasserstoff und Helium	

(Stufen 2 bis 4 sind zusammengefaßt als: LEBEN)

(6) Wir müssen noch darauf hinweisen, daß in der Geschichte der Philosophie der Begriff der Seele sich erst seit dem 18. Jahrhundert auf diesen eingeschränkten Sinn der Innerlichkeit bezieht. Im griechischen Denken erscheint die Seele als das eigentliche Wesen des Menschen. Ihr kommt eine höhere Wirklichkeit zu als dem vergänglichen Weltgeschehen. Sie erkennt als „geistige Seele" (Logos) einerseits den durch Vernunft geordneten Kosmos und ermöglicht andererseits erst verantwortungsvolles menschliches Handeln in der Spannung von Gut und Böse sowie von Schuld und Sühne. Alle Bestimmungen, die auf irgendeine Weise – wie z. B. im griechischen Seelen- und Logosbegriff – diese Eigenschaften mit einbeziehen, fassen wir im folgenden in Anlehnung an Scheler im Geistbegriff zusammen.

Das Phänomen des Geistes wird nicht nur als Vernunft, Logos und Selbstbewußtsein, sondern auch als *Freiheit* und *Sittlichkeit* umschrieben. (Verstand betrifft dagegen nur regelhaftes Denken, das auch der tierischen praktischen Intelligenz im Sinne Schelers zukommt.) Ethische und religiöse Prädikate, wie Verantwortung, Würde, Person, Schuld und Sühne, welche bei der Beschreibung der menschlichen Situation immer wieder auftreten, beziehen sich stets auf den Geist im Menschen.

b) Umwelt und Weltoffenheit

Die Unterscheidung zwischen Mensch und Tier wird in der philosophischen Tradition auf ganz verschiedenartige Weise vollzogen. Häufig werden jeweils bestimmte positive Charakteristika oder auch bestimmte Mängel für eine Art Definition des Menschen verwendet.

Beispiele: Der Mensch
– als animal rationale oder als homo sapiens (Linné): ein Lebewesen, das Ratio (Vernunft, Geist) hat;
– als zoon logon echon (Aristoteles): ein Lebewesen, das über Sprache (Begriffe, Logos) verfügt;
– als zoon politikon (Aristoteles): das Wesen, das auf Gemeinschaft angewiesen ist;
– als homo faber: das Wesen, das Werkzeuge verwendet;
– als homo viator: das Wesen, das als Wanderer zwischen Natur und Gott auf dem Wege ist;
– als Wesen, das will und nicht nur muß (Schiller);
– als animal corrumpu (Rousseau): das verdorbene, der Natur entfremdete Lebewesen;
– als Mängelwesen (Gehlen): das nicht „festgestellte" (Nietzsche), d. h. nicht völlig spezialisierte Tier;
– als Wesen, das sich seiner eigenen Fragwürdigkeit bewußt ist;
– als Maschine, in welcher ein unsterblicher Geist lebt (Descartes).
Versucht man, eine möglichst umfassende Unterscheidung anzugeben, in der all die aufgeführten Bestimmungen mehr oder weniger enthalten sind, so kommt man auf die von Scheler eingeführte Unterscheidung von Umwelt und Weltoffenheit.

Tiere haben Umwelt: Sie sind in eine natürliche Ordnung eingepaßt, für welche sie spezialisierte Organe entwickelt haben. Die meisten Verhaltensformen sind angeboren, so daß eine kurze Entwicklungs- und Lernzeit benötigt wird. Es besteht Trieb- und Instinktsicherheit, ein relativ starres Sozialverhalten, das wenig Umweltveränderungen herbeiführt. Es gibt zwar Gedächtnis–, Sprach- und Lernleistungen durch Versuch und Irrtum, aber keine sprachlichen Darstellungsprozesse mit abstrakten Einheiten und komplizierten Verknüpfungen. Das Erleben ist auf Gegenwart, gelegentlich auch auf die Vergangenheit, aber kaum auf Zukunft bezogen und besteht vor allem aus Anziehungs- und Abstoßungsreizen der Umwelt.

Evolution

Menschen sind weltoffen; sie haben „Welt". Menschen sind nicht fest in die Natur eingepaßt und besitzen weniger spezialisierte Organe, eher Universalwerkzeuge (vgl. die Hand). Die meisten Verhaltensformen müssen lernend erworben werden, wobei eine lange Spiel- und Reifezeit benötigt wird. Instinkte gibt es nur in Ansätzen, die Instinktunsicherheit muß durch erworbenes Wissen kompensiert werden. Daraus ergibt sich eine wirkungsvolle Tradition. Das Sozialverhalten ist variabel und ständig im Fluß. Als wollendes und in die Zukunft planendes Wesen kann es die umgebende Natur entscheidend verändern. Lernen durch Einsicht ist mit einer hochentwickelten Sprache und mit weitreichenden Abstraktionen verbunden, welche den Ausgangspunkt kultureller Hochleistungen darstellen.

c) Die Evolution der Natur

Daß sich die Formen der Natur auseinander entwickelt haben, wurde im Laufe der Kulturgeschichte relativ spät entdeckt. Theorien früherer Jahrhunderte gehen entweder von der Schöpfung eines fertigen Kosmos aus, bei der die Arten in ihrer heutigen Vielfalt miterschaffen wurden, oder aber sie betrachten in der ewigen Wiederkehr des Gleichen die Arten als konstante Größen, die durch die Jahrtausende hindurch den identischen Hintergrund für die menschliche Existenz abgegeben haben. Die Entwicklung betraf dann eher die Veränderung der menschlichen Lebensformen, die nach den meisten Mythologien in einem Goldenen Zeitalter paradiesische Züge zeigten und sich nach verschiedenen Stadien des Abstiegs in eine Gegenwart verwandelten, die uns weniger paradiesisch erscheint.

In der modernen Evolutionstheorie unterscheidet man mehrere Evolutionsabschnitte:

1. Die Entwicklung zum bewohnbaren Planeten seit dem Urknall vor 10–20 Milliarden Jahren.
2. Die Entstehung organischer Stoffe aus anorganischen Bauteilen vor etwa 4 Milliarden Jahren.
3. Die Entwicklung der einfachsten Organismen zu höheren Arten.
4. Die Entstehung des Menschen aus dem Tierreich vor etwa 150 Millionen Jahren.

Die Evolution (2) heißt auch Urzeugung. Sie betrifft die Entstehung des Lebens. Über den Ablauf dieses Evolutionsabschnitts hat die jüngste Molekularbiologie Entscheidendes auszusagen. Auf die Entwicklung der Organismen zu höheren Arten (3) bezieht sich die Lehre

Anthropologie 1.3–1.4

von Charles Darwin. Nun war Darwin keineswegs der erste, der eine Entwicklung der Arten annahm; Empedokles, Lamarck und andere hatten diese Behauptung längst aufgestellt. In gleicher Weise wurde schon vor dem 19. Jahrhundert auf die Entwicklung neuer Arten von Nutzpflanzen und Haustieren hingewiesen, die durch eine „künstliche Zuchtwahl" ermöglicht wurde. Aber Darwin gibt erstmals *biologische Ursachen* für eine *natürliche* Entstehung der Arten mit einer erdrückkenden Fülle von Beispielen an. In seinen Augen sind Variation und Überproduktion innerhalb einer Art und die Selektion angepaßter Individuen ausschlaggebend.

Definiert man Evolution allgemein als eine Ereignisfolge, in welcher eine Richtungskomponente feststellbar ist, so kann man nach E. Mayr *sechs Typen von Evolution* unterscheiden:[14]

a) *Sprunghafte Evolution:* in ihr entstehen neue Typen spontan; dabei werden Fehlentwicklungen durch Ausmerzung korrigiert (T. H. Huxley).

b) *Teleologische Prozesse* (Finalität): Hinbewegung auf ein letztes Ziel, auf einen Endzustand der Vollkommenheit (Aristoteles; Teilhard de Chardin).

c) *Lamarckismus:* Anpassung durch Vererbung erworbener Eigenschaften.

d) *Teleonome Prozesse:* Vorgänge, die ihre Zielrichtung einem eingebauten Programm verdanken. Diese sind auf Individuen beschränkt (Ontogenese). Es handelt sich um die Entfaltung von eingebauten Möglichkeiten (L. Agassiz).

e) *Teleomatische Prozesse:* „Als teleomatisch können wir jeden Vorgang bezeichnen, der dazu führt, daß sich physikalische Objekte unter der Wirkung von Naturgesetzen verändern." Es existieren keine Programme; nur die Naturgesetze wirken (E. Mayr).

f) *Evolution durch Selektion* (Darwinismus): Sie verläuft in zwei Schritten:
   – in der Erzeugung einer genetischen Variabilität (Vielfalt von Formen),
   – in der Auslese aus dieser Vielfalt durch die Umwelt.

Während die Evolutionsformen (a)–(c) von der modernen Biologie generell abgelehnt werden, sind die teleonomen Prozesse zwar für die Entwicklung von Individuen von Bedeutung, betreffen aber nicht den

---

14 a.a.O. S. 83 f.

eigentlichen Inhalt der Evolutionstheorie. Während sich (e) auf die *kosmische Evolution* bezieht (vgl. oben Evolution [1] und Evolution [2]), beruft man sich in der *biologischen Evolution (vgl. Evolution [3] und [4]) auf (f)*. In der heute weitverbreiteten *synthetischen Theorie des Neo-Darwinismus* wird die Vielfalt der Formen durch zufällige Mutationen und Rekombinationen von Genen erklärt.

Seit Darwin wird auch die Evolution des Menschen (4) ganz eng mit der Evolution der übrigen Arten in Zusammenhang gebracht. In seiner revolutionären Erstveröffentlichung „Der Ursprung der Arten" (1859) weist Darwin allerdings auf die Evolution des Menschen nur mit einem einzigen prophetischen Satz hin. Er sagt, durch die Abstammungslehre werde viel Licht auf den Ursprung des Menschen und seine Geschichte fallen. Doch zwölf Jahre später veröffentlicht er eine Abhandlung mit dem Titel „Die Abstammung des Menschen"; seitdem ist die äußerst hitzige Diskussion um dieses Problem nicht mehr zur Ruhe gekommen. Die meisten Biologen behaupten heute, daß auch hier die gleichen Gesetzmäßigkeiten gelten wie in den übrigen Evolutionsabschnitten. Das schließt jedoch nicht aus, daß auf dieser Stufe qualitativ ganz Neues entstanden ist, wie Bewußtsein und Erkenntnisvermögen. In der sogenannten „evolutionären Erkenntnistheorie" werden diese spezifischen Eigenschaften als neue Größen innerhalb eines Bio-Systems gedeutet.

1.4 Abriß einiger Grundprobleme

a) Die Entstehung des Lebens

(1) Die moderne Molekularbiologie geht von der Voraussetzung aus, daß Leben nach physikalisch-chemischen und systemtheoretisch formulierbaren Gesetzen aus dem Zusammenwirken unbelebter Materie erklärbar ist. Demgegenüber war man jahrhundertelang überzeugt, daß Leben nicht allein aus solchen Gesetzen ableitbar sei. Die lebende Zelle wurde als eine besondere Einheit aufgefaßt, der die spezifische Fähigkeit zugeschrieben wurde, sich über kausales und statistisches Reagieren hinaus zielgerichtet und zweckorientiert zu verhalten. Diese autonome Gestaltungskraft heißt *Entelechie*. Biologische Theorien, in welchen diese Zielgerichtetheit (Teleologie, Finalität) als zusätzliches Erklärungsprinzip eingeführt wird, zählt man zum *Vitalismus*. Ihre Anhänger behaupten beispielsweise, daß das Auge zum Se-

Anthropologie 1.4

hen geschaffen wurde, also nicht durch einen statistisch beschreibbaren Mechanismus und durch das Selektionsprinzip allein erklärt werden kann.

Ursprünglich bedeutet Vitalismus die Auffassung, daß
- erstens keine organische Verbindung ohne Mitwirkung von Leben entstehen kann („alles Leben aus Leben"), und daß
- zweitens kein Leben ohne Mitwirkung einer Lebenskraft (vis vitalis) möglich ist, die physikalisch nicht faßbar ist.

(2) Der *metaphysische* Vitalismus glaubt, diese Lebenskraft durch die Entelechie erklären zu können. Er orientiert sich in seiner Deutung weitgehend an Aristoteles. Für diesen ist die Entelechie (d. h. dasjenige, was das Ziel in sich trägt) ein universelles metaphysisches Formprinzip, das in allen Bereichen wirksam wird. Die tote, formlose Materie wird erst durch das Formprinzip »Entelechie« geprägt und so zur konkreten Wirklichkeit. Die Entelechie des Leibes ermöglicht im Tier Empfinden und Begehren, im Menschen sogar Vernunft und Einsicht.

Die aristotelische Vorstellung wirkt im Mittelalter (z. B. bei Thomas von Aquin) und bis in die Philosophie der Neuzeit (z. B. bei Leibniz) weiter. Auch für Goethe ist die Entelechie „ein Stück Ewigkeit", also etwas aus der endlichen Welt Herausgehobenes, das den Körper belebend durchdringt.

Seinen letzten Höhepunkt erreichte der metaphysische Vitalismus in der *Lebensphilosophie* um die Jahrhundertwende. Henri Bergson, ein prominenter Vertreter der damaligen französischen Philosophie, unterscheidet zwei Bereiche der Wirklichkeit: die *Materie* auf der einen Seite, die durch die Raumvorstellung und durch die Gesetze der Mechanik erfaßt wird, und das *Leben* auf der anderen Seite; dieses unterliegt der Zeitvorstellung, ist bewegtes und „dauerndes" Bewußtsein, inneres Erleben. Nach Bergson ist die rationale Intelligenz nur zur Beherrschung der ausgedehnten Materie geeignet, aber völlig unfähig, Erscheinungen des Lebens und der „Dauer" zu erfassen. Unter den Biologen vertrat vor allem der deutsche Embryologe und Philosoph Hans Driesch einen „*wissenschaftlichen* Vitalismus" und verwendete das metaphysische Prinzip der Entelechie als wissenschaftlichen Grundbegriff.

Auch heute gibt es noch vereinzelt Theoretiker, welche diese Tradition fortsetzen, ohne allerdings explizit auf den Entelechie-Begriff als metaphysisches Prinzip zurückzugreifen. A. Koestler schreibt die Fähigkeit zur schöpferischen Variabilität der Grundstruktur der Materie

Wahrscheinlichkeitsgesetze

zu und rehabilitiert damit gewissermaßen den Lamarckismus mit seiner These von der Selbstvervollkommnung der Natur. Er spricht bewußt wieder von Sinn, Ziel und Strategie der Evolution. Die Evolution des Lebens ist für ihn „ein brillantes Spiel nach fixen Regeln":

> „Die Evolution ist, anders ausgedrückt, weder ein Freistil-Wettkampf, der vom blinden Zufall geleitet wird, noch ein starr festgelegtes Computerprogramm. Man könnte sie mit klassischen Musikkompositionen vergleichen, deren Möglichkeiten von den Regeln der Harmonie und dem Aufbau der diatonischen Tonleiter begrenzt sind, welche jedoch unermeßlich viele originale Schöpfungen zulassen."[14a]

(3) Der Vitalismus war eine Reaktion auf die mechanisch-deterministischen Theorien des 19. Jahrhunderts, in denen alle Lebensvorgänge auf streng deterministische Zusammenhänge der toten Materie reduziert wurden („Reduktionismus"). Durch den Wandel in den physikalischen Grundlagen hat sich diese Diskussion heute verschoben. Die moderne Physik erklärt Naturvorgänge nicht mehr ausschließlich mit deterministischen Gesetzen, sondern sie zieht in vielen Fällen Wahrscheinlichkeitsgesetze heran.

Lange Zeit hat man versucht, die Wahrscheinlichkeit in der Physik subjektiv zu interpretieren. Das heißt, man nahm an, daß physikalische Vorgänge zwar völlig determiniert sind, aber unser Wissen über Position und Geschwindigkeit der Teilchen mangelhaft ist. Aus diesem Grund, und weil unsere Meßvorgänge selbst auf das Beobachtete Einfluß haben, müssen wir uns mit Wahrscheinlichkeitsaussagen bescheiden.

Neuerdings vertreten aber eine Reihe von Forschern die Auffassung, daß das eigentliche Mikrogeschehen indeterminiert und nur durch bestimmte Verwirklichungstendenzen charakterisierbar ist, die durch die Wahrscheinlichkeitsgesetze beschrieben werden. Diese nicht deterministisch erklärbaren Vorgänge sind insbesondere auch für die Entstehung des Lebens von größter Bedeutung. Durch sogenannte autokatalytische Verstärkung können sich die geringen Unbestimmtheiten im Mikrokosmos zu makrokosmischen Ereignissen wirkungsvollster Konsequenzen aufschaukeln. So entstehen neue individuelle Formen. Der im mikroskopischen Bereich wirkende Zufall ist somit ein entscheidender Faktor für die Entstehung des ersten Lebens und der daraus entwickelten Arten. Manfred Eigen gelang es, zu diesem

---

14a A. Koestler: Der Mensch – Irrläufer der Evolution; Bern/München 1978, S. 245

Anthropologie 1.4

Prozeß der „Selbstorganisation der Materie" und dessen Weiterdifferenzierung die Naturgesetze in der Form eindeutiger Differentialgleichungen anzugeben.

(4) Entscheidend für diese neue Situation war die Heranziehung der über die einfache Mechanik hinausgehenden Prinzipien der Quantenmechanik und die Verwendung der Theorie statistischer Schwankungen und kybernetischer Rückkoppelungen. In einem deterministischen Universum wäre es vermutlich nie zur Entstehung des Lebens gekommen.

Diese Tatsache hat *Jacques Monod* zu einer Reihe übertriebener Formulierungen veranlaßt. In seinem Buch „Zufall und Notwendigkeit" werden zwar beide im Titel genannten Begriffe für die Interpretation des Lebens herangezogen, im Laufe der Entwicklung seiner Theorie erhält aber der Zufall immer mehr Übergewicht. Nach Monod ist die Entstehung des Lebens ein Vorgang von höchster Unwahrscheinlichkeit, ein „Betriebsunfall in der Natur"; es ist ein geschichtlich einmaliges Ereignis. Leben auf anderen Gestirnen ist danach praktisch ausgeschlossen; wir stehen allein im Universum. Monod schreibt dazu:

> „Die These, die ich hier vortrage, besagt, daß die Biosphäre keine prognostizierbare Klasse von Objekten oder Erscheinungen enthält, sondern selber ein besonderes Ereignis darstellt, das gewiß mit den fundamentalen Prinzipien vereinbar, aus ihnen aber *nicht ableitbar* ist, das seinem Wesen nach also unvorhersehbar ist."

> „Aufgrund der gegenwärtigen Struktur der belebten Natur ist die Hypothese nicht ausgeschlossen - es ist im Gegenteil wahrscheinlich, daß das entscheidende Ereignis sich *nur ein einziges Mal* abgespielt hat. Das würde bedeuten, daß die *a priori*-Wahrscheinlichkeit dieses Ereignisses fast Null war."

Daß wir nur ein Produkt des Zufalls sind, möchten wir nach Monod nicht wahrhaben:

> „Wir möchten, daß wir notwendig sind, daß unsere Existenz unvermeidbar und seit allen Zeiten beschlossen ist. Alle Religionen, fast alle Philosophien und zum Teil sogar die Wissenschaft zeugen von der unermüdlichen, heroischen Anstrengung der Menschheit, verzweifelt ihre eigene Zufälligkeit zu verleugnen."[15]

Gegen diese Behauptungen hat W. Stegmüller mit Recht eingewandt, daß nur der *spezielle* Verlauf der Evolution mit genau denselben Formen diese große Unwahrscheinlichkeit habe. Aber Leben mit anderen

---

15 J. Monod: Zufall und Notwendigkeit, München 1975, S. 53 bzw. S. 128 bzw. S. 54

Grundbausteinen, einem anderen genetischen Code und völlig anderen Formen ist ein durchaus wahrscheinliches Ereignis, das sich wohl auch nicht nur ein einziges Mal im Universum vollzogen hat.[16]

(5) *Die kosmische Evolution* vom Urknall bis hin zum ersten Lebewesen auf unserem Planeten scheint unter dem einheitlichen Prinzip teleomatischer Prozesse zu stehen. Viele Physiker und Biologen sehen zwischen dieser Evolution und der *biologischen Evolution,* welche die Entwicklung jener Lebewesen bis zum Säugetier und zum Menschen betrifft, keinen Wesensunterschied. Entscheidende Einwände gegen diese simple Identifizierung finden wir bei E. Mayr.[17] Danach gibt es zwar einige Gemeinsamkeiten, aber auch beachtliche Unterschiede.

(α) Gemeinsamkeiten der kosmischen und biologischen Evolution

- Es handelt sich in beiden Fällen um langfristige und allmählich verlaufende Vorgänge.
- Beide laufen ohne eingebaute Programme ab; sie sind *als Gesamtprozeß* weder teleologisch noch teleonomisch erklärbar.
- In beiden gelten die Gesetze der Physik; auch in der Biologie sind die physikalischen Gesetze nicht außer Kraft gesetzt. Wenn vorgebracht wird, daß infolge des Anwachsens von Ordnung in den Organismen der 2. Hauptsatz der Wärmelehre (alle Naturprozesse vergrößern die Unordnung) verletzt sei, vergißt man, daß dieser Satz nur für abgeschlossene Systeme gilt, Organismen aber offene Systeme darstellen. Umgekehrt heißt das aber nicht, daß die Gesetze der Physik ausreichen, die biologischen Vorgänge zu erklären.

(β) Unterschiede zwischen der kosmischen und der biologischen Evolution

- In der biologischen Evolution sind die Träger des Evolutionsprozesses Populationen mit Charakteristika, die in der unbelebten Natur nicht vorkommen; gemeint ist
  - die Existenz eines genetischen Programms
  - dessen Reduplikation in jeder neuen Generation
  - die Rekombination in den Fortpflanzungsmechanismen
  - die Übersetzung genetischer Programme in Phänotypen.

16 W. Stegmüller: Hauptströmungen der Gegenwartsphilosophie, Bd. 2, Stuttgart 1975, S. 411
17 a.a.O. S. 93f.

Anthropologie 1.4

– Den Vorgang der natürlichen Auslese gibt es nur in der biologischen Evolution.

– Während die kosmische Evolution nur eine begrenzte Anzahl von Freiheitsgraden aufweist, sind stochastische Prozesse wegen der Zufälligkeit der genetischen Variabilität in der biologischen Evolution viel gravierender.

So kommt E. Mayr zu dem wichtigen Ergebnis:

> „Die biologische Evolution beruht auf der Einwirkung höchst spezifischer Vorgänge (wie die natürliche Auslese) auf höchst spezifische Systeme (solche, die genetische Programme enthalten), deren Erklärung nur auf der Ebene dieser spezifischen Komplexität sinnvoll ist."[18]

Jede Reduktion der Biologie auf die Physik muß deshalb scheitern. Der Bereich des Lebens stellt ein neues System dar, in welchem durch die Komplexität neue Phänomene bedeutsam sind, die auf der darunter liegenden Ebene nicht mehr existieren.

(6) Für die Anthropologie von Bedeutung ist die Überlegung, ob die *Evolution zum Menschen* mit seinen komplexen Gehirnfunktionen und seinem kulturellen Verhalten allein mit den Begriffen der biologischen Evolution beschrieben werden kann, wie es z. B. das vereinfachende Schlagwort von der „Abstammung des Menschen vom Affen" ausdrückt. Vielleicht muß hier in Analogie zum Übergang von der kosmischen zur biologischen Evolution wenigstens eine neue Systemqualität angenommen werden. Doch möglicherweise sind jene Phänomene von ganz anderer Wesensart, so daß naturwissenschaftliche Methoden a priori versagen. Stichhaltige Antworten auf diese Frage liegen bis heute nicht vor. Der amerikanische Psychologe A. Fischer stellt fest:

> „Wissenschaftler, die sich mit Gehirnfunktionen befassen, haben noch nicht einmal das Stadium erreicht, in dem die Erforschung komplexer Denkprozesse auch nur sinnvoll oder möglich ist."[19]

Die Behauptung, daß auch Bewußtsein und Erkenntnisfähigkeit Systemeigenschaften sind und nur als solche verstanden werden können (so Vollmer S. 82), darf nicht darüber hinwegtäuschen, daß die Wis-

---

18 a.a.O. S. 101. Weitere Literatur: Kaltenbrunner, G.-K. (Hrsg.): Wir sind Evolution, Freiburg 1981; Siewing, R. (Hrsg.): Evolution, Stuttgart 1978; Wuketits, F. M.: Biologische Erkenntnis: Grundlagen und Probleme, Stuttgart 1983; ders.: Grundriß der Evolutionstheorie, Darmstadt 1982.

19 Zitiert nach G. R. Taylor: Die Geburt des Geistes, Frankfurt 1982, S. 395

Leib-Seele-Problem

senschaften in der Erklärung geistiger Erscheinungen noch ganz am Anfang stehen. Die folgenden Vermutungen Monods sind charakteristisch für eine weit verbreitete Einstellung, die wenig mit Wissenschaft, aber um so mehr mit einem aufklärerischen Vorurteil zu tun hat:

> „Die Entwicklungen der letzten zwanzig Jahre in der Molekularbiologie haben den Bereich der Geheimnisse außerordentlich zusammenschrumpfen lassen; dadurch blieb den Spekulationen der Vitalisten kaum mehr als das weite Feld der Subjektivität offen – der Bereich des Bewußtseins. Man geht kein großes Risiko ein mit der Voraussage, daß diese Spekulationen sich auf diesem, im Augenblick noch unzugänglichen Gebiet als ebenso unfruchtbar erweisen werden wie überall, wo das bisher auch offenkundig der Fall war."[20]

b) Das Leib-Seele-Problem

(1) Bei den höheren Formen des Lebens läßt sich ein inneres Erleben, also eine Psyche oder *Seele,* nicht leugnen. Die Seele erscheint nicht unmittelbar, sondern in Verbindung mit einem materiellen Komplex, dem Körper. Den beseelten Körper nennen wir *Leib.* Das Leib-Seele-Problem betrifft die Charakterisierung, den Zusammenhang und die Zurückführbarkeit der beiden Phänomene Körper und Seele. Häufig geht die Problematik unvermittelt in eine Diskussion des Verhältnisses von Körper und Bewußtsein bzw. von Materie und Geist über.
Der Spekulation sind hier keine Grenzen gesetzt. Man unterscheidet Monismen und Dualismen. *Monismen* führen die Seele auf Materie (Materialismus) bzw. die Materie auf Seelisches (Spiritualismus) zurück. Man spricht in diesen Fällen von reduktionistischen Theorien. Der Materialismus ist weitverbreitet und tritt in zwei Formen auf. Die radikalen Vertreter bestreiten die Existenz von seelischen Vorgängen überhaupt. Etwas realistischer sind die Vertreter des *Epiphänomenalismus,* die zwar zugeben, daß es seelische Vorgänge wenigstens als „Nebenerscheinungen" gibt, aber daran festhalten, daß nur physikalische Prozesse auf spätere physikalische Prozesse kausal einwirken („Physikalismus").
Die dualistischen Theorien treten ebenfalls in mehreren Varianten auf. Bei Descartes werden beide Phänomene (res extensa und res cogitans) als getrennte Grundsubstanzen angesehen (strenger Dualismus), die aber trotzdem in gewissen Wechselwirkungen zueinander

20 a.a.O. S. 42

Anthropologie 1.4

stehen. Um die Schwierigkeiten der Wechselwirkung von Grundsubstanzen zu beheben, haben seine Nachfolger die *Parallelismus*- und später die *Identitätstheorie* entwickelt. Die Anhänger der ersten Theorie glauben nicht an Wechselwirkungen. Die Vorgänge verlaufen wie beim gleichmäßigen Gang zweier genau gehender Uhren völlig parallel nebeneinander her (Leibniz: „prästabilierte Harmonie"; Okkasionalismus). Einige glauben, daß der Parallelismus auch das Vororganische betrifft, also alles beseelt ist („Panpsychismus"). Die Vertreter der Identitätstheorie vermuten hinter den beiden Substanzen ein Drittes, das sich uns nur auf zwei Arten zeigt (Spinoza), und nähern sich so wieder dem Monismus.

Wir wählen aus der Vielzahl der Theorien einige charakteristische Beispiele aus:
— Ein Beispiel zum Dualismus: die christliche Tradition
— Zwei Beispiele zum Monismus: Die Psychoanalyse Freuds und der Behaviorismus
— Drei Beispiele vermittelnder Positionen:
  Feigls Identitätslehre
  Wittgensteins linguistische Interpretation
  Teilhard de Chardins spekulative Synthese
— Die Diskussion um die „künstliche Intelligenz"

(2) *Zur christlichen Tradition.* Wir gehen von einigen lehramtlichen Aussagen der katholischen Kirche aus:
— Der Mensch ist hinsichtlich Körper und Seele ein Geschöpf Gottes und zugleich dessen Ebenbild.
— Obwohl der Mensch als plurales Wesen aus Körper und Seele besteht, muß er als eine substantielle Einheit gesehen werden; die Seele ist die forma corporis (die Form des Körpers; vgl. die Entelechie bei Aristoteles).
— Die Seele des Menschen ist individuell, frei, unsterblich und intellektuell (sie kann daher das Geistwesen Gott wenigstens „analog" erkennen).
— Der Mensch ist ein soziales Wesen, das der Sünde und der Erlösung fähig ist. Er ist aus Gnade von Gott berufen, durch Christus an der übernatürlichen Gemeinschaft der Kirche teilzunehmen. Dadurch erhält sein Leben in der Geschichte einen Sinn.

Hier wird das Leib-Seele-Problem, das sich zunächst nur auf psychische Erscheinungen wie Ärger, Zorn, Schmerz, Freude usw. bezieht, zum Materie-Geist-Problem erweitert, das auch Phänomene wie Frei-

Christliche Lehre von der Seele

heit, Unsterblichkeit, Verantwortung, Schuld usw. betrifft. Während eine Evolution des Körpers durchaus in Erwägung gezogen wird, ist diese bei der Seele (genauer beim Geist) undenkbar. Die individuelle menschliche Seele ist unmittelbar aus Gott geschaffen und steht mit diesem weiterhin in einem direkten persönlichen Verhältnis.

Während das offizielle Lehramt die Einheit von Leib und Seele (genauer: von Körper und Geist) feststellt, hat sich in der religiösen *Praxis* häufig ein radikaler Dualismus durchgesetzt. Der Einfluß der augustinischen Tradition, die ihrerseits von Platon abhängig ist, führte zu einer Verachtung des Leibes. Die Seele (als Geist) ist unsterblich und nur vorübergehend im Körper wie in einem Kerker eingeschlossen. Leibliche Lust wird zur Sünde, weil sie von der eigentlichen Bestimmung des Menschen, der geistigen Zuwendung zu Gott, ablenkt. Übertriebene Askese, rigorose Leibverachtung und strenger Puritanismus waren häufig die Folgen dieser dualistischen Fehldeutungen.

Durch die Verbreitung des Aristotelismus im Hochmittelalter wurde die Ganzheit des Menschen wieder betont. Vor allem Albertus Magnus und Thomas von Aquin unternahmen zahlreiche Integrationsversuche, um die christliche mit der aristotelischen Lehre zu versöhnen. Obwohl dabei neue Spekulationen über die Möglichkeit der individuellen Unsterblichkeit notwendig wurden – denn bei Aristoteles ist diese undenkbar – hat sein Ganzheitsgedanke die offizielle Lehrmeinung geprägt, wohl vor allem deshalb, weil auch enge Beziehungen zur Vorstellung im Alten Testament bestehen. Dort ist die Seele kein zusätzliches metaphysisches Prinzip wie bei Platon, sondern sie bedeutet die Lebendigkeit des Fleisches. So verwundert es nicht, daß trotz aller dualistischer *Praxis* die katholische *Lehre* stets von der leiblichen Auferstehung des Menschen spricht.

Aus religiöser Sicht ist weniger das Verhältnis von Körper und Geist von Bedeutung, sondern die eigentliche Spannung im Wesen des Menschen betrifft sein *Verhältnis zu Gott*: der Mensch im Stande der Sünde (als Sarx, Fleisch) und im Stande der Gnade (als Pneuma, Geist). Durch Christus ist der Mensch von der Macht der Sünde erlöst und hat so die „Freiheit der Kinder Gottes" erlangt.

(3) Nach diesem Beispiel einer weitgehend dualistischen Lehre wenden wir uns nun zwei bedeutenden reduktionistischen Theorien zu, d. h. zwei Theorien, welche die geistigen und seelischen Phänomene monistisch auf materielle Bedingungen zurückführen:
– erstens der Psychoanalyse Sigmund Freuds,
– zweitens dem Behaviorismus Pawlows, Watsons u. a.

Anthropologie 1.4

(α) *Die Psychoanalyse Freuds.* Freud gilt als der geniale Schöpfer der Psychoanalyse. Diese war ursprünglich als Untersuchungsmethode zur Feststellung und Heilung der Hysterie konzipiert, weitete sich aber bald zu einer allgemeinen psychologischen Lehre zur Aufdeckung unbewußter Ursachen und Zusammenhänge im menschlichen Seelenleben aus und wurde schließlich universelles Aufklärungsinstrument und Grundlage einer allgemeinen Kulturkritik.

Kernpunkt der Freudschen Anthropologie ist die Aufgliederung des menschlichen Innenlebens in „psychische Provinzen" und die Analyse der Störungen ihrer gegenseitigen Beziehungen. In seiner späteren Lehre unterscheidet Freud drei Instanzen:

– *das Es,* die älteste Instanz, „sein Inhalt ist alles, was ererbt, bei Geburt mitgebracht, konstitutionell festgelegt ist, vor allem also die aus der Körperorganisation stammenden Triebe";

– *das Ich,* dies lernt Reize kennen, speichert sie im Gedächtnis, vermeidet überstarke Reize, begegnet mäßigen Reizen durch Anpassung und verändert die Außenwelt zu seinem Vorteil; es zensiert das Es, strebt nach Lust und vermeidet Unlust;

– *das Über-Ich* ist der „Niederschlag der langen Kindheitsperiode", die Macht der Institutionen, der Moral, der Religion usw.

> „Man sieht, daß Es und Über-Ich bei all ihrer fundamentalen Verschiedenheit die eine Übereinstimmung zeigen, daß sie die Einflüsse der Vergangenheit repräsentieren, das Es den der ererbten, das Über-Ich im wesentlichen den der von anderen übernommenen, während das Ich hauptsächlich durch das selbst Erlebte, also Akzidentelle und Aktuelle bestimmt wird" (Freud).[21]

Die primären Prozesse sind bei Freud – im krassen Gegensatz zu Descartes und zu den Vorstellungen der deutschen Idealisten – die *unbewußten* Vorgänge, die in der Psychoanalyse zum naturwissenschaftlichen Objekt erhoben werden. Die Erlebniskomplexe, welche den Richtlinien des Über-Ichs widersprechen, werden „verdrängt", das heißt ins Unterbewußte abgeschoben, dort aufbewahrt und von der Triebstruktur des Es weiter verarbeitet. Freud weist dabei dem sexuellen Trieb (Libido) eine zentrale Funktion zu. Später tritt an dessen Seite der Destruktionstrieb („Kampf zwischen Eros und Todestrieb").[22] Die verdrängten Inhalte, wie eindrucksvolle Kindheitserlebnisse, Schockerfahrungen, peinliche Vorstellungskomplexe, Zusam-

---

21 Abriß der Psychoanalyse, Frankfurt 1953, 1. Kapitel
22 Das Unbehagen in der Kultur, Frankfurt 1953, S. 182

Psychoanalyse Freuds

menstöße mit Autoritäten usw., verschwinden nicht einfach im *Un*bewußten, sondern werden als *Unter*bewußtes wieder wirksam, allerdings in veränderter Form. Als Trauminhalte, als harmlose Fehlhandlungen (Sich-Versprechen, Vergessen, Verlieren, Verlegen, Vergreifen) oder als gravierende seelische Störungen (Neurosen und Psychosen) wirken sie ins Bewußtseinsleben hinein. Psychische Erkrankungen haben so nach Freud ihren Grund in der falschen Reaktion des verdrängenden Bewußtseins auf die unbewußten Triebkräfte.

Der Psychotherapeut hat die Aufgabe, diejenigen Affekte, die sich im Leben des Individuums als neurotische Symptome schädlich auswirken, als Verdrängungen zu entlarven und wieder ins Bewußtsein zu heben. Es soll durch Auskundschaftung der Erlebnisse und durch Rekonstruktion der vergangenen Zusammenhänge mit Hilfe des Arztes die Verarbeitung der unerledigten traumatischen Elemente nachgeholt werden. Durch freie Assoziation, durch Hypnose, durch Interpretation von Träumen und von Fehlhandlungen sollen jene Erlebnisse gegen die Zensur des Bewußtseins mit der Gesamtpersönlichkeit integriert werden.

Freud hat die Psychoanalyse – nachdem diese vor allem von A. Adler und C. G. Jung modifiziert und zu eigenen psychotherapeutischen Systemen, die ihrerseits auf Freud und seine Schule gewirkt haben, entwickelt wurde – später zu einem allgemeinen philosophischen Instrument der Kulturkritik ausgearbeitet. Nach Freud baut auch die Kultur auf Triebverzicht und Sublimierung der Affekte auf, das heißt, er sieht eine „Analogie zwischen dem Kulturprozeß und dem Entwicklungsgang des Individuums".[23] Kulturelle Fehlleistungen können ganze Kulturepochen neurotisch machen. In diesem Zusammenhang gibt Freud auch eine *ethnologische Erklärung der Religion*. Danach sind religiöse Riten der Primitiven und religiöser Gruppen nichts anderes als neurotische Zwangshandlungen. In seiner Begründung greift er auf die Ergebnisse der Psychoanalyse beim Einzelmenschen zurück. Der Ödipuskomplex, das heißt die sexuelle Zuneigung des Sohnes zur Mutter und die Todeswünsche gegen den rivalisierenden Vater, werden als Grundlage jeder Religiosität angesehen. Der persönliche Vater wird zum Gottvater erhöht, der Respekt und Angst verbreitet. Die Beleidigung oder gar die Tötung Gottes (wie im Christentum) verursacht das Schuldbewußtsein (Erbsünde) und liefert die Rechtfertigung sittlicher Beschränkungen. So stammen religiöse Inhalte nicht aus den elementaren Erfahrungen eines harmonischen und naturhaften Seins,

23 a.a.O. S. 185

Anthropologie 1.4

sondern aus Wunschträumen und Illusionen; sie sind Niederschläge infantiler Ängste und neurotischer Ausdruck hilfloser Menschen.
Geist, Freiheit und Verantwortung des Menschen werden bei Freud zu Illusionen und als Erscheinungen eines komplexen Seelenmechanismus erklärt, der durch körperliche Funktionen, Triebe und unbeeinflußbare Erlebnisfaktoren in der frühesten Kindheit geprägt ist. Der Mensch ist zur bedingungslosen Unterwerfung unter ein blindes und letztlich unbegreifliches Schicksal verdammt. Die Psychoanalyse Freuds, die in zahlreichen Einzelfällen tiefe Einsichten in die seelischen Zusammenhänge geliefert hat, ist als anthropologische Grundkonzeption ein Kind ihrer Zeit, nämlich des materialistischen, mechanistischen und atheistischen Denkens des 19. Jahrhunderts geblieben. Die Weiterentwicklung der psychoanalytischen Grundideen, die Einbeziehung gesellschaftlicher Faktoren und die Erweiterung der bei Freud noch ganz auf das Sexuelle bezogenen Grundprinzipien haben die Psychoanalyse zu einem wichtigen medizinischen Instrument und zugleich zu einer Quelle anthropologischer Erkenntnisse auch in der gegenwärtigen Diskussion werden lassen.

(β) Der Behaviorismus erhielt seine Bezeichnung vom englischen Wort „behaviour" = Verhalten. Gemeint ist damit das von allen beobachtbare äußere Verhalten der Organismen, also die körperliche Seite unserer Existenz.
Wenn sich ein Mensch ärgert, kann man bestimmte körperliche Verhaltensweisen beobachten. Diese stellen nach behavioristischer Auffassung den eigentlichen Gegenstand der Psychologie dar. Das Psychische wird dabei durch eine logische Konstruktion von Verhaltenskomplexen ersetzt. Was *innerlich* abläuft, ist nicht objektivierbar und keinen kontrollierenden Instanzen zugänglich. Daher existiert es für den Wissenschaftler nicht; es ist sinnlos, davon zu sprechen – das heißt, das psychologische und philosophische Leib-Seele-Problem verschwindet von selbst. Bewußtsein, Geist usw. müssen aus dem Vokabular der Wissenschaften gestrichen werden. Der Geist wird als black box (schwarzer Kasten) betrachtet, d. h. als ein Verarbeitungsmechanismus, bei dem es nur darauf ankommt, welche Reize als input eingegeben werden und welche Verhaltensweisen als output auftreten. Da spezifische Reize spezifische Reaktionen hervorrufen („Konditionierung"), kann allein durch die Untersuchung von input und output ein wissenschaftliches Erklärungsmodell erstellt werden, das keinerlei Bezug auf Inneres, Geistiges, Seelisches usw. kennt.

Vermittelnde Positionen

Ohne Zweifel erlebt jeder Mensch Seelisches, wenn auch die inneren Vorgänge im *anderen Menschen* nicht auf gleiche Weise kontrolliert werden können wie die äußerlich wahrnehmbaren Vorgänge innerhalb des Hauses des *Nachbarn.* Die Möglichkeit, eigenes Seelisches zu erleben, heißt *Introspektion.* Der Behaviorismus ist nicht in der Lage, diese sinnvoll zu interpretieren. Man kann aber ein Problem nicht dadurch lösen, daß man es durch einseitige Definitionen einfach ignoriert.

(4) Das Leib-Seele-Problem betrifft gerade die Frage nach dem logischen Zusammenhang zwischen den beiden Bereichen des äußeren Verhaltens und der innerlich gegebenen Introspektion. Wir wenden uns daher drei vermittelnden Positionen zu.

(α) Die Identitätsthese. Ein *neuerer Lösungsvorschlag* orientiert sich an wissenschaftstheoretischen Überlegungen. Zu jeder wissenschaftlich sinnvollen Erfahrungstheorie im Sinne des Neopositivismus (vgl. z. B. Carnap) gehören empirische und theoretische Begriffe. Das Seelische kann nur zu den theoretischen Begriffen zählen, weil die entscheidende Bedingung für empirische Begriffe, die intersubjektive Nachprüfung, für die Introspektion nicht erfüllt ist. Diese spezifischen theoretischen Begriffe sind nach der Auffassung von *H. Feigl* und anderen *identisch* mit dem durch die Introspektion gegebenen Unmittelbaren („Identitätsthese"). Während theoretische Begriffe im allgemeinen partiell uninterpretiert bleiben, erhalten sie hier eine zusätzliche Konkretisierung durch das Eigenerleben. Die Besonderheit dieser inhaltlichen Erfüllung besteht darin, daß die Kontrolle allein durch eigenpsychische Erlebnisse mit all ihren Fehlerquellen möglich ist (vgl. 2.5a.2).

(β) Linguistische Interpretation. Eine andere Lösung schlägt *L. Wittgenstein* vor. Er bezweifelt die strenge Trennung des empirisch Beschreibbaren (Körper) von introspektiven Phänomenen (Geist), wodurch die zahlreichen unlösbaren Probleme der Wechselwirkung zwischen Körper und Geist entstanden sind. Wenn wir zum Beispiel Ärger empfinden, dann ist die Identifikation dieses Erlebnisses als Ärger nur möglich, wenn damit eine ganze Reihe *sprachlich* vermittelter Prozesse verbunden ist. Das Bewußtsein vom Ärger besteht nicht im Anstarren eines inneren privaten, keinem anderen Menschen zugänglichen Zustandes. Dann wäre zwar klar, was es heißt, wenn ich sage „Ich habe Ärger", es wäre aber unverständlich, wie ich auch behaupten könnte, daß mein Nachbar Ärger habe („Er hat Ärger").

Anthropologie 1.4

Wittgenstein erkennt in der Analyse der Verwendung solcher Sätze („Sprachanalyse"), daß es zur Bedeutung des Satzes nichts beiträgt, wenn Introspektion hinzugedacht wird, wir also *hinter der Sprache* noch etwas suchen. Mein Wissen vom Ärger ist vielmehr nur möglich durch die Einordnung meiner Erlebnisse in die Kummunikationsprozesse einer Sprachgemeinschaft. Das heißt, ich kann auch den Satz „*Ich* habe Ärger" nur mittels *äußerer* Kriterien verstehen. Nicht durch Instrospektion eines „Ärgerzustandes", sondern nur über den Umweg der „Äußerung des Ärgers" in einem Sprachprozeß („Sprachspiel") wird mir die Bedeutung des Satzes zugänglich. Die Bedeutung des Satzes liegt in den öffentlichen Umständen, die ich beim Erlernen des Satzes als charakteristisch vorgefunden hatte.

Damit verliert das Leib-Seele-Problem insofern etwas an Brisanz, als die Innerlichkeit durch die Einbettung in äußere Kriterien ihre Sonderstellung verliert und nichts Geheimnisvolles mehr ausdrückt. Die Probleme der Leib-Seele-Beziehung lösen sich letztlich in sprachliche Mißverständnisse auf („therapeutische Funktion" der Sprachanalyse für philosophische Probleme).

(γ) Teilhards spekulative Synthese. Eine Synthese aus christlichen und biologischen Ansätzen zur Lösung des Leib-Seele-Problems finden wir bei dem Jesuiten *P. Teilhard de Chardin,* der als Geologe und Paläontologe tätig war. Für ihn ist der alte Streit um Darwin, der auf die Alternative „Darwinist oder Christ" hinauslief, längst Vergangenheit:

> „Hier und da in der Welt gibt es noch einige Köpfe, die bezüglich der Evolution mißtrauisch oder skeptisch geblieben sind. Sie kennen die Natur und die Naturforscher nur aus Büchern und glauben, daß der Kampf um die Entwicklungslehre noch immer wie zur Zeit Darwins weitergeht. Und weil die Biologie fortfährt, über die Art und Weise zu diskutieren, auf die die Arten sich haben bilden können, meinen sie, sie zweifle, ja sie könne noch, ohne Selbstmord zu begehen, an der Tatsache und der Wirklichkeit einer solchen Entwicklung zweifeln."[24]

Für Teilhard ist das Universum ein System, das sich aus einfachsten atomaren materiellen Bausteinen nach dem Gesetz der „zunehmenden Verflechtung" (Komplexifikation) entwickelt hat. Während die Innenseite im allgemeinen erst in der Erscheinung des (höheren) Lebens postuliert wird, nimmt Teilhard bereits in den einfachsten materiellen Bausteinen auch die Innenseite an: „Die Dinge haben ihr *inne-*

24 Der Mensch im Kosmos, München 1959[4], S. 122

54

res Sein." Er sieht unter der „mechanischen Schicht" eine „biologische Schicht", „die zwar äußerst dünn, aber absolut unentbehrlich ist, um den Zustand des Kosmos in den folgenden Zeiten zu erklären". Mit diesem Postulat glaubt er, auch die höchsten Seelen-, Bewußtseins- und Geistformen allein durch das Gesetz der Komplexifikation evolutionär begründen zu können. „Die atomare Struktur ist eine dem Inneren und dem Äußeren der Dinge gemeinsame Eigenschaft." Die Deduktion des Seelischen geht so nahtlos in die Deduktion des Geistigen über: „Geistige Vervollkommnung (oder bewußte ‚Zentriertheit') und stoffliche Synthese (oder Komplexität) sind nur die beiden Seiten und die zusammenhängenden Teile ein und derselben Erscheinung." Die Psychogenese wird folgerichtig zur Noogenese (Entwicklung des Geistes, des Nus). Der Mensch ist „nichts anderes als die zum Bewußtsein ihrer selbst gelangte Evolution".[25]

„Evolution = Aufstieg des Bewußtseins". Im geistigen Bereich vollzieht sich zur Zeit eine „Mega-Synthese", die Gestaltung der gesamten Erde, die Teilhard auch „Planetisation des Menschen" nennt und mit dieser Einigungstendenz identifiziert. Gesellschaftliche Phänomene werden eindeutig als Steigerung des biologischen Prinzips gesehen, nicht als dessen Schwächung, wie es Scheler behauptet hat. So tendieren auch die persönlichen geistigen Entwicklungen in die Richtung eines Überpersönlichen, einer Super-Reflexion und Super-Personalisation. Sie alle konvergieren im Punkt Omega, dem „im Herzen eines Systems von Zentren strahlenden Zentrum".[26]

Die Idee der Evolution einer Urmaterie zu immer größerer Komplexität soll nicht nur alle materiellen und biologischen Phänomene erklären, sondern zugleich die Rätsel der Psychologie und der Erscheinungen des Geistes lösen.

(5) *Die neue Wissenschaft von der „künstlichen Intelligenz"*
In der zweiten Hälfte unseres Jahrhunderts hat sich die Computertechnik perfektioniert und ungeahnte Fortschritte gemacht. Schon sehr früh faszinierte einige Forscher die Idee, daß Computer Prozesse ausführen könnten, die dem menschlichen Denken ähneln. Wenn ein Computer Ergebnisse liefert, die man als „intelligente" Leistungen bezeichnen würde, falls sie von einem *Menschen* stammten, dann schreibt man diesem Computer sogenannte künstliche Intelligenz zu.

25 Weitere Zitate a.a.O. S. 29; 31/32; 34; 36; 211
26 a.a.O. S. 235, 235, 256

Anthropologie 1.4

(Der Begriff stammt von Mc Carthy, 1956). Die ersten „intelligenten" Computer konnten Schach oder Dame spielen und logische oder geometrische Lehrsätze beweisen. Da sich die Anwendungsgebiete im Laufe der Zeit weiter ausbreiteten und viele Wissenschaftler beteiligt waren, faßt man diese Forschungen über künstliche Intelligenz heute zur *Kognitionswissenschaft* zusammen.

Inzwischen gibt es sehr leistungsfähige Programme, die z. B. komplexe Rechenaufgaben lösen, bestimmte Dialoge führen, Arbeitsanleitungen geben und sprachliche Analysen vollziehen können. Je mehr Expertenwissen einprogrammiert wird, um so weitreichender werden die Antworten auf komplexe Fragestellungen. Die Kognitionswissenschaft ist hilfreich für Linguistik, Psychologie und Neurologie. Man versucht, mit Hilfe von Computern Prozesse nachzuahmen (zu simulieren), die Menschen normalerweise beim Lösen von bestimmten Problemen ausführen; dabei kommt es nicht auf die Simulation der spezifischen Vorgänge im organischen Neuronengewebe an; der Computer kann ganz anders arbeiten; nur die Ergebnisse, die „kognitiven Inhalte", sind gleich.

Für die philosophische Anthropologie wird die Kognitionswissenschaft dadurch von Bedeutung, daß einige Forscher im Gegensatz dazu mit Hilfe der Computer die menschlichen Prozesse direkt und präzise nachzuvollziehen suchen. Die Kognitionswissenschaft versteht sich dann als Hilfsmittel zur Erforschung der konkreten Gehirnabläufe. Solange dies in dem Sinne gemeint ist, daß bestimmte Hypothesen über den neuronalen Aufbau des menschlichen Gehirns getestet werden, ist das ein legitimes wissenschaftliches Vorgehen. Wenn allerdings behauptet wird, daß eines Tages *alle* menschlichen Gehirnprozesse durch Computer ersetzt werden können, postuliert man, daß das menschliche Verhalten immer und in jedem Bereich nach strengen, rechnerisch faßbaren Regeln strukturiert ist. Alles, was im Gehirn geschieht, wird als eine Funktion der komplexen Zellen interpretiert. Die Behauptung, daß diese totale Auflösung in *„Funktionalität"* möglich ist und von der Wissenschaft früher oder später realisiert werden könne, ist ein *weltanschauliches Bekenntnis* und alles andere als ein *Ergebnis wissenschaftlicher Forschung*. Der radikale Funktionalismus kennt keine Grenzen der Anwendung des Computers auf menschliche Probleme. Auch inneres Erleben, Liebe, Sinnerfahrungen sind Folgen bestimmter aktiver Zellkomplexitäten und deshalb instrumentell simulierbar.

Eine naheliegende Folgerung ist die brisante These, daß einem Computer, der die wichtigsten Intelligenzleistungen des verstehenden

Künstliche Intelligenz

Menschen nachahmen kann, mit gleichem Recht Erkenntnis- und Bewußtseinsakte zugeschrieben werden könne wie einem Menschen. Der Computer sei selbst ein Geist, der versteht und andere kognitive Zustände erlebt; er hat *„starke* Intelligenz". „*Schwache* Intelligenz" ist dagegen die etwas unpassende Bezeichnung für die von niemandem geleugnete Eigenschaft eines Computers, der Aufschluß über das menschliche Verhalten in regelgeleiteten Bereichen liefert.

Der Streit zwischen Vertretern der starken künstlichen Intelligenz (z. B. D. R. Hofstadter) und deren Gegnern (z. B. J. R. Searle) resultiert aus gegensätzlichen anthropologischen Ansätzen. Hofstadter spricht von einem „Glaubenskrieg" und betrachtet innere Akte und Zustände als ein „Epiphänomen oder eine harmlos emergente Qualität".[27] Searle dagegen ist davon überzeugt, daß es im Menschen spezifische innere Vorgänge gibt („Intentionalitäten"; vgl. Welt 2 bei Popper), die auf das Gehirn kausalen Einfluß nehmen, wogegen den Computern keine solche Intentionalitäten zugesprochen werden können. Dies ist auch die Vorstellung des gesunden Menschenverstandes, für den „denkende Maschinen" eben *Maschinen* bleiben, die kein Innenleben haben.

Die großen Verheißungen aus der Entstehungszeit der Kognitionswissenschaft sind seltener geworden. Damals wurde z. B. behauptet, daß die Entwicklung der künstlichen Intelligenz ein weiterer Schritt im allgemeinen Evolutionsprozeß sei und daß die Maschinen-Intelligenz bis zum Jahr 2000 die menschliche Intelligenz allgemein übertreffen werde. Die überzogenen universalen Geltungsansprüche werden zurückgenommen. Man kann zwar Aaron Sloman zustimmen, „daß es schon in wenigen Jahren rechtens sein wird, Philosophen, die nicht wenigstens mit den wichtigsten Entwicklungen der künstlichen Intelligenz vertraut sind . . . der beruflichen Inkompetenz zu bezichtigen."[28] Aber es verbreitet sich doch mehr und mehr die Einsicht, daß die Zentralbegriffe der Kognitionswissenschaft, nämlich die *„Computation"* (d. h. die Manipulation mit Zeichen) und die *„Repräsentation"* (d. h. die Darstellung durch Zeichen) nicht ausreichen, sämtliche den Menschen betreffende Phänomene zu erklären.

Auch die moderne Gehirnforschung samt ihrer neuen Hilfswissenschaft hat somit das Rätsel der Leib-Seele-Beziehung keiner Lösung nähergebracht. Das Gehirn, diese „am höchsten und kompliziertesten

27 Nach H. Gardner: Dem Denken auf der Spur, Stuttgart 1989, S. 192
28 a.a.O. S. 153

Anthropologie 1.4–1.5

organisierte Materie des Universums"[29], gibt seine Geheimnisse nur in Bruchstücken preis. Hören wir zum Abschluß die Stimme des australischen Gehirnforschers und Nobelpreisträgers John C. Eccles, der trotz zahlreicher Entdeckungen auf dem Gebiet der Gehirnbiologie zu folgendem Ergebnis kommt:

„. . . nachdem all dies festgestellt ist, stehen wir immer noch am Anfang, das Mysterium zu begreifen, was wir sind. Dieses fundamentale philosophische Problem liegt heute noch weit jenseits unseres Verstehens."

„Lassen wir uns warnen vor den Ansprüchen jener Computerfans, die uns durch ihre arrogante Versicherung zu alarmieren versuchen, Computer würden bald den Menschen in all diesen Angelegenheiten ausbooten. Das ist Science Fiction, und diese Fans sind die neuen Varianten der Götzendiener anderer abergläubiger Zeitalter."[30]

---

29 Eccles: Das Gehirn des Menschen, München 1975, S. 17
30 a.a.O. S. 18 bzw. 19

Platon

1.5 Einige Repräsentanten der philosophischen Anthropologie

a) Platon und die griechische Anthropologie

(1) In Griechenland finden wir ein ganzes Spektrum von differenzierten Auffassungen über das Wesen des Menschen. Sophisten, Stoiker, Epikuräer, Skeptiker und Materialisten entwickelten ihre Thesen. Aber die eigentlichen Wirkungen gingen von der platonischen und aristotelischen Philosophie aus; durch ihre Synthese mit dem Christentum prägten sie das gesamte abendländische Denken.

Weder Platon noch Aristoteles haben eine Anthropologie als selbständige philosophische Disziplin entwickelt. Ihre Überlegungen zum Wesen des Menschen vollzogen sich vielmehr stets innerhalb ontologischer und ethischer Konzeptionen.

(2) Bei *Platon* findet man die geschichtlich wirkungsmächtigen Gedanken vor allem in seiner mittleren Periode. In den Dialogen Symposion, Phaidon, Politeia und Phaidros sind wesentliche Elemente einer Anthropologie zu finden.

Platon lehrt, daß Vergängliches, das heißt Geschichtliches und alles, was wir durch unsere fünf Sinne erfassen, sich nur dann denken läßt, wenn es vom Ewigen und Unveränderlichen her interpretiert wird und insofern von diesem wesensmäßig abhängt. Für Platon ist es unmöglich, ein sich ständig Änderndes überhaupt zu identifizieren; ein sich unentwegt Veränderndes ist ein „Nicht-Sein" (me on). Wir benötigen etwas Festes, an welchem sich das menschliche Denken festhalten kann, seien es Bilder, Schemata oder Begriffe. Wir müssen etwas Identisches im Sein voraussetzen; nur unter dieser Bedingung zeigt sich uns Seiendes. Die Einheiten in diesem Identifikationsvorgang nennt Platon *Ideen* (vgl. Metaphysik 4.).

Der Mensch ist das einzige Wesen neben den Göttern, das diese Ideen schauen kann. So wird der Gedanke der Sonderstellung des Menschen innerhalb der Natur geboren. Max Scheler spricht in diesem Zusammenhang von einer „Erfindung der Griechen" und nennt diese formelhaft die *Idee vom homo sapiens*.

(3) Die anthropologischen Grundbestimmungen des homo sapiens sind die folgenden:
– Der Mensch hat eine spezifische Eigenschaft, die nur seiner Art und

Anthropologie 1.5

sonst keinem Naturwesen zukommt: er kann Ideen und deren Abbilder schauen, kann begrifflich denken und verstehen. Die Instanz, die Geist, Vernunft, Logos besitzt, heißt bei den Griechen Seele *(idealistischer Aspekt).*

– Durch den Logos erkennt der Mensch die eigentliche Welt, die unserer Sinnenwelt zugrunde liegt. Da diese Ideenwelt ewig ist, muß auch der Mensch unsterblich sein. Und weil Ewiges göttlich ist, ist auch der Logos im Menschen göttlich *(theologischer Aspekt).*

– Der Mensch kann mit Hilfe des Logos das Wesen der Welt nur deshalb erkennen, weil die Welt selbst vernünftig ist. Das heißt, der Kosmos wird von Gesetzen durchwaltet, die von der gleichen Art sind wie das menschliche Erkenntnisvermögen. In diesem passiven Sinn kommt die Vernunft als Formprinzip auch allem anderen Seienden objektiv zu. Aber nur im Menschen und in den Göttern ist der Logos zugleich subjektives Erkenntnis- und Gestaltungsprinzip *(kosmologischer Aspekt).*

– Der Körper des Menschen ist zweitrangig. Es besteht nur eine äußerliche, d. h. nicht wesensnotwendige Verbindung zwischen Seele und Körper. Deshalb ist das Weiterleben der Seele nach dem Tode selbstverständlich *(dualistischer Aspekt).*

– Der Mensch ist zwar durch Triebhaftigkeit und Sinnlichkeit mit dem Tier- und Pflanzenreich verbunden. Doch ist die Vernunft durch ihre sittliche Bestimmung in der Lage, sich gegen diese zu entscheiden. Man spricht daher von der Wirkungsmacht der Ideen *(intellektualistischer Aspekt).*

– Vernunft als Denkprinzip und Logos als Weltordnung sind konstante Größen. Sie ändern sich weder in der Geschichte noch gibt es Unterschiede zwischen Völkern, Rassen oder gesellschaftlichen Gruppen. Der Mensch kann in keinem Fall als Produkt einer körperlichen Evolution aufgefaßt werden *(antievolutionärer Aspekt).*

(4) *Aristoteles,* der Schüler Platons, war nicht nur Philosoph, sondern auch Naturforscher. Für ihn ist der Mensch auch Objekt der Biologie. Dadurch wird der platonische Dualismus „göttliche Seele↔nichtseiender Körper" abgeschwächt.

Nach Aristoteles ist der Mensch ein Zwischenwesen zwischen Gott und Tier. Doch diese Zwischenstellung ist nicht symmetrisch. Während sich die menschliche Seele nur wenig von der Seele höherer Tierarten unterscheidet, ist die menschliche Vernunft als göttliches Agens in uns immer nur unvollkommene Vorstufe zum Göttlichen.

Um das Wesen der Seele verstehen zu können, muß man die aristotelischen Begriffe Stoff und Form heranziehen. Der Mensch ist als biologisches Objekt ein lebendiges Einzelnes. Solches Einzelnes, also konkret Seiendes, denkt sich Aristoteles immer zusammengesetzt aus Stoff und Form. Man kann sich das Verhältnis beider Prinzipien an der Entstehung einer Skulptur veranschaulichen. Hier prägt der Künstler der Materie, d. h. dem formlosen Stoff, eine Form auf, die erst den Stein zu dem macht, was er sein soll. Auf diese Weise müssen auch die natürlichen Objekte gedeutet werden.

Bei Lebewesen gehört zur Form die Möglichkeit der Bewegung. Die Seele ist demnach die Form dessen, was aus sich zur Bewegung fähig ist; sie ist das Prinzip der Lebendigkeit des Körpers. Sofern diese Wirklichkeit ist, heißt sie „Energeia".

Weil für Aristoteles im Reich des Organischen auch Ziele und Zwecke verfolgt werden, nennt er die Form des Lebendigen auch Entelechie. Entelechie heißt wörtlich: dasjenige, was das Ziel in sich selbst trägt. Sie ist die im Organismus wirkende Kraft, die ihm von innen her zur Selbstverwirklichung verhilft; Entelechie bezeichnet das eigentliche Ziel der Entwicklung eines Organismus, die Gestaltung und Vollendung zu dem, was es sein soll. Die Seele ist somit die Entelechie des Leibes. Sie formt die tote Materie zum lebenden Individuum, sie ermöglicht im Tier Empfindungen und Begehren, im Menschen noch zusätzlich Erkennen und Einsicht. Genauer umfaßt die Seele fünf Grundkräfte: das vegetative Vermögen, die Kräfte der Sinneswahrnehmung, das Begehrungsvermögen, das Vermögen der willkürlichen Bewegung und die intellektuellen Potenzen.

Diese recht modern klingende Lehre von der Seele als Einheitsprinzip oder Struktur des Lebendigen, die mit dem Tod des Individuums zerfällt, wird bei Aristoteles durch das Festhalten am göttlichen Logos ergänzt. Er trennt terminologisch die Vernunft von der Seele und deutet Vernunft als eine Art göttlichen Funken in der Seele. Dadurch gelingt es ihm, die Sonderstellung des Menschen zu erklären, die für ihn wie für Platon selbstverständlich ist.

b) Denker um Ludwig Feuerbach und Karl Marx

(1) Die Anthropologie Feuerbachs wird hier unter drei Gesichtspunkten betrachtet:

Erstens verdeutlicht diese, wie schon eine Generation nach der Blüte des deutschen Idealismus die Demontage der menschlichen Sonderstellung beginnt. Der Ansatz dieser Entzauberung ist die anthropologische Interpretation des Göttlichen, das früher in der theologischen Anthropologie das Prinzip der Prinzipien darstellte.

Zweitens dient Feuerbach als bedeutsame Quelle für die zahlreichen marxistischen und neo-marxistischen Analysen zum anthropologischen Fragenkomplex. Seine Argumente wirkten noch bis in die Zeit der staatlich verordneten Atheismen des orthodoxen Marxismus hinein.

Drittens schließlich steht Feuerbach für die zahlreichen Beispiele jener anthropologischen Emanzipation, die in Nietzsches Kritik der metaphysischen Spekulation und der christlichen Moral ihren Gipfelpunkt erlangte.

(2) Hegels Philosophie stellt den eigentlichen Höhepunkt des deutschen Idealismus dar. Seine Philosophie der Versöhnung hebt die Spannung zwischen Religion, Aufklärung und Naturwissenschaft, die bei Kant noch recht unvermittelt nebeneinanderstehen, in eine alles erklärende und alles verstehende Dialektik auf. Auch die anthropologisch bedeutsamen Gegensätze zwischen Außen und Innen, zwischen Ansichsein und Fürsichsein, werden in eine harmonische Einheit überführt. Das *endliche* Bewußtsein des natürlichen Menschen ist in Hegels Lehre identisch mit dem *unendlichen* Bewußtsein Gottes. Die Menschwerdung Gottes in Christus zeigt konkret, auf welche Weise das Selbstbewußtsein des Menschen in das göttliche Bewußtsein des Absoluten aufgehoben wird.

Diese Idee der allgemeinen Gottmenschheit war der eigentliche Ausgangspunkt verschiedener Hegel-Kritiken. Während die Rechts-Hegelianer (Daub, Gröschel u. .a.) dies als eine zeitgemäße positive Interpretation der christlichen Glaubenswahrheiten ansahen, betrachteten die Links-Hegelianer (Bauer, Strauß, Feuerbach, Marx) die Hegelsche Spekulation als den richtigen Weg zur Auflösung der überholten religiösen Formen der christlichen Tradition. In ihren Augen war die christliche Lehre ein bestimmtes historisches Stadium in der Entwicklung des menschlichen Bewußtseins, das nun durch die Philosophie überwunden und abgelöst werden mußte.

(3) Im Anschluß an D. F. Strauß deutet Feuerbach die *anthropologische Theologie* Hegels in eine *atheistische Anthropologie* um. Es findet keine dialektische „Aufhebung" des endlichen Menschen zum unendlichen Gott statt, sondern umgekehrt: das Bewußtsein Gottes wird auf die Erde geholt; es ist nichts anderes als das Selbstbewußtsein des

Feuerbachs atheistische Anthropologie

Menschen. Feuerbach faßt die Überlegungen seiner berühmten Schrift „Das Wesen des Christentums" in dem Satz zusammen, „daß der Gegenstand der Religion nicht ein vom Menschen unterschiedenes und unabhängiges Wesen, sondern vielmehr des Menschen *eigenstes Wesen* ist, daß der *Mensch der Gott des Menschen ist...* "[31]
Was heißt diese Vermenschlichung Gottes anthropologisch genauer? Der Ausgangspunkt Feuerbachs ist das konkrete Naturwesen Mensch in seiner Sinnlichkeit und Leiblichkeit. Dieser Mensch ist kein isoliertes Wesen, sondern er bedarf der Mitmenschen. Die Beziehungen zwischen den Menschen, wie Freundschaft, Mitleid, Liebe, Aufopferung, Geschlechtsliebe usw., sind der eigentliche Ursprung der Religion. Denn was über die Individualität des Einzelmenschen hinausgeht, wird als „Übermenschliches" angestaunt und verehrt, obwohl es nur das Menschliche ist, aber eben das Allgemein-Menschliche, dasjenige, was die *Gattung Mensch* betrifft. Im Menschen steckt also ein Drang nach Unendlichkeit in dem Sinne, daß er die menschliche Gattung als vollkommenes Wesen anstrebt und verehrt. Die menschliche Gattung ist das höchste Wesen, das Maß aller Dinge.
Sobald der Mensch dieses sein Wesen sich gegenständlich gegenüberstellt und als Fremdes betrachtet, entsteht die Gottesvorstellung. So ist der Gottesbegriff nichts anderes als eine Projektion des Menschen. Gott als Spiegelbild des Menschen; Religion wird zur Selbstanbetung und Apotheose des Menschenwesens. Das Geheimnis der Theologie ist die Anthropologie.

> „Die Religion ist das bewußtlose Selbstbewußtsein des Menschen. In der Religion ist dem Menschen sein eigenes Wesen Gegenstand, ohne daß er weiß, daß es das seinige ist; das eigene Wesen ist ihm Gegenstand *als ein anderes Wesen*. Die Religion ist die Entzweiung des Menschen mit sich: Er setzt sich Gott als einen ihm *entgegengesetzten* Wesen gegenüber..."

> *„Das Bewußtsein Gottes ist das Selbstbewußtsein des Menschen, die Erkenntnis Gottes ist die Selbsterkenntnis des Menschen.* Aus seinem Gotte erkennst du den Menschen und hinwiederum aus dem Menschen seinen Gott; beides ist identisch... Gott ist das *offenbare* Innere, das ausgesprochene Selbst des Menschen, die Religion ist die feierliche Enthüllung der verborgenen Schätze des Menschen, das Eingeständnis seiner innersten Gedanken, das *öffentliche Bekenntnis* seiner Liebesgeheimnisse."

> „Und unsere Aufgabe ist es eben, nachzuweisen, daß der Gegensatz des Göttlichen und Menschlichen ein durchaus illusorischer, daß folglich auch

---

31 L. Feuerbach: Ges. Werke, hrsg. von W. Bolin und J. Jodl, Stuttgart 1903–1911, Bd. 7, S. 259

Anthropologie 1.5

der Gegenstand und Inhalt der christlichen Religion ein durchaus menschlicher ist... Die Religion, wenigstens die christliche, ist das *Verhalten des Menschen zu sich selbst* oder richtiger: zu seinem... *Wesen,* aber das Verhalten zu seinem Wesen als zu einem anderen Wesen. *Das göttliche Wesen ist nichts anderes als* das menschliche Wesen oder besser: *das Wesen des Menschen,* gereinigt, befreit von den Schlacken des individuellen Menschen, verobjektiviert, d. h. *angeschaut und verehrt,* als *ein andres, von ihm unterschiedenes, eigenes Wesen* – alle *Bestimmungen* des göttlichen Wesens sind darum menschliche Bestimmungen." „Was der Mensch von Gott aussagt, das sagt er *in Wahrheit von sich selbst aus.*"[32]

(4) Bei Feuerbach ist die Religion noch positiver Bestandteil des menschlichen Wesens, eben die Verherrlichung dieses seines Wesens als Gattung. Engels sagt ausdrücklich: „Er will die Religion keineswegs abschaffen, er will sie vollenden."[33] Feuerbach erklärt den Unterschied zwischen Mensch und Tier geradezu durch das Faktum der Religion: „Die Religion beruht auf dem *wesentlichen Unterschied* des Menschen vom Tiere, – die Tiere haben *keine* Religion..."[34]
Marx und Engels eliminieren diese beiden spezifischen Gedanken, nämlich die Religion als Wesensunterschied zwischen Mensch und Tier und die notwendige Verehrung der Gattung Mensch in der Religion, als idealistische Überreste der Hegelschen Philosophie.
Auch Marx geht von der Vergegenständlichung des Gattungswesens aus, betont aber die freie Selbsttätigkeit des Menschen und die *Rolle der Arbeit.*

„Der Gegenstand der Arbeit ist daher die Vergegenständlichung des Gattungslebens des Menschen: indem er sich nicht nur wie im Bewußtsein intellektuell, sondern werktätig, wirklich verdoppelt und sich selbst daher in einer von ihm geschaffenen Welt anschaut."[35]

Hier wird der anthropologische Grundgedanke von Marx deutlich. Der Mensch kann nicht durch seine isolierte leiblich-seelische Existenz allein erklärt werden, sondern seine gesellschaftliche Funktion

32 Werke Band 6: Das Wesen des Christentums S. 75 bzw. 45; 48/49; 70
33 F. Engels: Ludwig Feuerbach und der Ausgang der klassischen deutschen Philosophie, Berlin 1946, S. 26/27.
   Trotz dieser positiv klingenden Aussagen über die Religion ist zu beachten, daß Feuerbach ein militanter Gegner des Christentums war und seine religionskritische Projektionstheorie den modernen Atheismus ganz entscheidend beeinflußte.
34 Das Wesen des Christentums, S. 28
35 Frühe Schriften, Bd. 1, Darmstadt 1971, S. 570

Marxistische Anthropologie

wird entscheidend; nur durch gesellschaftliche Arbeit kann er sich am Leben erhalten. In der *Arbeit* erzeugt er sich seine Welt, und seine Geschichte ist nichts anderes als die Geschichte seiner Arbeit.

Die überragende Bedeutung der Praxis für die Menschwerdung fehlt bei Feuerbach. Marx stellt seine Auffassung, den „neuen Materialismus", dem „alten Materialismus" Feuerbachs in der Form von „Thesen über Feuerbach" gegenüber.

> *7. These:* „Feuerbach sieht daher nicht, daß das ‚religiöse Gemüt' selbst ein *gesellschaftliches Produkt* ist und daß das abstrakte Individuum, das er analysiert, einer bestimmten Gesellschaftsform angehört."

> *8. These:* „Alles gesellschaftliche Leben ist wesentlich *praktisch.* Alle Mysterien, welche die Theorie zum Mystizismus veranlassen, finden ihre rationelle Lösung in der menschlichen Praxis und in dem Begreifen dieser Praxis."

> *10. These:* „Der Standpunkt des alten Materialismus ist die „bürgerliche" Gesellschaft; der Standpunkt des neuen, die *menschliche* Gesellschaft, oder die vergesellschaftete Menschheit."

> *11. These:* „Die Philosophen haben die Welt nur verschieden *interpretiert;* es kommt darauf an, sie zu *verändern.*"[36]

(5) Der Materialismus von Marx wurde durch die Einbeziehung der Dialektik von Engels zum sogenannten „dialektischen Materialismus". Die letzte entscheidende Ausgestaltung, welche diese Lehre zum erfolgreichen Instrument der politischen Praxis machte, erfolgte durch Lenin. Die Quintessenz der *marxistischen Anthropologie* jedoch läßt sich am deutlichsten aus den Gedanken des „frühen Marx" ziehen.

„Materielle Welt" bedeutet bei Marx hauptsächlich die sozialen und wirtschaftlichen Verhältnisse und hat ursprünglich wenig mit den mechanistischen Weltanschauungen seiner Zeitgenossen zu tun. Der Materialismus ist eher ein *Humanismus,* das heißt eine Lehre vom Schicksal und Heil des Menschen in der Geschichte. Nach Marx strebt die Geschichte einem bestimmten Ziel zu, nämlich der Verwirklichung von Freiheit und Vernunft. Durch den „Sündenfall" der Selbstentfremdung hat sich aber der Mensch von dieser immanenten Teleologie losgelöst und muß nun durch die Lehre des Sozialismus wieder auf den rechten Weg gebracht werden.

Den für diesen Prozeß entscheidenden Gedanken der *Entfremdung* fand Marx bereits bei Hegel vor. Nach Hegel wird in jedem Denkakt etwas aus dem Denkenden herausgesetzt und so Teil des Äußeren.

---

36 Thesen über Feuerbach, siehe Anmerkung 33, Engels S. 56

Anthropologie 1.5

Diese Entäußerung oder Entfremdung im Gedanklichen ist ein notwendiges Stadium im dialektischen Fortgang des Geistes und hat bei Hegel keinerlei negative Nebenbedeutung. Bei Marx dagegen ist die Entfremdung im abwertenden Sinn ein Mangel, ja im ethischen Sinn geradezu das Böse schlechthin und zugleich das Unglück des Menschen. In seiner materialistischen Grundkonzeption wird die Entfremdung genauer auf die sozialen Verhältnisse des Frühkapitalismus seiner Zeit bezogen. Der Mensch produziert – im Gegensatz zum Tier – Gegenstände, die sich sehr bald seinem Einfluß entziehen. Das entäußerte Produkt erfährt im Wirtschaftsprozeß ein anonymes Schicksal. In der Form des Kapitals tritt dieses dem Menschen als fremde Macht gegenüber. Sogar der Mensch selbst wird zur Ware und muß seine Arbeitskraft verkaufen. So wird schließlich das Geld zum Inbegriff der menschlichen Entfremdung.

Im Gegensatz zu romantischen Lehren, die sich in der Klage über die Entmenschlichung durch die technisierte Welt erschöpfen, prophezeit Marx als selbstbewußter Entdecker der gesellschaftlichen Entwicklungsgesetze die sichere Aufhebung der menschlichen Selbstentfremdung, sofern seine Ideen verwirklicht werden, nämlich

– Abschaffung des Privateigentums,
– Machtübertragung auf die Arbeiterklasse;
– Sozialismus als einzige Alternative zum korrupten Kapitalismus.

Durch die politische Wirksamkeit marxistischer Ideen gehörte die marxistische Anthropologie bis vor kurzem zu der am weitesten verbreiteten Lehre vom Menschen. Die zahlreichen Varianten in orthodoxen, nichtorthodoxen, in leninistischen, stalinistischen, maoistischen und neomarxistischen Ausprägungen stimmen in einem Grundgedanken überein, nämlich in der Bewertung der Entfremdungsproblematik. Der Marxismus ist in den Augen seiner Vertreter die einzige Lehre, durch welche der Mensch zu sich selbst finden kann, in der er sein Wesen zu verwirklichen und die Befreiung von weltlicher Not in kämpferischer Aktivität durch Veränderung der Gesellschaft zu erreichen vermag. Er ist der Inbegriff des erleuchteten utopischen Denkens, in welchem sich zahlreiche Heilselemente der verlorengegangenen Religiosität wiederfinden.

Die gesellschaftskritischen Impulse durch den Marxismus haben in der Gegenwartsphilosophie zu einer Aufwertung der *praxisorientierten* Philosophie geführt. So wird die ursprüngliche Aufhebung aller Philosophie in der Nachfolge Hegels eingeschränkt zur Reduktion auf eine politisch motivierte *philosophische* Praxis. Ihr allgemein-humaner

Nietzsche: Endlichkeit des Menschen

Kern beruht in der Absicht, das „gute Leben" nicht nur für *Auserwählte,* sondern für *alle* zu verwirklichen.

(6) Hatte Feuerbach erstmals die Theologie in Anthropologie verwandelt, so vollendet sich dieser Prozeß von der Unendlichkeit des Göttlichen hin zur *Endlichkeit des Menschen* vor allem in der Philosophie *Nietzsches.* Nietzsche hat den Glauben an die Kultur verloren und betrachtet seine Zeit als eine Epoche der Dekadenz. Die Moral entlarvte sich ihm als Verachtung des Lebens; der Tod Gottes wird ihm zum großen Erschrecken: der „tolle Mensch" gebärdet sich nach der Befreiung von den Zwängen der Metaphysik und des christlichen Glaubens als Wesen, das im „Übermenschen" überwunden werden muß. In der Person des Zarathustra erfolgt die Verkündigung dieser Über-Anthropologie. Es ist dies ein Entwurf
– gegen die Verächter des Leibes und des Lebens,
– gegen die Priester und Moralprediger,
– gegen die Heiligen und Mitleidigen und
– gegen die Lehre der Wahrheit und des Guten.

Der Übermensch lebt aus der Bejahung
– der Freuden des Diesseits,
– des Krieges und der Härte,
– der Aristokratie und des Stolzes und
– des Willens zur Macht als des eigentlichen Zieles unserer Existenz.

Nietzsches Anthropologie ist letztlich von einer Metaphysik des Lebens geprägt. Leben steht als letztes Prinzip und ursprüngliche Macht weit über Ratio und Vernunft. Leben – als Rehabilitierung der Triebe – wird zur neuen Unmittelbarkeit. Es ist kein Zufall, daß Nietzsche und Darwin Zeitgenossen sind. Darwins Ideen wirken in Nietzsches Konzeption hinein; aber sie haben sich zu spekulativen Prinzipien verselbständigt, so daß Aussagen der Biologie und Verhaltungsforschung wirkungslos bleiben. Hatte einst Hegel die Erfahrungswissenschaften hinter sich gelassen, um im Menschen das *Unendliche* zu finden, so erdichtet sich Nietzsche unabhängig von der prosaischen Forschung der Biologen den Übermenschen der *Endlichkeit.*

c) Arnold Gehlen

(1) Max Schelers neue philosophische Anthropologie ist von der Vermittlung der philosophischen Reflexion mit den Ergebnissen der bio-

Anthropologie 1.5

logischen Einzelforschung bestimmt. Sein Dualismus von Natur und Geist definiert eindeutig die Phänomene und formuliert zugleich die Aufgabe jeder philosophischen Anthropologie: das Ernstnehmen und Verstehen der beiden Realitäten, der empirischen Forschung und der Erscheinungen des „objektiven Geistes" (Hegel).

Während Scheler die Geist-Metaphysik als entscheidende Voraussetzung in seine Anthropologie einführt, versuchen seine Zeitgenossen und Nachfolger, diese rigide Forderung zurückzunehmen und durch differenzierte Prämissen zu ersetzen. *Plessners* Lehre von der Positionalität des Organischen und der Exzentrizität des Menschen[37] baut nur auf der Überzeugung auf, daß den Menschen ein sich seiner selbst bewußtes Ich auszeichnet. Dieses Ich wird als Element eines „organischen Modells" angesehen, also als ein den Verhaltensforscher und Biologen zugängliches „Objekt", ohne daß weitere metaphysische Prämissen hinzugezogen werden.

Noch deutlicher distanziert sich *Gehlen* von der Geist-Metaphysik Schelers. Der Mensch ist in den Augen Gehlens ein einheitlicher *Natur*entwurf, in welchem insbesondere auch die institutionellen Strukturen des objektiven Geistes sinnvoll interpretiert werden können.

(2) Gehlens Anthropologie kreist zunächst in seinem 1940 erschienenen Werk „Der Mensch, seine Natur und seine Stellung in der Welt" um die Frage nach dem konstitutionellen Unterschied zwischen Tier und Mensch und – damit eng zusammenhängend – um die Frage, wie ein Wesen von der Konstitution des Menschen in der Natur überhaupt überleben kann.

Der Mensch ist nach Gehlen kein Kompositum aus Natur *und* Geist, wie es Scheler lehrte, sondern ein besonderer *Natur*entwurf, genauer: der Naturentwurf eines *handelnden* Wesens, das wegen seines Unfertigseins auch als *Mängelwesen* bezeichnet werden kann:

> „Der Mensch ist das handelnde Wesen. Er ist in einem noch näher zu bestimmenden Sinne nicht ‚festgestellt', d. h. er ist sich selbst noch Aufgabe – er ist, kann man auch sagen: das stellungnehmende Wesen. Die Akte seines Stellungnehmens nach außen nennen wir Handlungen, und gerade insofern er sich selbst noch Aufgabe ist, nimmt er auch zu sich selbst Stellung und ‚macht sich zu etwas'. Es ist dies nicht Luxus, der auch unterbleiben könnte, sondern

---

37 Positionalität bezieht sich auf den *zentrischen*, d. h. im Hier und Jetzt aufgehenden Strukturzusammenhang, in welchem Lebewesen mit Umwelt stehen. Der Mensch dagegen ist *exzentrisch*: er ist der reflektierenden Distanz fähig. Vgl. die Stufen des Organischen und der Mensch, Berlin 1965^2

Gehlen: Mensch als handelndes Wesen

das ‚Unfertigsein' gehört zu seinen physischen Bedingungen, zu seiner Natur, und in diese Hinsicht ist er ein Wesen der *Zucht:* Selbstzucht, Erziehung, Züchtung als In-Form-Kommen und In-Form-Bleiben gehört zu den Existenzbedingungen eines nicht festgestellten Wesens. Sofern der Mensch auf sich selbst gestellt eine solche lebensnotwendige Aufgabe auch verpassen kann, ist er das gefährdete oder ‚riskierte' Wesen, mit einer konstitutionellen Chance, zu verunglücken."[38]

Die Weltoffenheit Schelers wird bei Gehlen zum Nicht-festgestellt-Sein und zur Fähigkeit der Stellungnahme in pragmatischer Hinsicht, dem Handeln aus Freiheit. Dabei verliert der Handlungsbegriff als Bestimmung der freien Tätigkeit jeglichen idealistischen Bezug im Sinne Fichtes, dessen Philosophie Gehlen zunächst nahe stand. Das spezifisch Menschliche kann aus den von der Natur gestellten Aufgaben her verstanden werden.[39]

Die Mängel sind im biologischen Sinne Unangepaßtheiten, Unspezialisiertheiten und Primitivismen („morphologische Sonderstellung des Menschen"). Es fehlen das Haarkleid, die natürlichen Angriffsorgane, die spezifische Schärfe der Sinnesorgane, die zur Flucht geeignete Körperbildung und vor allem zahlreiche Instinkte, die beim Tier das Überleben ermöglichen. In einer „natürlichen Umwelt" wäre der Mensch längst ausgerottet. Das Mängelwesen Mensch ist zugleich einer Reizüberflutung ausgesetzt, die Tieren nicht zugemutet wird, weil diese durch die Instinkte in ihre spezifische Umwelt eingepaßt sind. Der Mensch dagegen muß sich in seiner Welt, einem gefährlichen Überraschungsfeld, „entlasten", „d. h. die Mängelbildungen seiner Existenz eigentätig in Chancen seiner Lebensfristung umarbeiten."[40]

(3) Der Mensch ist so nicht nur handelndes Wesen und Mängelwesen, sondern auch *Kulturwesen.* Denn „der Inbegriff der von ihm ins Lebensdienliche umgearbeiteten Natur heißt *Kultur,* und die Kulturwelt ist die menschliche Welt".[41] Eine Grundbedingung für die Kulturent-

---

38 Der Mensch, Bonn 1958[6], S. 33
39 W. Schulz deutet Gehlens Anthropologie so, daß alle Leistungen des Menschen nur zur Kompensation der naturgegebenen Mängel zum Zwecke der Selbsterhaltung dienen (Philosophie in der veränderten Welt, Pfullingen 1972, S. 442 ff.). Janssen greift diese Einseitigkeit der Interpretation an (A. Gehlen, die anthropologische Kategorienlehre, Bonn 1975, S. 13 f.)
40 Gehlen a.a.O. S. 38
41 a.a.O. S. 39

Anthropologie 1.5

wicklung ist die Entstehung des Bewußtseins und, damit verbunden, die Herausbildung der Sprache:

> „Die Sprache führt und schließt die gesamte Aufbauordnung des menschlichen Sinnes- und Bewegungslebens in deren unvergleichbarer Sonderstruktur zusammen. In ihr vollendet sich die Richtung auf Entlastung vom Druck des Hier und Jetzt, von der Reaktion auf das zufällig Vorhandene. In ihr gipfeln die Erfahrungsprozesse der Kommunikation, wird die Weltoffenheit zureichend und produktiv bewältigt und eine Unendlichkeit von Handlungsentwürfen und Plänen möglich. In ihr schließt sich alle Verständigung zwischen Menschen in der Gleichrichtung auf gemeinsame Tätigkeit, gemeinsame Welt und gemeinsame Zukunft."[42]

(4) In einer Art „Philosophie der Institutionen" zieht Gehlen in seinen späteren Arbeiten die logischen Konsequenzen aus der „elementaren Anthropologie". Er stellt schon in seinem anthropologischen Hauptwerk die Frage:

> „Wie bringt es denn der Mensch angesichts seiner Weltoffenheit und der Instinktreduktion, bei aller potentiell in ihm enthaltenen unwahrscheinlichen Plastizität und Unstabilität eigentlich zu einem voraussehbaren, regelmäßigen, bei gegebenen Bedingungen denn doch mit einiger Sicherheit provozierbaren Verhalten, also zu einem solchen, das man quasiinstinktiv oder quasiautomatisch nennen könnte, das bei ihm *an Stelle* des echt instinktiven steht und das offenbar den stabilen sozialen Zusammenhang erst definiert? So fragen, heißt das Problem der *Institutionen* stellen!"[43]

Gehlen versucht in der Institutionenphilosophie zu erklären, wie sich Menschen durch die Jahrhunderte behaupten konnten, obwohl sie sich durch ihre Kulturleistungen doch außerhalb der ursprünglich gegebenen Naturordnung gestellt haben. Die Frage nach der *biologischen* Nützlichkeit der Menschwerdung wird so zur Frage nach der *sozialen* Nützlichkeit des Sonderentwurfs Mensch als Kulturwesen. Die Entlastung ist kein natürliches, sondern ein gesellschaftliches Geschehen.

Als Kulturwesen ist der Mensch von Institutionen geprägt. Sie gewinnen gegenüber dem menschlichen Individuum eine Selbstmacht, wie sie die Instinkte im Tierreich darstellen.

> „Sie sind die Formen, die ein seiner Natur nach riskiertes und instabiles, affektüberlastetes Wesen findet, um sich gegenseitig und um sich selbst zu ertragen, etwas, worauf man in sich und den anderen zählen und sich verlassen kann. Auf der einen Seite werden in diesen Institutionen die Zwecke des Le-

---

42 a.a.O. S. 53
43 a.a.O. S. 84

Gehlen: Mensch als Kulturwesen

bens gemeinsam angefaßt und betrieben, auf der anderen Seite orientieren sich die Menschen in ihnen zu endgültigen Bestimmtheiten des Tuns und Lassens, mit dem außerordentlichen Gewinn einer Stabilisierung auch des Innenlebens, so daß sie nicht bei jeder Gelegenheit sich affektiv auseinandersetzen oder Grundsatzentscheidungen sich abzuzwingen haben."[44]

Der Mensch ist demnach nicht durch ein neues Prinzip, den Geist, zum Kulturwesen geworden, sondern durch die Wirksamkeit der Institutionen, die ihrerseits durch die Konstitution als Mängelwesen ermöglicht wird.

„Alle Stabilität bis in das Herz der Antriebe hinein, jede Dauer und Kontinuität des Höheren im Menschen hängt zuletzt von ihnen (den Institutionen) ab. Daß der Mensch ein geschichtliches Wesen ist, hat umgekehrt die Folge, daß er sich von den historisch gewachsenen Wirklichkeiten konsumieren lassen muß, und dies sind wieder die Institutionen: der Staat, die Familie, die wirtschaftlichen, rechtlichen Gewalten usw."[45]

War bei Scheler der Personenbegriff identisch mit dem Aktzentrum, in welchem sich die dem Bios enthobene zweite Manifestation des Absoluten, nämlich des Geistes, zeigt, so ist bei Gehlen Persönlichkeit nur im Zusammenhang mit Institutionen denkbar und realisierbar. Auch die Ideen großer Denker sind nicht als solche wirksam, sondern nur durch Einschaltung von Institutionen.

„Es kommt nicht so sehr darauf an, Ideen zu diskutieren, als darauf, ihnen zu einer gerechten und dauerhaften Wirkung zu verhelfen."[46]

„. . . wer Menschen bilden willen, muß Korporationen schaffen. Aller Geist, der nur individualistisch wirkt, verflattert; sobald der Geist als Organisationsgeist auftritt, wird er konstruktiv."[47]

Der Abbau der Institutionen bewirkt eine Überhöhung der subjektiven Innerlichkeit, einen gefährlichen „Subjektivismus". Darunter versteht Gehlen die Illusion, daß der Einzelne „seine Gefühlsreaktionen ohne weiteres und unmittelbar erlebt, als ob sie überpersönlich belangvoll wären."[48]

„Wenn Institutionen im Geschiebe der Zeiten in Verfall geraten, abbröckeln und bewußt zerstört werden, fällt diese Verhaltenssicherheit dahin, man wird mit Entscheidungszumutungen gerade da überbelastet, wo alles selbst-

44 Anthropologische Forschung, Reinbek 1961, S. 71
45 Urmensch und Spätkultur, Frankfurt 1964[2], S. 8
46 Anthr. F., S. 77
47 Urmensch... S. 44
48 Anthr. F., S. 74

Anthropologie 1.5–1.6

verständlich sein sollte: ‚too much discriminative strain' – zu viel Unterschei-
dungs- und Entscheidungsdruck ist eine gute amerikanische Formel."[49]

Die Fehlform des Subjektivismus ist nach Gehlen nicht selbst wieder
zu institutionalisieren. Weil die Institutionen die notwendige Bedingung des Menschseins darstellen, verliert der Mensch mit der Distan-
zierung von diesen seine Lebensfähigkeit. Es geht der Kontakt zu anderen und die Sicherheit im Handeln verloren. Paradoxien, Absurdi-
täten und Verzweiflung sind notwendige Folgerungen.
Die durchweg positive Einschätzung der Institutionen durch Gehlen
hat in der Soziologie heftige Kontroversen ausgelöst. Man wirft Gehlen vor allem vor, Institutionen hauptsächlich unter dem Gesichtspunkt der Handlungsstabilisierung zu beurteilen. Dabei übersehe er
die Bedeutung der Handlungsfreiheit, die sich nach selbstgewählten
Zwecken orientiert und damit die Gesellschaft samt ihren Institutionen permanent verändert.

1.6. Neuere Diskussionen: Evolutionäre Anthropologie

(1) In der anthropologischen Diskussion vollzieht sich zur Zeit ein auf-
fallender Wandel. Die naturwissenschaftliche Argumentation verdrängt mehr und mehr alte Traditionen. Sowohl die Geist-Theorie in
ihren verschiedenen Ausprägungen als auch die soziologisch begründeten Lehren verlieren an Einfluß. Man ist nicht mehr so sicher, daß
die Soziologie als Grundwissenschaft die Philosophie zu ersetzen
habe. Die Ideen Spencers und Darwins, die vielfältigen Ergebnisse
der Verhaltensforschung und insbesondere der modernen Molekularbiologie werden zur Grundlage einer *„evolutionären Erkenntnistheorie"* ausgebaut. In ihr übernimmt die Biologie die einstige Rolle der
Physik, die im vorigen Jahrhundert den Anspruch erhob, die Wirklichkeit in ihren wesentlichen Zügen erklären zu können. Der innerhalb einer Systemtheorie entwickelte biologische Schlüsselbegriff der
Evolution tritt an die Stelle der mechanischen Erklärung; der Gedanke einer evolutionären Funktionalität verdrängt die Idee der mechanischen und deterministischen Berechnungsmöglichkeiten des
Seins.
Aus den Voraussetzungen der evolutionären Erkenntnistheorie ergibt
sich eine *„evolutionäre Anthropologie"*, die den Menschen ausschließ-

49 Urmensch... S. 43

Evolutionäre Erkenntnistheorie

lich als Produkt der biologischen Evolution sieht. Ihre wichtigsten Thesen lauten:

– Der Mensch ist sowohl in körperlicher wie in geistiger Hinsicht ein Ergebnis der biologischen Evolution. Die entscheidenden Phasen der Evolution: Leben, Bewußtsein und Sittlichkeit werden einheitlich interpretiert. Alle psychischen und mentalen Strukturen lassen sich aus den Fakten des Evolutionsprozesses erklären.

– Weil die Evolution eine partielle Isomorphie (Gestaltgleichheit) zwischen der Weltstruktur und der menschlichen Erkenntnisform herstellt, läßt sich verstehen, daß die Erkenntnisstrukturen auf die Welt passen. So ist beispielsweise die Ursachen-Erwartung (daß gleiche Wirkungen die gleichen Ursachen haben) oder die Dreidimensionalität der Raumanschauung fest in unseren Genen verankert.

– Die Erkenntnis stellt einen Existenzvorteil dar; daher hat der homo sapiens überlebt. Damit ist auch das Streben nach Erkenntnis angeboren. Der Geist stellt einen evolutionären Fortschritt dar; man kann ihn nicht als „Widersacher des Lebens" bezeichnen, wie es beispielsweise bei L. Klages geschieht.

– Durch die Konstitution von moralischen Systemen und anderen kommunikativen Verhaltensregeln hat sich der *Individual*selektion eine *Gruppen*selektion überlagert. Die durch Reflexion gefundenen Regeln der Gemeinschaft stimmen mit der Praxis der nach Erkenntnis strebenden Menschen überein.

(2) Die evolutionäre Erkenntnistheorie versteht sich als „kopernikanische Wende" (Vollmer) und lehrt die Evolution sämtlicher Erkenntnisvorgänge und Erkenntnisinhalte. Insbesondere wird auch das moralische Verhalten in die biologische Deutung integriert.

Aus der naturwissenschaftlichen Hypothese der Evolution wurde im Laufe der Zeit eine bewährte wissenschaftliche Theorie. Heute verwandelt sich diese zu einem universellen anthropologischen Denkmodell. Auf einem philosophisch-theologischen Symposium in Rom beschreibt Kardinal Ratzinger die neue Situation:

„Heute ist insofern ein neues Stadium der Debatte erreicht, als ‚Evolution' über ihren naturwissenschaftlichen Gehalt hinaus zu einem Denkmodell erhoben worden ist, das mit dem Anspruch auf Erklärung des Ganzen der Wirklichkeit auftritt und so zu einer Art von ‚erster Philosophie' geworden ist. Wenn das Mittelalter eine ‚Rückführung aller Wissenschaft auf die Theologie' (Bonaventura) versucht hatte, so kann man hier von einer Rückführung aller Realität auf

Anthropologie 1.6

‚Evolution' sprechen, die auch Erkenntnis, Ethos, Religion aus dem Generalschema Evolution glaubt ableiten zu können. Daß diese Philosophie sich als scheinbar reine Auslegung naturwissenschaftlicher Erkenntnis darbietet, sich mit ihr geradezu identifiziert, gibt ihr eine fast unwidersprechliche Plausibilität, die inmitten der allgemeinen Krise philosophischen Denkens nur um so wirksamer ist."[50]
Die Antwort der Wissenschaften auf die Grundfrage der philosophischen Anthropologie, die wir eingangs als Spannung zwischen Natur und Sittlichkeit charakterisiert haben, scheint völlig eindeutig. Doch die erwähnte Verallgemeinerung zum Denkmodell wird nicht ohne Widerspruch hingenommen. So ist Karl Popper davon überzeugt, daß die Evolutionstheorie in der heutigen Form zur Erklärung des Neuen nicht ausreicht.

(3) *Popper* hat zur Interpretation der Evolution von Natur und Mensch eine *Theorie der Emergenzen* entwickelt, die sich von reduktionistischen Versuchen deutlich unterscheidet. Nach Poppers Auffassung hat die Evolution auf bestimmten Stufen immer wieder etwas wesentlich Neues hervorgebracht, das prinzipiell nicht als Bewirktes aus den tieferen Stufen erklärt werden kann, aber umgekehrt auf diese darunterliegenden Stufen einwirkt. Er nimmt daher auch „Verursachungen nach unten" an, während in den Reduktionstheorien stets nur eine „Verursachung nach oben" gelehrt wird. Wegen der Wechselwirkung in beiden Richtungen nennt Popper seine Lehre auch „Interaktionismus". Emergenz heißt das Auftreten neuartiger Phänomene, die auch nach unten wirken. Die wichtigsten Emergenzen sind die komplexen Atomkerne, Leben, Empfindung und vor allem Sprache und Selbstbewußtsein. Zur Erklärung ihrer Möglichkeit nimmt Popper an, „daß die Emergenz hierarchischer Stufen oder Schichten sowie die Wechselwirkung zwischen ihnen auf einem fundamentalen Indeterminismus des physischen Universums beruht." [vgl. 1.4 (a)]
Die folgenden Gedanken verdeutlichen nochmals seine „Idee einer kreativen oder ‚emergenten', einer Neues schaffenden Evolution":

> „Die vernünftigste Ansicht scheint die zu sein, daß Bewußtsein eine emergente Eigenschaft von Lebewesen ist, die unter dem Druck der natürlichen Auslese entsteht."

50 Geleitwort zu R. Spaemann u. a. (Hrg.): Evolutionismus und Christentum, Weinheim 1986, S. VII.

Popper: Theorie der Emergenzen

„Klar ist jedoch, daß es etwas Neues und Unvorhersagbares ist: Es ist emergent, es taucht auf." „Meine Vermutung ist, ... daß es die Emergenz der menschlichen Sprache war, die den Selektionsdruck schuf, unter dem die Großhirnrinde und mit ihr das menschliche Ich-Bewußtsein entstand."[51]

Es ist offensichtlich, daß Popper die Emergenzen völlig immanent deutet. Es wäre denkbar, diese Neuerscheinungen in Abwandlung der mittelalterlichen metaphysischen Lehre von der creatio continua („dauernde Schöpfung") im christlichen Sinne als Neuschöpfungen Gottes zu interpretieren. Jedenfalls ist mit der Einführung des Begriffs der Emergenz nicht mehr verstanden und erklärt als beim Hinweis auf einen neuen Schöpfungsakt.

(4) Auch *Robert Spaemann* wendet sich gegen eine immanente evolutionstheoretische Argumentation. Er kritisiert vor allem die völlige Elimination des Zweckgedankens, der im menschlichen Leben so wichtig ist. In seinem Buch „Die Frage Wozu? – Geschichte und Wiederentdeckung des teleologischen Denkens" (1981) versucht er eine allgemeine *Rehabilitierung der Teleologie*. Er betont, daß die Beweislast keineswegs den Teleologen zufällt, sondern den kausal argumentierenden Evolutionstheoretikern. Denn derjenige muß begründen, der Selbstverständliches in Frage stellt, und daß die teleologische Welterfahrung für uns Menschen selbstverständlich ist, braucht nicht betont zu werden. Spaemanns Argumentation ist daher vorwiegend kritisch und geht in zwei Richtungen:
- *erstens* zeigt er, daß die Methoden und Modelle der erklärenden Wissenschaften nicht autonom sind, sondern überhaupt nur auf dem Hintergrund teleologischer Grundannahmen funktionieren;
- *zweitens* führt er aus, daß teleologische Phänomene zu den adäquaten Existenzbedingungen handelnder, das heißt mit Freiheit ausgestatteter und daher verantwortungsvoller Wesen gehören.

Spaemann weist der Evolutionstheorie ihren Platz als wissenschaftliche Hypothese innerhalb bestimmter Fragestellungen zu, bestreitet aber ihren Universalanspruch:

„Die Evolutionstheorie ist in eminentem Maße *Bedingungs*forschung. Sie gibt eine Fülle von Bedingungen an, erläutert durch Beobachtung wie Experiment, nach welchen sich gegebene Organismen, im weiteren Sinne auch Materie oder menschliche Gruppen, entwickeln, *wenn sie einmal vorhanden sind*. Sie kann Veränderungen erklären bis hin zu Artenänderungen; ihre

---

51 Popper/Eccles. S. 60 bzw. 37 bzw. 53/54

Anthropologie 1.6

Resultate sind seit Darwin sehr erweitert und präzisiert worden... Keineswegs werden *alle* Phänomene in den Blick kommen. Das liegt schon daran, daß zur Erforschung eines Phänomens auch derjenige dazugehört, der das Sichzeigen (Phainesthai) *sieht*. Wenn man die Augen vor dem Phänomen ‚Schönheit‘ in der Natur verschließt und nur von ‚bunt‘, ‚zackig‘ oder von ‚Tonabfolge‘ spricht, dann kann man zu diesem Phänomen eben auch nichts Adäquates sagen, auch nicht, daß ‚Schönheit‘ ein Anthropomorphismus sei. Schließlich ist ‚Anpassung‘ auch ein Anthropomorphismus.“

Die Biologen ziehen trotz der Einwände aus Quantenmechanik und wissenschaftstheoretischen Analysen (z. B. bei Stegmüller) immer wieder kausal-deterministische Erklärungen nach dem Hempel-Oppenheim-Schema (vgl. 2.4a (5)) heran. Spaemann wirft ihnen daher vor, das alte klassische materialistische Weltbild zu konservieren und die Abhängigkeit jener Begriffsbildungen von menschlichen Interessen und Handlungszielen völlig zu ignorieren. Besonders deutlich wird dies am Fulgurationsbegriff:

„Die Begriffe ‚System‘, ‚Information‘, ‚Programm‘ und im übrigen auch ‚Struktur‘ leisten daher nicht eine ‚metaphysikfreie‘ Erklärung des Lebendigen, sondern verweisen selbst auf einen umgreifenden teleologischen Zusammenhang, vor dessen Hintergrund sie erst überhaupt zu ihrer Bedeutung gelangen können.“

Spaemann stellt "die Fulgurationstheorie auf den Kopf: Materie und Spielregeln erklären nicht das Auftreten von neuen Qualitäten, sondern sie stellen *Bedingungen* dar, unter welchen neue Qualitäten auftreten können. Die *Erklärung* dieses Neuen kann nicht von Materie und Spielregeln kommen, weil diese ja Abstraktionsprodukte aus dem bereits vorhandenen... ‚Neuen‘ darstellen, wenn wir den Blick nach rückwärts wenden. Woher das *Neue* selbst kommt, das kann uns keine Naturwissenschaft lehren.“

„Teleologische Interpretation von Ereignissen ist unverzichtbar, wenn es sich um Äußerungen oder Handlungen von Menschen handelt, mit denen wir in sprachliche Kommunikation treten. Wir müssen Menschen als handelnde, wollende Wesen, als Ursprung von Aktivität und Spontaneität, als Subjekte von Streben und Wollen betrachten, solange wir überhaupt mit ihnen zusammenleben wollen...“

„Verständnis des Lebens kann nur den umgekehrten Weg gehen: das einzig sichere Kriterium für Leben ist unser *Selbstvollzug* des Lebens, und Analogien dieses so in seiner Fülle erfahrenen Lebens schreiben wir anderen Wesen zu... In unserer Selbsterfahrung als lebendige Wesen gehört aber sowohl die *Bewußtheit* dieser Selbsterfahrung als auch die Dimension des Sittlichen.“[52]

52 R. Spaemann, R. Löw: Die Frage wozu? München 1981, S. 277 bzw. 252, 278, 279, 255

Spaemann: Rehabilitierung der Teleologie

(5) Die philosophischen Argumente gegen eine Universalisierung der Evolutionstheorie, die Geist, Sittlichkeit und Religion miterklärt, gehen in den heutigen Diskussionen mehr oder weniger ungehört unter. Der Widerstand zeigt sich eher auf indirekte Weise über die *Folgen der Evolutionstheorie.* Der Verlust der Sonderstellung des Menschen hat Konsequenzen, deren Tragweite erst allmählich bewußt werden wird. So mehren sich heute folgerichtig Stimmen, welche Tiere, Pflanzen und die unbelebte Natur unter die gleichen moralischen Kategorien stellen wie den Menschen. Die berechtigte Sorge um ein adäquates Umgehen mit Tieren und mit der Umwelt im allgemeinen kann aber zu Auffassungen führen, die zugleich Gefahren für das Verhalten zum Mitmenschen enthalten. Wenn die Sonderstellung des Menschen unglaubwürdig ist, müssen die Normen für das Umgehen mit Naturwesen neu definiert werden. Es ist zu fragen, welche Wesen moralisch zählen, also unsere Beachtung unter moralischen Aspekten verdienen.

Aufsehen erregt haben in diesem Zusammenhang die anthropologischen Aussagen des australischen Philosophen *Peter Singer.* Dieser vertritt die als „Sentientismus" bezeichnete Lehre, daß Lebewesen genau dann moralisch behandelt werden müssen, wenn sie die Fähigkeit haben, „bewußt" Lust und Leid zu empfinden. Denn Moral baut nach Singer auf das *Prinzip der gleichen Interessenerwägung* auf. Die Eigeninteressen müssen zugunsten anderer zurücktreten. Diese aber zielen vor allem auf die lustvolle und leidfreie Entfaltung der einzelnen Wesen ab. Also muß es das Ziel moralischer Handlungen sein, möglichst vielen Wesen möglichst viel Lust und möglichst wenig Leid zuzufügen. Falls Tieren ebenfalls solche Interessen zugeschrieben werden können, sind sie gleich zu behandeln wie Menschen mit solchen Interessen. Deshalb muß unser Verhalten zu Tieren und insbesondere das Ethos der Tierhaltung revidiert werden. Tieren sind moralisch zumutbare Lebensbedingungen zuzubilligen. Das schließt aber ein schmerzfreies Töten nicht aus. In Bezug auf die Frage nach der *Tötung von Lebewesen* hebt Singer als Beurteilungsmaßstab zusätzlich den *Status der Person* hervor. Darunter versteht er Lebewesen mit Selbstbewußtsein, die gewisse Wünsche bezüglich ihrer Zukunft haben können. Sie müssen über die geistigen Voraussetzungen verfügen, ein Interesse am Leben zu entwickeln. Dieser Personbegriff ist aber nicht am Gattungsbegriff des Menschen orientiert, sondern es gibt nach Singer Menschen, die keine Person sind, und Personen, die keine Menschen sind (z. B. Schimpansen, Gorillas, Delphine und Wale). Umgekehrt steht einer Tötung von Menschen nichts im Wege, welche die Bedin-

Anthropologie 1.6

gungen nicht erfüllen; dazu gehören Föten, Kleinkinder in den ersten Lebensmonaten, Schwachsinnige und Menschen im Koma. Wer Lebewesen nur deshalb einen Sonderstatus zubilligt, weil sie der Gattung Mensch zugehören, denkt nach Singer rassistisch und hängt der „überholten" Theologie des unsterblichen, einzigartigen Individuums an.[53] Mit der Ablehnung der Sonderstellung des Menschen entfällt das Argument der Zuweisung der Menschenwürde für alle zur biologischen Spezies Mensch zählenden Wesen. Doch die Unschärfe der in dieser und ähnlichen Lehren verwendeten anthropologischen Begriffe beschwört die Gefahr herauf, daß die Grenzen des moralisch gerechtfertigten Handelns beliebig verschoben werden können. Begriffe wie „bewußte Empfindung" oder „Interesse am Leben oder an der Zukunft" sind ebenso unklar wie ein Messungsbegriff, der von der Maximierung und Minimierung der Lust und des Leids in Lebewesen spricht, in deren Innenleben zu versetzen uns völlig verwehrt ist.

(6) Im Dilemma der mangelhaften Begründung der Menschenwürde angesichts wissenschaftlicher Erkenntnisse ziehen sich zahlreiche Philosophen auf einen rein *praktischen* Standpunkt zurück. So bemerkt z. B. Günther Bien in einer Anthropologie-Einleitung: „Die philosophisch-anthropologische Frage nach dem ‚Wesen' des Menschen bleibt, trotz aller Erkenntnisfortschritte der einzelwissenschaftlichen Forschung, eine schlechthin und notwendigerweise unbeendbare Aufgabe."[54] Wenn man nicht gerade die seltenen Grenzfälle im Auge hat, kann man den Menschen Fähigkeiten und Interessen zuschreiben, die anderen Wesen nicht zukommen und die seit alters her mit der Entfaltung der Persönlichkeit und der Pflege einer humanen Kultur im Zusammenhang gebracht worden sind. Begriffe wie Vernunft und Freiheit bekommen einen regulativen Sinn. Sie dienen der Lebensbewältigung des immer gefährdeten Menschen.

Die Fragen nach der Macht der Vernunft, nach der Reichweite der Sittlichkeit und nach der Möglichkeit von Freiheit erhalten so ein neues Gewicht. Sie sind keine intellektuellen Spielereien, sondern wirken sich auf alle philosophischen Disziplinen aus, denen wir uns im folgenden zuwenden werden.

---

53 Singer: Praktische Ethik, Stuttgart 1984, § 7
54 Bien/Busch: Was ist der Mensch? Hannover 1981, S. 6

2. Wissen und Wahrheit – Erkenntnis- und Wissenschaftstheorie

2.1 Ein Zentralproblem: Vom sicheren Wissen (Letztbegründungsversuche)

Wenn heute so viel von Krisen und Notsituationen gesprochen wird, so drückt sich darin letztlich eine fundamentale Unsicherheit aus. Angst vor der Technik und ihren Folgen, Verunsicherungen in Moral und Pädagogik, Orientierungslosigkeit in Politik und Gesellschaft machen deutlich, daß in den entscheidenden Fragestellungen sicheres Wissen fehlt. Alte Traditionen mit festen Normen, Lebensgewohnheiten mit eingeübten Verhaltensmustern und religiöse Vorstellungen mit unverrückbaren Offenbarungsinhalten sind einer maßlosen Kritik gewichen, die zwar auf ihre Dynamik stolz sein kann, aber in ihrer Radikalität nur Ratlosigkeit hinterläßt.

In solchen Krisenzeiten und in Zeiten des Umbruchs wurden in der Philosophie immer wieder Versuche unternommen, die bodenlose Kritik und damit die Willkür vielfältiger Meinungen und verwirrender Wertungen durch die Errichtung eines unbezweifelbaren Wissensfundaments zu überwinden.

Letztbegründungsversuche dieser Art unternahmen Sokrates und Platon, als sie gegen die Zersetzungstendenzen der Sophisten des 5. und 4. Jahrhunderts vor Christi Geburt ankämpften; Augustinus stritt in der Zeit des niedergehenden römischen Imperiums gegen die Skeptiker und versuchte, mit Hilfe der sich verbreitenden christlichen Lehre einen sicheren Neubeginn zu finden. Im ausgehenden Mittelalter, dem Zeitalter der aufsteigenden Naturwissenschaften, steht der folgenreiche Versuch René Descartes, unser gesamtes Wissen auf eine ganz neue Basis zu stellen und damit gegen jeden Zweifel abzusichern. Dabei begründete er die neuzeitliche Bewußtseinsphilosophie und wird seitdem „Vater der neuzeitlichen Philosophie" genannt. Auch im 20. Jahrhundert wurde vor allem in der Phänomenologie E. Husserls, des Lehrers M. Heideggers, nochmals der Versuch eines absoluten Neubeginns gewagt.

All diese Versuche ähneln einander. Man beginnt bei Null und sucht einen archimedischen Punkt, der absolut unbezweifelbar ist. Dieser dient als Fundament für alle weiteren Betrachtungen, die dann ebenfalls dem Zweifel enthoben sind. Das so gefundene absolute Wissen heißt bei den Griechen Episteme (im Gegensatz zur unbegründeten Meinung, der Doxa) und stellt den Inhalt der „Wissenschaft der Wahrheit", der Philosophie, dar (Aristoteles).

Man geht im allgemeinen davon aus, daß das Fundament unseres komplizierten Wissens nicht aus verwickelten ethischen oder psychologischen Einsichten bestehen kann. Es muß vielmehr relativ *einfach* und vor allem *theoretischer* Natur sein; die *praktische* Nützlichkeit und Anwendungsmöglichkeit kann sich erst aus seiner objektiven Gegebenheit ableiten.

Doch wenn wir unser theoretisches Wissen prüfen, scheint unsere Zweifelsmöglichkeit gar nicht so radikal zu sein. Daß ein Mord in jedem Falle verwerflich ist oder eine Neurose aus den Erlebnissen in den ersten Lebensjahren abgeleitet werden kann, läßt sich durchaus bezweifeln. Aber wer könnte die Wahrheit der mathematischen Aussage $2 + 3 = 5$ oder das Gravitationsgesetz der Physik in Frage stellen? War nicht schon immer die Mathematik das geheime und viel beneidete Vorbild der Philosophen, eben weil hier alles eindeutig ist und es in dieser Wissenschaft nichts zu bezweifeln gibt?

Doch ein Blick in die Geschichte der geistigen Auseinandersetzungen belehrt uns schnell eines besseren. Um die Jahrhundertwende war unter den Logikern und Mathematikern ein Streit entbrannt, der zur mathematischen Grundlagenkrise führte, in der man sich keineswegs darüber im klaren war, ob mathematische Aussagen „wahr" sind. Schließlich bedeutet Wahrheit eine Beziehung zur Wirklichkeit; aber die mathematischen Sätze betreffen Verstandeskonstruktionen, und nur als solche sind sie sicher. Mit Recht sagt daher A. Einstein: „Insofern sich die Sätze der Mathematik auf die Wirklichkeit beziehen, sind sie nicht sicher; und insofern sie sicher sind, beziehen sie sich nicht auf die Wirklichkeit".[1]

Auch die Geltung des Gravitationsgesetzes in der Form von Newton wurde bekanntlich durch Neuentwicklungen der modernen Physik in Frage gestellt. Einstein hat in seiner Relativitätstheorie ein ganz neues Gesetz formuliert, welches zwar das Newtonsche als Spezialfall enthält, aber nicht den Anspruch erhebt, die letzte Form jener Gesetzmäßigkeiten auszudrücken. Noch heute suchen die Physiker eine allgemeine „Weltformel", in welcher alle physikalischen Erscheinungen,

1 Mein Weltbild, Berlin 1955, S. 119

Descartes: Meditationen

einschließlich die Gravitationskräfte, einheitlich dargestellt werden sollen.

Bevor wir uns solchen und ähnlichen Einzelfragen zuwenden und dabei die für die Beschäftigung mit der Wissenschaftstheorie notwendigen Grundbegriffe kennenlernen, skizzieren wir einen historisch folgenreichen Lösungsversuch. Wir verfügen dann über ein anschauliches Beispiel zu unserer Problematik, auf das wir uns bei der Entfaltung weiterer Gedanken immer wieder beziehen können.

2.2 Ein Lösungsversuch: Descartes' Grundlegung der neuzeitlichen Philosophie

In der Schrift „Meditationen über die Grundlagen der Philosophie" hat Descartes seine Gedanken, die er schon in anderen Werken entwickelt und angedeutet hatte, ausführlich dargelegt. Er beginnt mit der Überlegung „woran man zweifeln kann".

> „Schon vor einer Reihe von Jahren habe ich bemerkt, wieviel Falsches ich in meiner Jugend als wahr habe gelten lassen und wie zweifelhaft alles ist, was ich hernach darauf aufgebaut, und daß ich daher einmal im Leben alles von Grund aus umstoßen und von den ersten Grundlagen an neu beginnen müsse, wenn ich endlich einmal etwas Festes und Bleibendes in den Wissenschaften ausmachen wolle" (I,1).[2]

Um diese Reform verwirklichen zu können, hat es keinen Sinn, jede Einzelheit in Frage zu stellen; der Zweifel muß sich auf die *Prinzipien* richten. Dabei reicht es aus, irgendeinen Anlaß zum Zweifel zu finden, um das Betrachtete als Ausgangspunkt zu verwerfen. Es muß dann *zunächst* beiseite geschoben werden; als archimedischer Punkt kommt es damit nicht in Frage.

Der Zweifel vollzieht sich nun in *drei Schritten:*

a) *Es gibt Sinnestäuschungen.* Also dürfen wir uns prinzipiell nicht kritiklos auf die Sinne verlassen. Alles, was wir durch äußere Sinneswahrnehmungen vermittelt bekommen, *kann* fehlerhaft sein. Daher gibt es keine ursprüngliche Gewißheit der uns sinnlich vermittelten *Außenwelt.*

---

2 Descartes: Meditationen über die Grundlagen der Philosophie. Zitiert nach der Übersetzung von A. Buchenau, Phil. Bibliothek Bd. 27, Hamburg 1972

Wissenschaftstheorie 2.2

Indessen, mögen uns die Sinne auch täuschen – überlegt Descartes weiter. Ist nicht die innere Wahrnehmung unserer eigenen Existenz sicher, das heißt,

„z. B. daß ich jetzt hier bin, daß ich, mit meinem Winterrocke angetan, am Kamin sitze, daß ich dieses Papier in der Hand halte und ähnliches; vollends daß eben dies meine Hände, daß dieser gesamte Körper der meine ist, wie könnte man mir das abstreiten?" (I,6)

b) *Es gibt die vorgegaukelte Traumgewißheit,* in der wir meinen, wir würden Wirklichkeit erleben. Träumen und Wachen lassen sich gar nicht sicher unterscheiden. Also müssen auch die *inneren Wahrnehmungen* des gesunden Menschenverstandes skeptisch betrachtet und zunächst verworfen werden. Auch meine leibhaftige körperliche Existenz in der mir gewohnten Umgebung ist zweifelhaft.

Auch hier findet Descartes ein Gegenargument: Im Traum gibt es doch wenigstens *Allgemeines* wie Augen, Haupt, Hände. Selbst wenn die Trauminhalte in fremdartigen Gestalten kombiniert sind, so sind doch die Traumerlebnisse wie gemalte Bilder, die nach dem Muster wahrer Dinge angefertigt wurden. Aber selbst wenn die Phantasie des Künstlers so groß ist, daß diese empirischen Begriffe nicht mehr erkennbar sind, so bleibt doch eine Reihe von denknotwendigen Bestimmungen übrig, die völlig außer Zweifel stehen: Daß z. B. ausgedehnte Körper Farbe haben, daß Körper überhaupt ausgedehnt sind, daß sie einen bestimmten Ort einnehmen und andere Selbstverständlichkeiten können doch nicht bezweifelt werden, selbst wenn wir träumen sollten. Gewisse Kategorien, das heißt allgemeinste, nicht wegzudenkende Begriffe, wie Ausdehnung, Form, Undurchsichtigkeit, Bewegung usw. scheinen unserem Geist angeboren zu sein.

c) Aber weil wir endliche Wesen sind, können wir die *Idee eines allmächtigen Lügengeistes* (deus malignus) bilden:

„Es ist indessen meinem Geiste eine alte Meinung eingeprägt, daß ein Gott sei, der alles vermag, und von dem ich so, wie ich bin, geschaffen sei. Woher weiß ich aber, daß er nicht bewirkt hat, daß es überhaupt keine Erde, keinen Himmel, kein ausgedehntes Ding, keine Gestalt, keine Größe, keinen Ort gibt und daß dennoch dies alles genau so wie jetzt mir da zu sein scheint?" (I,10).

Obwohl diese Zuflucht zum Gottesbegriff uns hier überraschend und deplaziert erscheint, sollten wir uns klar machen, daß Descartes damit auf die Endlichkeit (Unvollkommenheit) des Menschen verweisen will, die wir heute z. B. als Abhängigkeit von Naturgesetzen, als Geschichtlichkeit u. a. denken. Wir erkennen, daß wir nicht selbstmächtig alles vermögen, also von einen oder etwas Anderem abhängen. Wie soll es nach diesem radikalen Einwand weitergehen? Nachdem sich Descartes nochmals in seine trostlos erscheinende Situation versenkt hat, macht er in der 2. Meditation seine entscheidende Entdeckung, durch die sein Name berühmt wurde:

„. . . es gibt einen, ich weiß nicht welchen, höchst mächtigen und verschlagenen Betrüger, der mich geflissentlich stets täuscht. – Nun, wenn er mich täuscht, so ist es also unzweifelhaft, daß *ich* bin. Er täusche mich, soviel er kann, niemals wird er es doch fertig bringen, daß ich nichts bin, solange ich denke, daß ich etwas sei. Und so komme ich, nachdem ich derart alles mehr als zur Genüge hin und her erwogen habe, schließlich zu dem Beschluß, daß dieser Satz ,*Ich* bin, *ich* existiere', so oft ich ihn ausspreche oder in Gedanken fasse, notwendig wahr ist" (II,3).

Descartes' Zweifel ist von vornherein ein *methodischer* (theoretischer, metaphysischer) Zweifel, das heißt ein Weg, um zur sicheren Wahrheit zu gelangen. Von dieser Bedeutung des Zweifels sind zwei weitere Bedeutungen zu unterscheiden:
– der *radikale* (existenzielle, praktische) Zweifel, in welchem das unentschiedene Schwanken zur Gleichgültigkeit oder gar zur Ablehnung jeder Wahrheit und dabei zur Verzweiflung führt;
– der *akademische* Zweifel, wie er in den Schulen der Skeptiker Griechenlands (Pyrrhon, Platons Akademie, z. B. Arkesilaos; Sextus Empiricus) gelehrt wurde. Dort bedeutet „Skepsis" „Ausschau halten nach etwas", „Suche nach Wahrheit" – aber stets mit dem Bewußtsein, daß man sie nie findet und sich in einer entsprechenden Urteilsenthaltung (Epoché) und seelischen Bescheidung (Ataraxia) üben muß.
Descartes erläutert seine Entdeckung in zwei Richtungen: Einmal versteht er das sich seiner selbst gewisse Ich als „res cogitans", als „denkendes Ding" oder besser als „denkende Substanz". Im Substanzbegriff kommt zum Ausdruck, daß es sich um ein Etwas handelt, das selbständig und ursprünglich ist, also nicht noch einen Träger oder ein weiteres Zugrundeliegendes benötigt.
Zum anderen macht Descartes klar, daß das Denken, von dem im selbstgewissen Ich die Rede ist, kein abstrakter und inhaltsleerer Akt ist, sondern einen Prozeß größter Fülle und Anschaulichkeit meint:

„Ein denkendes Ding! Und was heißt das? Nun, – ein Ding, das zweifelt, einsieht, bejaht, verneint, will, nicht will und das auch Einbildung und Empfindung hat. Fürwahr, das ist nicht wenig, wenn dies alles zu mir gehören soll" (II,14).

Die Selbstgewißheit bezieht sich demnach auf *alle* Bewußtseinszustände. Daß ich den Baum *sehe,* daß ich ein *Urteil fälle,* daß ich mir Geld *wünsche,* daß ich einen Angsttraum *durchlebe,* mir eine phantastische Reise *vorstelle* oder mich in einer Annahme *irre,* dies alles ist sicher und jeweils ein Beispiel für mein „ich denke". In all diesen Bewußtseinszuständen bin ich mir meiner Existenz sicher. Daß mit diesen Inhalten, die in meinem Bewußtsein sind, noch nichts darüber ausgesagt ist, was *wirklich,* also auch *unabhängig* von meinem Denken und allen Menschen in gleicher Weise zugänglich ist, bringen die letzten Beispiele deutlich zum Ausdruck.

Aber diese Außenwelt kann erst verstanden werden, wenn ich mein Denken kenne. Die Selbsterkenntnis steht bei Descartes vor der Erkenntnis der Außenwelt und der Einsicht in die körperliche Natur der Dinge.

In der dritten und in den weiteren Meditationen geht es darum, vom archimedischen Punkt des „cogito sum" zu weiteren Erkenntnissen zu gelangen, vor allem zur Erkenntnis der äußeren Wirklichkeit. Denn wegen der Denkbarkeit der Existenz eines allgewaltigen Lügengeistes könnte ja alles, was ich meine, fühle, sehe usw. falsch sein. Es wäre zwar richtig, *daß* ich meine, fühle, sehe usw.; aber was soll dieses Wissen, wenn alle Inhalte Irrtümer und Gaukeleien betreffen könnten?

Wie kann die Barriere, die sich durch die Idee eines deus malignus vor uns aufgerichtet hat, überwunden werden? Dieses Problem muß zu allererst gelöst werden. Erst dann kann ich einsehen, inwiefern die in mir vorhandenen bewußten Vorstellungen von den Außendingen etwas mit wirklich existierenden Dingen draußen zu tun haben.

In der dritten Meditation, welche die Überschrift „Über das Dasein Gottes" trägt, geht Descartes daran, sich meditativ in die Vorstellung Gottes hineinzuversetzen. Die Vorstellung von diesem vollkommensten Wesen (ens perfectissimum) schließt es aus, daß Gott uns so niederträchtig täuschen könnte, wie es in der Hypothese vom deus malignus angenommen wurde.

Nachdem sich Descartes Gewißheit über das Ich und über Gott verschafft hat, wendet er sich in den letzten Teilen der „Meditationen" der Gewißheit der materiellen Welt zu. Sein Gedankengang ist folgender: Wenn Gott gut und wahrhaftig ist, kann der Mensch auch der Erkenntnis der materiellen Dinge seiner Außenwelt sicher sein. Gott garantiert die Zuverlässigkeit der von ihm geschaffenen Vernunft. Wenn wir also die Vernunft, dieses Gottesgeschenk, richtig anwenden, dann können wir ihrer Ergebnisse sicher sein. *Richtige* Anwendung der Vernunft heißt aber *klares und deutliches Erkennen. Was wir klar und deutlich erfassen, ist sicher.*

Mit diesem Leitfaden des klaren und deutlichen Erkennens glaubt Descartes eine *Methode* gewonnen zu haben, die es ihm erlaubt, alle weiteren Überlegungen innerhalb eines großen Systems zu entwikkeln. Die Vernunft durchschaut zunächst, daß die Körper in der Natur ausgedehnte Dinge, *res extensae,* sind. Für diese sind die Methoden der Mathematik und der Mechanik angebracht. So werden erstmals die Mathematisierung und Mechanisierung als wesentliche und ausreichende Mittel einer Naturerklärung gefordert und begründet. Descartes unterwirft damit die gesamte Philosophie dem Ideal der wissenschaftlichen Strenge. Wahrheit ist mit absoluter Sicherheit verbunden.

Während bei Descartes diese Selbstsicherheit von der im cogito mitgegebenen Gottesgewißheit getragen wird, das menschliche Selbstbewußtsein bei ihm also geradezu göttliche Würde erhält, befreit sich die Philosophie und die Wissenschaft in der Folgezeit mehr und mehr von dieser Beziehung zu Gott. Das „Licht der Vernunft" wird als emanzipiertes Selbstbewußtsein zum autonomen Prinzip allen wissenschaftlichen Denkens.

Die Tatsache, daß sich an Descartes' System in den folgenden Jahrzehnten und Jahrhunderten weitere ähnliche Versuche der Letztbegründung angeschlossen haben, zeigt deutlich, daß die cartesianische Philosophie nicht der Weisheit letzter Schluß sein kann. Es ist zu offenkundig, daß gegen den Gedankengang an zahlreichen Stellen Einwände erhoben werden können. Aber hier geht es uns weniger um eine Kritik der Philosophie Descartes'; dieses Beispiel soll uns vielmehr helfen, einige Grundbegriffe und Grundprobleme der Erkenntnis- und Wissenschaftstheorie herauszuarbeiten. Dies geschieht in den nächsten Abschnitten.

2.3 Wissenschaftstheoretische Grundbegriffe

a) Empirismus – Rationalismus

Die Frage, woher wir unser Wissen haben, führte Descartes auf zwei Bereiche, die als *Quelle unserer Erkenntnis* zu betrachten sind. Da sind einmal die verschiedenen *Sinneserfahrungen,* das heißt Inhalte, die wir durch Wahrnehmung mit Hilfe unserer fünf Sinne vermittelt bekommen. Dabei wollen wir uns trotz der Möglichkeit von Täuschungen, wie sie Descartes aufgezeigt hat, nicht davon abhalten lassen, Sinneswahrnehmungen ernst zu nehmen. Denn in unserem Wissen spielt die sinnliche Erfahrung oder *Empirie* eine große Rolle. Sie ist entscheidend bei der Beschreibung einzelner Sachverhalte. Daß beispielsweise der Turm von Pisa auf seinen Fundamenten schief steht, wissen wir nur durch Berufung auf Sinneserfahrungen. Aber auch die meisten wissenschaftlichen Verfahren beruhen auf experimentellen Untersuchungen und nützen die Verfeinerung unserer Sinne durch Mikroskope, Fernrohre usw. aus. In den Wissenschaften geht es nicht nur um Einzelerkenntnis, sondern um ein allgemeines Wissen, z. B. daß alle Menschen sterblich sind oder daß sich alle Körper nach dem Gravitationsgesetz verhalten. Auch allgemeine Erkenntnisse sind durch die Empirie mitbestimmt; sie ergeben sich aus vielen Einzelergebnissen und deren „induktiven" Verallgemeinerungen (vgl. unten).

Man könnte meinen, daß *all* unser Wissen im letzten aus der Vermittlung durch die fünf Sinne geschöpft wird. Philosophen, die von der ausschließlichen Rolle der Empirie für unser Wissen überzeugt sind, heißen *Empiristen;* ihre Theorie bezeichnet man als *Empirismus.*

Ein wichtiger Vertreter dieser Theorie ist John Locke. Er geht davon aus, daß es kein angeborenes Wissen geben kann. Daher ist unser Bewußtsein bei der Geburt wie ein Stück weißes Papier oder eine tabula rasa (leere Tafel). Nach und nach hinterlassen dann die sinnlichen Eindrücke ihre Spuren und prägen unser Wissen und unseren Charakter.

Die empirische Argumentation ist so einleuchtend und so weit verbreitet, so daß man zunächst gar nicht an Einwände denkt. Aber erinnern wir uns nochmals an Descartes' Überlegungen. Nachdem er die Empirie wegen der verschiedenen Täuschungsmöglichkeiten als Grundlage einer absolut sicheren Philosophie zunächst ausgeschlossen hatte, wandte er sich Aussagen zu wie „Alle Körper sind ausgedehnt", „Zwei plus Drei gleich Fünf" oder „das Quadrat hat nie mehr als vier Seiten".

Haben wir wirklich unsere fünf Sinne dazu gebraucht, um einzusehen, daß ein Quadrat genau vier Seiten hat? Haben wir zu diesem Zwecke mehrere Vierecke betrachtet und dann die Seiten abgezählt? Offensichtlich folgt der Satz doch aus der Festlegung des Begriffs „Quadrat". Wenn ein Quadrat als *Viereck* mit rechten Winkeln und gleichlangen Seiten definiert wurde, kann es notwendigerweise nicht *mehr* als vier Seiten haben. Das sagt uns der Verstand, die *ratio;* das heißt, es handelt sich um eine *rationale* und nicht um eine empirische Einsicht.

Rationalismus

Wie Descartes glauben auch viele andere Philosophen, daß die rationalen Einsichten in unserem Wissen eine entscheidende Rolle spielen und sich nicht nur auf solche triviale Beispiele beziehen. Die Überzeugung, daß alle Körper ausgedehnt, also einer mathematisch-mechanischen Betrachtungsweise zugänglich sind, oder daß alle Vorgänge durch die Ursache-Wirkung-Beziehung (Kausalität) bestimmt werden können und damit unsere Vorstellung von Freiheit problematisch wird, enthält in der Tat Behauptungen, die alles andere als trivial sind.

Denker, die überzeugt sind, daß empirische Erkenntnisse in der Philosophie nur nebensächliche Einzelheiten betreffen und daß die eigentlichen Einsichten stets rationalen Charakter haben, heißen *Rationalisten*. Rationalismus ist demnach die Lehre, in welcher der Verstand, die Logik, das Nicht-Empirische im Mittelpunkt stehen. Überall dort, wo mathematische Methoden auf die Wirklichkeit angewandt werden, wird der Rationalismus vertreten. Allerdings tritt das rationale Element in der Philosophie nicht isoliert auf. Empirisches dient häufig als Auslöser zur Gewinnung rationaler Einsichten. Erst durch die Vermittlung von zahlreichen Einzelbetrachtungen gelangt man durch Abstraktion, also durch die Tätigkeit der ratio, zur Überzeugung, daß rationale Prinzipien, wie z. B. die Kausalität, am Werke sind und die Objekte entscheidend prägen.

Ein bedeutender Vertreter des Rationalismus war Descartes. Nachdem er die Wahrhaftigkeit Gottes bewiesen hatte, konnte er alles, was durch die Vernunft klar und deutlich erkannt wurde, als gesichert annehmen. Was nicht anders gedacht werden konnte, war wahr. Dabei half ihm vor allem die mathematische Methode, solche sicheren Aussagen zu finden.

b) Induktion – Deduktion

Nach der Gewinnung des „cogito sum" versuchte Descartes, alle anderen Erkenntnisse rational aus diesem absolut sicheren Ausgangspunkt abzuleiten oder zu deduzieren. Unter *Deduktion* versteht man die Anwendung logischer Schlußregeln auf vorgegebene Ausgangssätze oder Prämissen. Es ist dies vor allem die Methode der Mathematik. Aus Axiomen, das heißt aus als gültig angenommenen fundamentalen Ausgangssätzen, wird allein mit Hilfe von Denkregeln (Logik) und ohne empirische Zusatzannahmen ein ganzes Gebäude von Lehrsätzen deduziert, welches die mathematische Theorie ausmacht.

Wissenschaftstheorie 2.3

Bereits Aristoteles hat dieses Vorgehen zur Methode der sogenannten *axiomatisch-deduktiven Wissenschaft* ausgebaut. Ihre Struktur ist durch drei Elemente bestimmt:
- Axiome: unmittelbar einsichtige (evidente) und notwendige Grundannahmen (in der modernen Deutung sind Axiome nur hypothetisch gesetzte Annahmen).
- Logische Deduktionen und Definitionen: Anwendung des „gesunden Menschenverstandes" und zweckmäßige Abkürzungen.
- Lehrsätze als Folgerungen (Konklusionen): sie sind die eigentlichen wissenschaftlichen Erkenntnisse.

Da aber die deduktive Betrachtung im allgemeinen von Prämissen ausgeht, die als *wahr* angenommen werden, kann dieses sogenannte *formale* Verfahren nicht ausreichend sein für den Aufbau *sachhaltiger* Systeme. Um zu inhaltlichen Aussagen, wie „alle Menschen sind sterblich" oder „Alle Körper sind der Gravitationskraft unterworfen", zu kommen, bedarf es anderer Verfahren.

Eine entscheidende Rolle spielt dabei die Induktion, das heißt der Schluß von einer *endlichen* Anzahl von Fällen auf *alle* (unendlich viele) analogen Sachverhalte oder – in einer etwas schwächeren Form – der Schluß von n Fällen auf n + 1 Fälle. Nachdem alle Menschen, die bisher gelebt haben, sterblich waren, ist es verständlich, wenn wir von der Sterblichkeit *aller* Menschen überzeugt sind. Dieser Schluß auf das Allgemeine ist aber *logisch* nicht zwingend. Auch eine noch so große endliche Anzahl von Fällen rechtfertigt nicht, auf *alle* Fälle zu schließen. Das Verfahren der Induktion wird zwar häufig angewandt, liefert aber keine absolute Sicherheit; es bleibt stets hypothetisch. Eine einzige Ausnahme bildet die *vollständige* Induktion der Mathematik. Da man dort über die Folge der natürlichen Zahlen verfügt, ist es möglich und logisch einwandfrei, von einer einzigen Aussage über eine auf 1 zutreffende Eigenschaft nach dem Schluß von n auf n + 1 (Schluß auf den Nachfolger) auf die Aussage überzugehen, welche die Eigenschaft *allen* Zahlen zuschreibt.

Während empirische Theorien sich naturgemäß vor allem auf induktive Verfahren beziehen und Rechtfertigungen für Induktionen durch den Hinweis auf die Wahrscheinlichkeit zu finden suchen, stehen im Rationalismus deduktive Überlegungen im Vordergrund.

Aus den angegebenen Überlegungen ergibt sich eine weitverbreitete, aber nicht unproblematische Einteilung der Wissenschaften:

Einteilung der Wissenschaften

Die älteste Einteilung der Wissenschaften in

LOGIK – PHYSIK – ETHIK

stammt von den Griechen und wurde noch von Kant als ausreichendes Grundschema aller Einteilungen aufgefaßt:

Logik als *formale* Wissenschaft „beschäftigt sich bloß mit der Form des Verstandes und der Vernunft selbst, ... ohne Unterschied der Objekte".

Physik bzw. *Ethik* ist eine *materiale* Wissenschaft, „welche es mit bestimmten Gegenständen und den Gesetzen zu tun hat, denen sie unterworfen sind... diese Gesetze sind entweder Gesetze der *Natur*, oder der *Freiheit*".[3]

c) Urteils- und Erkenntnisarten

Descartes hat darauf hingewiesen, daß wir über gewisse Wahrheiten verfügen, die uns gleichsam angeboren sind und daher für alle Menschen gleichermaßen Geltung haben. Sie können behauptet werden, ohne daß wir die sinnliche Erfahrung zu Hilfe genommen haben. Daß ein Quadrat, das als gleichseitiges Rechteck definiert wurde, vier Seiten hat, wissen wir nicht aus der Sinneserfahrung. Wir wissen es gleichsam schon vorher, *a priori,* das heißt genauer: unabhängig von der empirischen Erfahrung. Metaphysiker zählen diese Eigenschaft dann zum „Wesen" (essentia; Eidos) des Quadrates; Kant sieht in der Apriorität zugleich Notwendigkeit und Allgemeingültigkeit.

Daß der Turm von Pisa schief steht, gehört nicht zum Wesen eines Turmes und war sicherlich nicht vom Architekten geplant. Es ist denk-

---

3 Kant a.a.O. VII, S. 11, B III/IV

Wissenschaftstheorie 2.3

bar, daß der Sachverhalt anders ist, der Turm also gerade steht, wie es bei Türmen üblicherweise der Fall ist. Um die Aussage, „Der Turm von Pisa steht schief", machen zu können, müssen wir eine zusätzliche Information durch unsere Sinne zu Hilfe nehmen. Wir wissen diese Tatsache erst im Nachhinein, *a posteriori.* Empirische Tatsachen sind stets a posteriori. Eine solche Erkenntnis ist nicht denknotwendig, sondern in diesem Sinne zufällig oder kontingent. Kontingent heißt ein Sachverhalt, wenn er tatsächlich vorliegt und wenn es gleichzeitig *logisch* möglich ist, daß er *nicht* vorliegt.

Daß ein Schimmel weiß ist, stellt dagegen eine apriorische Aussage dar; aber sie ist trivial und daher uninteressant. Die Aussage nennt man *analytisch,* das heißt, sie folgt durch logische *Analyse* des in der Aussage enthaltenen Begriffs Schimmel. Es liegt keine Erkenntniserweiterung, sondern nur eine Erläuterung des Begriffs vor *(Erläuterungsurteil).*

Daß Napoleon ein Franzose war, ist eine empirische, d. h. aposteriorische Aussage. Diese Aussage ist insofern nicht trivial, weil sie eine Zusatzinformation enthält; die Erkenntnis ist synthetisch, das heißt, sie enthält etwas Neues; es handelt sich um ein *Erweiterungsurteil.*

Kurz zusammengefaßt: Wir gehen von empirischen oder *aposteriorischen* Aussagen aus. Es sind solche, die zur Begründung Beobachtungen benötigen. A priori ist eine Aussage genau dann, wenn sie nicht empirisch (aposteriorisch) ist. Analytisch heißt eine Aussage, wenn sie aus den Definitionen der verwendeten Begriffe logisch ableitbar ist. *Synthetisch* sind Aussagen, wenn sie nicht analytisch sind.

Von zentralem Interesse sind Erkenntnisse, die sowohl Neues aussagen, also synthetisch sind, und die trotzdem nicht aus der Erfahrung stammen, also als a priori angesehen werden können. Deshalb formuliert Kant das Grundproblem der Erkenntnistheorie als die Frage, ob und wie *synthetische Erkenntnisse a priori* möglich sind. Diese Frage muß sich auch jede Wissenschaft und jede Philosophie stellen, die nicht nur Trivialitäten und Zufälligkeiten oder Wahrscheinlichkeiten aufzählen, sondern abgesichertes und begründetes Wissen vermitteln will.

Die Frage nach der synthetischen Erkenntnis a priori ist die Zentralfrage der sogenannten *Transzendentalphilosophie,* wie sie von Kant geprägt wurde. Dieser nennt seine Philosophie deshalb transzendental, weil seine Überlegungen sich nicht mit den Gegenständen selbst befassen (z. B. wie sie zusammengesetzt sind, wie sie sich gegenseitig beeinflussen usw.), sondern mit der *apriorischen Erkenntnisart* von

A priori – a posteriori

Quadratisches Schema zu den Grundbegriffen:

	analytisch (erläuternd)	synthetisch (erweiternd)
a priori (nicht empirisch)	z. B. Logik Tautologien	z. B. Transzendentalphilosophie Kausalität; Raumform
a posteriori (empirisch)	–	z. B. sinnliche Erfahrung

Lineares Schema:

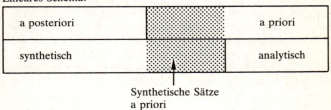

Synthetische Sätze a priori

Gegenständen. Es geht also um die Frage, wie wir etwas a priori von Gegenständen wissen können, oder allgemeiner: welches die *Grenzen unseres Wissens* und der menschlichen Vernunft sind.

Man beachte zur Verdeutlichung dieses Neuansatzes die folgenden Unterscheidungen:
- *transzendent* heißt etwas, das unsere Erfahrung überschreitet oder transzendiert;
- *immanent* ist der zugehörige Gegenbegriff: innerhalb der Erfahrung liegend;
- *transzendental* heißt *in der Scholastik,* der Philosophie des Mittelalters, alles das, was die Kategorien (z. B. Kausalität) und die Gattungsbegriffe (z. B. Lebewesen) überschreitet (siehe Metaphysik 4.3);
- *transzendental* heißt *seit Kant* dasjenige, was insofern die gegenständliche Erfahrung „überschreitet", als es eine apriorische Bedingung der Möglichkeit ist. Es betrifft all dasjenige, was als Voraussetzung notwendigerweise mitgedacht werden muß, damit Erfahrungen überhaupt gemacht werden können (z. B. Raum, Zeit, Kausali-

tät). Nach Kant ist eine Transzendentalphilosophie deshalb möglich, weil alle menschlichen Subjekte der Welt dieselben Anschauungs- und Denkformen aufprägen; sie lesen die apriorischen Elemente also nicht aus der fertigen Welt ab, sondern legen sie in diese hinein („kopernikanische Wende").

Als Entdecker des Apriori gilt Platon. Er glaubte, in den Ideen die letzten allgemein geltenden Formen und Strukturen des Seins entdeckt zu haben, die nicht aus der vergänglichen Welt der Sinneswahrnehmungen abstrahiert werden können, sondern diese erst ermöglichen. Das Problem des Apriori war jahrhundertelang ein Zentralthema der Philosophie, so daß ein Philosoph unserer Tage (Whitehead) sagte, die ganze Philosophie bestehe nur aus Fußnoten zu Platon. Doch gibt es in der Gegenwart zahlreiche kritische Stimmen, insbesondere aus der analytischen Philosophie, welche die Idee des synthetischen Apriori als den entscheidenden Sündenfall der Philosophie schlechthin betrachten. Die Kritik richtet sich zum Teil auch auf die Alternativen a priori – a posteriori (Kripke[4]) und analytisch – synthetisch (Quine[5]) selbst. Damit ist auch die Möglichkeit einer Transzendentalphilsophie heute nicht mehr unumstritten.

d) Wahrheit – Verifikation und Falsifikation

Immer wieder ist in unseren Überlegungen der Begriff der Wahrheit aufgetaucht. Descartes war der Überzeugung, daß das cogito sum „notwendig wahr" sei. Wir haben von empirischen und rationalen, von aposteriorischen und apriorischen, von synthetischen und analytischen Erkenntnissen (Aussagen, Urteilen) gesprochen. In all diesen Fällen ist in irgendeinem Sinn von Wahrheit die Rede. Leibniz nennt

---

4 S. A. Kripke kritisiert nicht nur die Möglichkeit synthetischer Urteile a priori, wie es meistens geschieht, sondern schon die zugrundeliegenden Unterscheidungen von a posteriori und a priori, indem er zeigt, daß bei Kant fälschlicherweise aus der Apriorität die Notwendigkeit gefolgert wird. Einzelheiten z. B. bei W. Stegmüller: Hauptströmungen der Gegenwartsphil. II, Stuttgart 1975, S. 221

5 W. O. von Quine kritisiert die Unterscheidung analytisch-synthetisch und stellt damit den Begriff der Bedeutung in Frage. Vgl. dazu: Zwei Dogmen des Empirismus, in: Zur Phil. der idealen Sprache, hrsg. von J. Sinnreich, München 1972, S. 167

die empirischen (aposteriorischen, kontingenten) Erkenntnisse „Tatsachenwahrheiten" (vérités de fait), die rationalen (apriorischen) Erkenntnisse dagegen Vernunftwahrheiten (vérités de raison). Was heißt nun Wahrheit genauer?

Wir schränken die Frage ein und fragen, wann wir mit Recht von einer *Aussage* (einem Satz) behaupten können, sie sei wahr („Satzwahrheit"). Formulierungen wie „ein wahrer Freund" („Sachwahrheit") oder „wahr ist, was das Sein offenbart" (Wahrheit als Unverborgenheit; Heidegger) wollen wir hier außer acht lassen.

Im Anschluß an Aristoteles hat sich seit der Scholastik die Formel durchgesetzt: Wahrheit ist die Übereinstimmung einer Sache mit einem Gedachten; veritas est adaequatio rei et intellectus. Wir müssen also von einem *Sachverhalt* und von einer sprachlichen *Form* innerhalb des Intellekts ausgehen; letztere bezieht sich mehr oder weniger abbildend auf diesen Sachverhalt. Besteht eine Übereinstimmung zwischen Sachverhalt und Gemeintem, so nennen wir die zugehörige Aussage „wahr"; ist die Übereinstimmung nicht gegeben, so heißt diese „falsch". Man nennt diese Auffassung die Adäquations- oder Korrespondenztheorie der Wahrheit.

Das Problem, das sich hier stellt, liegt in der Deutung des Begriffs der Übereinstimmung. Je nachdem, wie man sich das Verhältnis zwischen Wirklichkeit und zugeordnetem Denken vorstellt, ergeben sich ganz verschiedene Interpretationen. Wir beschränken uns daher vorübergehend und zur Vereinfachung auf eine relativ naive empirische Grundvorstellung. Wir gehen also davon aus, daß die wichtigsten Elemente unserer Erkenntnis durch unmittelbare sinnliche Wahrnehmungen begründet werden können.

Wenn jemand im Alltag, in der Wissenschaft oder in der Philosophie einen Satz als wahr behauptet, kann man von ihm verlangen, daß er diese Behauptung rechtfertigt. Der Nachweis, daß ein als *wahr behaupteter* Satz auch *wirklich wahr* ist, heißt *Verifikation* („Wahr-machung").

Behauptet jemand, ein bestimmter Tisch sei 2,22 m lang, so gibt es dazu ein Verifikationsverfahren: man nehme einen Längenmaßstab und messe nach. Die Aussage ist *verifizierbar*. Wenn jemand dagegen behauptet, daß das Auge Gottes in jedem Augenblick auf ihn blickt, dann handelt es sich um eine nicht verifizierbare Aussage. Denn es dürfte kaum ein Verfahren angegeben werden können, welches die Aussage für jeden Menschen verbindlich und nur mit Hilfe empirischer Hilfsmittel nachweisbar macht.

So plausibel zunächst die allgemeine Forderung nach Verifizierbarkeit für wissenschaftliche, philosophische und auch alltägliche Bereiche erscheint, so schnell stellen sich Schwierigkeiten ein, sobald man sie vollziehen will. So sind allgemeine Aussagen, wie z. B. Naturgesetze und allgemeine philosophische Einsichten, prinzipiell nicht verifizierbar. Denn sie beziehen sich stets auf unendliche Bereiche; infolge unserer Einschränkung auf empirische Erkenntnisquellen sind wir aber nur in der Lage, eine endliche Anzahl von Einzelfällen zu verifizieren.

Karl Popper hat daher an die Stelle der Verifikation die *Falsifikation* als entscheidendes Kriterium gesetzt. Es sollten solche Verfahren betrachtet werden, die es uns ermöglichen zu erkennen, unter welchen Bedingungen eine behauptete Annahme *falsch* ist. Den Nachweis dieser Falschheit nennt man Falsifikation. Bei allgemeinen Hypothesen wie „Alle Schwäne sind weiß" reicht es aus, einen einzigen nicht-weißen Schwan zu finden, um die allgemeine Aussage zu widerlegen oder zu falsifizieren. Da man weiß, unter welchen Umständen die Hypothese widerlegt werden kann, war diese wissenschaftlich *sinnvoll,* wenn allerdings auch falsch. Unser obiges Beispiel vom Auge Gottes dagegen ist auch nicht falsifizierbar und sollte daher in wissenschaftlichen Kontexten nicht behauptet werden. Bewährte Hypothesen, das heißt solche, die zwar *falsifizierbar* sind, aber trotz zahlreicher Versuche nicht *falsifiziert* wurden, stellen den Inhalt einer Wissenschaft dar.

Verifikation und Falsifikation spielen in zahlreichen wissenschaftstheoretischen Überlegungen eine große Rolle. Man beachte, daß beide Begriffe stark davon abhängen, wie der Wahrheitsbegriff aufgefaßt wird und welche Deutung die Übereinstimmung in der Wahrheitsdefinition erfährt.

2.4. Abriß einiger Grundprobleme

a) Was ist eine wissenschaftliche Theorie der Erfahrung?

(1) Die Frage, wie sich wissenschaftliche Aussagen von alltäglichen Aussagen der Umgangssprache unterscheiden, kann recht verschiedenartig beantwortet werden. Descartes war nach seiner Entdeckung des „cogito" überzeugt, eine allgemein verbindliche „analytische" Methode gefunden zu haben, die mit Sicherheit zur Wissenschaft führt. In vier Regeln glaubte er, wissenschaftliches Vorgehen charakterisiert zu haben:

Wissenschaftliche Theorien

- Rückgriff auf sichere einleuchtende Grundlagen
- Zerlegung des Problems in seine einfachsten Teile
- Ordnung der Gedanken nach ihrem Komplexitätsgrad und schließlich
- Vollständigkeit der Aufzählung.

Daß diese Regeln als hinreichende Kriterien für Wissenschaftlichkeit nicht ausreichen, zeigte sich sehr schnell.

Bevor wir uns der Auffassung zuwenden, daß wissenschaftliche Aussagen stets *bewiesene* Aussagen sind, erinnern wir daran, daß es auch *beschreibende* Wissenschaften gibt. Windelband sprach von idiographischen und nomologischen Wissenschaften. Erstere konzentrieren sich auf die systematische Beschreibung (und Interpretation) von Einzigartigkeiten und individuellen Erscheinungen, wie sie vor allem in den Kulturwissenschaften auftreten; letztere versuchen Gesetzmäßigkeiten zu finden, indem sie im Sinne der induktiven Methode aus Faktensammlungen auf allgemeine Regeln schließen. Während die philosophische Problematik der idiographischen Wissenschaften in der Hermeneutik diskutiert wird, hat sich die Analyse nomologischer Wissenschaften zur allgemeinen Wissenschaftstheorie der empirischen Wissenschaften ausgeweitet. Man kann allgemein sagen, daß wissenschaftliche Aussagen in diesem Zusammenhang stets als *bewiesene* Aussagen aufgefaßt wurden. Dabei berief man sich im Beweis auf die unbezweifelbare Vernunft oder auf die unmittelbare Evidenz. Diese Selbstsicherheit ist in den modernen Auffassungen verloren gegangen. Das läßt sich an zwei weitverbreiteten Theorien zeigen: im *naiven Empirismus* wird die absolute Sicherheit zur Wahrscheinlichkeit abgeschwächt; im *kritischen Rationalismus* dagegen gibt man eindeutig an, unter welchen Bedingungen man gewillt ist, den eigenen Standpunkt aufzugeben. Diese Überlegungen beziehen sich allerdings vorwiegend auf empirische Wissenschaften wie Physik oder Chemie, weniger auf die Formalwissenschaften (Logik und Mathematik) oder auf hermeneutische Wissenschaften wie Geschichte und Soziologie.

Die erste Auffassung vom Aufbau einer wissenschaftlichen Theorie hat ihren Ursprung im Empirismus. Dieser geht von einer fertigen Wirklichkeit aus, in welcher der Forscher Einzelbeobachtungen durchführt. Die Beobachtungen werden in einer „Beobachtungssprache" ausgedrückt. Diese muß allgemeinverständlich sein und darf nur Begriffe enthalten, die direkt auf Sinneseindrücke zurückgeführt werden können oder sich als logische Folgerungen aus Sinneseindrücken verstehen lassen. Logische Verknüpfungen und vor allem induktive

Wissenschaftstheorie 2.4

Verallgemeinerungen führen auf *Hypothesen*. Haben sich Hypothesen eine Zeitlang bewährt, erklärt man sie zu *Gesetzen*. Ein System von Gesetzen, das einen zusammenhängenden Teil der Wirklichkeit beschreibt, heißt *Theorie*. Wissenschaft besteht demnach in der zusammenfassenden Beschreibung von Sinnesdaten durch Theorien.

Schema dieses naiven Empirismus:

Annahme einer Wirklichkeit	→	Einzelbeobachtungen	→	Aufstellung von Hypothesen auf Grund induktiver und logischer Folgerungen aus Beobachtungen	→	Aufstellung von Gesetzen und Formulierung der wissenschaftlichen Theorie

(2) Für Hypothesen und Gesetze, die den Kern jeder Theorie ausmachen, müssen gewisse Bedingungen erfüllt sein. Von Hypothesen fordert man, daß sie in sich widerspruchsfrei und mit den bisher gemachten Erfahrungen verträglich und ferner offen sind, das heißt, sie sollen sich auch auf noch nicht untersuchte oder noch nicht beobachtete Tatsachen beziehen. Weiter verlangt man Einfachheit und vor allem die Korrigierbarkeit durch neue Erkenntnisse. Hypothesen im engeren Sinn sind außerdem stets von der Wenn-dann-Form ("implikative Form"), haben eine gewisse Universalität und handeln von einem empirischen Gehalt.

Diese Bedingungen müssen auch für *Gesetze* gelten. Dazu kommt aber noch die Forderung der empirischen Bestätigung oder Bewährung, ihre Zugehörigkeit zu einem System und schließlich ihre Beziehung auf einen objektiven Sachverhalt.

(3) Obwohl das oben skizzierte Konzept des Wissenschaftsaufbaus recht plausibel erscheint, läßt es sich nicht verwirklichen. Folgende Einwände werden vorgebracht:

– Beobachtungen und damit unser ganzes Wirklichkeitsverständnis sind selbst schon von der Theorie bestimmt ("theoriegetränkt"); deshalb kann die Verallgemeinerung von Beobachtungen für eine Theorie nicht ausschlaggebend sein.

– Zentralbegriffe von Theorien wie Potential, Neutron usw. lassen sich nicht vollständig auf Sinneseindrücke zurückführen, sondern sind innerhalb der Theorie autonom ("theoretische Begriffe").

– Theorien müssen kreativ entworfen werden und enthalten stets auch Begriffe, die empirisch nicht ableitbar sind.

Kritik am Empirismus

– Wirklichkeit ist keine fertig gegebene Basis, sondern das sich ständig verändernde Ergebnis akzeptierter bewährter Hypothesen.

Daß schon die Beobachtungssätze theoriegetränkt sind, zeigen die einfachsten Meßvorgänge. Denn um Meßergebnisse auszudrücken, bedarf es der Meßinstrumente. Um aber mit Meßinstrumenten arbeiten zu können, braucht man eine Theorie über deren Wirkungsweise. Schon bei der einfachsten Längenmessung setzt man voraus, daß sich der Maßstab beim Transport nicht (bemerkenswert) verändert. Die Ausmessung einer Länge ist also nur sinnvoll innerhalb einer Theorie starrer Körper. Es ist aber nicht selbstverständlich, daß es solche Körper gibt. Ebenso wird bei optischen Instrumenten die geradlinige Ausbreitung der Lichtstrahlen als selbstverständlich angesehen. Doch man weiß aus der Relativitätstheorie, daß die Bahn der Lichtstrahlen durchaus gekrümmt sein kann.

Wenn mit Hilfe von Beobachtungssätzen wissenschaftliche Aussagen über die Natur entwickelt werden, müssen schon gewisse Vorentscheidungen getroffen worden sein. Dabei haben wir eine bestimmte Theorie gewählt, die dann auch in die Meßvorgänge eingegangen ist.

Induktive Verallgemeinerungen gelingen deshalb nur dann, wenn man schon eine Idee hat, auf welche Beobachtungsdetails man sich beziehen will. Dann wirkt die Idee als allgemeine Regel, die durch die Einzelbeobachtungen bestätigt wird.

Wissenschaftliche Theorien und Naturgesetze sind demnach nicht einfach als Zusammenfassung von objektiv bestehenden Wirklichkeitsbeziehungen zu deuten, sondern als Beschreibungen der Welt aufgrund vorheriger methodischer, d. h. theoretischer Festlegungen, welche die Tatsachen mitbestimmen.

(4) Das naive Empirismus-Schema in (1) muß also auf den Kopf gestellt werden: Am Anfang steht der kreative Entwurf eines logisch widerspruchsfreien Systems von Hypothesen. Aus diesen werden Folgerungen gezogen; insbesondere leitet man Beobachtungssätze ab. Lassen sich die Beobachtungssätze verifizieren, dann haben sich die Hypothesen bewährt. Widersprüchliche Beobachtungen dagegen führen zur Verwerfung von Hypothesen (Falsifikation). In diesem Falle muß man sich neue, bessere Hypothesen einfallen lassen. Die Gesamtheit der sich bewährenden Hypothesen heißt dann Theorie (oder Modell) der Wirklichkeit.

So wird deutlich, wie das rationale Element, das nicht erst durch die Induktion aus empirischer Erfahrung hergeleitet werden kann, eine

Wissenschaftstheorie 2.4

entscheidende Funktion übernimmt. Deshalb nennt man diese Wissenschaftsauffassung auch *kritischen Rationalismus* (Karl Popper, Hans Albert). Mit der Betonung des Kreativen ergibt sich die Frage, wo die Trennlinie zwischen wissenschaftlicher Theorie und philosophischer Spekulation liegt. Selbst wenn man die prinzipielle Falsifizierbarkeit wissenschaftlicher Aussagen fordert, bleibt die Frage offen, wann eine widersprüchliche Beobachtung die Verwerfung einer zentralen Hypothese nach sich zieht und wann sie durch geeignete Zusatzannahmen (ad-hoc-Hypothesen) neutralisiert und immunisiert werden kann. Hier spielt die Entscheidung der etablierten Forschergemeinschaft eine wichtige Rolle (vgl. 2.5a (7)).

Das Schema des kritischen Rationalismus:

Hypothetischer Theorienentwurf	→	Deduktion von Beobachtungssätzen aus der Theorie	→	Bestätigung oder Verwerfung und Verbesserung von Hypothesen	→	Definition der Wirklichkeit durch das System der akzeptierten Hypothesen

Der Hauptvertreter des kritischen Rationalismus, Karl Popper, schreibt dazu:

„Es ist also nicht so, wie der naive Empirist, der Induktionslogiker glaubt: daß wir unsere Erlebnisse sammeln, ordnen und so zur Wissenschaft aufsteigen; oder, wenn wir das mehr ‚formal‘ ausdrücken: daß wir, wenn wir Wissenschaft treiben wollen, zunächst Protokolle sammeln müssen. Die Aufgabe: ‚Protokolliere, was du eben erlebst!‘ ist nicht eindeutig (soll ich protokollieren, daß ich eben schreibe, daß ich eine Glocke, einen Zeitungsausrufer und einen Lautsprecher höre – oder daß ich mich darüber ärgere?); aber selbst wenn sie lösbar wäre: auch eine noch so reiche Sammlung solcher Schätze würde nie zu einer *Wissenschaft* führen. Wir brauchen Gesichtspunkte, theoretische Fragestellungen".

„Ich meine..., daß Beobachtungen und erst recht Sätze über Beobachtungen und Versuchsergebnisse immer *Interpretationen* der beobachteten Tatsachen sind und daß sie *Interpretationen im Lichte von Theorien* sind."[6]

(5) Eine der wichtigsten Tätigkeiten des empirischen Wissenschaftlers neben der Aufstellung von Hypothesen und Gesetzen sowie deren Bewährungen ist die Entwicklung von *Erklärungen,* das heißt das Einordnen gewisser Erscheinungen in das Gesamtkonzept der Theorie.

6 Logik der Forschung, Tübingen 1973[5], S. 71 bzw. S. 72, Fußnote 2

Erklärung – Widerspruchsfreiheit

„Erklärung" ist heute ein Fachterminus und bedeutet genauer die logische Ableitung eines Ereignisses aus gegebenen Gesetzen und Randbedingungen.

Beispiel: Erklärung von Ebbe und Flut

Gesetze: Gravitationsgesetz, hydrodynamische Gesetze für Meereswasser u. a.

Nebenbedingungen: Größe der Mondmasse, Art der beweglichen Wassermassen auf der Erdoberfläche, Größe des Abstandes Mond–Erde usw.

Gelingt es, aus diesen Annahmen das Phänomen Ebbe und Flut rein logisch herzuleiten, so nennt man diese Herleitung eine Erklärung von Ebbe und Flut. Bei der Ableitung werden verschiedene logische Gesetze als selbstverständlich vorausgesetzt und nicht eigens erwähnt.

Der Wahrheitsgehalt der Erklärungen ist abhängig vom Wahrheitsgehalt der Voraussetzungen. Sind die Gesetze und Randbedingungen nur höchst wahrscheinlich und mit Meßfehlern versehen, dann können auch Erklärungen keine absolut sicheren Wahrheiten darstellen. Deshalb unterscheidet man die Erklärungen, in denen von deterministischen Gesetzen ausgegangen wird (deduktiv-nomologische Erklärungen), von jenen Fällen, in denen statistische Gesetzesannahmen und Wahrscheinlichkeitshypothesen verwendet werden (induktiv-statistische Erklärungen). Letztere erlauben keinen strengen logischen Schluß und können nicht mehr so problemlos durch das oben angegebene Erklärungsschema (Hempel-Oppenheim-Schema) beschrieben werden.

Innerhalb einer empirischen Erfahrungswissenschaft müssen gewisse Grundbedingungen erfüllt sein, z. B. Fruchtbarkeit, Verträglichkeit, Einfachheit, Kritisierbarkeit und insbesondere *Widerspruchsfreiheit.* Ein System, in welchem Erklärungen erfolgen, darf keine Widersprüche enthalten. Man kann zeigen, daß das Auftreten eines Widerspruchs in einem System, welches die Geltung der formalen Logik voraussetzt, die totale Auflösung eben dieses Systems zur Folge hat. Sobald ein Widerspruch wie A und $\rightarrow$A (nicht-A) vorliegt, läßt sich jede Aussage B beweisen, mag diese eine noch so absurde Behauptung darstellen.

Für logisch Geschulte: Bedeutet „∧" die Und-Verknüpfung, „∨" die Oder-Verknüpfung und „→" die Wenn-dann-Verknüpfung, so ergibt sich folgender Beweis (die dabei verwendeten logischen Gesetze lassen sich mit Hilfe von Wertetafeln leicht als richtig nachweisen):

Wissenschaftstheorie 2.4

(1)	$A \wedge \rightarrow A$	Behauptung des Widerspruchs
(2)	A	Abtrennung aus (1)
(3)	$A \vee B$	Adjunktion eines beliebigen Gliedes
(4)	$\rightarrow A \rightarrow B$	Umformung von (3)
(5)	$\rightarrow A$	Abtrennung aus (1)
(6)	B	Folgerung aus (4) und (5) nach modus ponens

Strenge Widerspruchsfreiheit läßt sich nur selten für größere Wissenschaftsbereiche beweisen. Solange geforscht wird, treten Unklarheiten und Widersprüche auf. Der Mangel an Widerspruchsfreiheit trifft insbesondere auf die „wissenschaftlichen Philosophien" zu. Russell bemerkt dazu: „Noch ist es niemandem gelungen, eine Philosophie zu erfinden, die zugleich glaubhaft und konsistent wäre". Daß die Widerspruchsfreiheit in der Praxis der Forschung und der Philosophie nicht überbewertet werden darf, drückt Russell in der Fortsetzung des Zitats aus: „Eine konsistente Theorie kann nicht ganz richtig, aber eine konsistente Philosophie kann sehr wohl völlig falsch sein."[7]

b) Wissenschaftstheorie der hermeneutischen Wissenschaften

(1) Nachdem wir bisher nur die empirischen Erfahrungswissenschaften und insbesondere die Naturwissenschaften betrachtet haben, wenden wir uns nun Wissenschaften wie Geschichte, Sprachwissenschaft, Kunstgeschichte, Soziologie usw. zu. Bei ihnen ist wenig von Gesetzen, Deduktionen und mathematischen Gleichungen die Rede. Dagegen steht der Begriff des *Verstehens* als methodologischer Zentralbegriff im Vordergrund. Häufig wird der Unterschied zwischen Natur- und Geisteswissenschaft durch das Begriffspaar „Erklären – Verstehen" erläutert. Die Naturwissenschaften *erklären* einen Vorgang, d. h. sie leiten diesen logisch aus allgemeinen Naturgesetzen und bestimmten Randbedingungen ab. Solche Erklärungen sind in den hermeneutischen Wissenschaften sekundär. Es geht in den Augen der Hermeneutiker weniger um *allgemeine* Gesetzesaussagen, sondern vielmehr um *individuelle* Manifestationen des menschlichen Geistes, die *verstanden* werden sollen.

7 Hat der Mensch noch eine Zukunft? München 1963, S. 592

Hermeneutische Grundfragen

(2) Die Lehre vom Verstehen und Interpretieren heißt *Hermeneutik;* diese ist die Methode der Geisteswissenschaften (hermeneutische Wissenschaften). Die Wissenschaftstheorie der hermeneutischen Wissenschaften, also die systematische Reflexion eben dieser Methode, wird auch *philosophische* Hermeneutik genannt. Der Versuch, die Geisteswissenschaften durch den Verstehensbegriff methodologisch zu charakterisieren, stammt von Wilhelm Dilthey. Dieser gibt folgende Definitionen:

> „Wir nennen den Vorgang, in welchem wir aus Zeichen, die von außen sinnlich gegeben sind, ein Inneres erkennen: Verstehen... Dies Verstehen reicht von dem Auffassen kindlichen Lallens bis zu dem des Hamlet oder der Vernunftkritik. Aus Steinen, Marmor, musikalisch geformten Tönen, aus Gebäuden, Worten und Schriften, aus Handlungen, wirtschaftlichen Ordnungen und Verfassungen spricht derselbe menschliche Geist zu uns und bedarf der Auslegung... Solches kunstmäßige Verstehen von dauernd fixierten Lebensäußerungen nennen wir Auslegung oder Interpretation." – „Diese Kunstlehre des Verstehens schriftlich fixierter Lebensäußerungen nennen wir Hermeneutik... Verstehen... ist das grundlegende Verfahren für alle weiteren Operationen der Geisteswissenschaften".[8]

(3) Während die Naturwissenschaftler Naturobjekte beobachten und erklären, gehen die Hermeneutiker von sprachlichen Zeichen und kulturellen Schöpfungen aus, die als Ausdruck oder Manifestation des menschlichen Geistes aufgefaßt werden. Anstelle der Erklärungen tritt die Beantwortung der folgenden *drei hermeneutischen Grundfragen*:

– Welches ist die ursprüngliche Form der Manifestation?
– Welche Absichten hat der Urheber mit der Manifestation verfolgt?
– Wie verhalten sich Leistung und Absicht des Urhebers zur Wahrheit im Sinne des Interpreten?

Liegen beispielsweise verschiedene Versionen von Texten vor, so versucht die sogenannte Textkritik zuerst eine Klärung der Frage, was vom Autor stammt und was spätere Zeiten zur Erklärung oder Glättung des Textes hinzugefügt haben. In einer allgemeinen Literaturkritik werden auch Vorgeschichte und Abhängigkeiten von Texten berücksichtigt. Die Frage nach den Intentionen des Verfassers wird die Formkritik und die allgemeine Traditionsgeschichte zu beantworten suchen, indem sie Stilelemente und den allgemeinen Überlieferungszusammenhang herausarbeitet. Der eigentliche Verstehensprozeß

---

8 Gesammelte Schriften, Stuttgart 1957ff., Band 5, S. 317 bzw. Satz 4b und Satz 5

Wissenschaftstheorie 2.4

vollzieht sich aber vor allem in der Beantwortung der dritten Frage:
Was bedeuten diese Aussagen und Absichten für uns Menschen
heute? Wie lassen sich die Gedanken des Autors mit dem eigenen Verständnis jener Fragestellungen und Wertungen in Einklang bringen?
Analoge Fragen lassen sich auch für die Probleme der Kunstgeschichte, der politischen Geschichte, der Gesellschaftswissenschaften
usw. stellen. Bezüglich der Geschichte lauten die beiden ersten, sogenannten historisch-kritischen Fragen: Wie ist die historische Handlung damals abgelaufen? Was wollten die beteiligten historischen Subjekte damit erreichen? Die entscheidende hermeneutische Frage betrifft aber vor allem die Vernünftigkeit jener Handlungen aus der Perspektive der damaligen *und* der heutigen Zeit („existenzieller Bezug").

(4) Verstehen bezieht sich auf Manifestationen des Geistes. Nach
Betti ist Verstehen ein Prozeß, „mit dem ein denkender Geist auf die
Botschaft eines anderen Geistes antwortet, der zu ihm durch sinnhaltige Formen spricht."[9] Es stehen sich also zwei Subjekte (Geister) gegenüber, der Urheber und der Interpret. Der Bezug zum anderen Subjekt ist indirekt und über äußere Formen vermittelt.
Betrachten wir zur Verdeutlichung eine alte Schenkungsurkunde. Die
„Botschaft" enthält hier wie in allen Fällen zwei Seiten. Sie ist einmal
individueller Ausdruck eines Subjekts der damaligen Zeit. In ihr zeigt
sich ein spezifischer Stil und sie enthält Hinweise auf die Struktur der
damaligen Gesellschaft und ihre Amtsträger. Zum anderen berichtet
sie über ein historisches Ereignis, das den geschichtlichen Ablauf in
mehr oder weniger gravierender Weise beeinflußt hat. Die Auswirkungen zeigen zum Beispiel, daß mit dieser Schenkung eine Reihe
weitreichender Konflikte verursacht wurde, welche von größter Bedeutung für das betreffende Staatswesen waren.
Sowohl der unmittelbare geistige Horizont der Handelnden als auch
die Bedeutsamkeit des Geschehens innerhalb des Gesamtzusammenhangs werden um so besser verstanden, je größer das Hintergrundwissen des Interpreten ist. Er muß die Namen der Beteiligten und deren
Funktionen kennen, ferner die Gepflogenheiten und Rechtsverhältnisse überblicken, um die Schenkungsurkunde nicht nur als solche
identifizieren, sondern vor allem auf ihre Folgen hin abschätzen zu

---

9 Allgemeine Auslegungslehre als Methodik der Geisteswissenschaften, Tübingen 1967, S. 60

können. Dazu kommt das umfangreiche Wissen über die Folgezeit, durch welches erst die besondere Wichtigkeit jenes Aktes durchschaut wird.

Der Verstehensvorgang ist demnach ein komplizierter Prozeß, in welchem das Vorwissen des Interpreten eine ganz entscheidende Rolle spielt. Man sagt, jedes Verstehen setzt ein bestimmtes *Vorverständnis* voraus. Die Gesamtheit aller auf das Problem bezogenen Vorverständnisse bildet den *Verstehenshorizont* des Interpreten beziehungsweise des fremden Subjekts. Der Verstehensakt besteht nun darin, daß beide Horizonte „verschmolzen" werden, das heißt, die Bedeutsamkeit jener historischen Absichten und ihre Rahmenbedingungen in das Sinngefüge des Interpreten eingebaut werden:

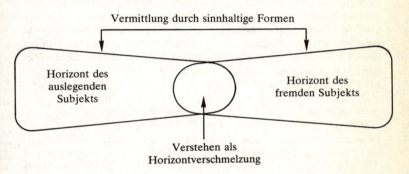

Diese *„Horizontverschmelzung"* (Gadamer) hat demnach zirkulären Charakter. Der Interpret muß schon Gewichtiges über die Zusammenhänge wissen, um sowohl die beteiligten historischen Subjekte einordnen, als auch den Sinn der Ereignisse abschätzen zu können *(„hermeneutischer Zirkel")*.

(5) So wird dem Verstehensprozeß im allgemeinen eine spezifische Struktur zugeschrieben, die durch die Schlüsselbegriffe „Vorverständnis" und „hermeneutischer Zirkel" bestimmt ist. Es handelt sich dabei um keinen statischen deduktiven Zusammenhang, sondern um ein ständiges Weiterschreiten von Entwurf zu Entwurf. Diese Struktur des Verstehens läßt sich anhand der Zeicheninterpretation von Peirce und Bense übersichtlich darstellen. Danach stellt jedes Zeichen eine triadische Relation zwischen Interpreten I, Manifestation M und Sinn S dar. *Im Idealfall* der Sinnvermittlung dient M (die Schenkungsur-

kunde) dem I (dem Historiker) als Zeichen für S (dem Schenkungsvorgang mit all seinen individuellen Begleiterscheinungen und historischen Folgen).

Im *konkreten* Verstehensvollzug geschieht diese Aneignung des Sinnes nur schrittweise, weil das Vorverständnis, mit dessen Hilfe der noch nicht vollständig verstandene Sinn interpretiert wird, durch die eingehende Beschäftigung mit der Manifestation und deren Umfeld immer wieder korrigiert wird. Man kann drei sich wiederholende Stadien unterscheiden:

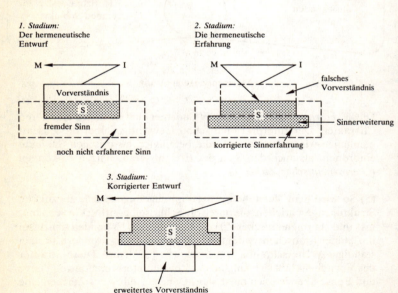

punktierte Teile: Horizontverschmelzung

Verstehen wird so als ein Eintauchen des Interpreten in eine organische Ganzheit von Sinnzusammenhängen zwischen individuellen Manifestationen und eigener Erlebniswelt gedeutet.

(6) Die Überzeugung vieler Hermeneutiker, daß dem geisteswissenschaftlichen Forschungsprozeß eine spezifische Struktur zugrunde liegt, ist nicht unangefochten. Besonders die beiden Thesen, welche die Individualität und die Zirkularität betreffen, werden nicht immer akzeptiert. Kurt Hübner glaubt, daß Verstehen nichts anderes ist als ein besonderes Vertrautsein mit einem Regel- und Gesetzeszusammenhang. Der Interpret hat sich durch steten Umgang und dauerndes Training in jenes Stück Wirklichkeit eingelebt. Die eigentliche Tätigkeit stellt dann nicht einen zirkulären Vorgang dar, sondern besteht auch hier im Erklären. Hübner gibt folgendes Beispiel:

„Angenommen, es habe sich ein Staatsmann geweigert, einen Gegner beseitigen zu lassen, obgleich dies politisch für ihn vorteilhaft gewesen wäre. Eine Erklärung hierfür könnte folgendermaßen lauten: Er war Anhänger bestimmter politischer Grundsätze. Aus ihnen glaubte er schließen zu müssen, daß er ein bestimmtes Ziel zu verfolgen habe. Dies zu erreichen, hielt er die Beseitigung seines Gegners in einem geeigneten Augenblick für das beste Mittel. Er war aber zugleich Anhänger moralischer Grundsätze, denen er sogar den Vorzug vor den politischen gab. Da er nun glaubte, daß die Beseitigung des Gegners seinen moralischen Grundsätzen widerspreche, so weigerte er sich folglich, diese Tat zu vollbringen."[10]

Hübner vergleicht die Analyse dieses Textes durch den Geschichtswissenschaftler mit der Analyse durch den Naturwissenschaftler und kommt zu folgendem Ergebnis:

Geschichtswissenschaften	Naturwissenschaften
1. Jemand war in einer bestimmten Lage.	1. Etwas war in einer bestimmten Lage.
2. Zu diesem Zeitpunkt glaubte er an die Geltung einer bestimmten Regel, nach der man immer in solchen Lagen handeln müsse.	2. Immer, wenn etwas in einer solchen Lage ist, verändert es sich nach bestimmten Gesetzen.

10 Kritik der wissenschaftlichen Vernunft, Freiburg/München 1979², S. 309

Wissenschaftstheorie 2.4

3. Jemand, der die Prämissen 1 und 2 erfüllt, wird (bzw. wird nicht) nach der genannten Regel auf Grund von psychologischen, biologischen, physikalischen Gesetzen usf. handeln.

3. Folglich ändert es sich nach diesen Gesetzen.[11]

4. Folglich handelt er (bzw. handelt er nicht) nach dieser Regel.

Für die Geisteswissenschaften ist offensichtlich die zweite Prämisse entscheidend. Hier kommt die Überzeugung des handelnden Menschen ins Spiel. Dadurch wird die dritte Prämisse, die meistens nicht ins Bewußtsein gehoben wird, völlig verdeckt. Der Naturwissenschaftler dagegen kann den Bezug auf das Gesetz nicht unterschlagen, weil dieser neben der Randbedingung aus 1. die wesentliche Prämisse enthält.

Auch in der Geschichte werden gesetzesartige Zusammenhänge angenommen. Das bedeutet, daß Menschen in vergleichbaren Situationen weitgehend gleich handeln. Da es hier aber im Gegensatz zur Befolgung von Naturgesetzen durchaus möglich ist, gegen die üblichen Grundsätze zu verstoßen, sollte man mit Hübner besser von „Regeln" sprechen. Würden nur Leidenschaft, Wahn und Widerspruch, Irrsinn und Irrtum die Geschichte prägen, gäbe es keine Geschichtswissenschaft, sondern nur historische Raritätensammlungen. Auch die hermeneutischen Wissenschaften zielen daher auf ein Allgemeines. Nur ist dieses Allgemeine von historisch beschränkter Wirkung, das heißt, es ist eine variable Menge von Regeln mit Ausnahmen. Deshalb müssen die Veränderungen mitberücksichtigt und von Fall zu Fall untersucht werden. Hermeneutische Wissenschaft wird zum nicht abgeschlossenen Prozeß, unterscheidet sich aber strukturell kaum von der erklärenden Wissenschaft.

(7) Wenn wirksame Regelsysteme sich in der Geschichte verändern, bedeutet dies, daß sich gewisse Erscheinungen und Verhaltensweisen widersprechen. Was in einer bestimmten historischen Stituation ange-

11 a.a.O. S. 310

Dialektik

messen und in diesem Sinne wahr ist, braucht es zu einem anderen Zeitpunkt nicht mehr zu sein. Während aber in einem strengen wissenschaftlichen System, in welchem jeder Begriff eine für alle Zeiten festgelegte Bedeutung hat, Widersprüche zur Auflösung des Systems führen, sind Widersprüche in solchen historischen Zusammenhängen notwendige Phänomene. Die Wissenschaft von der positiven Funktion der Widersprüche in diesem weiteren Sinne heißt *Dialektik*.

„Dialektik" ist einer der umstrittensten Begriffe innerhalb der wissenschaftstheoretischen Diskussion. Obwohl der Terminus schon in der griechischen Philosophie (z. B. bei Platon) auftritt, gehen die meisten Dialektik-Auffassungen der Gegenwart auf den deutschen Idealismus (vor allem auf Hegel) zurück. Die zwei wichtigsten Wesensmerkmale der Dialektik sind erstens die Thematisierung des ganzen Seins und zweitens die methodische Anwendung des Widerspruchsprinzips innerhalb einer geschichtlichen Betrachtungsweise. Da der erste Themenkreis zur Metaphysik gehört, beschränken wir uns hier auf den methodologischen Aspekt.

Am leichtesten zu verstehen ist das Anliegen der Dialektik, wenn man die Struktur des Gesprächs analysiert. „Dialektik" heißt übrigens im Griechischen „die Kunst, ein Gespräch zu führen". Ein echtes Gespräch entsteht weder bei völlig gleichartigen Standpunkten noch beim Beharren auf unvermittelbaren Grundsätzen. Es müssen Differenzen auftreten, die vermittelt werden können. Ein Gesprächspartner A vertritt eine bestimmte Auffassung (These), gegen welche sich ein zweiter Gesprächspartner B wendet (Gegenthese). Der Sinn des Gesprächs ist eine Revision der ursprünglichen Meinung durch Berücksichtigung der neuen Aspekte; es entsteht eine vorläufige Synthese beider Auffassungen, die aber durch weitere Überlegungen erneut in Zweifel gezogen werden kann. Die Einsicht nähert sich so in einem ständigen Hin und Her zwischen Behauptung, Negation und Negation der Negation asymptotisch einem Ziel:

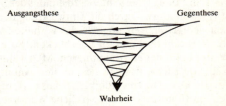

Auch in den hermeneutischen Wissenschaften treten solche dialektischen Prozesse auf. Eine historische Theorie wird durch eine neue ersetzt, die bessere Quellen kennt. Der sich verändernde Verstehenshorizont der Gegenwart bringt neue Gesichtspunkte ins Spiel und korrigiert auch die revidierte Theorie. Weil der Mensch selbst ein geschichtliches Wesen ist, das heißt, sich seine Daseinsbedingungen ständig verändern, wird der Prozeß der Neuinterpretation nie zu einem Ende kommen.

Die Dialektik beschreibt also die Wirklichkeit in ihrem geschichtlichen Zusammenhang. Sie ist die Lehre von den verschiedenen Erscheinungsformen des menschlichen Geistes sowie von dessen Manifestationen und Handlungen in einer geschichtlichen Welt.

c) Ordnung und Chaos

(1) Ob in den Wissenschaften, Religionen oder Philosophien, immer ging es den Forschern darum, in den komplexen Erscheinungen unserer Welt *Ordnung* zu entdecken und zu beschreiben. Seit dem Aufschwung der Naturwissenschaften bilden die Naturgesetze den Schlüssel zum Verständnis von Ordnung. Schon im 19. Jahrhundert gab man sich der Hoffnung hin, alles aus den Newtonschen Gesetzen erklären zu können. Die Ordnung war durchschaut: Wenn man in einem beliebigen Augenblick den Ort und den Bewegungszustand aller Einzelteile des Universums überblicken könnte, so ließen sich aus den Gleichungen der Physik alle vergangenen Zustände des Weltsystems rekonstruieren und alle zukünftigen Konstellationen vorausberechnen, eben weil das System durch die Naturgesetze völlig determiniert gedacht worden ist.[12] Die Ordnung in diesem Sinne hätte die Vorausberechnung eines jeden beliebigen zukünftigen Zustandes ermöglicht. *Die Vorhersagbarkeit war Anzeige für Ordnung.*

(2) Seit Planck und Einstein legt man nicht mehr die Newtonsche, sondern die neue Physik zugrunde und weiß, daß in dieser die Idee der vollständigen Beschreibung eines Anfangszustandes des Systems nicht realisierbar ist (Heisenberg). Durch die Entwicklung der Computertechnik ist es seit wenigen Jahren möglich, das Verhalten äußerst komplizierter Systeme rechnerisch gut zu überblicken. So hat man versucht, unser Wetter in Modellen zu simulieren. Man wählte eine übersichtliche Anzahl von Elementen mit bestimmten Anfangsbedingungen aus, die z. B. Ort, Geschwindigkeit, Masse, Temperatur und Druck betreffen, und ahmte damit das wirkliche Wettergeschehen we-

---

12 Siehe S. 158 (Laplacescher Weltgeist)

Ordnung und Chaos

nigstens in einem kleinen hypothetischen Teilabschnitt nach. Dabei machte man eine aufregende Entdeckung. Falls man die Anfangswerte z. B. auf vier Dezimalstellen genau eingibt, beobachtet man einen völlig anderen Verlauf als bei Eingaben von sechs Stellen. Nach einem längeren Zeitabschnitt sind beide Systeme völlig verschieden. Angenommen, man hätte die Wettervorhersage am ersten Fall orientiert, dann wäre man zu völlig anderen Wetterverhältnissen gekommen als im Falle der „genaueren" Eingabe. Aber es gibt ja noch mehr Dezimalstellen. Der tatsächliche Zustand hat Größen mit gewissermaßen unendlich vielen Dezimalstellen, die sich aber in einem konkreten Meßvorgang immer nur näherungsweise angeben lassen. Das bedeutet, daß bei hinreichend langem Systemablauf bei beliebig genauen Anfangsbedingungen immer Zustände eintreten, die sich *nicht* voraussagen lassen. Wenn Vorhersagbarkeit die Anzeige von Ordnung war, so bedeutet die Unmöglichkeit der Vorhersage, daß „*Chaos*" vorliegt. Unsere Naturgesetze sind von der Art, daß sie unter bestimmten Umständen eindeutige Voraussagen eben nicht zulassen. „Chaotische", das heißt nicht vorhersagbare Zustände konnte man auch in zahlreichen anderen Systemen entdecken. Man vermutet, daß die vorhersagbaren Ordnungen sogar die Ausnahme sind.

> Eine Untersuchung der Struktur der verwendeten modernen Naturgesetze zeigt, daß in diesen eine Selbstbezüglichkeit oder genauer eine quadratische (also nicht-lineare) Iteration vorliegt. In dieser drückt sich die Abhängigkeit eines Elements des Systems von allen anderen Elementen aus. Die Folge ist, daß minimale Änderungen in einem Element schlimme Auswirkungen auf andere große Systemteile haben können. Es ist theoretisch möglich, daß der Flügelschlag eines Schmetterlings in Brasilien einen Tornado in Texas auslöst („Schmetterlingseffekt" von Ed Lorenz); eine geringe Störung der Gravitationskräfte durch einen vorbeifliegenden Kometen kann die Erde auf die Sonne stürzen lassen.

(3) Wenn auch die einzelnen Zustände des Systems nicht vorhersagbar, also in diesem Sinne chaotisch sind, dann heißt dies nicht, daß zwischen den einzelnen Elementen kein tieferer Zusammenhang bestände. Im Gegenteil: der Zusammenhang ist durch die Gesetze theoretisch eindeutig bestimmt, – wenn auch nicht vorhersagbar, – und bringt selbst Ordnungen hervor. In den weit vom Gleichgewicht entfernten Zuständen geht Ordnung nicht nur verloren, sondern es wird dort auch Ordnung geboren. Man spricht von *Selbstorganisationen*. Für Ilja Prigogine ist die Erscheinung der Ordnung aus dem Chaos sogar die Regel. Die unvorhersagbaren Wechselwirkungen schaukeln sich nicht immer zu chaotischem Verhalten auf, sondern sie koppeln

sich umgekehrt auch aneinander und bilden auf diese Weise Neues, Originelles und in der Vielgestaltigkeit der Formen Unglaubliches. Nicht nur die Ordnung in Kristallen und Gebirgsformen, in Wolkenformationen und Strömungen (in „Fraktalen"), sondern auch alle Neuschöpfungen in der Evolution scheinen aus diesen Koppelungsvorgängen im „Chaos" zu entstehen, ohne je vorausberechnet werden zu können.

Durch die vielgeschmähte Computertechnik hat sich die Blickrichtung der Forschung in einem erstaunlichen selbstkritischen Sinne radikal geändert: Die Komplexität der Welt wird nicht mehr als *noch nicht* durchschautes Ordnungsgefüge gedeutet, deren Geheimnisse die Menschen durch Technik und Mathematik einst immer mehr entzaubern könnten; sondern die Ordnung entsteht in originellen, nicht vorhersagbaren Formen in einer Welt, in der alles mit allem so innig verwoben ist, daß es für einen Menschen als Element des Ganzen unmöglich ist, das meiste Neue oder gar das Ganze zu erfassen. Der Traum vom durchschaubaren Kosmos und vom Phantom einer manipulierbaren Maschinenwelt scheint ausgeträumt.

2.5 Einige Repräsentanten der Wissenschaftstheorie

a) Vom „Wiener Kreis" zu Karl Popper

(1) Den ersten Höhepunkt erreichte die neu entstandene Wissenschaftstheorie im Neopositivismus des „Wiener Kreises" der zwanziger Jahre. In der Folgezeit übten vor allem die Weiterentwicklungen von Rudolf Carnap und die Theorien seines großen Gegenspielers, Karl Popper, einen großen Einfluß auf die Vorstellungen vom Wesen der Wissenschaften aus.

Der „Wiener Kreis" bestand aus einer Gruppe bedeutender Philosophen (O. Neurath, V. Kraft, F. Waismann, H. Feigl, R. Carnap u. a.) und Mathematiker (K. Gödel, H. Hahn, K. Menger u. a.), die sich um Moritz Schlick, dem Inhaber des Lehrstuhls für Philosophie und induktive Wissenschaften, in Wien gesammelt hatten. Sie versuchten, die Mängel des klassischen Positivismus von A. Comte und J. St. Mill mit Hilfe der logischen Entdeckungen G. Freges, B. Russells und L. Wittgensteins zu überwinden. Der Grundgedanke war eine Präzisierung der philosophischen Aussagen, so daß die Philosophie zu einer echten Wissenschaft werden könnte. Man sprach geradezu vom „Aufstieg der wissenschaftlichen Philosophie" (H. Reichenbach).

Dabei bildete sich eine scharfe Gegenposition zur traditionellen Philosophie heraus, in welcher die Spekulation seit eh und je eine wichtige Rolle spielte. Man suchte *Sinnkriterien,* das heißt Bedingungen, die angeben, wann ein Satz sinnvoll ist und damit zur Wissenschaft bzw. zur wissenschaftlichen Philosophie gehört. Die *formalen* Forderungen besagten, daß ein solcher Satz keine Scheinbegriffe enthalten dürfe und nach den Regeln der Wissenschaftssprache aufgebaut sein müsse (Logik und Grammatik); *inhaltlich* wurde der Empirismus vertreten: der Satz muß verifizierbar sein. In der Auseinandersetzung mit der Philosophie richteten sich die Angriffe vor allem gegen die Kernsätze der Metaphysik, die als synthetische Prinzipien a priori auftreten (Substanz, Kausalität usw.). Man akzeptierte nur analytisch-apriorische Sätze (Tautologien der Logik und Mathematik) und synthetisch-aposteriorische (empirische Aussagen der Naturwissenschaften).

(2) Es stellte sich bald heraus, daß alle Formulierungen des empiristischen Sinnkriteriums auf Ungereimtheiten führten. Zum Beispiel läßt sich ein Naturgesetz nicht verifizieren, weil es als echter Allsatz aufgefaßt werden muß. Damit steht es auf der gleichen Stufe wie eine metaphysische Spekulation, die ebenfalls nicht verifizierbar ist. Auch Poppers Versuch, die Falsifizierbarkeit an die Stelle der Verifizierbarkeit zu stellen, scheiterte an den Existenzaussagen. So ist beispielsweise die Hypothese von der Existenz einer bisher noch nicht beobachteten Galaxis nicht falsifizierbar. (Für logisch Geschulte: Der verneinte „Es gibt P"–Satz ist äquivalent mit einem „Für alle: Non-P"-Satz, das heißt mit einem Allsatz, der nicht als Basissatz dienen kann). Ebensowenig führte die Forderung weiter, Verifizierbarkeit *oder* Falsifizierbarkeit zugrunde zu legen. Denn es gibt durchaus sinnvolle Sätze, die sowohl das „alle" als auch das „es gibt" enthalten, wie etwa „Alle Menschen sind sterblich" (genauer: „*Es gibt* ein endliches Zeitintervall nach der Geburt eines *jeden* Menschen, nach welchem dieser stirbt").

Die Geschichte des immer wieder revidierten Sinnkriteriums ist die Geschichte eines sich ständig abschwächenden *Empirismus.* Man erkennt allmählich die Unverzichtbarkeit der theoretischen Elemente, die keiner vollständigen empirischen Interpretation fähig sind. Einen wichtigen Abschnitt in dieser Entwicklung stellt *Carnaps Zwei-Stufen-Theorie* der Sprache dar. In dieser wird eine Beobachtungssprache durch sogenannte Korrespondenzregeln mit einer theoretischen Sprache verbunden. Letztere ist empirisch nicht mehr voll interpretierbar. Die Gesamttheorie wird so zu einem nur partiell interpretierbaren

Wissenschaftstheorie 2.5

Kalkül. Schematisch lassen sich die Zusammenhänge folgendermaßen beschreiben:

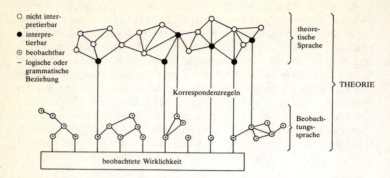

Die theoretische Sprache ist gleichsam der „theoretische Überbau" der Beobachtungssprache und enthält die wissenschaftstheoretisch interessanteren Aussagen. Interpretierbare theoretische Elemente sind durch Zuordnungs- oder Korrespondenzregeln mit den Elementen der Basis verbunden. So kann beispielsweise eine Korrespondenzregel der Optik den Zusammenhang zwischen Lichtstrahl und Gerade als geometrisches Objekt herstellen; eine Gerade kann nie beobachtet werden, sondern ist in ihrer Idealisierung ein theoretischer Begriff. Die zahlreichen nicht-interpretierbaren Begriffe der theoretischen Sprache werden nicht willkürlich eingeführt. Sie unterscheiden sich von den spekulativen Ausdrücken und Sätzen durch ihre *prognostische Relevanz*. Stegmüller erläutert diesen Begriff:

> „Auch nur teilweise deutbare theoretische Terme eines erfahrungswissenschaftlichen Systems ermöglichen doch *Voraussagen im Bereich des Beobachtbaren*, die ohne ihre Hilfe nicht zustande gekommen wären; *metaphysischen Termen fehlt diese Art von prognostischer Leistungsfähigkeit*. In diesem Unterschied spiegelt sich der Gegensatz zwischen dem empirischen Gehalt wissenschaftlicher theoretischer Begriffe einerseits, der empirischen Sinnlosigkeit spekulativer Begriffe eines metaphysischen Systems andererseits wider."[13]

Während Beobachtungsbegriffe wie „grün" oder „hart" für sich verständlich sind, ändern theoretische Begriffe wie „Gerade", „Potential" oder „Elektron" ständig ihre Bedeutung, wenn sich die Gesamt-

---

13 Probleme und Resultate der WT und Analyt. Phil., Band II, Teil C, Berlin 1970, S. 296

Wissenschaft und Mythos

theorie ändert. Der statische Zusammenhang zwischen einzelnen Beobachtungssystemen und einzelnen theoretischen Termen, wie ihn die Korrespondenzregeln ausdrücken, ist deshalb äußerst problematisch. Daher hat sich im Kreis der Empiristen (v. a. bei Hempel und Quine) der Gedanke durchgesetzt, daß die Frage nach einem empirischen Sinn nur noch die ganze Theorie betreffen kann. Eine Theorie ist empirisch sinnlos, wenn in ihr weder Prognosen noch Erklärungen und empirische Überprüfungen möglich sind. Damit verwischt sich der prinzipielle Unterschied zwischen naturwissenschaftlichen Entwürfen und mythologischen Vorstellungen, wie es Quine eindrucksvoll schildert:

> „Als Empirist fahre ich fort, mir das begriffliche Schema der Wissenschaft als ein Werkzeug zu denken, um letztlich zukünftige Erfahrungen im Lichte zurückliegender vorherzusagen. Physikalische Gegenstände werden als vereinbarte Zwischenglieder begrifflich in das System eingeführt – nicht durch Definition mit Hilfe der Erfahrung, sondern einfach als irreduzible Voraussetzungen, die erkenntnistheoretisch mit den Göttern Homers vergleichbar sind. Ich für meinen Teil glaube wie ein Physiker an physikalische Gegenstände und nicht an die Götter Homers. Und ich betrachte es als einen wissenschaftlichen Irrtum, etwas anderes zu glauben. Bezüglich des erkenntnistheoretischen Zustands aber unterscheiden sich die physikalischen Gegenstände und die Götter Homers nur gradweise, nicht der Art nach. Beide Arten von Entitäten treten in unserer Konzeption nur als kulturelle Voraussetzungen auf. Der Mythos physikalischer Gegenstände ist erkenntnistheoretisch den meisten anderen Mythen darin überlegen, daß er sich besser als andere als Maßstab zur Erzeugung einer praktikablen Struktur im Fluß der Erfahrungen erwiesen hat."[14]

(3) Carnaps Untersuchungen haben sich später auf den *Begriff der Induktion* konzentriert, der in populärwissenschaftlichen Darstellungen stets im Vordergrund steht. Das sogenannte Induktionsproblem wurde erstmals von D. Hume aufgeworfen und einer Lösung nähergebracht.

Hume fragt, wie wir vom Wissen über beobachtete Fakten zum angeblichen Wissen über nicht beobachtete Erwartungen kommen. Wir haben *oftmals* beobachtet, daß sich Gegenstände anziehen, und glauben zu wissen, daß sich Gegenstände *immer* anziehen. Das Induktionsproblem betrifft also vor allem die Frage, wie wir aus der Regelhaftigkeit der Vergangenheit die Struktur des Zukünftigen erschließen und *rechtfertigen* können.

---

14 Zwei Dogmen des Empirismus, in: Zur Phil. der idealen Sprache, hrsg. von J. Sinnreich, München 1972, S. 192

Nach Hume ist die Frage nach der Rechtfertigung eindeutig negativ zu beantworten, wenn man diese *logisch* versteht. Es gibt keine Logik, die einen solchen Schluß vom erfahrenen Einzelfall auf noch nicht vorliegende Einzelfälle rechtfertigen könnte. Es hat auch keinen Sinn, den Wahrscheinlichkeitsbegriff heranzuziehen, also zu sagen, je öfter man etwas beobachtet hat, um so wahrscheinlicher sei es.

Hume gibt allerdings auch eine *positive* Antwort auf das Induktionsproblem, sofern sein *psychologischer* Aspekt gemeint ist; das heißt, er versucht zu verstehen, warum wir trotzdem überzeugt sind, daß die Regelhaftigkeit weiter besteht. Er beruft sich dabei auf die Gewohnheit. Durch die wiederholten Ideenassoziationen gewöhnt sich unser Denken schließlich an diesen Mechanismus und ist von der Richtigkeit der Assoziation in allen Fällen überzeugt.

Carnap greift den angedeuteten Zuammenhang zwischen Induktion und Wahrscheinlichkeit wieder auf und versucht, in einer „induktiven Logik" das Problem zu lösen. Wenn wir glauben, daß bei einem immer wieder eintretenden Ereignis die Wahrscheinlichkeit, daß dieses Ereignis nochmals eintritt, anwächst, so betrifft diese Überzeugung eher den subjektiven „Glaubensgrad" als die Wahrscheinlichkeit selbst. Carnap geht davon aus, daß hinter dem subjektiven Glaubensgrad ein objektiver Begriff verborgen ist. Denn man will ja nicht den Grad des *tatsächlichen* Glaubens, sondern den Grad des *vernünftigen* Glaubens ausdrücken. Zu diesem Zweck konstruiert er eine sogenannte Bestätigungsfunktion. Durch diese wird der Glaubensgrad (die „induktive Wahrscheinlichkeit") zahlenmäßig ausgedrückt. Später hat Carnap seine Überlegungen zu einer Theorie von Rationalitätskriterien menschlicher Entscheidungen ausgeweitet.

Diese komplizierten Überlegungen haben gezeigt, daß das Humesche Induktionsproblem als gelöst angesehen werden kann, nämlich in dem schon von Hume angegebenen negativen Sinne; man kann deshalb Popper recht geben, auf den Begriff der Induktion ganz zu verzichten. Andererseits hat aber Carnap durch seine Uminterpretationen neue wissenschaftstheoretische Fragestellungen aufgeworfen und zu lösen versucht, die in der gegenwärtigen Diskussion um die Deutung der Wahrscheinlichkeit, diesem überaus wichtigen Instrument moderner Wissenschaftslogik, von größter Bedeutung sind.

(4) Am Ende des Weges vom naiven Positivismus über den Neopositivismus des „Wiener Kreises" und den Relativierungen Carnaps und Quines steht der *kritische Rationalismus* von *Karl Popper*. Er macht aus der Not der Empiristen eine Tugend der Rationalisten und lehrt

Kritischer Rationalismus

als echter Rationalist den Primat der schöpferischen Vernunft vor aller passiven Erfahrung.

Popper sympathisiert zunächst stark mit der marxistischen Lehre. Als Volksschullehrer verfaßt er 1934 sein erstes Hauptwerk „Die Logik der Forschung", das noch heute in zahlreichen Neuauflagen gedruckt wird und seinen Einfluß ausübt. Auf der Flucht vor den Nationalsozialisten geht er nach Neuseeland und schreibt dort sein zweites Hauptwerk, „Die offene Gesellschaft und ihre Feinde". In diesem Werk wendet er seine wissenschaftstheoretischen Prinzipien auf die Gesellschaftslehre an und rechnet unter dem Eindruck des Hitler-Regimes mit seinen Jugendsünden, insbesondere mit dem Marxismus, ab.

„Die Logik der Forschung" ist eine Kampfansage gegen das utopische Ideal der Letztbegründung von wissenschaftlichen Theorien und gesellschaftlichen Konzeptionen. Alle Entwürfe müssen der ständigen Kritik unterworfen werden:

> „Unsere Wissenschaft ist kein System von gesicherten Sätzen, auch kein System, das in stetem Fortschritt einem Zustand der Endgültigkeit zustrebt. Unsere Wissenschaft ist kein Wissen (episteme): weder Wahrheit noch Wahrscheinlichkeit kann sie erreichen."

> „Zwar geben wir zu: *Wir wissen nicht, sondern wir raten.* Und unser Raten ist geleitet von dem unwissenschaftlichen, metaphysischen (aber biologisch erklärbaren) Glauben, daß es Gesetzmäßigkeiten gibt, die wir entschleiern, entdecken können... Aber diese oft phantastisch kühnen Antizipationen der Wissenschaft werden klar und nüchtern kontrolliert durch methodische Nachprüfungen. Einmal aufgestellt, wird keine Antizipation dogmatisch festgehalten; die Forschung sucht nicht, sie zu verteidigen, sie will nicht recht behalten; mit allen Mitteln ihres logischen, ihres mathematischen und ihres technisch-experimentellen Apparates versucht sie, sie zu widerlegen – um zu neuen unbegründeten und unbegründbaren Antizipationen, zu neuen ‚leichtsinnigen Annahmen‘, wie Bacon spottet, vorzudringen".[15]

Die drei wichtigsten Einzelthesen Poppers lauten:
- Eine wissenschaftliche Theorie muß falsifizierbar sein.
- Die Falsifizierung singulärer Folgerungen aus einer Theorie *kann* zur Aufgabe der gesamten Theorie führen; die Entscheidung darüber fällt aber kein Einzelforscher, sondern eine Forschergemeinschaft.
- Widersprüche können gelegentlich durch ad-hoc-Hypothesen behoben werden. Selbst wenn solche Zusatzhypothesen nicht vorliegen, wird die Theorie erst dann ad acta gelegt, wenn man einen Ersatz dafür gefunden hat.

15 a.a.O. S. 223

Wissenschaftstheorie 2.5

(5) Die darin enthaltene Kritik der Letztbegründung überträgt Popper auch auf die *Gesellschaftstheorie*. Der Kritische Rationalismus wird so zum großen Gegenspieler des Neomarxismus und aller selbstsicheren Polit-Ideologen. Gegenüber utopischen Gesellschaftsentwürfen, die unsere Gesellschaft insgesamt revolutionär verändern wollen, besteht der kritische Rationalismus auf die *Idee der Reform*, das heißt der schrittweisen Umgestaltung bestehender Verhältnisse im Rahmen einer „offenen Gesellschaft". Er ist auf überschaubare Reformen angelegt und tastet sich behutsam nach dem Prinzip von Erfolg und Irrtum vor (trial and error).

Popper stellt der Letztbegründungsmethode des Platonismus seine Methode der rationalen Kritik gegenüber:

> „Die Platonische Methode, an die ich hier denke, kann man *die Methode des Planens im großen Stil, die utopische Sozialtechnik, die utopische Technik des Umbaus der Gesellschaftsordnung oder die Technik der Ganzheitsplanung nennen;* ihr steht eine andere Art von Sozialtechnik gegenüber, die ich für die einzig rationale halte und die man *die von Fall zu Fall angewendete Sozialtechnik, die Sozialtechnik der Einzelprobleme, die Technik des schrittweisen Umbaus der Gesellschaftsordnung oder die Ad-hoc-Technik* nennen könnte. Die utopische Technik ist um so gefährlicher, als es scheinen kann, daß sie im klaren Gegensatz zu einem ausgesprochenen Historizismus steht, zu einem radikal historizistischen Vorgehen, das voraussetzt, daß wir den Lauf der Geschichte nicht ändern können."[16]

Die Kritik richtet sich ausdrücklich vor allem auch gegen *Karl Marx;* denn „sowohl Platon als auch Marx träumen von der apokalyptischen Revolution, die die ganze soziale Welt radikal umgestalten wird". Die marxistische Lehre ist ein „Versuch, sich mit der Gesellschaft als Ganzes zu beschäftigen und keinen Stein auf dem anderen zu lassen".[17]

> Solche Lehren „müssen uns dazu führen, die Vernunft über Bord zu werfen und durch eine verzweifelte Hoffnung auf politische Wunder zu ersetzen. Diese irrationale Einstellung, die sich an Träumen von einer schönen Welt berauscht, nenne ich Romantizismus. Der Romantizismus mag sein himmlisches Staatswesen in der Vergangenheit oder in der Zukunft suchen; er mag ‚Zurück zur Natur' predigen oder ‚Vorwärts zu einer Welt der Liebe und Schönheit'; aber er wendet sich immer an unsere Gefühle, und niemals an unsere Vernunft. Sogar mit der besten Absicht, den Himmel auf Erden einzurichten, vermag er diese Welt nur in eine Hölle zu verwandeln – eine jener Höllen, die Menschen für ihre Mitmenschen bereiten."[18]

16 Die offene Gesellschaft und ihre Feinde, Bd. 1, München 1980⁶, S. 213/214
17 a.a.O. S. 223
18 a.a.O. S. 227

Die Geschichte von der planetarischen Unart

Demgegenüber versteht Popper seine Lehre der rationalen Kritik als
„Versuch, eine offene Gesellschaftsordnung aufzubauen, die die absolute
Autorität des bloß Vorhandenen und des bloß Traditionellen ablehnt, jedoch alte und neue Traditionen zu erhalten und fortzuentwickeln strebt, welche ihren Forderungen von Freiheit, Menschlichkeit und vernünftiger Kritik
entsprechen."[19]

(6) Obwohl die Theorie des kritischen Rationalismus recht plausibel
erscheint und deshalb weite Verbreitung gefunden hat, werden von
den Wissenschaftshistorikern[20] und von den Soziologen massive Einwände vorgebracht. Es ist voreilig zu glauben, Beobachtungen, die einer Theorie widersprechen, würden diese sofort außer Kraft setzen.
Man wird vielmehr versuchen, innerhalb der Theorie ad-hoc-Annah-
men zu finden. Welche kuriose Folgen das haben kann, beschreibt I.
Lakatos recht anschaulich in seiner „Geschichte von der planetari-
schen Unart":

„Ein Physiker in der Zeit vor Einstein nimmt Newtons Mechanik und sein
Gravitationsgesetz N sowie die akzeptierten Randbedingungen A und be-
rechnet mit ihrer Hilfe die Bahn eines eben entdeckten kleinen Planeten p.
Aber der Planet weicht von der berechneten Bahn ab. Glaubt unser Newto-
nianer, daß die Abweichung von Newtons Theorie verboten war und daß ihr
Beweis die Theorie N widerlegt? – Keineswegs. Er nimmt an, daß es einen
bisher unbekannten Planeten p′ gibt, der die Bahn von p stört. Er berechnet
Masse, Bahn etc. dieses hypothetischen Planeten und ersucht dann einen
Experimentalastronomen, seine Hypothese zu überprüfen. Aber der Planet
p′ ist so klein, daß selbst das größte vorhandene Teleskop ihn nicht beobachten kann: Der Experimentalastronom beantragt einen Forschungszuschuß,
um ein noch größeres Teleskop zu bauen. In drei Jahren ist das neue Instrument fertig. Wird der unbekannte Planet p′ entdeckt, so feiert man diese
Tatsache als einen neuen Sieg der Newtonschen Wissenschaft. – Aber man
findet ihn nicht. Gibt unser Wissenschaftler Newtons Theorie und seine Idee
des störenden Planeten auf? – Nicht im mindesten! Er mutmaßt nun, daß der
gesuchte Planet durch eine kosmische Staubwolke vor unseren Augen verborgen wird. Er berechnet Ort und Eigenschaften dieser Wolke und beantragt ein Forschungsstipendium, um einen Satelliten zur Überprüfung seiner
Berechnungen abzusenden. Vermögen die Instrumente des Satelliten... die
Existenz der vermuteten Wolke zu registrieren, dann erblickt man in diesem
Ergebnis einen glänzenden Sieg der Newtonschen Wissenschaft. Aber die
Wolke wird nicht gefunden. Gibt unser Wissenschaftler Newtons Theorie,
seine Idee des störenden Planeten und die Idee der Wolke, die ihn verbirgt,
auf? – Nein! Er schlägt vor, daß es im betreffenden Gebiet des Universums

19 a.a.O. S. 8
20 vgl. 2.5c

ein magnetisches Feld gibt, das die Instrumente des Satelliten gestört hat. Ein neuer Satellit wird ausgesandt. Wird das magnetische Feld gefunden, so feiern Newtons Anhänger einen sensationellen Sieg. – Aber das Resultat ist negativ. Gilt dies als eine Widerlegung der Newtonschen Wissenschaft? – Nein. Man schlägt entweder eine neue, noch spitzfindigere Hilfshypothese vor, oder ... die ganze Geschichte wird in den staubigen Bänden der wissenschaftlichen Annalen begraben, vergessen und nie mehr erwähnt."[21]

(7) Um eine lang bewährte Theorie außer Geltung zu setzen, bedarf es gewichtigerer Beobachtungen als nur der Bahnabweichung eines einzelnen Planeten. Welche Beobachtungen folgenreich sind und zu Revolutionen der Wissenschaft führen, hängt eng von dem Wissenschaftsbegriff und von der Entscheidung der Forschergemeinschaft ab. Häufen sich die Anomalien in großem Ausmaß und liegt eine alternative Theorie vor, in der eine Reihe von ihnen erklärt werden kann, dann revidiert die Forschergruppe eines Tages ihren Standpunkt. Daß dabei menschliche Interessen und Werturteile eine Rolle spielen können, ist offenkundig. Genau hier setzen die Angriffe der Gesellschaftswissenschaftler an. Die historische Situation und die gesellschaftliche Struktur der Forschergemeinschaft entscheidet nach deren Auffassung indirekt mit über die wissenschaftliche Wahrheit. Wie dies im einzelnen gemeint ist, wurde im Positivismusstreit in der deutschen Soziologie diskutiert. Eine Partei in diesem Streit stellt die „Kritische Theorie" dar, der wir uns jetzt zuwenden.

b) Von Horkheimer bis Habermas (Kritische Theorie)

(1) Die Kritische Theorie, die vor allem mit den Namen Horkheimer, Adorno, Marcuse und Habermas verbunden ist, repräsentiert weniger eine *wissenschaftstheoretische,* sondern eher eine *erkenntniskritische* Position, die zugleich als Negation und Kritik der etablierten Wissenschaftstheorie aufgefaßt werden kann.

Als die eigentliche Geburtsstunde der Kritischen Theorie wird im allgemeinen das Erscheinungsjahr der Abhandlung „Dialektik der Aufklärung" (1947) von Horkheimer und Adorno angesehen. Die beiden Autoren versuchen in diesem Buch, die Problematik unseres wissenschaftlich-technischen Zeitalters in einem allgemeinen geschichtli-

---

21 Falsifikation und die Methodologie wissenschaftlicher Forschungsprogramme, in: Kritik und Erkenntnisfortschritt, hrsg. v. I. Lakatos, und A. Musgrave, Braunschweig 1974, S. 98/99

Kritische Theorie

chen und gesellschaftskritischen Zusammenhang darzustellen. Dabei greifen sie häufig auf Gedanken der Frühphilosophie von Karl Marx zurück.

Die letzten zwei Jahrhunderte waren von einer zielgerichteten *Aufklärung* geprägt, die den „Ausgang des Menschen aus seiner selbst verschuldeten Unmündigkeit" (Kant)[22] hin zu seiner Selbstbefreiung und zur selbstsicheren Herrschaft über die Natur verfolgte. In diesem Optimismus, der überall nur Fortschritt zum Guten sah, wurde eine versteckte *„Dialektik"* völlig übersehen: die Menschen bezahlen ihre Macht über die Natur dadurch, daß sie sich selbst und den Sinn ihres Tuns vergessen; ihr wissenschaftliches Denken wird zu einem eigendynamischen Prozeß, der sie selbst verschlingt. So vollzieht sich ein Umschlag von Freiheit und Aufklärung in Entfremdung und Wahn. Dabei hat die „positive Wissenschaft", die reflexionslos ihre gesellschaftlichen Bezüge vergißt, Entscheidendes zu dieser Entwicklung beigetragen. Die Kritische Theorie tritt daher vor allem als *Positivismus-Kritik* auf. Die „positive Wissenschaft", bei Comte ein Höhepunkt der geschichtlichen Entwicklung hin zur Befreiung des Menschen, hat selbst Zwangscharakter angenommen. Sie wendet sich als Instrument der Macht gegen die Befreiung von undurchschauter Repression und setzt sich für den Fortbestand des Gegebenen und der bestehenden Herrschaftsstruktur ein. Die Logik erscheint dabei als Inbegriff des Geschichtsfeindlichen, weil sie „Immer-gleich-Gültiges" lehrt und so die lebendige Geschichte in ihrem Emanzipationsprozeß zum Erstarren bringt. Die Notwendigkeiten der objektiven Wissenschaften sind letztlich nur Ausdruck der Macht der Herrschenden.

„Seit je hat Aufklärung im umfassendsten Sinn fortschreitenden Denkens das Ziel verfolgt, von den Menschen die Furcht zu nehmen und sie als Herren einzusetzen. Aber die vollends aufgeklärte Erde strahlt im Zeichen triumphalen Unheils. Das Programm der Aufklärung war die Entzauberung der Welt. Sie wollte die Mythen auflösen und Einbildung durch Wissen stürzen."

„Technik ist das Wesen dieses Wissens. Es zielt nicht auf Begriffe und Bilder, nicht auf das Glück der Einsicht, sondern auf Methode, Ausnützung der Arbeit anderer, Kapital."

„Die Menschen bezahlen die Vermehrung ihrer Macht mit der Entfremdung von dem, worüber sie die Macht ausüben. Die Aufklärung verhält sich zu den Dingen wie der Diktator zu den Menschen. Er kennt sie, sofern er sie manipulieren kann. Der Mann der Wissenschaft kennt die Dinge, insofern er sie machen kann."

22 a.a.O. Band XI, S. 53

Wissenschaftstheorie 2.5

„Heute, da Bacons Utopie, daß wir ‚der Natur in der Praxis gebieten‘, in tellurischem Maßstab sich erfüllt hat, wird das Wesen des Zwanges offenbar, den er der unbeherrschten zuschrieb. Es war Herrschaft selbst."[23]

(2) Adornos „Negative Dialektik" (1966) beansprucht zwar, einen systematischen Erklärungsversuch des Aufklärungsprozesses und der Dialektik vorzulegen, kann diesen Anspruch aber nicht überzeugend einlösen – vielleicht, weil sie durch ihre Logik-Kritik dem Zwang der Argumentation sowieso kein größeres Gewicht beilegt. Nach Adorno ist die denkende Bewältigung der Probleme, wie sie die bürgerliche Gesellschaft mit Logik und positiven Wissenschaften versuchte, so radikal gescheitert, daß jede gedankliche Versöhnung mit den wirklichen Widersprüchen abgelehnt werden muß. Als einziges, nicht weiter zu rechtfertigendes Postulat bleibt die Überzeugung, daß das selbstkritische Subjekt in der Zerstörung der begrifflichen und gesellschaftlichen Zwänge trotz aller bestehender Widersprüche zu sich selbst findet.

Etwas konkreter, aber nicht weniger aggressiv sind die Gedanken *H. Marcuses* zur Rolle der Wissenschaften und Technik. Für ihn ist schon seit Galilei wissenschaftlicher Fortschritt einerseits Voraussetzung für Humanität, andererseits zugleich deren Verhinderung. In der Gegenwart hat sich die negative Tendenz verselbständigt. Durch den Operationalismus der Naturwissenschaften und den Behaviorismus der Sozialwissenschaften wird das *„eindimensionale Denken"* gefördert: die Leugnung transzendenter Elemente der Vernunft, die einst die Ideen und Ziele der Menschen geleitet haben, auf Kosten einer totalitären Logik und einer technischen Rationalität. Beide unterbinden zugleich den gesellschaftlichen Wandel und begünstigen die Exzesse der Überflußgesellschaft; sie ermöglichen Disziplinierung und Manipulation:

„Jene, die in der Hölle der Gesellschaft im Überfluß leben müssen, werden mit einer Brutalität bei der Stange gehalten, die mittelalterliche Praktiken und solche der frühen Neuzeit wiederbelebt."[24]

Zur Zeit vollzieht sich nach Marcuse „eine Umwandlung von der Industriegesellschaft in die technologische Gesellschaft unter totaler Verwaltung der Menschen"[25] und damit die Zerstörung der Grundlagen möglicher Demokratie.

23 M. Horkheimer, T. W. Adorno: Dialektik der Aufklärung, Frankfurt 1971, S. 7, 8, 12, 41.
24 Der eindimensionale Mensch, Neuwied und Berlin, 1970, S. 44
25 Kultur und Gesellschaft 2, Frankfurt 1965, S. 159

Erkenntnisinteresse (Habermas)

(3) Bei den bisher erwähnten Vertretern der Kritischen Theorie überwiegt die Kritik. Anders bei *Habermas,* der terminologische und inhaltliche Differenzierungen und ein ausgearbeitetes Emanzipations-Programm vorlegt. Für ihn ist die menschliche Vernunft „gespalten": einerseits ein Instrument der Macht, andererseits aber zugleich ein Organ für ein besseres Leben und ein Mittel zur Emanzipation der Unterdrückten. Das bedeutet zugleich eine Spaltung in eine *instrumentelle* Vernunft und in eine *praktische* Vernunft. Zur instrumentellen Vernunft entartet reine Theorie in den Händen der positiven Wissenschaften; sie wird zum blinden Instrument der Verwirklichung von Mitteln und der Rationalisierung ohne Sinn und Ziel, die uns schließlich im Zustand der Verständnislosigkeit und Ohnmacht zurücklassen. Die praktische Vernunft dagegen bemüht sich um eine „umfassendere Rationalität" im gesellschaftlichen Ganzen.

(4) Die Unterscheidung von instrumenteller und praktischer Vernunft wird in den wissenschaftstheoretischen Überlegungen von Habermas zu einer *Theorie der Erkenntnisinteressen* ausgebaut, welche zugleich eine *Einteilung der Wissenschaften* nach diesen Interessen ermöglicht. Analog zu den drei Leitbegriffen „Technik", „Praxis" und „Emanzipation" spricht Habermas von drei Arten von Wissenschaften. Es sind das

- die *empirisch-analytischen* Wissenschaften (weitgehend identisch mit den Naturwissenschaften); in ihnen wird das technische Erkenntnisinteresse wirksam, welches die Verfügungsgewalt über seine Gegenstände anstrebt;
- die *historisch-hermeneutischen* Wissenschaften (vergleiche Geisteswissenschaften); hier herrscht das praktische Erkenntnisinteresse vor, durch welches das Verstehen innerhalb der Lebenspraxis ermöglicht wird;
- die *kritischen* Wissenschaften (aufgeklärte Gesellschaftswissenschaften); in ihnen wirkt das emanzipatorische Erkenntnisinteresse, das jede Herrschaft über Menschen ablehnt und sich gegen technische oder auch gesellschaftliche Manipulation jeglicher Art wendet.

Diese drei Erkenntnisinteressen stehen bei Habermas unvermittelt nebeneinander. Die Macht des technischen Erkenntnisinteresses verdeckt die beiden anderen in einem Ausmaß, daß die Chancen der Emanzipation gering erscheinen. Trotzdem ist es notwendig, sich gegen diese einseitige Entwicklung zu wehren.

Wissenschaftstheorie 2.5

(5) In einer „Theorie der kommunikativen Kompetenz" erfährt das emanzipatorische Erkenntnisinteresse seine inhaltliche Ausgestaltung. Habermas geht in Anlehnung an K. O. Apel von der Tatsache aus, daß in unserer Welt trotz aller Schwierigkeiten sinnvolles Handeln und Sprechen möglich ist und auch immer wieder realisiert wird. Das ist aber nur möglich, weil bestimmte notwendige Voraussetzungen erfüllt sind. Diese werden als die apriorischen Bedingungen der „idealen unbegrenzten Kommunikationsgemeinschaft" bezeichnet und betreffen vor allem Verständlichkeit, Wahrheit, Richtigkeit und Wahrhaftigkeit. Da es sich dabei um Idealfaktoren handelt, besteht die Aufgabe der Philosophie darin, diese konstitutiven Faktoren mehr und mehr zu realisieren. Dies bedeutet einen Abbau des blinden Glaubens an Autorität und der Verachtung des gesellschaftlichen Partners, ein Klarlegen der theoretischen und gesellschaftlichen Prämissen, kurzum ein Wegbereiten der emanzipatorischen Vernunft. Nur so lassen sich die gesellschaftlichen Zwänge lockern und durch einen immerwährenden Diskurs in eine menschenwürdige Gesellschaft verwandeln.

Im sogenannten Positivismusstreit der deutschen Soziologie um 1963 sind die beiden Konzeptionen des Kritischen Rationalismus und der Kritischen Theorie unvermittelt aufeinandergeprallt. Adorno, Habermas und Popper waren die Wortführer. Die Standpunkte blieben damals unversöhnt und bestimmten die entscheidenden politischen Kräfte in den darauf folgenden Studentenunruhen und revolutionären Reformbewegungen von 1968. Neue Impulse erhielt die allgemeine Erkenntniskritik erst durch die Einbeziehung wissenschafts*historischer* Argumente im Anschluß an die Arbeiten von Thomas S. Kuhn.

c) Thomas S. Kuhn und das Problem der Wissenschafts-
     geschichte

(1) Wissenschaftler kennen die Wissenschaftsgeschichte im allgemeinen nur als Anhang zur wissenschaftlichen Theorie. In der analytischen Wissenschaftstheorie gibt es daher keine historischen Elemente; ihr Thema ist nicht die historische Beschreibung des Entstehenden, sondern die systematische Darstellung des Fertigen, wie es sich heute zeigt. Die *logische Struktur,* nicht die *Genese* ist das Entscheidende. Wissenschaftsgeschichte ist allenfalls für den *Entdek-kungs*kontext, nicht aber für den *Begründungs*kontext von Bedeutung. Zum Beispiel ist es für die Feststellung, daß die Planeten auf El-

lipsenbahnen um die Sonne wandern, uninteressant, daß dies Johannes Kepler entdeckt hat, nachdem er die Messungen von Tycho Brahe ausgewertet hatte. Wichtig ist allein, daß sich die Bahnkurven aus den Gesetzen der Newtonschen Mechanik ableiten lassen. Erst dieser Zusammenhang macht die Aussage zu einem wissenschaftlich begründeten Inhalt. Die Geschichte gibt nur an, wie und wem die Bahnen *entdeckt* wurden, sie trägt aber nichts zur *Begründung* bei. Die Rechtfertigung wissenschaftlicher Aussagen muß sich aus der logischen Struktur ergeben und kann nicht durch Hinweis auf Autoritäten oder historische Situationen erfolgen.

Gegen diese scharfe Trennung zwischen Wissenschafts*theorie* und Wissenschafts*historie* argumentiert *Thomas S. Kuhn* in seinem Essay „Die Struktur wissenschaftlicher Revolutionen" (1962) in solch überzeugender Weise, daß dieser zum Ausgangspunkt einer neuen Deutung von Wissenschaftlichkeit geführt hat. Wir gliedern unsere Überlegungen in drei Problemkreise:

– Wie sieht Kuhn das *alte* Wissenschaftskonzept, gegen das er ankämpft?
– Welches sind die Grundgedanken seines *neuen* Wissenschaftskonzepts?
– Welche neue wissenschaftstheoretische Entwicklung hat die Kuhnsche Kritik bewirkt? („Nach-Kuhnsche Wissenschaftstheorie").

(2) *Das alte Wissenschaftskonzept.* Wissenschaftliche Entwicklung ist identisch mit wissenschaftlichem Fortschritt. Seit Galilei und Newton hat sich unser Wissen vervielfacht, weiter ausgebreitet und immer wieder verbessert. Wissenschaft stellt mithin einen kumulativen Prozeß dar, ein ständiges Mehr- und Besser-Wissen. Alte Vorstellungen werden revidiert oder ganz ausgeschieden. Unsere Erkenntnis nähert sich asymptotisch der Wahrheit. Diese Entwicklung ist allerdings nicht völlig gleichmäßig; sie zeigt dank genialer Leistungen einzelner Forscher wie Einstein oder Planck gelegentlich Sprünge auf höhere Stufen, von denen aus die überwundenen Etappen unbedeutend und noch nicht wissenschaftlich genug erscheinen. Die von historischen Schlacken gereinigte Form des heutigen Wissensstandes findet man in den einschlägigen Lehrbüchern und Wissenschaftskompendien.

(3) *Die Grundgedanken des Kuhnschen Wissenschaftskonzepts:*
– Wissenschaft tritt in zwei wesensverschiedenen Formen auf: zum einem als Normalwissenschaft, zum anderen als außerordentliche Wissenschaft.

Wissenschaftstheorie 2.5

- Die Struktur der Normalwissenschaft wird durch bestimmte Paradigmen definiert.
- Die Ablösung der einzelnen Paradigmen erfolgt durch wissenschaftliche Revolutionen.

Diese drei Grundthesen bedürfen einer Erläuterung:

In den *Normalwissenschaften* geschieht nach Kuhn alles andere als das Entwerfen neuer Hypothesen und deren kritische Prüfung durch Falsifikationsversuche, wie es der Kritische Rationalismus behauptet. Sie arbeitet vielmehr auf bisher eingefahrenen Forschungsbahnen und versucht, neue Anwendungen ihrer alten erfahrenen Methoden durchzuführen.

„In diesem Essay bedeutet ‚normale Wissenschaft' eine Forschung, die fest auf einer oder mehreren wissenschaftlichen Leistungen der Vergangenheit beruht, Leistungen, die von einer bestimmten wissenschaftlichen Gemeinschaft eine Zeitlang als Grundlagen für weitere Arbeit anerkannt werden."

Man kann „diese Forschung als einen rastlosen und hingebungsvollen Versuch beschreiben, die Natur in die von der Fachausbildung gelieferten Begriffsschubladen hineinzuzwängen".

„Die normale Wissenschaft strebt nicht nach tatsächlichen und theoretischen Neuheiten und findet auch keine, wenn sie erfolgreich ist."[26]

Kuhn nennt drei charakteristische Problemklassen, die in einer Normalwissenschaft untersucht werden.

- Bestimmung signifikanter Fakten, d. h. Aufsuchen von Tatsachen, die in jene „Begriffsschubladen" hineinpassen;
- gegenseitige Anpassung von Fakten und Theorie; dies bedeutet die Einführung von ad-hoc-Hypothesen bei Differenzen zwischen den theoretischen Annahmen und den Beobachtungen;
- Präzisierung der Theorie, was vor allem auf eine Differenzierung hinausläuft.

Innerhalb der Normalwissenschaften gibt es so etwas wie Wissensakkumulation und damit echten Fortschritt. Aber diese Entwicklung geht nicht bruchlos weiter:

„Manchmal widersteht ein normales Problem, welches durch bekannte Regeln und Verfahren lösbar sein sollte, dem wiederholten Ansturm der fähigsten Mitglieder des Kreises, in dessen Zuständigkeit es fällt."

„...wenn also die Fachwissenschaft den die bestehende Tradition wissenschaftlicher Praxis unterwandernden Anomalien nicht länger ausweichen kann –, dann beginnen die außerordentlichen Untersuchungen, durch welche die Fachwissenschaften schließlich zu einer neuen Reihe von Bindun-

26 Die Struktur wissenschaftlicher Revolutionen, Frankfurt 1973, S. 28, 22, 79

gen, einer neuen Grundlage für die Ausübung der Wissenschaften geführt wird."[27]

Den entscheidenden Terminus zum Verständnis wissenschaftlicher Arbeit und der Ablösungsprozesse verschiedener Normalwissenschaften stellt der *Paradigmen-Begriff* dar. Paradigmen sind in erster Näherung „allgemein anerkannte wissenschaftliche Leistungen..., die für eine gewisse Zeit einer Gemeinschaft von Fachleuten Modelle und Lösungen liefern".[28] In dem schillernden Begriff des Paradigmas, der gelegentlich auch im Sinne von Standard, Kriterium, Methode, Gesetz, Spielregel, Vorurteil, Vorverständnis, Intuition und metaphysische Überzeugung verwendet wird, sind zwei Merkmale ausschlaggebend:

– erstens muß er eine attraktive beispiellose Leistung enthalten, die weite Anerkennung findet,
– zweitens muß er auf eine große Anzahl weiterer Probleme anwendbar sein.

Diese Merkmale umfassen nicht nur kognitive Elemente, die als Systeme von Regeln rational und methodologisch beschrieben werden könnten. Sie enthalten auch gemeinsame intuitive Grundeinstellungen und Wertungen, gesellschaftlich und psychologisch bedingte Entscheidungen bestimmter Forschergruppen. So kann man ein Paradigma am einfachsten durch die Gesamtheit dessen erklären, was Mitgliedern einer Forschergemeinschaft – und nur diesen – an Überzeugungen und Arbeitsmethoden gemeinsam ist. Wir erhalten damit eine Aufgliederung des Paradigmas in zwei Komponenten:

– erstens in die durch das Standardbeispiel (Paradigma im engeren Sinne!) eingeführte Lebensform mit all ihren Wertungen;
– zweitens in einen rational rekonstruierbaren Aussagenteil, der aufgrund der intuitiv gesetzten Prämissen die lehrbare Wissenschaft ausmacht.

Die Ablösung von Paradigmen erfolgt nach Kuhn durch *wissenschaftliche Revolutionen*. Der Ausdruck soll die Radikalität des Wechsels betonen; denn wie bei politischen Revolutionen handelt es sich um traditionszerstörende Umstürze: Maßstäbe werden verschoben, Probleme erscheinen unter einem ganz neuen Aspekt, die Bedeutung bisher verwendeter Begriffe verschiebt sich, ja die ganze Welt wird neu

27 a.a.O. S. 23
28 a.a.O. S. 11

Wissenschaftstheorie 2.5

gesehen. Da es keine übergeordneten Normen gibt, sondern Wissenschaftlichkeit und Rationalität erst durch das jeweilige Paradigma definiert wird, kann die zeitliche Aufeinanderfolge von Paradigmen nicht als Fortschritt gedeutet werden.

„Wie die Wahl zwischen konkurrierenden politischen Institutionen erweist sich die zwischen konkurrierenden Paradigmata als eine Wahl zwischen unvereinbaren Lebensweisen der Gemeinschaft ... Wenn Paradigmata in eine Debatte über die Wahl eines Paradigmas treten – und sie müssen es ja –, dann ist ihre Rolle notwendigerweise zirkulär. Jede Gruppe verwendet ihr eigenes Paradigma zur Verteidigung eben dieses Paradigmas."[29]

Kuhn illustriert seine Theorie wissenschaftlicher Revolutionen vor allem an den folgenden historischen Beispielen („Paradigmen"):
– Astronomie des Ptolemäus / des Kopernikus
– Physik des Aristoteles / Newtons / Einsteins
– Optik Newtons / Young – Fresnels / Planck – Einsteins
– Chemie der Phlogistontheorie / Lavoisiers.

Das Kuhnsche Wissenschaftskonzept in der Form eines Schemas:

vorwissenschaftliche Zeit

ohne Einzelwissenschaften, ohne gemeinsames Ziel, ohne gemeinsame Methoden
Philosophische Spekulation – Keine Lehrbücher

Normalwissenschaft		*Außerordentl. Wissenschaft*
Geltung eines Paradigmas	*Krise*	Revolution: Annahme eines neuen Paradigmas durch eine
Gleiche Lösungsmethoden („Rätsellösungen")		neue Forschergeneration
Theoriebeladenheit der Beobachtungen	Auftreten von Anomalien	Propaganda, keine rationale Begründung
Immunität gegen Falsifikation	Grundlagenbesinnung	
Falsifikationen treffen Wissenschaftler selbst		
keine Falsifikation		kein Wissensfortschritt

29 a.a.O. S. 130

Das Kuhnsche Wissenschaftskonzept

Stegmüller hat die Stationen der Rationalitätsdiskussion von Hume bis Kuhn durch folgendes Schema verdeutlicht:

Die Wissenschaften sind

nach Hume	induktiv	aber	nicht-rational
nach Carnap	induktiv	und	rational
nach Popper	nicht-induktiv	aber	rational
nach Kuhn	nicht-induktiv	und	nicht-rational[30]

(4) *Die Nach-Kuhnsche Wissenschaftstheorie.* Die Überlegungen Kuhns haben hitzige und umfangreiche Diskussionen ausgelöst. Besonders herausfordernd wirkten

- die Beschreibung der Arbeit des normalen Wissenschaftlers als kritiklose Tätigkeit ohne Falsifikationsversuche;
- die Deutung der neuen wissenschaftlichen Theorien als mit den alten nicht vergleichbar („inkommensurabel"), weil sie rational nicht gerechtfertigt werden können;
- die Leugnung eines Fortschritts im Großen, weil zur Beurteilung keine Normen zur Verfügung stehen, es gibt kein „Superparadigma";
- die starke Betonung des Geschichtlichen, das in der Form gesellschaftlicher und psychologischer Situationsbedingungen als entscheidender Faktor für die Wissenschaftsdynamik in Erscheinung tritt.

In dieser radikalen Form bedeutet die Kuhnsche Interpretation der Wissenschaftsgeschichte das *Ende der Wissenschaftstheorie.* Eine solche Möglichkeit hat vor allem *Paul Feyerabend* bis in die letzten Konsequenzen verfolgt. Wenn Entscheidungen über Wissenschaftlichkeit oder Nichtwissenschaftlichkeit, über Vernunft und Unvernunft nicht von den objektiven Sachverhalten her möglich sein sollen, sondern von *Forschergruppen* gefällt werden, dann kann man diese Gremien auch durch noch kleinere Gruppen und schließlich durch *Einzelindividuen* ersetzen. In diesem Sinne landet Feyerabend bei einer „Erkenntnis für freie Menschen", die er als anarchistische Ideologie anpreist. Wissenschaft hat dann nichts mehr mit Erkenntnis von Tatsachen oder gar mit der Annäherung an Wahrheit zu tun; sie ist auch keine methodische Praxis oder geregelte Systematik der Wirklichkeitsbewälti-

---

30 Hauptströmungen der Gegenwartsphilosophie, Band 2, Stuttgart 1975, S. 490

gung, sondern ein Mittel zur illegitimen Herrschaft und damit eine Dogmatik der Selbstberuhigung.

> „Es ist also klar, daß der Gedanke einer festgelegten Methode oder einer feststehenden Theorie der Vernünftigkeit auf einer allzu naiven Anschauung vom Menschen und seinen sozialen Verhältnissen beruht. Wer sich dem reichen, von der Geschichte gelieferten Material zuwendet und es nicht darauf abgesehen hat, es zu verdünnen, um seine niedrigen Instinkte zu befriedigen, nämlich die Sucht nach geistiger Sicherheit in Form von Klarheit, Präzision, ‚Objektivität‘, ‚Wahrheit‘, der wird einsehen, daß es nur *einen* Grundsatz gibt, der sich unter *allen* Umständen und in *allen* Stadien der menschlichen Entwicklung vertreten läßt. Es ist der Grundsatz: *Anything goes (Mach, was du willst).*"[31]

Dieser endgültige Ausverkauf der „Logik der Forschung" durch eine „Psychologie der Forschung" hat zwar großen publizistischen Anklang gefunden, ist aber bei Fachleuten zugleich auf heftige Ablehnung gestoßen. So entdeckt I. Lakatos auf diesem Weg zur intellektuellen Anarchie einen entscheidenden Denkfehler. Das alte Rechtfertigungsdenken, in welchem Wissen stets ein durch Ratio oder Empirie *bewiesenes* Wissen war, ist zwar allmählich der Überzeugung gewichen, daß wir stets fehlbar sind und es in der Tat schwer einzusehen ist, wann eine Theorie wissenschaftlich genannt und einer anderen vorgezogen werden sollte – zumal die wissenschaftstheoretische Diskussion gezeigt hat, daß Einzelbeobachtungen nicht ausreichen, Theorien zu falsifizieren oder zu bestätigen. Aber trotz dieser Schwierigkeiten braucht die Rationalität nicht der bloßen Willkür der beteiligten Forschergemeinschaft geopfert zu werden. In seiner Theorie der Forschungsprogramme hat Lakatos gezeigt, wie Theorienvergleiche unter den genannten Bedingungen möglich sind. Die Widerspruchsfreiheit und vor allem die Möglichkeit, bis dahin unerwartete Tatsachen vorauszusagen und Bewährungstests zu entwerfen, ermöglichen es, Theorien als wissenschaftlich zu qualifizieren und anderen vorzuziehen. W. Stegmüller hat in diesem Zusammenhang gezeigt, wie in solchen Forschungsprogrammen ein harter Kern erhalten bleibt und teilweise durch mathematische Strukturen exakt beschrieben werden kann.

So hat sich allmählich ein neues Verständnis von Wissenschaftlichkeit herausgebildet, das zwar methodologische Einseitigkeiten der Vergangenheit verwirft und historische Elemente ernst nimmt, aber sich trotz des Verzichts auf Rechtfertigung nicht zugleich dem Irrationalismus der erkenntnistheoretischen Anarchie ausliefert.

---

31 Wider den Methodenzwang, Frankfurt 1976, S. 45

Technikphilosophie

2.6 Neuere Diskussionen: Das Problem der Technik

(1) Sieht man von einigen wenig beachteten Kritiken ab, war der Glaube an Wissenschaft und Technik als wesentliches Element des allgemeinen Fortschritts in der Menschheitsgeschichte bis weit in das 20. Jahrhundert hinein ungebrochen. In der Gegenwart dagegen finden wir einen tiefgreifenden Umschlag des Wissenschaftsoptimismus in einen Wissenschaftspessimismus.

Rückblickend wird deutlich, daß alle wissenschaftlichen und technischen Errungenschaften, die früher eindeutig als heilbringend interpretiert wurden, sowohl positive als auch negative Auswirkungen hatten. Die großen Erfolge der Medizin bewirkten die katastrophale Überbevölkerung unseres Planeten; die Erfolge der Chemie in der Schädlingsbekämpfung veränderten die Nahrungsmittel und das Grundwasser in bedrohlicher Weise; technische Hochleistungen in der Elektronik führten wegen der Umstrukturierung der Produktionsstätten zu vermehrter Arbeitslosigkeit; die Vorteile der Medien und des Telefons für die Kommunikation eröffneten bequeme Methoden der Manipulation und Überwachung.

Die Einsicht in die Ambivalenz des Fortschritts wird heute mehr und mehr von ausgesprochen *negativen* Beurteilungen von Wissenschaft und Technik verdrängt. Vor allem die Möglichkeit der Selbstausrottung durch atomare Waffen sowie Umweltzerstörung und Rohstoffmangel eröffnen beklemmende Zukunftsperspektiven und wirken in diese Richtung.

(2) Welches sind die tieferen Gründe für diese Entwicklung? Hat sich das *wahre* Wesen von Wissenschaft und Technik erst nach der Entfaltung grenzenloser Möglichkeiten offenbart oder haben sich die *Menschen* verändert, die mit der Technik umgehen?

Um eine Antwort auf diese Frage finden zu können, muß zuerst einiges über das *Wesen der Technik* gesagt werden. In einer der vielen Definitionen heißt es, Technik läßt sich „beschreiben als das Gesamt und die Einzelteile der Theorie und der Wirklichkeit von Gegenständen und Verfahren, die zur Erfüllung individueller und gesellschaftlicher Bedürfnisse durch konstruktive Leistung im Rahmen der Naturgesetze geschaffen werden und insgesamt weltgestaltend wirken".[32]

Hans Lenk schlägt vor, die hier genannte „Theorie" als *Technologie* und nur die „Wirklichkeit", also insbesondere die Handlungsmetho-

---

32 A. Huning: Technik – Die Welt des Ingenieurs, in: Zimmerli, W. C.: Technik oder: Wissen wir, was wir tun? Basel 1976, S. 24

den, als *Technik* zu bezeichnen. Für unser Problem ist es wichtig, wie die „konstruktive Leistung" der Technik im einzelnen gemeint ist. In älteren Definitionen der Technik steht immer die Aufgabe im Mittelpunkt, durch Erfindungen *geeignete Mittel für vorgegebene Zwecke* zu entwickeln. Es geht allein um die Wirksamkeit oder Effizienz der Mittel für ein Ziel, dessen Inhalt für den Techniker gleichgültig bleibt, sofern er seine Rolle allein als Techniker spielt. Die Erfindungen dienen dem Schutz der Natur oder des Menschen in gleichem Maße wie der Zerstörung in Kriegen; sie können Bequemlichkeit und Überleben ermöglichen oder Mittel zur Macht und Ausbeutung bereitstellen.

Pessimistische Kulturkritiker deuten diese Gleichgültigkeit gegenüber den Zielvorstellungen als Quelle der Zerstörung alter humaner Werte und als Grund für die Entfremdung des Menschen von einer ursprünglichen und bewahrenden Natur. Weil außerdem die moderne Technik höchst komplex und damit undurchsichtig geworden ist und alle Lebensbereiche beherrscht, sind die Auswirkungen bei unmoralischem Einsatz der Mittel entsprechend katastrophal.

Der Wissenschaftstheoretiker Kurt Hübner[33] vermutet einen tieferen *methodischen* Wandel als Ursache für die gegenwärtigen Fehlentwicklungen. Er stellt die These auf, daß sich in der Barockzeit eine entscheidende Gesinnungsänderung vollzogen hat. Früher waren dem Techniker Einzelprobleme aus einer übersichtlichen Lebenswelt vorgegeben, zu denen er problemlösend die geeigneten Mittel erfand. Damit waren die Folgen der Entdeckung für die Lebenswelt überschaubar. Später, im Barock, aber hat sich der Erfinderwille verselbständigt. Man spielte innerhalb eines gewissen Handlungsbereichs alle nur denkbaren technischen Verfahren durch, ohne deren Folgen abzuschätzen, und hoffte auf Anwendungsmöglichkeiten, die sich auch meistens einstellten. Dabei ging aber neben der Übersicht über die Folgen auch die ursprünglich untergeordnete Funktion der Technik verloren. Das Denken ist seitdem durch die *Autonomie des Herstellens* geprägt, die sich ihre Zwecke selbst erschafft und so als „Kunst des Suchens" (ars inveniendi) zur *„instrumentellen Vernunft"* wird. Indem die Mittel ihre Ziele aus sich heraus entwerfen, erzeugen sich die Menschen in einer Art Konsumzwang neue Bedürfnisse und dazu wieder neue Mittel, die ihrerseits neue Zwecke setzen. Die unbeschränkte Herrschaft der Mittel ist keinem Ziel verpflichtet und wird zur Herausforderung für Religion, Moral und Menschlichkeit.

33 In Zimmerli a.a.O. S. 15

Überleitung zur Ethik

(3) Günter Ropohl u. a.[34] betonen, daß solche Sichtweisen die neueren Entwicklungen zu einseitig beurteilen. In der heute vorherrschenden Systemtechnik erfolgt durchaus ein Dialog mit den gesellschaftlichen Gruppierungen, für welche die Technik entwickelt wird. Dadurch können Ziele und Mittel mit den Bedürfnissen der Gemeinschaft abgestimmt werden. Hier lassen sich vernünftige Steuerungen einbauen wie Verminderung von Umweltschäden, Sparsamkeit im Umgang mit Vorräten, Wiederaufbereitung von Materialien, gerechte Güterverteilung usw. Dazu bedarf es keiner prinzipiell neuer Wertvorstellungen, wohl aber neuer „Durchsetzungsmittel und Ausführungsbestimmungen für Moralgebote", wie es Hans Lenk nennt.[35] Dieser sieht das Allheilmittel nicht in einer utopischen Wesensänderung des Menschen, sondern in der hier und jetzt notwendigen Anstrengung, die technischen Neuerungen auf dem Boden der Gegebenheiten zu bändigen.

Wenn eine solche enge Verbindung von wissenschaftlich-technischer Tätigkeit und Gesellschaft besteht, dann muß sich jeder Wissenschaftler und Techniker den Normen unterwerfen, welche die Allgemeinheit bestimmt; zum Beispiel:

- Der Wissenschaftler muß erkennen und sich immer wieder vor Augen halten, daß nicht jede Neuentdeckung und jedes Experiment zugleich einen Beitrag zum Wohle der Menschheit bedeutet.
- Nicht jede technische Möglichkeit muß ohne Rücksicht auf die Auswirkungen realisiert werden (gegen den „kategorischen Imperativ der Technokratie"). Weil „Weiterentwicklung" nicht mehr a priori „Fortschritt" heißt, sollte zwischen notwendigen, erwünschten und vermeidbaren Entwicklungen unterschieden werden.
- Technische Werte wie Funktionsfähigkeit, Präzision, Stringenz dürfen bei solchen Überlegungen nicht ausschlaggebend sein; sie müssen menschlichen Werten wie Humanität, Freiheit, Glück, Liebe untergeodnet werden. Solange man in der Technik das Heil erwarten konnte, glaubte man, diese menschlichen Werte würden auf indirektem Wege durch die technischen Wertrealisierungen erreicht werden. Dies lief auf die einfache Formel hinaus: „technischer Fortschritt = Fortschritt schlechthin = Vermehrung des Glücks". Wenn aber heute dieser Fortschrittsglaube weitgehend fehlt, muß man im Konfliktfall die technischen Werte zurückstellen können.

34 a.a.O. S. 127
35 a.a.O. S. 139

Technikphilosophie

(4) Technik und Massengesellschaft sind unser Schicksal; aber wir sind als freie und mit Vernunft begabte Wesen diesem Schicksal nicht blind ausgeliefert. Der moderne Mensch muß wieder lernen, trotz der Bedrohungen sein Leben sinnvoll zu gestalten und nicht aus lauter Angst in Lethargie und Resignation zu versinken. Wir sind gewohnt, das Problem des Todes aus unserem Bewußtsein zu verdrängen. In früheren Jahrhunderten empfand man den Tod als alltägliches Phänomen. Kurze Lebenserwartungen, Epidemien, häufige Kriege an fast allen Orten ließen das Leben als einen Übergang erscheinen. Das Gefühl, die Welt unbegrenzt beherrschen und manipulieren zu können, hat uns blind gemacht für unsere endliche Existenzweise. Heidegger hat unser Dasein als „Sein zum Tode" gedeutet, das heißt, als eine Seinsweise, die nur durch das Bewußtsein vom sicheren Ende die Gegenwart voll auszuschöpfen vermag. Dieses Bewußtsein kann zur letzten Anstrengung und Verantwortung anspornen. Aus der Gefährdung kann sich das Bewußtsein des Wertes unseres Daseins bilden und Kräfte freisetzen, dieses zu erhalten.

3. Vom Guten – Ethik

3.1 Ein Zentralproblem: Was sollen wir tun?

(1) Die kulturkritischen Diagnostiker der Gegenwart sind sich in einem Punkte einig: wir leben in einem Zeitalter der Krisen. „Krise" heißt Verlust von Maßstäben, Verwirrung der Grundlagen, Unfähigkeit zu klaren Entscheidungen und Ratlosigkeit in allen wesentlichen Fragen. Moralische Normen, religiöse Überzeugungen, soziale Verhältnisse, politische Bewertungen und ökonomische Beurteilungen sind in gleichem Maße betroffen. Was sollen wir tun?

- Millionen von Menschen hungern und vegetieren am Existenzminimum;
- unsere Welt verliert täglich an Qualität und unterliegt irreversiblen Prozessen, die ein Überleben immer schwerer machen;
- Feindschaften und ideologische Verblendungen haben ein Vernichtungspotential entwickelt, das die gesamte Menschheit auszurotten droht;
- Wirtschaftskonkurrenz und Klassenkampf kultivieren einen fundamentalen Neid und vergiften so die zwischenmenschlichen Beziehungen;
- Berufs- und Erfolgsaussichten sind bei permanenter Arbeitslosigkeit und drohender Inflation düsterer denn je;
- Nationen, Parteien und Institutionen arbeiten gegeneinander, weil jede von anderen Voraussetzungen und von unterschiedlichen moralischen Vorstellungen ausgeht; wir scheinen in einem Kampf aller gegen alle verstrickt.

(2) Die Frage Kants war als programmatische Frage nach den Richtlinien unseres Handelns gemeint und klingt in unserer Situation eher wie ein verzweifelter Aufschrei. Eine Antwort scheint schwer, wenn nicht gar unmöglich zu sein, setzt sie doch voraus, daß in den wichtigsten Entscheidungen unseres Daseins Vernunft am Werke sein sollte. Denn genau das ist die Prämisse jeder *praktischen Philosophie*. Sie versucht, Normen, Werte und Gebote im Bereich der Sittlichkeit, der Ökonomie und der Politik zu analysieren und in allgemeingültige Aussagen zu fassen.

Ethik 3.1

Woher nehmen die Philosophen angesichts der Vielfalt von Meinungen, Vorurteilen und Ideologien ihren Optimismus? Ist im Bereich menschlicher Handlungen nicht alles Willkür? Was soll dann das Gerede von Vernunft und allgemeinen Normen?

Aber betrachten wir unsere Überzeugungen einmal etwas genauer! Im Einzelfall handeln wir gar nicht blindlings, sondern glauben in den meisten Situationen, über *Gründe* für diese oder jene Entscheidung zu verfügen, mögen diese Gründe auch oft sehr verschwommen und undeutlich sein. Das Faktum unserer Überzeugung, uns auf Gründe für unser Handeln berufen zu können, enthält zugleich die Verpflichtung, kritisch und gewissenhaft *Scheingründe* von *guten Gründen* zu unterscheiden. Letztere nennt man vernünftig, und eben diese sind der Gegenstand der Philosophie als allgemeine Vernunftslehre.

Um uns nicht in der Unzahl von Handlungs- und Entscheidungsmöglichkeiten zu verlieren, stellen wir Fragen der Ökonomie und Politik zurück, die bei Aristoteles noch zur *Ethik im weiteren Sinne* gezählt wurden, und beschränken uns auf *sittliche Fragestellungen,* das heißt, auf die *Ethik im engeren Sinne.*

Doch auch im Bereich der Sittlichkeit ist die Situation nicht weniger verwirrend als in Wirtschaft und Politik. Auf der einen Seite fehlen uns allgemein anerkannte Maßstäbe zur Beurteilung des guten und gerechten Handelns; auf der anderen Seite sind wir in unseren Einzelentscheidungen überzeugt, Gutes von weniger Gutem unterscheiden zu können: wir verurteilen Hinterhältigkeit, distanzieren uns von Irreführung und Lüge und sind über Grausamkeit und Mord empört. Auch unsere zwischenmenschlichen Beziehungen sind stark von Verhaltensnormen geprägt, die einen moralischen Stellenwert besitzen. Wir vermissen Treue und Solidarität, wir loben Unerschrockenheit und Zivilcourage und achten Versprechungen und Verpflichtungen – kurzum, wir können das Phänomen der Sittlichkeit nicht leugnen, so schwer es uns auch fällt, Allgemeinverbindlichkeiten zu formulieren.

Eine zentrale Aufgabe jeder praktischen Philosophie muß es daher sein, die Sittlichkeit ernst zu nehmen und widerspruchslos mit unseren Beurteilungen und Überzeugungen in Einklang zu bringen. Eine sorgfältige Beschreibung der sittlichen Phänomene, ihre Reichweite und Bedeutsamkeit für die menschliche Existenz und eine Offenlegung der Vernunftansprüche sollten vordergründige Einwände gegen die Möglichkeit sittlich verantworteten Handelns aus dem Wege räumen.

(3) Sittliches Handeln bezieht sich stets auf das *Gute*. Man könnte die Forderung, das Gute zu tun, geradezu als das ethische Grundprinzip

schlechthin bezeichnen. Aber so lange man nicht weiß, was das Gute ist, besagt ein solches Prinzip nicht allzuviel. Will man darüber Klarheit bekommen, muß man beachten, daß in der Ethik das Gute in einem bestimmten Sinn gemeint ist. Wir verdeutlichen den Bedeutungsunterschied im Gebrauch des Wortes „gut" an zwei Beispielen:
– Es ist gut, zu sparen, wenn man eine Weltreise machen will.
– Es ist gut, ein gegebenes Versprechen zu halten.
Im ersten Fall könnte das Wort „gut" durch „zweckmäßig", „richtig", „notwendig" oder „angebracht" ersetzt werden. „Gut" bezieht sich auf das richtige Mittel, ein bestimmtes Ziel zu erreichen. Sparen ist gut unter der Bedingung, daß man eine Reise machen will und nicht gerade Millionär ist. Das Wort wird in Verbindung mit „in bezug auf" gebraucht, das heißt, es drückt eine Relation zu bestimmten Zwecken innerhalb einer bestimmten Situation aus: es wird in einem „relativen Sinne" gebraucht.
Daneben gibt es einen absoluten Gebrauch des Wortes „gut": Ein Versprechen zu halten, ist an und für sich gut, und sollte eigentlich für alle Menschen und zu allen Zeiten als gut angesehen werden. Natürlich kann man Grenzfälle konstruieren, in welchen das Nichthalten eines Versprechens gerechtfertigt werden könnte. Aber schon die Tatsache, daß man dann eine Rechtfertigung erwartet, zeigt die eigentliche Verpflichtung. Es gibt also – außer im angedeuteten Sinne – keine Ausnahmen. Die Verpflichtung gilt losgelöst (= absolut) von den speziellen Umständen.

(4) Sittlichkeit bezieht sich demnach meist auf das Gute in einem absoluten Sinne. Die Frage, ob nicht auch dieses sittlich Gute letztlich immer auf einen bestimmten Kulturkreis in einer bestimmten geschichtlichen, gesellschaftlichen oder gar persönlichen Situation bezogen werden muß, wird uns im sogenannten Relativismus-Problem (vgl. 3.5b) noch ausführlich beschäftigen. In der Tat bereitet es Schwierigkeiten, an ein einheitliches absolutes Gutes zu glauben, wenn man die verschiedenen Antworten auf die Frage nach dem Guten betrachtet. Die einen stellen die Lust und das Wohlergehen des einzelnen als das eigentlich Gute und daher Erstrebenswerte hin. Andere identifizieren es mit der Macht, wieder andere mit der Pflege und Vollendung der Persönlichkeit. Weit verbreitet ist die Gleichsetzung des Guten mit dem größtmöglichen Glück möglichst vieler Menschen.
Sittlichkeit scheint in jedem dieser Fälle doch nur vom relativ Guten zu handeln; sie könnte als Strategie zur Erlangung des Guten im jeweils gemeinten Sinne gedeutet werden. Daß dahinter noch ein Gutes

im *absoluten* Sinne stehen sollte, ist recht problematisch. Eine eindrucksvolle Analyse dieses Zusammenhangs findet man bei Kant. Sein Lösungsvorschlag wurde für die ethische Argumentation der folgenden Jahrhunderte richtungweisend und hat auch heute seine Aktualität nicht eingebüßt.

3.2 Ein Lösungsversuch: die Grundlegung der Ethik durch den kategorischen Imperativ (I. Kant)

Die Frage „Was sollen wir tun?« läßt sich im Bereich des Sittlichen am einfachsten beantworten, wenn man die moralischen Gebote (oder Imperative) aufzählt, durch die unser Handeln bestimmt werden soll:
- Du sollst nicht töten
- Du sollst nicht lügen oder falsche Versprechungen machen
- Du sollst Menschen in der Not helfen usw.

Da eine solche Aufzählung unbegrenzt und willkürlich erscheint, ist es vorteilhaft, ein oder zwei grundlegende Gebote anzugeben, aus denen alle anderen abgeleitet werden können. Solche Fundamentalgebote heißen ethische Prinzipien (principium = Anfang). Aus dem Prinzip: „Verhelfe möglichst vielen Menschen zum größtmöglichen Glück" folgt dann beispielsweise das Gebot: „Gib von deinem Überfluß Hilflosen und Armen."

Alle Versuche, innerhalb eines ethischen Systems die entscheidenden Prinzipien und Gebote überzeugend und erschöpfend darzustellen, stoßen auf folgende Schwierigkeiten:
- Die im Gebot enthaltenen Bestimmungen sind oft sehr verschwommen und vage. Worin besteht z. B. das „größtmögliche Glück" der Menschen?
- Die Gebote lassen stets Ausnahmen zu, die in der Formulierung des Gebots nicht in Erscheinung treten und sich daher nicht aus dem Gebot ableiten lassen. „Du sollst nicht töten!" wird im Falle der Selbstverteidigung und in bestimmten Interpretationen auch bei gefährlichen und unbelehrbaren Feinden außer Kraft gesetzt.
- Die Gebote geraten untereinander in Konflikt. Dann muß ein Gebot notwendigerweise übertreten werden, d. h. die Mißachtung sittlicher Gebote wird gerechtfertigt.
- Gebote können geniale Menschen in ihrer schöpferischen Kraft einschränken und so andersartigen fundamentalen Rechten, wie z. B. dem Recht auf Persönlichkeitsentfaltung, im Wege stehen.

Der gute Wille

All diese Mängel haben Kant veranlaßt, nicht nach weiteren oder besseren *inhaltlichen* Interpretationen und Prinzipien zu suchen, sondern *die Forderung des Sollens als solche* zu betrachten. Was heißt eigentlich sittliches Sollen, ganz gleich, ob es in diesem oder jenem Gebot gefordert wird? Ausnahmen werden offensichtlich als Mangel empfunden; sie widersprechen dem eigentlichen Sollenscharakter. Gewisse Bedingungen (z. B. die Selbstverteidigung) scheinen die eigentliche Sollensfunktion (im Tötungsverbot) außer Kraft setzen zu können. *Bedingte Imperative* (auch hypothetische Imperative genannt) betreffen offensichtlich nur *die Mittel, um bestimmte Ziele zu erreichen,* sie drücken nichts *Unbedingtes* aus. Im Sollen steckt aber etwas unbedingt Forderndes. Deshalb geht Kant von einer ganz anderen Erscheinung aus, welcher er die eigentliche sittliche Funktion zuschreibt. Seine „Grundlegung zur Metaphysik der Sitten" beginnt nach der Vorrede mit den berühmten Worten:

> „Es ist überall nichts in der Welt, ja überhaupt auch außer derselben zu denken möglich, was ohne Einschränkung für gut könnte gehalten werden, als allein ein *guter Wille.* Verstand, Witz, Urteilskraft, und wie die *Talente* des Geistes sonst heißen mögen, oder Mut, Entschlossenheit, Beharrlichkeit im Vorsatze, als Eigenschaft des *Temperaments,* sind ohne Zweifel in mancher Absicht gut und wünschenswert; aber sie können auch äußerst böse und schädlich werden, wenn der Wille... nicht gut ist. Mit den *Glücksgaben* ist es eben so bewandt. Macht, Reichtum, Ehre, selbst Gesundheit, und das ganze Wohlbefinden und Zufriedenheit mit seinem Zustande, unter dem Namen der *Glückseligkeit,* machen Mut und hiedurch öfters auch Übermut, wo nicht ein guter Wille da ist, der den Einfluß derselben aufs Gemüt, und hiemit auch das ganze Prinzip zu handeln, berichtige und allgemein-zweckmäßig mache..."[1]

Kant hebt den guten Willen noch von weiteren Eigenschaften ab, die häufig „gut" genannt werden:
– Mäßigung in den Affekten und Leidenschaften
– Selbstbeherrschung
– nüchterne Überlegung.

Diese Eigenschaften sind zwar oft wertvolle Bestimmungen eines rechtschaffenen Charakters, doch auch sie können in ihrer sittlichen Qualität ins Gegenteil umschlagen:

> „Denn ohne Grundsätze eines guten Willens können sie höchst böse werden, und das kalte Blut eines Bösewichts macht ihn nicht allein weit gefährlicher, sondern auch unmittelbar in unsern Augen noch verabscheuungswürdiger, als er ohne dieses dafür würde gehalten werden."

1 Kant a. a. O. Band 7, S. 18

Ethik 3.2

Kant kommt es nicht auf bestimmte Charakterzüge, nicht auf erfolgreiches Handeln und nicht auf die Erreichung bestimmter Ziele an, sondern allein auf die *innere Einstellung,* welche dies alles begleitet:

> „Der gute Wille ist nicht durch das, was er bewirkt, oder ausrichtet, nicht durch seine Tauglichkeit zur Erreichung irgendeines vorausgesetzten Zwekkes, sondern allein durch das Wollen, d. i. an sich, gut…"[2]

Kant gibt zu, daß diese Auffassung zunächst etwas Befremdliches an sich hat und wie eine „hochfliegende Phantasterei" weltfremder Vernunftschwärmer klingt. Die Betrachtung der menschlichen Naturanlagen zeigt aber, daß Erhaltung, Wohlergehen, Glückseligkeit und was sonst alles als letzter Zweck unserer Handlungen angeführt wird, von der Natur durch die Ausbildung geeigneter Instinkte hätte leichter erreicht werden können. Da der Mensch aber über Vernunft und freien Willen verfügt, müssen diese Fähigkeiten zur Verwirklichung eines bestimmten Zweckes gegeben sein. Die wahre Bestimmung der Vernunft muß es sein, einen *guten* Willen hervorzubringen.

Wenn die Inhalte für unsere sittlichen Handlungen nicht ausschlaggebend sind, wir also nicht allein aus Neigung handeln sollen, sofern wir sittlich gut handeln wollen, was bleibt dann anderes, als daß im sittlichen Handeln *etwas getan werden „muß".* Und eben dies nennt man *Handeln aus Pflicht.* Der sittliche *Gehalt* wird also durch die sittliche *Form* ersetzt: etwas ist gut, weil es aus Pflicht getan wird, das heißt als etwas, das *unbedingt* getan werden soll.

Kant verdeutlicht diese These am Gebot der Nächstenliebe. Es ist sinnlos, Liebe *aus Neigung* zu gebieten; wohl aber kann man Wohltun *aus Pflicht* fordern, selbst wenn natürliche Abneigungen bestehen. Die Liebe liegt dann im Willen und nicht in einer widernatürlichen Empfindung.

In Erinnerung an pflichtbewußte KZ-Häscher und Generäle Adolf Hitlers erscheint uns der Hinweis auf die reine Pflicht zunächst nicht sehr überzeugend. Aber Kant versteht unter Pflicht nicht Treue zu einem beliebigen Einzelversprechen, sondern *„Pflicht ist die Notwendigkeit einer Handlung aus Achtung fürs Gesetz".*[3] „Gesetz" hat dabei wenig mit den positiven Rechten und Verpflichtungen eines Diktators zu tun, sondern betrifft das allgemeine Sittengesetz. Kant versteht unter einem *praktischen Gesetz* das *objektive,* unter einer *Maxime* dagegen das *subjektive* Prinzip des Wollens. Der moralische Wert einer

2 a.a.O. S. 19
3 a.a.O. S. 26

Der kategorische Imperativ

Handlung zielt nicht auf bestimmte Wirkungen, die auch ohne freien Willen durch andere Ursachen hervorgerufen werden könnten, sondern er muß mit der Vernunft im Menschen zusammenhängen.

Was meint nun aber Kant genauer mit einem Gesetz, das den Willen durch Vernunft bestimmen soll, ohne daß dabei die Wirkungen unserer Handlungen von Bedeutung sind?

> „Da ich den Willen aller Antriebe beraubet habe, die ihm aus der Befolgung irgend eines Gesetzes entspringen könnten, so bleibt nichts als die allgemeine Gesetzmäßigkeit der Handlungen überhaupt übrig, welche allein dem Willen zum Prinzip dienen soll, d. i. ich soll niemals anders verfahren, als so, daß *ich auch wollen könne, meine Maxime solle ein allgemeines Gesetz werden.*"[4]

Dies ist die erste Formulierung des *kategorischen Imperativs*. „Kategorisch" heißt ein Imperativ dann, wenn er – im Gegensatz zu hypothetischen Imperativen, die auf Mittel zielen – Handlungen als an sich gut und „als notwendig in einem an sich der Vernunft gemäßen Willen"[5] vorstellt; er ist unbedingt und stellt den eigentlichen Imperativ dar.

Es gibt noch zahlreiche *weitere Formulierungen* des kategorischen Imperativs, z. B.

> „*Handle nur nach derjenigen Maxime, durch die du zugleich wollen kannst, daß sie ein allgemeines Gesetz werde.*"

> „*Handle so, daß du die Menschheit, sowohl in deiner Person, als in der Person eines jeden anderen, jederzeit zugleich als Zweck, niemals bloß als Mittel brauchest.*"[6]

Führen Versuche einer Verallgemeinerung zu Widersprüchen, so können die betreffenden Maximen nicht den sittlichen guten Willen repräsentieren, sie sind dann widervernünftig und heben so den Willen als Vernunfthandlung auf.

Der kategorische Imperativ ist für Kant ein *notwendiges und hinreichendes Kriterium* für das sittlich Gute. Er wird nicht aus der Empirie deduziert, sondern gilt, gleichgültig, ob jene Maxime jemals in der Welt realisiert wurde. Der Imperativ ist demnach a priori, und das heißt bei Kant, er ist allgemeingültig und denknotwendig. Er stellt aber keine Tautologie dar und ist daher ein praktischer synthetischer Satz a priori. In seiner „Kritik der praktischen Vernunft" gibt Kant eine Erklärung, wie ein solcher kategorischer Imperativ möglich ist.

4 a.a.O. S. 28
5 a.a.O. S. 43
6 a.a.O. S. 51 bzw. 61

Er deutet den Willen als „eine Art Kausalität lebender Wesen, sofern sie vernünftig sind".[7] Freiheit ist die Eigenschaft, unabhängig von fremden Ursachen wirken zu können. Sie „muß als Eigenschaft des Willens aller vernünftigen Wesen vorausgesetzt werden".[8]

Zusammenfassend lassen sich die folgenden Momente als Kerngedanken Kants herausstellen:

1. Die Freiheit des Willens ist die Grundvoraussetzung von Sittlichkeit überhaupt. Sie ist identisch mit einem Willen, der unter sittlichen Gesetzen steht. Der freie Wille ist autonom, das heißt, weder durch Willkür charakterisierbar noch durch Egoismen oder andere Ziele fremdbestimmt.

2. Wir können zwar frei handeln, folgen dabei aber immer Maximen (das heißt subjektiv akzeptierten Regeln), die sich formulieren und in der philosophischen Ethik analysieren lassen.

3. Unsere Maximen sind nur dann sittlich vertretbar, wenn sie sich ohne inneren Widerspruch zur allgemeinen Verbindlichkeit generalisieren lassen (kategorischer Imperativ).

Die Diskussion um den kategorischen Imperativ wird sich vor allem darauf beziehen, ob dieser als *hinreichendes* Kriterium für das sittlich Gute angesehen werden kann. Daß er ein *notwendiges* Kriterium darstellt, ist die große Entdeckung Kants und als solches wohl kaum bezweifelbar. Denn wir erwarten von einer ethischen Forderung als Mindestes, daß sie jeden Menschen, unabhängig von dessen Stand, Rang und Namen, in gleichem Maße betrifft.

3.3 Ethische Grundbegriffe

a) Normative Ethik und Metaethik

In der modernen Ethik-Diskussion taucht der neue Begriff der Metaethik auf, der in Analogie zu den Begriffspaaren Physik – Metaphysik, Sprache – Metasprache und Theorie – Metatheorie gebildet wurde. In den bisherigen ethischen Reflexionen bezog man sich vorwiegend auf die Herausarbeitung von Prinzipien, welche es ermöglichten, sitt-

---

7 a.a.O. S. 81
8 a.a.O. S. 82

Metaethik

lich Gutes von sittlich Bösem zu unterscheiden. Man entwickelte ganz verschiedenartige Systeme von Verpflichtungen, Werten und Handlungszielen und versuchte so, Anleitungen zum praktischen Handeln in konkreten Situationen zu geben. All diese Bemühungen faßt man neuerdings zur *normativen Ethik* zusammen, um sie von der Metaethik zu unterscheiden.

In der *Metaethik* abstrahiert man von der Verschiedenartigkeit der normativen Systeme und betrachtet Ethik als solche. Das heißt genauer, man legt sich nicht auf ein bestimmtes System von Bedeutungen und Inhalten fest, sondern fragt prinzipieller:

1. „Welches ist die Bedeutung oder Definition ethischer Begriffe wie ‚richtig‘, falsch‘, gut‘, ‚schlecht‘? Welches ist die Bedeutung oder Funktion von Urteilen, in denen diese oder ähnliche Begriffe vorkommen? Welches sind die Verwendungsregeln für solche Begriffe oder Urteile?"

2. „Kann man ethische Urteile und Werturteile demonstrieren, rechtfertigen oder als gültig erweisen? Wenn ja, in welchem Sinn und auf welche Weise? Welches ist die Logik moralischen Argumentierens?" (Frankena).[9]

Während die normative Ethik die obersten Begründungsprinzipien des sittlich Richtigen und Guten sucht, analysiert und korrigiert die Metaethik die *Methoden,* welche wir bei unseren Begründungen und Problemlösungen sittlicher Fragestellungen anwenden. Außerdem arbeitet sie die *Grundprämissen* heraus, die jeder normativen Ethik vorausgehen müssen.

Man kann sittliche Phänomene rein empirisch untersuchen, das heißt, man beobachtet das sittliche Verhalten von Völkern, Stämmen, Gruppen und geschichtlichen Epochen und stellt die Beobachtungsergebnisse zusammen. In dieser beschreibenden oder *deskriptiven Ethik* werden keine Begründungsfragen aufgeworfen oder Bewertungen ausgesprochen. Man stellt die Fakten einfach hin. Die deskriptive Ethik liefert Anschauungsmaterial für die philosophische Reflexion, gehört aber eher zur Ethnologie (Völkerkunde) und zur beschreibenden Anthropologie als zur Philosophie.

Ausführliche metaethische Überlegungen sind erst dann fruchtbar, wenn man bereits mehrere verschiedene Systeme der normativen Ethik kennt. Daher werden wir in unseren weiteren Ausführungen nur gelegentlich metaethische Fragestellungen aufwerfen und zu beantworten suchen. *Für uns ist Ethik weitgehend mit normativer Ethik*

---

9 W. K. Frankena: Analytische Ethik, Eine Einführung, München 1972, S. 114/115

identisch. Historisch gesehen hängt die Betonung der metaethischen Fragestellung eng mit dem Niedergang der normativen Ethik zusammen. Je stärker man bezüglich normativer Inhalte verunsichert wurde, um so intensiver richtete man sein Augenmerk auf das Ethische als solches, um sich inhaltlich nicht festlegen zu müssen („Neutralitätsthese") und um innerhalb eines relativ sicheren Bereichs wissenschaftlich objektive Aussagen machen zu können.

Zwei Beispielen metaethischer Überlegungen sind wir schon begegnet. Sie betreffen die Grundvoraussetzung jeder philosophischen Ethik. Die Überlegungen Kants haben gezeigt, daß die *Annahme eines freien Willens eine notwendige Voraussetzung für die Möglichkeit von Sittlichkeit* darstellt. Gleichgültig, welches normative System man vertritt, der freie Wille muß stets mitgedacht werden.

Das zweite Beispiel betrifft die Einsicht, daß wir in unseren sittlichen Urteilen immer die Begründungsmöglichkeit durch Vernunft annehmen. Damit hängt eng das Problem zusammen, *ob man über moralische Überzeugungen und Urteile überhaupt rational argumentieren kann.* Dies ist eine auch für uns äußerst wichtige metaethische Fragestellung.

Es besteht die weit verbreitete Meinung, über Moral könne man nicht vernünftig argumentieren. Man vergleicht sie mit dem Geschmack, über den sich nach einem gängigen Sprichwort nicht streiten lasse. Aber in bezug auf Ethik ist dies eine grundfalsche Behauptung.

Wenn jemand ein sittliches Urteil fällt, z. B. „Daß Hans gestern gelogen hat, ist ungehörig und verwerflich", dann betrifft dieses selten ein ethisches Grundprinzip, sondern es folgt meist aus der Anwendung mehrerer Grundsätze und aus der Kenntnis von Sachverhalten. So könnte es sein, daß Hans gar nicht *gelogen,* sondern sich nur *geirrt* hat. Die Korrektur des Sachverhaltes geschieht in einer rationalen Auseinandersetzung. Diese Problematik führt in der Metaethik zur Unterscheidung *deskriptiver* von *präskriptiven* Urteilen. In deskriptiven Urteilen werden Sachverhalte und Tatsachen ohne erkennbare Wertung ausgedrückt. Präskriptive Urteile dagegen enthalten normative Ansprüche und Wertungen. Häufig werden Aussagen über gesellschaftliche und geschichtliche Fakten, die durchaus korrigierbar sind, mit präskriptiven Urteilen vermengt und als unangreifbare persönliche Überzeugungen tabuisiert.

Aber nicht nur die klare Trennung dieser beiden Urteilsarten ist für eine korrekte ethische Deutung von Wichtigkeit. Auch innerhalb des präskriptiven Bereichs läßt sich rational argumentieren:

Struktur moralischer Argumentation

- es können aus Tatsachen und aus ethischen Grundprinzipien falsche logische Folgerungen gezogen werden;
- es ist möglich, daß man sich von den Prinzipien, die in der Behauptung vorausgesetzt werden, distanziert, sobald man sich deren Inhalte bewußt gemacht hat;
- man kann den Sprachgebrauch gewisser Zentralbegriffe wie „gut", „Freiheit", „Verantwortung" usw. klären und damit vermeiden, daß man aneinander vorbeiredet;
- es ist in jedem Fall sinnvoll, die Prämissen offen darzulegen; dadurch werden verschiedene grundsätzliche Standpunkte deutlich und können in Bezug auf andere Behauptungen auf Widerspruchsfreiheit kontrolliert werden.

Daraus ergibt sich folgendes Strukturschema moralischer Argumentation

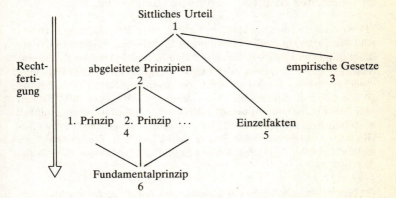

Dieses Schema und die folgenden Beispiele verdeutlichen, wie in jedem sittlichen Urteil einerseits ethische Prinzipien, andererseits Fakten enthalten sind. Da sowohl innerhalb des Präskriptiven wie des Deskriptiven logische Beziehungen bestehen, ergeben sich vielfältige und ganz verschiedenartige Möglichkeiten von Fehlurteilen, die durch Analyse aufgedeckt werden können.

Beispiele:
1. Die Abschaffung der Todesstrafe ist geboten
2. Staatliche Institutionen dürfen nicht töten
3. Es gibt erblich bedingte sittliche Defekte

Ethik 3.3

4. Prinzip der Gerechtigkeit, des Wohlwollens, der Gleichheit...
5. Es gibt den folgenden Justizirrtum:...
6. Kategorischer Imperativ

So wichtig diese oft ins Formale ausufernden Überlegungen für eine
verantwortungsvolle Auseinandersetzung sein mögen, sie werden
doch meistens als *Vorstufe* für die eigentliche ethische Aussage angesehen. Diese kommt in ihrer Konkretheit nicht an inhaltlichen normativen Aussagen und Begründungsversuchen vorbei.
Als wichtiges Ergebnis der Metaethik halten wir die beiden fundamentalen Prämissen für jede philosophische Ethik fest:
1. Der Mensch ist in seinem Handeln nicht vollkommen fremdbestimmt, das heißt, er kann sich in *Freiheit* entscheiden.
2. Es ist sinnvoll und möglich, auch im praktischen Bereich rational zu
   argumentieren; es gibt so etwas wie *„praktische Vernunft".*

b) Normative Begriffe: Normsätze, Imperative, Werte

(1) *Normsätze* (auch normative Urteile oder Verpflichtungsurteile)
sind Aussagen, in denen Handlungen als geboten, verboten oder erlaubt hingestellt werden. Sie sind daher in dem betrachteten Zusammenhang entweder wahr oder falsch. Beispiel: Es ist geboten, Versprechen zu halten; es ist verboten, bei roter Ampelanzeige die Straße
zu überqueren; es ist erlaubt, Versammlungen zu besuchen. Zwischen
den „deontischen Operatoren" „geboten", „verboten" und „erlaubt"
bestehen Beziehungen. Z. B. ist es genau dann geboten, etwas Bestimmtes *nicht* zu tun, wenn dies verboten ist. Diese Zusammenhänge
stellen den Inhalt der *„deontischen Logik"* dar (to deon = die Pflicht,
das Sollen).[10]

(2) Normsätze können in der sprachlichen Form von *Imperativen* auftreten, in denen es allerdings nicht mehr sinnvoll ist, von „wahr" oder
„falsch" zu sprechen. Imperative *beschreiben nicht* Handlungen, sondern *sind* selbst Handlungen, nämlich solche, in denen sich sprachliche Äußerungen vollziehen. Da sich die für unseren Zusammenhang
wichtigen Imperative auch in Normsätze umformulieren lassen („Töte
keine Menschen!" in „Es ist verboten, Menschen zu töten") beschränken wir uns bei den späteren Differenzierungen auf die Normsätze.

10 Vgl. B 3c.

Werte

(3) In wahren ethischen Normsätzen und in ethischen Imperativen wird das sittliche Handeln einzelner Personen und ganzer Gruppen inhaltlich bestimmt. Diese inhaltliche Bestimmung kann auch durch *Werte* geschehen. Da wir Bedürfniswesen sind, streben wir bestimmte Güter an, um überleben zu können und um unser Dasein unseren Interessen gemäß zu gestalten. *Die Korrelate unseres Strebens* heißen Werte. Wenn jemand immer wieder raffinierte Speisen und gute Musik anstrebt, so stellen diese für jene Person Werte dar. Die dabei auftretenden Akte des Vorziehens und Zurückstellens verweisen auf eine Hierarchie der Werte. Die Wertvorstellungen einer Gemeinschaft treten den Mitgliedern als geltende Werte gegenüber.

Beispielsweise gibt M. Scheler folgende *Wertordnung* an, die er sogar für alle Menschen als verbindlich betrachtet:

- Werte des Angenehmen und Unangenehmen, erfahren in sinnlicher Lust und im Schmerz.
- Werte des Edlen und Gemeinen, erlebt in allgemeinen Lebensgefühlen wie Gesundheit oder Krankheit.
- Werte des Schönen und Häßlichen, des Rechten und Unrechten, des Wahren und Unwahren, erfaßt im geistigen Fühlen.
- Werte des Heiligen und Unheiligen, erfahren in Seligkeit und Verzweiflung.[11]

Gegenstände, Ereignisse oder Handlungen heißen wertvoll, wenn sie innerhalb einer allgemeinen Einteilung (Bewertung) identifizierbar sind. Dabei können klassifikatorische, komparative und metrische Einteilungen vorgenommen werden. Für Gegenstände definiert F. v. Kutschera Wertbegriffe folgendermaßen:

„Ein *klassifikatorischer* Wertbegriff liegt vor, wenn wir die Gegenstände einer Menge in wertvolle und wertlose einteilen. Ein *komparativer* Wertbegriff liegt vor, wenn wir die Gegenstände ihrem Wert nach vergleichen und von zwei Gegenständen a und b sagen können, a sei wertvoller als b, oder a ist ebenso wertvoll wie b. Ein *metrischer* Wertbegriff liegt endlich vor, wenn wir den Gegenständen eine Zahl zuordnen können, die ihren Wert angibt, z. B. indem wir ihren Wert in Geldbeträgen ausdrücken."[12]

(4) Urteile über Wertverhalten heißen *Werturteile* und gehören in speziellen Fällen zur Ethik. Das folgende Schema zeigt, wie die Ethik als

11 Scheler entwickelt diese Theorie in seinem ethischen Hauptwerk: Der Formalismus in der Ethik und die materiale Wertethik, Bern 1954[4], vgl. insbesondere S. 126f. und S. 268
12 Einführung in die Logik der Normen, Werte und Entscheidungen; Freiburg/München 1973, S. 85

145

Ethik 3.3

Lehre allgemeiner moralischer Verpflichtungs- und Werturteile aufgefaßt werden kann.

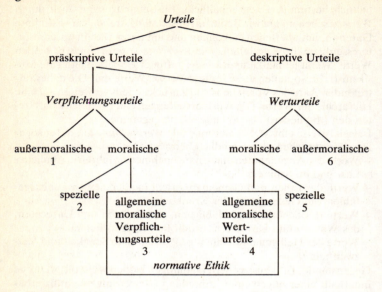

Beispiele:
1. Du sollst bei Rot an der Ampel warten.
2. Hans sollte seinen hungernden Vater unterstützen.
3. Du sollst nicht töten.
4. In der Not helfen ist gut.
5. Die Aktion „Misereor" ist eine gute Sache.
6. Dieses Auto ist ein vorzüglicher Personenkraftwagen.

Die normative Ethik befaßt sich ausschließlich mit allgemeinen moralischen Verpflichtungs- und Werturteilen.

(Normative) Ethik und Moral wird bei uns terminologisch nicht unterschieden. Vorschläge, das Verhalten „moralisch", die Theorie des Verhaltens dagegen „ethisch" zu bezeichnen, haben sich im allgemeinen Sprachgebrauch nicht durchgesetzt und werden daher von uns nicht konsequent angewandt.

Außermoralische Verpflichtungen und Werte können von der Rechtsprechung abhängig sein. Rechtsnormen sind institutionell verankert und betreffen die sogenannte *Legalität*. Sie sind zeit- und ortsabhängig und üben Sanktionen in der Form von Strafen aus.

Einteilung der Ethik

Nicht alle Normen sind moralisch oder durch Rechtsprechung begründet. Wir finden auch zahlreiche *bloße Konventionen* ohne rechtliche Bindung vor, z. B. Anstandsregeln und Verhaltensweisen im Brauchtum. Hier werden Sanktionen vor allem durch Mißbilligung und Ermahnung vollzogen.

Moralität, Legalität und gesellschaftliche Konvention können sich gelegentlich überschneiden und eine Reihe von Konflikten bewirken. Z. B. taucht die Frage auf, ob jedes Gesetz einen moralischen Kern haben muß.

(5) Daß auch außermoralische Werte wie Gesundheit, Lust, Selbstverwirklichung usw. für die Ethik bedeutsam sein können, zeigt die folgende *Einteilung aller normativen Ethiksysteme*. Ethische Theorien, wie z. B. die Lehre Kants, die sich ganz bewußt und ausschließlich auf das *ethische* Sollen und auf das *moralisch* Gute beziehen, heißen *deontologische Theorien*. Ganz bestimmte Arten von Handlungen, wie Ablehnung der Lüge, Dankbarkeit gegenüber Wohltätern, Halten von Versprechen u. ä., sind als fundamentale sittliche Verpflichtungen gegeben oder aus fundamentaleren ableitbar. *Teleologische Theorien* (to telos = das Ziel) dagegen betrachten in den Handlungsfolgen jeweils auch außermoralische Zwecke. Eine Handlung ist dann gut, wenn sie beispielweise der Selbstverwirklichung zuträglich ist. (Andere Beispiele: Besitztum, Erfolg, Gesundheit, Erlebnisfülle, Genuß). Dabei hat Selbstverwirklichung zunächst nichts mit Moral zu tun. Sie stellt eine faktische Entwicklungsmöglichkeit innerhalb der biologischen, psychologischen und geistigen Gegebenheiten menschlicher Individuen dar. Selbstverwirklichung ist ein außermoralischer Wert. Die genannte teleologische Theorie betrachtet nun die Selbstverwirklichung als das einzig Gute; unter dieser Voraussetzung lassen sich Bildungsprozesse nach ihrem Wert ordnen, nämlich nach ihrer Zuträglichkeit für die Selbstverwirklichung. Dabei braucht man auf keinerlei Kriterien für das Sittliche zurückzugreifen. Dieses wird vielmehr zuerst dadurch definiert, daß man jenes Gute maximiert. Eine Handlung ist dann sittlich einwandfrei, wenn sie möglichst viel zur Selbstverwirklichung beiträgt.

Man erkennt, daß der Begriff „teleologisch" in Ethik und Evolutionstheorie ganz verschiedene Bedeutungen hat. Eine teleologische Ethik muß nicht etwa den Entelechie-Begriff verwenden, sondern *definiert* Sittlichkeit durch ein außermoralisches Telos und erhält nur deshalb diese Bezeichnung.

Einteilung der normativen Ethik nach Frankena[13]

c) Ethische Zielvorstellungen: Das höchste Gut und das Glück

(1) Wir haben gesehen, daß sich alle sittlichen Überlegungen und Begründungen letztlich auf *das Gute* beziehen. Im Begriff des Guten liegt, daß es getan werden muß und somit direkt oder indirekt die Sittlichkeit bestimmt. Das Gute in diesem Sinn erscheint in einer Stufenordnung von relativ Gutem; dabei wird häufig ein höchstes Gut (summum bonum) mitgedacht, ein letztes Ziel menschlichen Tuns, das allein um seiner selbst erstrebt wird. In teleologischen Ethiken wird das höchste Gut mit einem vollendeten Zustand des menschlichen Lebens identifiziert.

Da die Auffassungen über das höchste Gut von weltanschaulichen und die Gesamtdeutung betreffenden Stellungnahmen abhängen, fallen diese bei den einzelnen Philosophen recht verschiedenartig aus:

Christliche Philosophen verknüpfen die höchste ethische Zielvorstellung mit einem persönlichen Gott. Für *Augustinus* besteht diese in der Freude an der Wahrheit, die in Gott personifiziert ist; *Thomas von Aquin* erklärt das Erkennen Gottes zum höchsten Ziel.

Aristoteles betont die beglückende Wirkung der reinen Betrachtung und des sinnvoll realisierten Lebens (intellektueller Eudämonismus; eudaimonia = Glück). Die Betätigung der geistigen Kräfte bewirkt

13 A.a.O. S. 32ff.

Das höchste Gut

deshalb das größte Glück, weil diese selbst etwas Göttliches im Menschen sind und dessen wahres Sein ausmachen.

Gegenüber diesen transzendent-theologischen Deutungen finden wir zahlreiche Interpretationen, die sich auf immanente Ziele beziehen. Diesseitiges Wohlergehen, Glück der Gemeinschaft, Leben nach der Vernunft und ähnliche Ziele treten an die Stelle Gottes:

Aristipp (gest. 360 v. Chr.) sieht das höchste Gut in der sinnlichen Freude des Augenblicks (naiver Hedonismus; hedone = Lust). Im 18. Jahrhundert haben die französischen Materialisten und Enzyklopädisten diesen Hedonismus in dem Wahlspruch „Genieß und stirb!" zusammengefaßt.

Epikur (gest. 270 v. Chr.) dagegen lehnt den augenblicklichen wahllosen Genuß ab. Die Vernunft soll sorgfältig auswählen, schlimme Folgen vermeiden, geistige Genüsse miteinbeziehen und schließlich eine ausgeglichene Seelenruhe (ataraxia) anstreben (aufgeklärter Hedonismus; Epikureismus).

Jeremias Bentham (1748–1832) strebt nach dem größtmöglichen Glück der größtmöglichen Anzahl von Menschen (sozialer Utilitarismus).

Immanuel Kant sieht in der Erfüllung der reinen Pflicht das höchste Gut (ethischer Formalismus). Dabei müssen alle Neigungen und Begierlichkeiten überwunden werden. Das irdische Leben ist zur Erreichung dieses Endzustandes nicht in der Lage; daher fordert er die Unsterblichkeit der Seele und die Existenz Gottes als sittliche Postulate.

(2) Nicht nur bei Bentham, sondern auch allgemein ist die Erreichung des höchsten Gutes eng mit dem *Glücksbegriff* verknüpft. Glück ist i. a. kein direkter Gegenstand des menschlichen Strebens, sondern es begleitet unser Handeln und stellt sich dann ein, wenn wir glauben, das höchste Gut erlangt zu haben. Im Glück erfahren wir zugleich die Sinnhaftigkeit des Lebens. Glückserfahrungen und Glückserwartungen sind danach eng von der Auffassung des höchsten Gutes abhängig.

Glücksvorstellungen haben pragmatischen, utopischen und absoluten Charakter. Sie sind dann *pragmatisch,* wenn sie sich bereits nach einer (relativ) großen Bedürfniserfüllung einstellen. Diese braucht nicht im Erlangen lustbringender Objekte zu bestehen, sondern kann ebenso einen offenen Bildungsprozeß oder die Bewältigung wichtiger Aufga-

Ethik 3.3–3.4

ben betreffen. Die harmonische Erfüllung von Lebensaufgaben, die kreative Bewältigung vorgegebener Gestaltungsprobleme und die Einsfühlung mit Menschen oder mit der Natur können Glück bedeuten.

Glücksvorstellungen, die sich auf die endgültige Erfüllung aller Sehnsüchte und auf die totale Versöhnung des Subjekts mit anderen Menschen (Frieden) und dem Ganzen des Seins (Erlösung) beziehen, bleiben notwendigerweise *utopisch*. Denn sie ignorieren die Endlichkeit des Menschen und setzen die Beseitigung aller realen Widersprüche in menschlichen Gemeinschaften und die Konfliktfreiheit der Natur voraus; dies alles kann nur als ideales Handlungsziel angestrebt, aber nie wirklich erreicht werden. Der utopische Glücksbegriff schlägt häufig in eine resignative Haltung um, wie sie im Charakter Fausts dichterisch gestaltet wurde.

Bei Aristoteles ist das Glück in einem *absoluten* Sinn mit dem *letzten* Ziel verbunden, über das hinaus kein Ziel mehr gedacht werden kann. Es hat die Qualität eines in sich sinnvollen Lebens und fällt formal mit dem höchsten Gut zusammen. Ethische Theorien, welche das Glück nicht als Begleitphänomen, sondern als höchstes Gut betrachten, heißen Eudämonismen. Für Kant, der in seiner Ethik inhaltliche Festlegungen ablehnt, ist diese Identifizierung des Glücks mit dem ersten Prinzip und damit jeder Eudämonismus ein Widerspruch zur Sittlichkeit. Denn die Sittlichkeit gibt in seinen Augen Antwort auf die Frage, was wir tun *sollen,* und nicht, wie wir *angenehm leben* können. Offensichtlich glaubt Aristoteles, daß sein Glücksbegriff beide Aspekte widerspruchsfrei umfaßt („Autarkie").

(3) Der Begriff des Guten hat häufig auch eine nicht-ethische Bedeutung. Höffe gibt eine absolute und eine relative Bedeutung an:

> „Das Gute wird einmal verstanden als Eigenschaft eines Gegenstandes, Zustands, Ereignisses, einer Handlung, einer Aussage, die diesen an sich zukommt; ein Seiendes ist gut, insofern es ist, was es sein kann. Seiendes wird als Zu-Seiendes verstanden, und sein Gutsein bedeutet die Erfüllung der in ihm angelegten Möglichkeit, seine Vollendung. – Gut wird ferner genannt, was gut zu oder für etwas anderes ist: das Gute meint dann das funktionale Tauglichsein von dinglichen Gegenständen, von Organen, Tieren, von Menschen für einen bestimmten Zweck."[14]

14 O. Höffe: Lexikon der Ethik, München, 1977, S. 95

3.4 Abriß einiger Grundprobleme

a) Das Problem der Freiheit

(1) Wir haben immer wieder betont, daß eine philosophische Ethik entscheidend von der Möglichkeit der Freiheit abhängt. Verantwortung, Schuld, Gewissen und andere zentrale ethische Phänomene sind nur dann verständlich, wenn wir aus Freiheit handeln können. Daß wir in vielen Fällen das Bewußtsein haben, frei zu sein, ist eine unumstößliche Tatsache. Es stellt sich allerdings die Frage, ob dieses *Bewußtsein von Freiheit* von einer echten Freiheit zeugt oder nur eine Täuschung ist. Auffassungen, die eine echte Freiheit voraussetzen, faßt man zum *Indeterminismus* zusammen; Theorien, die unseren sogenannten freien Bewußtseinsvorgängen Fremdbestimmungen zugrunde legen, welche die Handlungen eigentlich und mit Notwendigkeit leiten, zählt man zum *Determinismus*. Die Erklärung der ethischen Phänomene als Täuschung verschiebt die Diskussion in die Metaphysik und Anthropologie. Trotzdem wird die Problematik der Freiheit häufig in der Ethik abgehandelt; denn nur in den seltensten Fällen wird die Freiheit radikal und in jeder Hinsicht geleugnet und so eine Ethik als philsophische Disziplin in Frage gestellt.

Historisch betrachtet hängt der Freiheitsbegriff eng mit juristischen und politischen Kategorien zusammen. In einer Gesellschaft, in der es Sklaven gab, bedeutete Freisein vor allem einen *sozialen Status*, nämlich die Vollwertigkeit der Menschen innerhalb dieser Gesellschaft. Damit war zugleich die Freiheit von fremder Gewalt und die Sicherung vor Repressionen garantiert. In der Philosophie interessiert vor allem die *Freiheit als Bewußtseinsphänomen*. Erst eine hinreichend umfassende Analyse der Freiheitserscheinungen, wie sie vor allem in ethischen Beurteilungen und Argumentationen auftreten, kann ein tieferes Verständnis eventuell verborgener Voraussetzungen und Zwänge zutage fördern, wie sie in den verschiedenen Formen des Determinismus gelehrt werden.

(2) Man unterscheidet *zwei Grundformen* von Freiheit, die sich gegenseitig ergänzen:
- den *negativen* Freiheitsbegriff im Sinne von *„Freiheit von..."*; er enthält die Vorstellung, daß der Mensch sich von Zwängen und von Fremdbestimmungen frei machen kann; es wird also vorausgesetzt, daß es innerhalb bestimmter Handlungsbedingungen einen gewissen *Spielraum* gibt; man *muß* nicht in jeder Hinsicht;

Ethik 3.4

– den *positiven* Freiheitsbegriff im Sinne von *„Freiheit zu..."*; die Entscheidung verläuft nicht ohne Gründe, also nicht rein willkürlich und zufällig, sondern sie orientiert sich im allgemeinen an Zielen, die das sittliche Subjekt selbst gesetzt oder akzeptiert hat; diese zweite Grundvoraussetzung besteht in der Annahme, daß Wertstrukturen und ähnliche Zielvorstellungen motivierend auf die Handlungen einwirken und daß trotzdem die Abhängigkeit von solchen Motiven nicht total ist.

Die erste Grundform ist die fundamentalere. Nur wenn man nicht in jeder Hinsicht bestimmt ist, kann aus Zielen und eigenen Setzungen ausgewählt werden. Diese negative Freiheitsbestimmung reicht aber keinesfalls aus. Letztlich liefert man sich dann in der vermeinten Willkür unbewußt den Naturzwängen aus und verliert die Freiheit. H. Thielicke illustriert diese Konsequenzen recht eindrucksvoll:

„Die Bindungslosigkeit einer Freiheit, die es nur erlaubt, zu tun, was wir wollen, wäre offenbar nur die Tarnung einer dezidierten Unfreiheit: Denn sie würde uns dem Gesetz des geringsten Widerstandes und also wieder einem freiheitsberaubenden *Gesetz* unterwerfen. Wir würden dann nämlich von den stärksten Kräften getrieben werden, die in uns wirksam sind, z. B. vom Willen zur Macht oder vom Sexus, und würden damit einer anonymen Hörigkeit unterworfen. Der Weg in die Fremde, den Jesu Gleichnis vom Verlorenen Sohn beschreibt, ist in diesem Sinne der Weg aus der Bindung des Vaterhauses in die Bindungslosigkeit der grenzenlosen Selbstverfügung. Aber sie endet charakteristischerweise am Schweinetrog und in einem extrem sklavischen Getriebenwerden. Sie endet also in einem Gegenbild der Freiheit. Sie *ist* dieses Gegenbild."[15]

Genau genommen besteht nicht die Alternative zwischen *Unfreiheit* und *Freiheit,* sondern zwischen *falscher* und *wahrer Bindung.* Freiheit betrifft also nur formal ein „Weg-von"; inhaltlich ist es eine Entscheidung auf ein „Woraufhin". Handeln aus Willkür ist demnach das Handeln aus den Zwängen der Natur, für die man sich unbewußt entschieden hat. Es ist dies eine erste Form der Entscheidung für bestimmte Handlungsmotivationen.

(3) Je nach dem Inhalt der akzeptierten Handlungsmotive ergeben sich neben dem *Handeln aus Willkür* weitere Formen von Freiheit, die eng miteinander zusammenhängen:

– *Die begründete Wertewahl.* Werte, die durch gesellschaftliche und kommunikative Randbedingungen geprägt sind, werden bejaht und nicht nur aus Laune oder Vorteil akzeptiert, sondern wegen ihres Wertcharakters, also weil sie als gut angesehen werden.

15 Was heißt Freiheit; in: Universitas, 16. Jg. 1961, S. 5

Formen von Freiheit

Beispiel: Hilfeleistungen für hungernde Kinder.

– *Der Akt der Selbstbestimmung.* Da die anerkannten Werte kein beziehungsloses Konglomerat darstellen, sondern in ihrer Strukturierung den Rahmen für die eigene Lebensform repräsentieren, bedeutet die Entscheidung für bestimmte Werte zugleich die Prägung der betreffenden Persönlichkeit. Die Freiheit bedingt zugleich die Selbstbestimmung und wird dabei durch das persönliche Gewissen kontrolliert.

Beispiel: Der Entwicklungshelfer realisiert durch seine karitative Tätigkeit seine letzten persönlichen Absichten, die sein Gewissen von ihm fordert.

– *Die Konstituierung des Transzendenzbezugs* (religiöse Freiheit, Freiheit der Kinder Gottes). Die Erfahrung der Endlichkeit und Vergänglichkeit innerhalb des irdischen Bezugsrahmens veranlaßt viele Menschen, ihre Freiheit als Gabe Gottes anzusehen. Diese ermöglicht es erst, in der Selbstbestimmung und Selbstverwirklichung einen letzten Sinn zu erkennen. Je nachdem, ob der Transzendenzbezug vorwiegend aus Quellen der Offenbarung oder innerhalb philosophischer Bemühungen aufgebaut wird, handelt es sich um ein Thema der Theologie oder der Ethik als philosophischer Disziplin.

Beispiel: Der Entwicklungshelfer versteht seine Tätigkeit als Auftrag von Gott und sieht nur in dessen Erfüllung den Sinn des Lebens.

(4) Nach dieser Beschreibung der faktisch vorgefundenen Bewußtseinsphänomene stellt sich die Frage nach *Begründungen* jener Erscheinungen. Aus der Vielzahl der philosophischen Freiheitstheorien greifen wir die Lehren Spinozas, Sartres und Kants heraus.

(α) Spinozas Lehre von Freiheit und Notwendigkeit. Bei Spinoza findet man eine Freiheitsauffassung, die später bei Hegel und Marx nachwirkte und auf diese Weise die heutige Diskussion entscheidend beeinflußt hat. In seiner berühmten „Ethik", die er more geometrico, also nach geometrischer Methode, aufgebaut hat, findet man bereits am Anfang die entscheidende Definition (Nr. 7):

> „Das Ding soll frei heißen, das nur kraft der Notwendigkeit seiner Natur existiert, und allein durch sich selbst zum Handeln bestimmt wird; notwendig dagegen, oder besser gezwungen, das Ding, das von einem anderen bestimmt wird, auf gewisse und bestimmte Weise zu existieren und zu wirken."[16]

16 B. de Spinoza: Die Ethik, Übersetzung v. O. Baensch, Phil. Bibliothek, Hamburg 1963, S. 4

Ethik 3.4

Daß materielle Dinge nicht frei sind, ist offenkundig. Aber auch der Mensch ist nicht frei, er hält sich nur für frei:

> „Die Menschen täuschen sich, wenn sie sich für frei halten; und diese ihre Meinung besteht allein darin, daß sie sich ihrer Handlungen bewußt sind, ohne eine Kenntnis der Ursachen zu haben, von denen sie bestimmt werden. Die Idee ihrer Freiheit ist also die, daß sie keine Ursache ihrer Handlungen kennen. Denn wenn sie sagen, die menschlichen Handlungen hingen vom Willen ab, so sind das Worte, mit denen sie keine Idee verbinden."[17]

Frei in dem strengen Sinne der Definition 7 ist eigentlich nur Gott. Trotzdem, ist es möglich, von „freien Menschen" zu sprechen, nämlich sofern sie im Sinne einer pantheistisch verstandenen göttlichen Weltordnung handeln, das heißt, sofern sie sich von der Vernunft leiten lassen.

Die These Spinozas enthält ein bemerkenswertes Element, nämlich die Beziehung zur Notwendigkeit. Es ergibt sich so der paradox klingende Begriff der „freien Notwendigkeit". Nun wurde schon von der Freiheit als „Freiheit zu..." gezeigt, daß das Vorhandensein gewisser Wertvorstellungen ausschlaggebend ist, um Freiheit sinnvoll zu denken. Die Seinsordnung als *notwendiges* Gefüge führt damit zur Idee einer Handlung gemäß der Natur. Freiheit ist das Vermögen, durch die Notwendigkeit seiner Natur zu existieren und zu wirken. Sie hat nichts mit Willkür oder Bindungslosigkeit zu tun.

Die Dialektik von Freiheit und Notwendigkeit, das heißt die sich in gewissem Sinne widersprechenden, in anderer Hinsicht aber ergänzenden Gesichtspunkte beider Begriffe, hat *Hegel* später weiter ausgebaut. Er definiert die *Freiheit als Einsicht in die Notwendigkeit.* Notwendigkeit ist demnach gar nicht der eigentliche Gegensatz zur Freiheit, sondern eher Zufälligkeit und Kontingenz. Im Marxismus wird die erkannte Notwendigkeit bewußt für die menschliche Praxis fruchtbar gemacht. Nicht die individuelle Freiheit im Sinne der Selbstbestimmung steht nach *F. Engels* im Vordergrund, sondern die Freiheit des sozialen Menschen gegenüber den sozialen Entwicklungsgesetzen, denen er sich mit Sachkenntnis anpaßt:

> „Damit erst scheidet der Mensch, in gewissem Sinn, endgültig aus dem Tierreich, tritt aus tierischen Daseinsbedingungen in wirklich menschliche... Die Gesetze ihres eigenen gesellschaftlichen Tuns, die ihnen bisher als fremde, sie beherrschende Naturgesetze gegenüberstanden, werden dann von den Menschen mit voller Sachkenntnis angewandt und damit beherrscht... Die objektiven, fremden Mächte, die bisher die Geschichte be-

17 a.a.O. S. 84

herrschten, treten unter die Kontrolle der Menschen selbst. Erst von da an werden die Menschen ihre Geschichte mit vollem Bewußtsein selbst machen... Es ist der Sprung der Menschheit aus dem Reiche der Notwendigkeit in das Reich der Freiheit."[18]

(β) Sartres Lehre von der absoluten Freiheit. Spinoza, Hegel und Marx gehen von der Vorstellung aus, daß die Natur, die menschliche Vernunft und die Gesellschaft bestimmte Wesensstrukturen aufweisen. Ganz anders Sartre. Die Vielfalt der Spekulationen über das Wesen des Menschen, insbesondere das religiöse Fundament vieler Wesensbestimmungen auf der einen Seite und das unbezweifelte Bewußtsein von Freiheit auf der anderen Seite veranlassen Sartre zur radikalen Absage an vorgegebenen Wesensstrukturen. Es gibt kein göttliches oder natürliches Konzept des Menschen, demgemäß er sich verwirklichen müßte; der Mensch ist nicht definierbar; es gibt auch keine verbindliche Wertordnung, an welcher er sich orientieren müßte, sondern er ist absolut frei.

Sartre faßt die Umkehrung dieses Zusammenhangs zwischen Wesen und menschlicher Entscheidung in dem Satz zusammen, daß *im Menschen die Existenz der Essenz (dem Wesen) vorausgehe.*

„Was bedeutet hier, daß die Existenz der Essenz vorausgeht? Es bedeutet, daß der Mensch zuerst existiert, sich begegnet, in der Welt auftaucht und sich *danach* definiert."

„Wenn der Mensch, so wie ihn der Existentialist begreift, nicht definierbar ist, so darum, weil er anfangs überhaupt nichts ist. Er wird erst in der weiteren Folge sein, und er wird so sein, wie er sich geschaffen haben wird. Also gibt es keine menschliche Natur, da es keinen Gott gibt, um sie zu entwerfen. Der Mensch ist lediglich so, wie er sich konzipiert... der Mensch ist nichts anderes als wozu er sich macht."

„Der Mensch ist zuerst ein Entwurf, der sich subjektiv lebt...; nichts existiert diesem Entwurf vorweg, nichts ist im Himmel, und der Mensch wird zuerst das sein, was er zu sein geplant hat..."[19]

Der Mensch erfindet gewissermaßen den Menschen. Dieser Erfindungsakt ist nach Sartre keine Willkürhandlung eines isolierten Individuums, sondern stets eingebunden in die Verantwortung für die gesamte Menschheit.

---

18 Herrn Eugen Dührings Umwälzung der Wissenschaft, Stuttgart 1894³ (Anti-Dühring), S. 305

19 J. P. Sartre: Ist der Existentialismus ein Humanismus? in: Drei Essays, Frankfurt/Berlin 1961, S. 11

Ethik 3.4

„Bin ich Arbeiter und wähle, eher einer christlichen Gewerkschaft beizutre-
ten als Kommunist zu sein – will ich mit diesem Beitritt anzeigen, daß Bescheidung im Grunde die Lösung ist, die dem Menschen zukommt, daß das
Reich des Menschen nicht auf Erden ist – so binde ich dadurch nicht nur meinen Fall: ich will für *alle* Selbstbescheidung üben, folglich hat mein Schritt
die ganze Menschheit gebunden.
Und will ich eine individuelle Tatsache – mich verheiraten und Kinder haben, selbst wenn diese Heirat einzig und allein von meiner Lage oder von
meiner Leidenschaft oder von meinem Begehren abhängt, so binde ich dadurch nicht nur mich selber, sondern verpflichte die ganze Menschheit auf
den Weg der Monogamie. So bin ich für mich selbst und für alle verantwortlich, und ich schaffe ein bestimmtes Bild des Menschen, den ich wähle; indem ich mich wähle, wähle ich den Menschen.“[20]

Wenn auch die radikale Antwort Sartres auf zahlreiche Schwierigkeiten führt – z. B. das Verhältnis einer ersten Entscheidung zu späteren
Entscheidungen, die Rückwirkung der eigenen Wahl auf die im allgemeinen anders ausfallende Wahl der anderen, die Ignorierung jeglicher leiblicher Zwänge, das Verhältnis des Entwurfs zu Mechanismen
des Unterbewußten – so demonstriert sie doch deutlich die Gewichtig-
keit unseres Freiheitsbewußtseins. Die Möglichkeit der absoluten
Freiheit und die nachträgliche Konstruktion von rationalen Begründungen und leitenden Wertsystemen ist durchaus denkbar. Wir sind
jedoch durch unsere Erziehung, durch die ständige Konfrontierung
mit naturwissenschaftlichen und tiefenpsychologischen Ergebnissen
und durch die Entfremdung vom klassischen Bildungsgut so stark auf
deterministische Prinzipien fixiert, daß die unmittelbare Gegebenheit
des Freiheitsbewußtseins kaum wahrgenommen wird. Aber gerade
dieses Bewußtsein ist eine notwendige Voraussetzung für jede
menschliche Selbstbestimmung, die ihrerseits erst Verantwortung und
Humanität in einer Gemeinschaft ermöglicht.

(γ) Kants dualistische Lehre von Freiheit und Notwendigkeit. Mit Spinoza und Sartre wurden die extremen Positionen in der Diskussion der
beiden Pole Freiheit – Notwendigkeit vorgestellt. Die meisten Frei-
heitslehren sind zwischen den Extremen einzuordnen. Eine mittlere
Position findet man bei Kant. In der „Kritik der praktischen Vernunft“ steht der berühmt gewordene Ausspruch, der auch auf dem
Grabstein Kants eingemeißelt wurde: „Zwei Dinge erfüllen das Ge-
müt mit immer neuer und zunehmender Bewunderung und Ehrfurcht,

20 a.a.O. S. 12/13

Kants Dualismus

je öfter und anhaltender sich das Nachdenken damit beschäftigt: *Der bestirnte Himmel über mir, und das moralische Gesetz in mir.*[21]
Nach Kant ist der Mensch Bürger zweier Welten:
– Bürger der Welt der natürlichen Erscheinungen: hier ist er, wie jeder andere weltliche Gegenstand, der Kausalität unterworfen;
– Bürger der Welt der geistigen (intelligiblen) „Dinge an sich": hier herrscht Freiheit.

Freiheit ist das Vermögen, Handlungen hervorzurufen, die nicht im Sinne der Kausaliät bedingt, sondern aus sich selbst bestimmt sind und trotzdem Ursache einer endlosen Kette kausaler Vorgänge werden können. Kant kann so der Sittlichkeit und der Naturordnung in vollem Maße gerecht werden und beide auf das einheitliche Fundament einer vernünftigen Gesetzgebung aufbauen. Dies alles geschieht allerdings unter der Voraussetzung einer Metaphysik, die von „Dingen an sich" und von „Erscheinungen" spricht, und gerade diese Dualität bereitet dem heutigen Verständnis nicht geringe Schwierigkeiten. Wenn deshalb Kants Synthese aus Freiheit und Notwendigkeit nicht mehr überzeugt, so sind wir aufgerufen, eine neue Synthese zu finden. Denn eine Vermittlung der Freiheitserfahrungen mit den Zwängen der Natur ist die Voraussetzung jeder begründeten und vernunftgemäßen Ethik.

(5) *Zusammenfassung des indeterministischen Standpunkts*
– Freiheit ist jedem Menschen als Grundphänomen erfahrbar und vorgegeben.
– Der Umgang mit anderen Menschen ist von der Voraussetzung bestimmt, daß diese ebenfalls frei sind; der andere wird als „Person" (M. Scheler) und als „Du" (M. Buber) verstanden.
– Auch jede Kommunikationsgemeinschaft, insbesondere Familie und Staat, baut auf der Freiheit ihrer Glieder auf.
– Die Freiheit ist insbesondere in sittlichen Entscheidungen stets mit einer gewissen Unbedingtheit des Sollensanspruchs verbunden; wir können zugleich *gegen* Naturzwänge handeln.
– Die Leugnung der Freiheit ist eine wertlose theoretische Konstruktion, weil sie entscheidende individuelle und gesellschaftliche Grunderfahrungen ignoriert.

(6) Nach Popper u. a. muß auch die *moderne Physik* die Möglichkeit ins Auge fassen, daß die deterministische These falsch ist. Die be-

---

21 a.a.O. Band 7, S. 300

rühmteste Formulierung der Determinismus-These innerhalb der Physik hat der französische Forscher P. S. Laplace (1814) gegeben:

„Eine Intelligenz, die für einen gegebenen Augenblick alle Kräfte der Natur kennen würde... und die zudem umfassend genug wäre, die Kenntnis zu analysieren, würde in der gleichen Formel die Bewegungen des größten Himmelskörpers und des leichtesten Atoms einbegreifen. Nichts bliebe ihr unerkannt; und das Vergangene wie das Zukünftige würden ihr vor Augen gegenwärtig sein."[22]

Diese Idee vom Laplaceschen Weltgeist war so lange plausibel, wie Atome als unteilbare starre Körper angesehen wurden. Die moderne Atomphysik läßt aber durchaus die Vorstellung zu, daß die Zusammenstöße der Atome nicht deterministisch sind. Popper verweist auf C. S. Peirce[23], der als erster erklärte, daß wir nur mit Hilfe eines „objektiven Zufalls" die Vielfalt des Universums verstehen können. Die heute übliche Berufung auf Wahrscheinlichkeiten ist also nicht nur eine Verschlüsselung unseres subjektiven Nichtwissens, sondern kann auch objektiv gemeint sein: als Verwirklichungstendenz, die aus der Struktur des Ganzen erklärt werden muß (Propensitätsinterpretation der Wahrscheinlichkeit).

(7) Der *Determinismus* entwickelt häufig Theorien, die in ihren konkreten Voraussetzungen nicht realisiert werden können. Wir wollen in diesem Zusammenhang von *Varianten des Dogmas vom Laplaceschen Dämon* sprechen. Wie die Prämissen beim Laplaceschen Dämon infolge atomphysikalischer Gesetze nicht erfüllbar sind, so lassen sich auch bei diesen Varianten die notwendigen Voraussetzungen nicht erfüllen.

Die psychologische Variante: Kein Mensch kann sich frei entscheiden, weil er in jedem Augenblick von einer Vielzahl von Trieben, Interessen, Gefühlen, Motiven, Gedanken usw. eindeutig bestimmt ist.

Die soziologische Variante: Kein Mensch kann sich frei entscheiden, weil er in jedem Augenblick von einer Vielzahl von gesellschaftlichen Motiven und Zwängen eindeutig bestimmt ist.

Da es wegen der Komplexität der seelischen und gesellschaftlichen Wirklichkeit unmöglich ist, die Gesamtheit der Bindungen auch nur

22 Philosophischer Versuch über die Wahrscheinlichkeit. In: Werke VII, Paris 1876, S. 7
23 Popper/Eccles a.a.O. S. 45

annäherungsweise zu überblicken, sind solche Theorien für die menschliche Praxis irrelevant. Sie geben auf unsere Fragen keine eindeutige Antwort, so daß wir in jedem Falle weiterhin auf das angeblich falsche Bewußtsein von Freiheit angewiesen sind.

Diese Kritik am radikalen Determinismus bedeutet nicht, daß jede Analyse psychologischer und soziologischer Motivationszusammenhänge wertlos wäre. Auch in der Physik sind Kausalerklärungen sinnvoll, obwohl es keine Totalerklärungen gibt. Es geht allein um den Anspruch, in diesen Determinationen *alles* zu erfassen: dem Menschen bleibt immer ein Spielraum; weder physikalische noch psychologische oder soziologische Erklärungen erschöpfen alle Begründungen menschlichen Handelns.

b) Der ethische Egoismus und sittliches Verhalten

(1) Menschen mit einiger Lebenserfahrung halten oft nicht viel von den hohen sittlichen Idealen, wie sie Kant und andere Idealisten lehren. Sie glauben, die eigentliche Triebfeder unseres Handelns längst durchschaut zu haben: Wo man hinsieht, ist man auf seinen eigenen Vorteil aus und versucht, den anderen zu übervorteilen. Es herrscht der nackte und rücksichtslose Egoismus. Sittlichkeit bedeutet nichts anderes als ein geschicktes Manövrieren zwischen unumgänglichen Fakten und dem Anspruch der Konkurrenz, die ebenfalls den größten Vorteil für sich zu erlangen sucht. Es herrscht ein Daseinskampf aller gegen alle. Hohe sittliche Anwandlungen sind nichts als Schwäche und allein den machtlosen Träumern vorbehalten.

Läßt sich mit dieser „Lebensweisheit" eine widerspruchsfreie philosophische Ethik aufbauen, welche die moralischen Phänomene hinreichend erklärt? Der Pessimist *A. Schopenhauer* geht in seinen Fragen zur Moral von einer solchen illusionslosen Sicht des Menschen als egoistischem Wesen aus, ist aber trotzdem überzeugt, daß moralisches Handeln möglich ist. Er sucht eine Antwort auf die folgenden drei Fragen:

– Was heißt moralisch handeln?
– Gibt es moralisch handelnde Menschen?
– Wie ist moralisches Handeln möglich?

(2) Jede Handlung hat nach Schopenhauer ein Motiv, das allerdings nicht empirisch nachweisbar ist. Empirisch gegeben ist immer nur die Tat. Die Motive müssen erschlossen werden. Das Motiv bezieht sich

im Sinne der Egoismus-These stets auf das Wohl und Wehe des Handelnden selbst oder eines anderen Menschen. Ist der Zweck der Handlung das eigene Wohl, so ist die Handlung *egoistisch* und hat keinen moralischen Wert; ist der Zweck dagegen das Wohl des anderen, dann ist sie *moralisch*.[24]

Nun zweifelt Schopenhauer nicht an der egoistischen Grundstruktur des Menschen:

> „Die Haupt- und Grundtriebfeder im Menschen wie im Tiere ist der *Egoismus,* d. h. der Drang zum Dasein und Wohlsein... Dieser *Egoismus* ist im Tiere wie im Menschen mit dem innersten Kern und Wesen derselben aufs genaueste verknüpft, ja eigentlich identisch. Daher entspringen in der Regel alle seine Handlungen aus dem Egoismus, und aus diesem zunächst ist allemal die Erklärung einer gegebenen Handlung zu versuchen... Der *Egoismus* ist seiner Natur nach grenzenlos...“[25]

Angesichts dieser zentralen Bedeutung des Egoismus stellt sich die Frage, ob es überhaupt moralisch handelnde Menschen gibt. Schopenhauer kann das Faktum nicht leugnen, daß man immer wieder Menschen findet, die sich für *andere* einsetzen und selbst den Tod nicht scheuen, um ihre sittliche Integrität zu bewahren. Den Schleier dieses „großen Mysteriums der Ethik“, daß im Kerne egoistische Menschen fähig sind, moralisch, das heißt *uneigennützig,* zu handeln, lüftet Schopenhauer durch seine *Metaphysik des Mitleids*. Es handelt sich dabei um ein charakteristisches Beispiel einer teleologischen Ethik, die das Sittliche auf Gefühls- und Willensphänomene (also auf außermoralische Werte) zurückzuführen sucht.

(3) Moralität im genannten Sinne setzt voraus, daß das Wohl des anderen *mein* Handlungsmotiv wird,

> „daß jener andere *der letzte Zweck* meines Willens wird ganz so, wie sonst ich selbst es bin: also dadurch, daß ich ganz unmittelbar *sein* Wohl will und sein *Wehe* nicht will, so unmittelbar wie sonst nur *das meinige*. Dies aber setzt notwendig voraus, daß ich bei *seinem* Wehe als solchem geradezu mit leide, *sein* Wehe fühle wie sonst nur meines und deshalb sein Wohl unmittelbar will wie sonst nur meines. Dies erfordert aber, daß ich auf irgendeine Weise *mit ihm identifiziert* sei...“[26]

---

24 Sämtl. Werke, hrsg. von W. v. Löhneysen, Band III, Frankfurt o. J. § 15 S. 734f.

25 a.a.O. § 14, S. 727

26 a.a.O. § 16, S. 740

Schopenhauers Mitleid-Theorie

So gelangt Schopenhauer zum Phänomen des Mitleids als alleiniger Grundlage der Moral. Das Mitleid erklärt Schopenhauer aus der Struktur der Welt. Im Anschluß an Kant nimmt er an, daß alle Vielfalt und Verschiedenheit auf den Anschauungsformen Raum und Zeit beruhen, die den menschlichen Individuen als Dinge an sich nicht zugehören. Das Ding an sich ist nur *eines*, nämlich der *Wille zum Leben*. Damit ist klar, daß die Individuation dieses Willens in einzelne Subjekte nur äußerer Schein, Täuschung, Gaukelbild, (bei den Hindus „Maja") ist; die Menschen sind in ihrem Innersten alle eins. Genau dies kommt im Phänomen des Mitleids zum Ausdruck. In ihm wird der „Schleier der Maja" gelüftet, die Trennung von Ich und Nicht-Ich aufgehoben. Im Mitleid geschieht,

> „daß das *eine* Individuum im *anderen* unmittelbar sich selbst, sein eigenes wahres Wesen wiedererkenne". „Mein wahres inneres Wesen existiert in jedem Lebenden so unmittelbar, wie es in meinem Selbstbewußtsein sich nur mir selber kund gibt. – Diese Erkenntnis, für welche im Sanskrit die Formel ‚tat-tvam asi' d. h., ‚dies bist Du', der stehende Ausdruck ist, ist es, die als *Mitleid* hervorbricht, auf welcher daher alle echte, d. h. uneigennützige Tugend beruht und deren realer Ausdruck jede gute Tat ist. Diese Erkenntnis ist es im Grunde, an welche jede Appellation an Milde, an Menschenliebe, an Gnade für Recht sich richtet: denn eine solche ist eine Erinnerung an die Rücksicht, in welcher wir alle eins und dasselbe Wesen sind".[27]

Schopenhauer bedarf zur Erklärung der sittlichen Fakten auf der Basis einer egoistischen Grundstruktur des Menschen einer umfangreichen metaphysischen Theorie. Das ist kein Zufall. Egoismus und Sittlichkeit erscheinen bei Schopenhauer als Gegensätze, die in der Welt der Erscheinungen nicht versöhnt werden können. Ganz anders bei Aristoteles, der die positive Seite der menschlichen Eigeninteressen für die Sittlichkeit betont und im Begriff der Glückseligkeit eine Grundlage für moralisches Handeln findet.

c) Der aristotelische Eudämonismus

(1) Während für Platon das höchste Gut eine kaum zugängliche Idee ist, versteht Aristoteles als Realist und Praktiker unter dem höchsten Gut etwas, das die Menschen in ihrem konkreten Leben betrifft. Menschliches Erkennen und Handeln orientiert sich immer an Gütern, und unter diesen erreichbaren Gütern gibt es eines, das als höch-

---

27 a.a.O. § 22, S. 808 bzw. 809

Ethik 3.4

stes Gut angestrebt wird. Deshalb muß der Mensch versuchen, sich *innerhalb seiner Möglichkeiten zu vervollkommnen* und nicht utopischen Fernzielen nachzujagen.

Ein Blick auf die verschiedenen Möglichkeiten menschlicher Existenz zeigt „drei Hauptformen des Lebens":
– die gedankenlose Hingabe an die sinnliche Lust;
– die nach Ehre und Anerkennung strebende öffentliche Tätigkeit;
– das betrachtende („theoretische") oder wissenschaftliche Bemühen um aktive Rechtschaffenheit.

Eine genauere Untersuchung der Ziele innerhalb dieser Lebensformen führt auf ein wichtiges Grundphänomen:

> „Vollkommener nennen wir das um seiner selbst willen Erstrebte gegenüber dem um anderer Ziele willen Erstrebten, und das niemals um eines anderen willen Gesuchte gegenüber dem, was sowohl wegen sich selbst als auch wegen eines andern gesucht wird; allgemein ist das vollkommene Ziel dasjenige, was stets nur an sich und niemals um eines anderen willen gesucht wird.
> Derart dürfte in erster Linie die Glückseligkeit sein. Denn diese wünschen wir stets wegen ihrer selbst und niemals wegen eines anderen; Ehre dagegen und Lust und Vernunft und jede Tüchtigkeit wählen wir teils wegen ihnen selber (denn auch wenn wir keinen weiteren Gewinn von ihnen hätten, würden wir jedes einzelne von ihnen wohl erstreben), teils um der Glückseligkeit willen, da wir glauben, eben durch jene Dinge glückselig zu werden. Die Glückseligkeit aber wählt keiner um jener Dinge willen und überhaupt nicht wegen eines anderen."[28]

Glückseligkeit oder Eudaimonia ist das höchste Ziel, das der Mensch in seinem Bemühen erlangen kann. Darunter versteht Aristoteles eine Glückserfahrung, die dem Wesen des Menschen entspricht und daher auch – und vor allem – geistige Elemente enthält. In seiner „Nikomachischen Ethik" versucht er, diese Eudaimonia näher zu charakterisieren.

(2) Wenn die Glückseligkeit aus dem Wesen des Menschen heraus verstanden werden muß, dann ist die *Psychologie* des Aristoteles für die weiteren Überlegungen von Bedeutung. Diese kennt nicht nur die beiden Extreme der unvernünftigen Begierde (Trieb) und der lenkenden Vernunft (Logos), sondern zugleich eine vermittelnde Instanz (thymos, Mut; andreia, Mannhaftigkeit), die einerseits die Leidenschaften

---

28 Aristoteles: Die nikomachische Ethik, hrsg. von O. Gigon, Zürich 1951, 1097 a

Zur Ethik des Aristoteles

zügelt, andererseits der Vernunft Leben und Temperament gibt. Das Gleichgewicht aus Selbstbeherrschung und Antriebsstärke ist Voraussetzung für die Erlangung der Glückseligkeit. Es bedeutet zugleich einen gefestigten Charakter, der zwischen den extremen Möglichkeiten das rechte Maß, die Mitte (mesotes) findet. Die einzelnen Haltungen, aus denen heraus der gefestigte Charakter handelt, nennt Aristoteles Tugenden.[29] Ein glückseliges Leben ist demnach stets ein sittlich gutes Leben.

(3) Bei der genaueren Charakterisierung der Glückseligkeit am Ende der „Nikomachischen Ethik" fällt die starke Betonung des Bemühens um Weisheit und philosophische Einsicht auf. Das ist insofern konsequent, als für Aristoteles das Wesen des Menschen durch den erkennenden Logos besonders ausgezeichnet ist.

„Ist aber die Glückseligkeit eine der Tugend gemäße Tätigkeit, so muß sie natürlich der vorzüglichsten Tugend gemäß sein, und diese ist wieder die Tugend des Besten in uns. Mag das die Vernunft oder etwas anderes sein, was seiner Natur nach als das Herrschende und Leitende auftritt und das Gute und Göttliche zu erkennen vermag, sei es selbst auch göttlich oder das Göttlichste in uns: immer wird die seiner eigentümlichen Tugend gemäße Tätigkeit die vollendete Glückseligkeit sein."

„Ferner glauben wir, daß die Glückseligkeit mit Lust verbunden sein muß. Nun ist aber unter allen tugendgemäßen Tätigkeiten die der Weisheit zugewandte eingestandenermaßen die genußreichste. Und in der Tat bietet die Philosophie Genüsse von wunderbarer Reinheit und Beständigkeit; natürlich ist aber der Genuß noch größer, wenn man schon weiß, als wenn man erst sucht."[30]

So findet Aristoteles eine sinnvolle Synthese aus lustvollem Erleben, tugendhaftem Verhalten und vernünftiger Einsicht. Die Abwertung von Lust, Freude, Eigeninteresse und Glückserleben, wie sie in rigoristischen ethischen Lehren auch innerhalb der christlichen Tradition später immer wieder aufgetreten ist, wird zugunsten einer realistischen Einschätzung der menschlichen Natur vermieden.

In der Moderne wird die Diskussion um das Glück vor allem im Utilitarismus wieder aufgenommen, dem wir uns im folgenden zuwenden.

---

29 Vgl. B 3d.
30 a. a. O. 1177a

Ethik 3.4

d) Der Utilitarismus und das Problem verallgemeinernder Prinzipien

(1) *Das Prinzip der Nützlichkeit.* Eine weit verbreitete Auffassung über das Wesen des sittlich Guten stammt von Jeremy Bentham, der das Schlagwort vom „größtmöglichen Glück der größtmöglichen Anzahl" geprägt hat. Er nennt sein Prinzip das *„Prinzip der Nützlichkeit"*.

> „Unter dem Prinzip der Nützlichkeit ist jenes Prinzip zu verstehen, das schlechthin jede Handlung in dem Maß billigt oder mißbilligt, wie ihr die Tendenz innezuwohnen scheint, das Glück der Gruppe, deren Interesse in Frage steht, zu vermehren oder zu vermindern, oder – das gleiche mit anderen Worten gesagt – dieses Glück zu befördern oder zu verhindern. Ich sagte: schlechthin jede Handlung, also nicht nur jede Handlung einer Privatperson, sondern auch jede Maßnahme der Regierung.

> ... Unter Nützlichkeit ist jene Eigenschaft an einem Objekt zu verstehen, durch die es dazu neigt, Gewinn, Vorteil, Freude, Gutes oder Glück hervorzubringen... oder... die Gruppe, deren Interesse erwogen wird, vor Unheil, Leid, Bösem oder Unglück zu bewahren; sofern es sich bei dieser Gruppe um die Gemeinschaft im allgemeinen handelt, geht es um das Glück der Gemeinschaft; sofern es sich um ein bestimmtes Individuum handelt, geht es um das Glück dieses Individuums..."

> „Von einer Handlung, die mit dem Prinzip der Nützlichkeit übereinstimmt, kann man stets entweder sagen, sie sei eine Handlung, die getan werden soll, oder zum mindesten, sie sei keine Handlung, die nicht getan werden soll."[31]

Man bezeichnet jede Ethik, die sich vorwiegend auf das Prinzip der Nützlichkeit oder Wohltätigkeit bezieht, *Utilitarismus.* Handlungen sind sittlich richtig, wenn sie durch ihre Folgen *nützlich* (= utilis) sind). Der Utilitarismus ist demnach eine teleologische Ethik; denn das moralische Ziel aller Handlungen ist das optimale Übergewicht der guten gegenüber den schlechten Folgen, die sich auf außermoralische Werte beziehen.

So plausibel der Standpunkt Benthams erscheint, so gefährlich sind seine Folgen, sofern nicht weitere Einschränkungen getroffen werden. Da die Welt nicht vollkommen ist, wäre es denkbar, daß eine künftige diktatorische Weltregierung einen Teil der Menschheit ausrottet, um dem anderen Teil ein optimales Leben zu garantieren. Na-

---

31 J. Bentham: Eine Einführung in die Prinzipien der Moral und der Gesetzgebung. In: O. Höffe: Einführung in die utilitaristische Ethik, München 1975, S. 35–37

türlich müßte ein perfekter Propagandaapparat die Ermordung des einen Teils dem anderen verschweigen, um die Überlebenden nicht seelisch zu belasten, sofern sie noch nicht reif genug sind, um zu erkennen, daß dies der einzige Weg zum optimalen Weltzustand wäre.

Aus diesem Gedankenexperiment wird deutlich, daß Sittlichkeit noch etwas anderes meint als nur den Nutzen im genannten Sinne. Eine verantwortliche utilitaristische Ethik muß daher zwei weitere Fragen klären: erstens, wie ihr Prinzip verwirklicht werden kann, wenn tatsächlich *alle* Menschen, die von den Folgen betroffen sind, berücksichtigt werden, und zweitens, welche Theorie der Werturteile es uns ermöglicht, diese Folgen bezüglich ihres Wertes genau abzuschätzen. Was die letztere Aufgabe betrifft, kann man sehr skeptisch sein.

Utilitaristen argumentieren häufig so, als ob es einen unparteiischen Beobachter gäbe, der ein ideales Einfühlungsvermögen hätte und alle Bedürfnisse anderer Menschen wie seine eigenen erleben könnte. Erst unter dieser Voraussetzung eines vollkommen vernünftigen Wesens wäre eine Abschätzung der Größe des Gesamtglücks möglich.

Die andere Frage, welche das Verhältnis der Nützlichkeit von Handlungsfolgen und das Problem der Verallgemeinerung betrifft, hat besonders in der neueren Literatur zu Verfeinerungen des utilitaristischen Standpunktes geführt.

(2) *Formen des Utilitarismus.* Man unterscheidet in der gegenwärtigen Ethik-Diskussion zwei Grundformen des Utilitarismus, nämlich den Handlungs- und den Regelutilitarismus.

(α) *Grundgedanken des Handlungsutilitarismus* (auch extremer Utilitarismus; Vertreter: J. Bentham, G. E. Moore): Eine Handlung ist sittlich gut, wenn ihre Folgen *im konkreten Fall* eine größere Nützlichkeit bewirken, als wenn sie unterlassen wird. Es ist also nicht wesentlich, ob sie unter eine gewisse Faustregel fällt, wie etwa „Die Wahrheit zu sagen, dient im allgemeinen dem größeren Wohl, als zu lügen". Solche Faustregeln können aus praktischen Gründen nützlich sein, aber sie sind für die ethische Beurteilung nicht maßgebend.

(β) *Grundgedanken des Regelutilitarismus* (auch eingeschränkter Utilitarismus; Vertreter: J. St. Mill): Eine Handlung ist sittlich gut, wenn sie zu einer Klasse von Handlungen gehört, die *im allgemeinen* nützliche Folgen haben. Die Klassen sind durch gewisse Regeln bestimmt, wie die oben erwähnte Regel „Die Wahrheit zu sagen, dient im allgemeinen dem größeren Wohl, als zu lügen". Die Orientierung muß also nach Regeln erfolgen, unabhängig davon, ob in einem konkreten Einzelfall sich daraus auch negative Folgen einstellen könnten. Der Regelutilitarist fragt also eher danach, welche *Regel* und nicht welche *Einzelhandlung* die günstigsten Folgen hat.

Beispiel 1 (nach Hoerster):[32] In einer Großstadt werden die Schwimmbeckenbesitzer während einer Trockenperiode aufgefordert, im Interesse der Trinkwasserversorgung auf die privaten Badefreuden zu verzichten. Ein Badbesitzer hat aber seit langem eine Badeparty vorbereitet. Als Handlungsutilitarist entscheidet er sich für eine einmalige Mißachtung des Gebots, weil die Badefreuden der Teilnehmer sehr groß, die negativen Folgen für die Wasserversorgung dagegen minimal sind; denn eine einzige Badfüllung fällt nicht ins Gewicht. Der Regelutilitarist dagegen wird eine solche Entscheidung als sittlich verwerflich ansehen. Er könnte argumentieren: „Was würde passieren, wenn sich alle so verhielten?"

Wegen der Berufung auf Regeln spielt in den meisten Fällen regelutilitaristischer Überlegungen die Verallgemeinerung eine besondere Rolle. Das zugrundeliegende *Prinzip der Verallgemeinerung* besagt nach Hoerster, „daß eine Handlung dann nicht ausgeführt werden sollte, wenn ihre Ausführung durch alle – infolge eines engen Zusammenhangs zwischen den einzelnen Handlungen – schlechte Folgen hätte".[33]

Beispiel 2: Ein Professor überquert eine frisch angelegte Grünanlage bei seiner Universität, um den Weg abzukürzen.

Weil die Grasfläche bei einer einmaligen Überquerung nicht beschädigt wird, wird der Handlungsutilitarist diese Handlung nicht mißbilligen. Der Regelutilitarist dagegen wird wegen des von ihm vertretenen Prinzips der Verallgemeinerung anders urteilen, zumal diese Handlung Vorbildcharakter haben kann.

(3) *Prinzip der Gleichheit und der Fairneß.* In vielen Fällen zeigt sich, daß weder der Handlungsutilitarist noch der Vertreter des Prinzips der Verallgemeinerung eindeutige Entscheidungskriterien liefern kann. Es stellt sich daher die Frage, ob nicht andere, fundamentalere Prinzipien den genannten Kriterien zugrunde liegen.

---

32 N. Hoerster: Utilitaristische Ethik und Verallgemeinerung, Freiburg/München, 1977², S. 21

33 a.a.O. S. 41

Ethische Fundamentalprinzipien

Singer hat versucht, das Prinzip der Verallgemeinerung aus den beiden folgenden Prämissen abzuleiten:

- aus dem Handlungsutilitarismus: Man soll keine Einzelhandlung ausführen, die überwiegend schlechte Folgen hat;
- aus dem *Prinzip der Gleichheit:* Personen in gleicher Situation unterliegen den gleichen sittlichen Geboten.

Hoerster[34] hat diese Herleitung kritisiert und vermutet als Grundlage des Prinzips der Verallgemeinerung das sogenannte *Prinzip der Fairneß*. Dieses erklärt jede Handlung für unsittlich, in welcher die Vorteile einer (von einer Gemeinschaft getragenen) Unternehmung beansprucht, aber die notwendigen Lasten und Opfer den anderen überlassen werden.

Man erkennt aus diesen Überlegungen, daß zum einfachen Nützlichkeitsprinzip weitere Prinzipien hinzukommen müssen, um die komplexe sittliche Wirklichkeit zu erklären. Es ist auch kein Zufall, daß Kant, der Philosoph des kategorischen Imperativs, sich vehement gegen reine Nützlichkeitsprinzipien gewandt hat.

(4) *Das Prinzip der Gerechtigkeit.* Man kann die Erweiterungen auch unter dem Gesichtspunkt der Gerechtigkeit deuten; denn Gerechtigkeit bezieht sich stets auf die Allgemeinheit. H. Sidgewick formuliert das Prinzip der Gerechtigkeit auf folgende Weise:

> „Es kann für A nicht richtig sein, B in einer Weise zu behandeln, in der es für B falsch wäre, A zu behandeln, – nur deshalb, weil sie zwei veschiedene Personen sind, und ohne daß es irgendeinen Unterschied zwischen ihren Eigenschaften oder den Umständen ihres Handelns gäbe, den man als vernünftigen Grund für eine unterschiedliche Behandlung anführen kann."[35]

Gerechtigkeit ist nach Platon neben Weisheit, Tapferkeit und Besonnenheit eine Kardinaltugend, und zwar die oberste, ursprünglich die besondere Standestugend des Richters. Man unterscheidet genauer die austeilende und die ausgleichende Gerechtigkeit.

Die *austeilende Gerechtigkeit* wird nach drei Gesichtspunkten ganz verschiedenartig interpretiert:

- Jedem das Gleiche und nach seinem Wert als Mensch.
- Jedem nach seiner Leistung oder nach seiner Leistungsfähigkeit.
- Jedem nach seinen Bedürfnissen.

---

34 a.a.O. S. 52f., gemeint ist M. G. Singer: Generalization in Ethics, New York 1961
35 Zitiert nach Frankena, a.a.O. S. 36

Ethik 3.4

Die *ausgleichende Gerechtigkeit* betrifft den Tausch verschiedenartiger für eine humane Existenz wichtiger Dinge. Der Tausch ist gerecht, wenn die getauschten Objekte den gleichen Wert haben. Wie die Gleichheit festgestellt wird, ob aus der aufgewandten Arbeit, aus dem Gebrauchswert oder durch einen Marktpreis – dies zu entscheiden, ist die Aufgabe der Ökonomie.

(5) *Die goldene Regel.* Gedanken der Gleichheit und Gerechtigkeit klingen auch in der *„Goldenen Regel"* an: „Was du nicht willst, das man dir tu', das füg auch keinem anderen zu." Hier wird ein sittliches Gebot auf die Form eines volkstümlichen Sprichworts gebracht, das in vielen Fällen sinnvoll anwendbar ist, aber auch paradoxe Konsequenzen enthält. Wenn beispielsweise jemand zu stolz ist, sich von anderen helfen zu lassen, dann kann er nach der „Goldenen Regel" die moralische Pflicht ableiten, selbst auch niemandem zu helfen.
In der Bergpredigt erhält die Regel die Form eines Gebots: „Alles, was ihr wollt, das euch andere tun, das sollt auch ihr ihnen tun."[36] Hoerster weist darauf hin, daß dabei allerdings ein Unterschied besteht, ob man nur *will,* daß jemand etwas tut, oder ob man *sittlich* verpflichtet ist, jenes zu tun. Zudem könnte man aus dem Gebot ableiten, daß ein Blinder, dem über eine Straßenkreuzung geholfen wird, sittlich verpflichtet wäre, auch anderen Menschen über die Straße zu helfen. Um solche absurden Folgerungen auszuschließen, schlägt Hoerster die folgende Modifizierung vor: Du sollst andere so behandeln, wie du selbst sie dir gegenüber zu handeln für verpflichtet hältst, vorausgesetzt, du befindest dich in den gleichen Umständen wie sie.[37]

(6) *Das Prinzip der Wohlfahrt und das Liebesgebot.* Im undifferenzierten Utilitarismus wird das Prinzip der Nützlichkeit überbetont und die Gerechtigkeit vernachlässigt. Bei Kant entleert sich umgekehrt im kategorischen Imperativ Sittlichkeit zum bloßen Sollen ohne direkten Bezug auf Wohlfahrt und menschliches Glück (Vorwurf des „Formalismus" in der Ethik, M. Scheler). Praktikable ethische Theorien müssen beide Aspekte, die *Wohlfahrt* und die *Gerechtigkeit* zur Grundlage haben.
Ein Beispiel einer sinnvollen Weiterentwicklung des utilitaristischen Ansatzes findet man bei *W. K. Frankena.* In seinem Lösungsvorschlag geht dieser ausdrücklich von den beiden genannten Prinzipien aus,

36 Matthäus 7, 12
37 a.a.O. S. 71

Prinzip der Wohlfahrt

vom Prinzip der Nützlichkeit (Wohlfahrt) und dem Prinzip der Gerechtigkeit. Allerdings entdeckt er hinter den Prinzipien der Nützlichkeit und Wohltätigkeit noch ein grundlegenderes Prinzip, das er das Prinzip des Wohlwollens nennt:

> „... das Prinzip, daß man Gutes tun und Schlechtes verhindern oder vermeiden soll. Ohne diese Pflicht als Grundlage wären wir auch nicht verpflichtet, das genannte Übergewicht herbeizuführen. Ja, das Prinzip der Nützlichkeit stellt einen Kompromiß mit dem Ideal dar. Das Ideal ist, nur Gutes zu tun und kein Übel anzurichten... Das aber ist unmöglich, und so sind wir gezwungen, uns für das größtmögliche Übergewicht von Gutem gegenüber Schlechtem einzusetzen."[38]

Offensichtlich besteht eine enge Beziehung zwischen dem Prinzip des Wohlwollens und dem *Liebesgebot,* wie es in der christlichen Religion gelehrt wird. Bei Matthäus 22,37–39, heißt es:

> „‚Du sollst den Herrn, deinen Gott lieben von ganzem Herzen, von ganzer Seele und mit deinem ganzem Verstand!‘ Dies ist das größte und wichtigste Gebot. Das zweite ist gleich wichtig: ‚Liebe deinen Mitmenschen wie dich selbst!‘ "

Interpretiert man die Liebe zu *Gott* als Liebe zu seinen *Geschöpfen,* wie es in einigen Fällen modernen Theologie-Verständnisses geschieht, dann läßt sich die christliche Ethik als Utilitarismus auffassen. Da diese Deutung jedoch sehr problematisch ist, bedeutet der Bezug auf den offenbarten Gott eine Transzendierung der Philosophie. Die Aufforderung, Liebe zu Gott und zu den Mitmenschen zu entwickeln und dann alle Handlungen durch diese Liebe zu prägen, ist rational nicht begründbar und daher nicht Gegenstand einer *philosophischen* Ethik. Andererseits liegt aber im Liebesgebot kein Widerspruch zu einer philosophischen Ethik, die – wie bei Frankena – auf das Prinzip des Wohlwollens aufbaut. Insofern bestätigt sich hier die katholische Lehrmeinung, daß Offenbarungsinhalte nicht *wider*vernünftig, sondern *über*vernünftig sind.

(7) *Grundrechte.* Der kategorische Imperativ, das Prinzip der Gerechtigkeit und das Prinzip der Gleichheit enthalten massive *Einwände gegen den Utilitarismus.* In unserem Gedankenexperiment zu Beginn der Utilitarismus-Diskussion ist die Behandlung der Opfer keineswegs gerecht und mißachtet die Gleichheit aller Menschen und deren Recht auf Leben. Zudem wird die Würde des Menschen verletzt, wenn er nur Mittel ist, um das Glück anderer zu ermöglichen. Im Begriff der

---

38 a.a.O. S. 64

Würde des Menschen ist die Idee enthalten, daß jeder Mensch Selbstzweck, Selbstwert, religiös gesprochen: unverletzliches Gegenüber Gottes ist. All diese Momente, welche das utilitaristische Prinzip ergänzen müssen, werden in den *Grundrechten* zusammengefaßt. Mit diesem Begriff soll auf den rationalen und naturrechtlichen Charakter der Rechte hingewiesen werden, der keiner religiösen oder ideologischen Fundierung bedarf. Man unterscheidet genauer

– *primäre Grundrechte* (Bill of Rights 1776; Menschen- und Bürgerrechte der Französischen Revolution 1789): Recht auf Leben, Freiheit, Eigentum, Streben nach Glück und Sicherheit;
– *Grundrechte des Grundgesetzes der Bundesrepublik Deutschland,* wo in den Artikeln 1–19 zahlreiche Menschen- und Bürgerrechte aufgezählt und zu unmittelbar geltenden Rechten erklärt werden (Schutz der Menschenwürde, Unverletzlichkeit der Person, Gleichheit vor dem Gesetz, Glaubensfreiheit, Meinungsfreiheit, Versammlungsfreiheit, Streikrecht, Wirtschaftsrechte, Wahlrecht, usw.);
– *sittliche Grundnormen:* Würde, Freiheit und Leben. Diese drei Grundrechte sind absolute, das heißt nicht weiter ableitbare und unverzichtbare Werte; sie bilden als solche die Legitimationsbasis für alle weiteren Rechte und Pflichten im Zusammenleben der Menschen. Sie liefern die Beurteilungskriterien in allen Konflikten zwischen Freiheit und Gleichheit.

(8) *Eine weitere Unterscheidung.* Die immer wieder auftretende Spannung zwischen deontologischen (Kant) und teleologischen (Bentham) Konzeptionen kommt in der Gegenüberstellung von *Verantwortungsethik* und *Gesinnungsethik* bei Max Weber besonders gut zum Ausdruck.

Der Verantwortungsethiker konzentriert sich auf die vorhersehbaren Folgen seiner Handlungen und schließt dabei in Notfällen auch sittlich fragliche Mittel zur Erreichung des guten Zweckes nicht von vornherein aus. In der Gesinnungsethik dagegen wird kategorisch auf das deontologische Element gepocht: ist man von einer Handlung überzeugt, daß diese sittlich gut ist, so muß man sie ausführen, ganz gleich, welche Folgen die Handlung haben kann.

„Wenn die Folgen einer aus reiner Gesinnung fließenden Handlung übel sind, so gilt ihm nicht der Handelnde, sondern die Welt dafür verantwortlich, die Dummheit der anderen Menschen oder – der Wille des Gottes, der sie so schuf. Der Verantwortungsethiker dagegen rechnet mit eben jenen durchschnittlichen Defekten der Menschen, – er hat, wie *Fichte* richtig ge-

Gesinnungs- und Verantwortungsethik

sagt hat, gar kein Recht, ihre Güte und Vollkommenheit vorauszusetzen, er fühlt sich nicht in der Lage, die Folgen eigenen Tuns, soweit er sie voraussehen konnte, auf andere abzuwälzen. Er wird sagen: diese Folgen werden meinem Tun zugerechnet. ‚Verantwortlich' fühlt sich der Gesinnungsethiker nur dafür, daß die Flamme der reinen Gesinnung, die Flamme z. B. des Protestes gegen die Ungerechtigkeit der sozialen Ordnung, nicht erlischt. Sie stets neu anzufachen, ist der Zweck seiner, vom möglichen Erfolg her beurteilt, ganz irrationalen Taten, die nur exemplarischen Wert haben können und sollen."

Weber bekennt sich eindeutig zur Verantwortungsethik und greift die Gesinnungsethiker als weltfremde Phantasten an, die in ihrem sittlichen Fanatismus mehr Unheil als Segen auf die Menschen bringen:
„Keine Ethik der Welt kommt um die Tatsache herum, daß die Erreichung ‚guter' Zwecke in zahlreichen Fällen daran gebunden ist, daß man sittlich bedenkliche oder mindestens gefährliche Mittel und die Möglichkeit oder auch die Wahrscheinlichkeit übler Nebenerfolge mit in den Kauf nimmt, und keine Ethik der Welt kann ergeben: wann und in welchem Umfang der ethische gute Zweck die ethisch gefährlichen Mittel und Nebenerfolge ‚heiligt'... Hier, an diesem Problem der Heiligung der Mittel durch den Zweck, scheint nun auch die Gesinnungsethik überhaupt scheitern zu müssen. Und in der Tat hat sie logischerweise nur die Möglichkeit: *jedes* Handeln, welches sittlich gefährliche Mittel anwendet, zu *verwerfen*. Logischerweise. In der Welt der Realitäten machen wir freilich stets erneut die Erfahrung, daß der Gesinnungsethiker plötzlich umschlägt in den chiliastischen Propheten, daß z. B. diejenigen, die soeben ‚Liebe gegen Gewalt' gepredigt haben, im nächsten Augenblick zur Gewalt aufrufen, – zur *letzten* Gewalt, die dann den Zustand der Vernichtung *aller* Gewaltsamkeit bringen würde..."[39]

3.5 Einige Repräsentanten der Ethik

a) J. Rawls und die Gerechtigkeit

(1) In der Behandlung des Utilitarismus sind wir auf zwei fundamentale Prinzipien gestoßen, dem Prinzip des Wohlwollens und dem Prinzip der Gerechtigkeit. In dem Standardwerk J. Rawls', „Eine Theorie der Gerechtigkeit" (1971), versucht dieser, das Prinzip der Gerechtigkeit als die Grundstruktur der Gesellschaft darzustellen, indem er die herkömmlichen Vorstellungen vom Gesellschaftsvertrag in einer Theorie der *„Gerechtigkeit als Fairneß"* zu verallgemeinern versucht

---

39 Soziologie. Universalgeschichtliche Analysen. Stuttgart 1973, S. 174f.

und damit eine umfassende *Grundlegung des Liberalismus* durchführt.

Gerechtigkeit spielt für Rawls in sozialen Institutionen – und nur
darum geht es ihm in seinen Untersuchungen – dieselbe Schlüsselrolle
wie die Wahrheit in Gedankensystemen. Wie man jede Theorie ablehnen oder verbessern wird, die nicht wahr ist, so muß auch jedes System
von Gesetzen und Sozialeinrichtungen abgeschafft oder verändert
werden, das ungerecht ist. Damit wird zugleich der Utilitarismus kritisiert, der – wie unser Gedankenexperiment gezeigt hat – die Gerechtigkeit in gewissen Fällen vernachlässigt.

> „Jeder Mensch besitzt eine aus der Gerechtigkeit entspringende Unverletz-
> lichkeit, die auch im Namen des Wohles der ganzen Gesellschaft nicht aufge-
> hoben werden kann... Sie gestattet nicht, daß Opfer, die einigen wenigen
> auferlegt werden, durch den größeren Vorteil vieler anderer aufgewogen
> werden."[40]

Rawls' Anliegen ist es, diese Behauptungen über die Gerechtigkeit als
vernünftig zu erweisen und für ihre Geltung Begründungen anzugeben. Wir wollen seinen Gedankengang in drei Schritten skizzenhaft
nachvollziehen:
- Rawls' Überlegungen zur Vertragstheorie
- seine Hauptthese über die Gerechtigkeit als Fairneß
- die Kritik am Utilitarismus.

(2) *Zur Vertragstheorie.* Schon die Sophisten – wie beispielsweise
Glaukon in Platons „Staat" – sprechen bei Überlegungen zur Gerechtigkeit von einem Bündnis, welches egoistische Menschen untereinander schließen, um trotz ihrer widerstreitenden Interessen in Gemeinschaften existieren zu können. Später hat insbesondere T. Hobbes im
„Leviathan" den Vertragsgedanken herangezogen, um die Staatsge-
walt als notwendige Bedingung für das Überleben im natürlichen
Kampf aller gegen alle zu erklären.

Rawls' Überlegungen zur Vertragstheorie beginnen mit der Beschreibung eines *Urzustandes,* in welchem sich Menschen *vernünftig* verhalten.

> „Vernünftig erscheint die Annahme, daß die Menschen im Urzustand gleich
> seien. Das heißt, sie haben bei der Wahl der Grundsätze alle die gleichen
> Rechte; jeder kann Vorschläge machen, Gründe für sie vorbringen, usw."

Hier spricht Rawls nicht etwa von einem historischen Zustand, in welchem unsere Vorfahren eine bestimmte Gesellschafts- und Regie-

---

40 Theorie S. 19/20

Vertragstheorie von Rawls

rungsform durch Vertrag eingeführt hätten, sondern es geht um die Konstruktion eines gedachten Zustandes, der unsere heutigen Verhältnisse normieren und begründen soll:

> „Diese Bedingungen sollen offenbar die Gleichheit zwischen Menschen als moralischen Subjekten darstellen, als Wesen mit einer Vorstellung von ihrem Wohl und einem Gerechtigkeitssinn."[41]

Demnach gibt Rawls keine allgemeine Motivationstheorie. Seine Vertragstheorie besagt nichts über das faktische Verhalten, sondern beschreibt nur, wie die egoistischen Beziehungen in die Gerechtigkeitslehre eingebaut werden müssen, wenn sie vernünftig sein sollen. Rawls greift dabei auf die Grundsätze der rationalen Entscheidungstheorie zurück. Danach dürfen Urteile nicht willkürlich, emotional oder gewohnheitsmäßig gefällt werden, sondern sie müssen sich logisch aus den überschaubaren Handlungsmöglichkeiten als optimale Antwort herleiten lassen. Diese Vernünftigkeit als Rationalität ist danach zwar am Selbstinteresse orientiert, aber immer zugleich ein Prozeß, der auch auf andere Rücksicht nimmt.

Rawls gibt eine explizite Erklärung, was er unter rationalen Personen versteht:

> „Sie kennen ihre eigenen Interessen mehr oder weniger genau; sie sind in der Lage, die wahrscheinlichen Folgen aufzuspüren, die die Annahme einer Praxis anstelle einer anderen hat; sie können bei einer Handlungsweise bleiben, wenn sie sich für sie entschieden haben; sie können augenblicklichen Versuchungen und den Verlockungen unmittelbaren Gewinns widerstreben; die bloße Kenntnis oder Wahrnehmung des Unterschieds zwischen ihrer Lage oder der anderer ist innerhalb bestimmter Grenzen und als solche keine Quelle großer Unzufriedenheit. Nur dieser letzte Punkt fügt der gebräuchlichen Definition von Rationalität etwas hinzu. Diese Definition sollte meiner Ansicht nach den Gedanken berücksichtigen, daß ein rationaler Mensch nicht schon deshalb niedergeschlagen ist, weil er weiß oder sieht, daß andere in einer besseren Lage sind als er selbst, es sei denn er glaubte, ihre Situation sei auf Ungerechtigkeit zurückzuführen..."[42]

Noch zwei weitere Prämissen müssen in der Rawlsschen Vertragstheorie berücksichtigt werden, nämlich

> – „daß diese Personen in etwa gleiche Bedürfnisse und Interessen haben, die sich auf verschiedenartige Weise ergänzen, so daß fruchtbare Zusammenarbeit zwischen ihnen möglich ist";

---

41 Theorie S. 36/37
42 Gerechtigkeit als Fairneß, hrsg. von O. Höffe, Freiburg/München 1977, S. 44/45

Ethik 3.5

– „daß sie im Hinblick auf Macht und Fähigkeiten hinreichend gleichgestellt sind, um zu verbürgen, daß unter normalen Bedingungen keiner in der Lage ist, die anderen zu beherrschen".[43]

Unter diesen Aspekten definiert Rawls den Begriff einer *„wohlgeordneten Gesellschaft",* in der

„(1) jeder die gleichen Gerechtigkeitsgrundsätze anerkennt und weiß, daß das auch die anderen tun, und
(2) die grundlegenden gesellschaftlichen Institutionen bekanntermaßen diesen Grundsätzen genügen."[44]

Im Urzustand herrscht der „Schleier des Nichtwissens". Darunter ist folgendes zu verstehen:

„wenn jemand zum Beispiel weiß, daß er reich ist, könnte er es vernünftig finden, für den Grundsatz einzutreten, daß gewisse Steuern, die Wohlfahrtsmaßnahmen dienen sollen, als ungerecht zu betrachten seien... Zur Darstellung der gewünschten Einschränkungen stellt man sich eine Situation vor, in der niemand solche Kenntnisse besitzt".[45]

Damit wird ausgeschlossen, daß sich jeder nach seinen eigenen Interessen seinen Gerechtigkeitsbegriff zurechtlegt.

(3) *Rawls Hauptthese* besagt,

„daß die ersten Grundsätze der Moral die Prinzipien sind, auf die rationale Wesen sich vernünftigerweise als grundlegenden öffentlichen Vertrag über alle ihre wechselseitigen Beziehungen einigen können..."

Diese Prinzipien sind *zwei Gerechtigkeitsprinzipien:*

„Erstens hat jede Person, die an einer Praxis beteiligt ist oder durch sie beeinflußt wird, das gleiche Recht auf die größte Freiheit, sofern sie mit der gleichen Freiheit für alle vereinbar ist; zweitens sind Ungleichheiten willkürlich, es sei denn man kann vernünftigerweise erwarten, daß sie sich zu jedermanns Vorteil entwickeln, und vorausgesetzt, daß die Positionen und Ämter, mit denen sie verbunden sind oder aus denen sie sich gewinnen lassen, allen offenstehen. Diese Prinzipien drücken den Gerechtigkeitsbegriff so aus, daß er aus drei Gedanken zusammengesetzt erscheint: aus Freiheit, Gleichheit und Belohnung für Leistungen, die der Allgemeinheit zugute kommen."[46]

Der Begriff der *Fairneß* kommt in den folgenden Überlegungen zum Tragen:

43 a.a.O. S. 46
44 Theorie S. 21
45 Theorie S. 36
46 Gerechtigkeit S. 11 bzw. 37

174

Prinzip der Fairneß

„... in Anbetracht der Symmetrie aller zwischenmenschlichen Beziehungen ist dieser Urzustand fair gegenüber den moralischen Subjekten, d. h. den vernünftigen Wesen mit eigenen Zielen und – das nehme ich an – der Fähigkeit zu einem Gerechtigkeitsgefühl."

„Das rechtfertigt die Bezeichnung ‚Gerechtigkeit als Fairneß': Sie drückt den Gedanken aus, daß die Grundsätze der Gerechtigkeit in einer fairen Ausgangssituation festgelegt werden. Sie will nicht besagen, die Begriffe der Gerechtigkeit und der Fairneß seien ein und dasselbe, ebensowenig wie der Ausdruck ‚Dichtung als Metapher' sagen will, Dichtung und Metapher seien dasselbe."

„Die Gerechtigkeit als Fairneß beginnt... mit der allgemeinsten Entscheidung, die Menschen überhaupt zusammen treffen können, nämlich mit der Wahl der ersten Grundsätze einer Gerechtigkeitsvorstellung, die für alle spätere Kritik und Veränderung von Institutionen maßgebend sein soll."

„... eine Gesellschaft, die den Grundsätzen der Gerechtigkeit als Fairneß entspricht, kommt einem freiwilligen System noch am nächsten, denn sie entspricht den Grundsätzen, denen freie und gleiche Menschen unter fairen Bedingungen zustimmen würden. In diesem Sinne sind ihre Mitglieder autonom und die von ihnen anerkannten Pflichten selbstauferlegt."[47]

Innerhalb des Spielraums dieser ersten Entscheidungen müssen sich alle Verfassungsinhalte, alle Gesetzgebungsverfahren und alle sozialen Strukturen der Institutionen bewegen. Insbesondere dürfen die diversen Neigungen und Interessen von Menschen nicht als gegeben hingenommen werden, sobald sie der Gerechtigkeit widersprechen. Hier liegt einer der Ansatzpunkte zur Kritik der weitverbreiteten utilitaristischen Lehren.

(4) *Rawls Kritik am Utilitarismus*. Rawls bezweifelt, daß in einer von ihm geforderten Situation der Gleichheit das Nutzenprinzip, auf das jeder Utilitarist aufbaut, akzeptiert werden würde.

„Auf den ersten Blick erscheint es kaum als naheliegend, daß Menschen, die sich als Gleiche sehen und ihre Ansprüche gegeneinander geltend machen können, sich auf einen Grundsatz einigen sollten, der einigen geringere Lebenschancen auferlegt, nur weil die Summe der Vorteile für die anderen größer ist. Da jeder seine Interessen – die Möglichkeit, seiner Vorstellung vom Guten nachzugehen – schützen möchte, gibt es für niemanden einen Grund, sich selbst mit einem dauernden Verlust zufrieden zu geben, um insgesamt mehr Befriedigung hervorzubringen. Ohne starke und beständige altruistische Motive würde kein vernünftiger Mensch eine Grundstruktur akzeptieren, nur weil sie die Summe der Annehmlichkeiten für alle zusammenge-

47 Theorie S. 29/30 bzw. 30

Ethik 3.5

nommen erhöht – ohne Rücksicht auf ihre dauernden Wirkungen auf seine eigenen Grundrechte und Interessen. Das Nutzenprinzip scheint also unvereinbar zu sein mit der Vorstellung gesellschaftlicher Zusammenarbeit zwischen Gleichen zum gegenseitigen Vorteil, mit dem Gedanken der Gegenseitigkeit, der im Begriff einer wohlgeordneten Gesellschaft enthalten ist."[48]

Nach Rawls würden sich die Menschen für die Gerechtigkeit entscheiden.

(5) *Kritiken an Rawls' Konzeption* der Gerechtigkeit als Fairneß. Rawls' Lehre zählt zu den am meisten diskutierten Theorien der gegenwärtigen ethischen Untersuchungen. Rawls sieht selbst einige Schwächen, „beispielsweise läßt sich zur Zeit enttäuschend wenig über Vorrangregeln sagen".[49] Aber die Kritiken seiner Kollegen gehen meist tiefer. Einige glauben, seine Aussagen sind von einer letztlich zeitgebundenen Institution geprägt, die sich zu stark an den egalitären Leitgedanken der westlichen Demokratien orientiert. Nachdem Rawls ausdrücklich eine transzendentale Deduktion seiner Gerechtigkeitsgrundsätze aus apriorischen Vernunftprinzipien im Sinne Kants ablehnt, liegt in den Augen jener Kritiker dann gar keine *Begründung* der Gerechtigkeit an sich vor, sondern nur „die widerspruchsfreie Rekonstruktion einer historischen Gestalt des Gerechtigkeitsbewußtseins" (O. Höffe).[50]
Andere sehen in der Vernachlässigung der fundamentalen Funktion von Macht und Reichtum die entscheidende Schwäche der Rawlsschen Theorie und werfen ihr damit Realitätsferne vor. Nach B. Barry baut Rawls' Übertreibung des Freiheitsgedankens auf einer neuen Form des „liberalen Fehlschlusses" auf, wonach ein individuelles Gut zugleich ein kollektives Gut sei. Der übliche liberale Fehlschluß behauptet die Umkehrung dieser These. Marxisten kritisieren den „Schleier der Unwissenheit", der eine unzulässige Abstraktion sei und die historisch konkreten Individuen negiere. Rawls kann zudem Ungerechtigkeiten in der Produktion nicht erklären und verliert so den Bezug zur politischen und sozialen Wirklichkeit. Wieder andere kritisieren den Anspruch Rawls', in der zuteilenden Gerechtigkeit Sozialpolitik betreiben zu wollen, die einem Staat gar nicht zusteht, weil dieser nur die Individualrechte zu schützen habe.[51]

48 Theorie S. 31
49 Theorie S. 72
50 Einleitung in „Gerechtigkeit und Fairneß", S. 24
51 Vgl. den Literaturbericht von H. Ottmann: Gerechtigkeit, Rawls' Theorie in der Diskussion, in: Information Phil. 1979/2

In allen diesen Auseinandersetzungen zeigt sich die Spannung, die zwischen dem Prinzig der Gerechtigkeit und dem der Gleichheit auf der einen und zwischen dem Prinzip der Gerechtigkeit und dem Prinzip des Wohlwollens (bzw. Nutzens) auf der anderen Seite besteht. Die meisten ethischen Diskussionen sind Bemühungen, diese Antagonismen zu bewältigen.

b) G. Patzigs Relativismuskritik und K. O. Apels Grundlegung der Ethik

(1) „Der Skandal der Philosophie" hat in der Ethik seine schlimmsten Konsequenzen:

- Gruppen und Einzelpersonen mit ganz verschiedenen Wertvorstellungen prallen aufeinander und geraten in unversöhnlichen Streit.
- Weder können Eltern ihren Kindern, noch Lehrer ihren Schülern oder staatliche Instanzen ihren Bürgern moralische Normen vermitteln, die allen Einwänden, Zweifeln und Kritiken enthoben wären.
- In der gegenwärtigen Situation einer radikalen Bedrohung unserer Existenz verfügen wir über keinerlei allgemeinverbindliche Normensysteme, während doch gerade jetzt höchste sittliche Verantwortung und gegenseitiger Konsens notwendig wären.

Die philosophische Diskussion dieser Konsequenzen faßt man zum *Relativismus-Problem* zusammen. Dieses betrifft zugleich den Widerstreit zwischen der angegebenen faktischen Vielfalt moralischer Vorstellungen und den allgemeinen Ansprüchen einer philosophischen Ethik, die meistens die Möglichkeit einer rationalen Argumentation auch im Bereich der Sittlichkeit voraussetzt und verschiedentlich sogar allgemeingültige Prinzipien zur Begründung der Moral angibt. Eine fruchtbare Diskussion des Relativismus ist nur möglich, wenn man dessen Thesen präzisiert. Dabei sind mehrere Gesichtspunkte von Bedeutung, die uns zur Definition verschiedener Arten von Relativismus führen.

(2) G. Patzig unterscheidet *drei Arten von Relativismus*:

- den *deskriptiven* Relativismus, der im Sinne einer deskriptiven Ethik die Vielfalt der moralischen Wertvorstellungen verschiedener Individuen, Gruppen, Völker und Epochen einfach beschreibt, ohne Bewertungen, Auswahlen oder gar Begründungen durchzuführen;

Ethik 3.5

- den *prinzipiellen*, auch ethischen Relativismus; dieser schließt aus der Divergenz konkreter sittlicher Verhaltensweisen und Stellungnahmen auf die Verschiedenheit der zugrundeliegenden ethischen Grundsätze; da sich erstere offensichtlich widersprechen, wird damit eine allgemeinverbindliche Grundlegung der Ethik unmöglich;
- den *normativen* Relativismus, der die Verschiedenheit der Standpunkte auch als sittlich gerechtfertigt ansieht. Er ist überzeugt, daß verschiedene Gruppen, Klassen, Nationen und Rassen verschiedene moralische Pflichten haben. Das führt dann beispielsweise zur revolutionären Klassenmoral, zum radikalen Nationalismus und zu verschiedenen Rassenideologien.

Der deskriptive Relativismus ist für die philosophische Diskussion zweitrangig. Er liefert nur das Material für unsere Betrachtungen. Am gefährlichsten ist der normative Relativismus, weil dieser trotz des Wissens um die Verschiedenheit der Normen den Anspruch erhebt, auch die Angehörigen anderer Gruppen bzw. Rassen oder Nationen nach den eigenen moralischen Maßstäben beurteilen zu müssen. Das führt notwendigerweise zu Konflikten und radikalen Auseinandersetzungen, wie wir sie im Zusammenhang mit der faschistischen Rassenideologie und der orthodoxen marxistischen Ethik kennen. Daß der normative Relativismus die notwendige Bedingung jeder ethischen Argumentation, nämlich die Möglichkeit der Generalisierung, nicht erfüllt, illustriert Patzig am zuletzt genannten Beispiel:

„Keiner kann sich ja nach marxistischer Auffassung seiner Klassenzugehörigkeit und seinem Klassenstandpunkt entziehen. Trotzdem wird der Angehörige des Bürgertums auch sittlich verurteilt, wenn er versucht, sich der proletarischen Revolution entgegenzustellen. Die moralische Verurteilung erfolgt, weil der Kapitalist oder Angehörige der bürgerlichen Schichten *objektiv* dem Geschichtszweck (einer dubiosen Konstruktion) zuwider handelt. Was in Anfeuerung der Arbeiterklasse zur Tätigkeit für die Zwecke der sozialistischen Revolution als moralische Forderung sinnvoll ist, nämlich der Aufruf, die Klasseninteressen zu fördern, das muß für die Angehörigen der bürgerlichen Schichten billig sein. Man verlangt also von ihnen entweder Unmögliches, und zwar nach der eigenen marxistischen Theorie Unmögliches, oder man verurteilt sie moralisch für eine Verhaltensweise, von der man in seiner eigenen Theorie ausdrücklich behauptet, daß sie unvermeidlich sei."[52]

(3) Die eigentliche ethische Diskussion bezieht sich daher auf den *prinzipiellen* Relativismus. Da die Verschiedenheit der konkreten

52 G. Patzig: Ethik ohne Metaphysik, Göttingen 1971, S. 91/92

Prinzipieller Relativismus

Verhaltensweisen und Wertungen offensichtlich ist, muß sich die Kritik auf die Grundthese des prinzipiellen Relativismus beziehen, das heißt auf den Schluß von der Relativität der Normen auf die Relativität der ersten Prinzipien.

Patzig versucht zu zeigen, daß den unterschiedlichen Verhaltensregeln und Bewertungen durchaus einheitliche moralische Prinzipien zugrundeliegen können. Man kann das beispielsweise am Verhalten der Kinder gegenüber ihren alten Eltern zeigen. Für uns ist es selbstverständlich, den Eltern einen angenehmen und menschenwürdigen Lebensabend zu ermöglichen und im allgemeinen auf aktive Eingriffe zur Lebensverkürzung durch Euthanasie aus moralischen Gründen zu verzichten. Ganz anders verhalten sich einige Stämme der Eskimos und die Tschuktschen, die ihre Eltern töten, sobald sie alt und schwach werden. Als Grund kann man die harten Bedingungen im Existenzkampf der Eskimos anführen, so daß uns das Verhalten plausibel erscheint, wenn wir es auch nicht billigen können. Bei den Tschuktschen läßt sich eine solche Begründung nicht aus den Besonderheiten einer unwirtlichen Umwelt ableiten, sondern man muß religiöse Vorstellungen zu Hilfe nehmen: sie sind überzeugt, daß jeder Mensch in dem Zustand im Jenseits weiterlebt, in welchem er gestorben ist. So wären kranke und leidende Alte dazu verdammt, eine Ewigkeit zu leiden. Es gehört also zur Pflicht der Kinder, die noch rüstigen Eltern durch einen gewaltsamen Tod vor diesem Schicksal zu bewahren.

> „Die *Verhaltensweisen* wirken in beiden Fällen auf uns abschreckend und fremd; jedoch liegt beide Male das *moralische Prinzip* zugrunde, daß Kinder ihren Eltern Gutes erweisen sollen und verpflichtet sind, sie vor Leid und Elend zu bewahren, soweit sie dazu imstande sind. Wir sehen also, daß hier ein moralisches Prinzip, das auch bei uns gilt, zu ganz abweichenden konkreten Regeln führt."[53]

Die konkreten Verhaltensregeln sind offensichtlich nicht allein durch ethische Prinzipien bestimmt, sondern es kommen noch andere Gesichtspunkte dazu, welche die speziellen Lebensbedingungen, religiöse Vorstellungen und kulturelle Eigenheiten betreffen können. Erst das Zusammenwirken all dieser Faktoren bedingt die Verschiedenheit des Verhaltens. Deshalb ist es falsch, aus dieser Verschiedenheit im Sinne des prinzipiellen Relativismus auf die Verschiedenheit der zugrundeliegenden ethischen Prinzipien zu schließen. Der Schluß des prinzipiellen Relativismus ist ein „Kurzschluß".

---

53 a.a.O. S. 81

Ethik 3.5

Patzig zeigt, daß diese Überlegungen auch auf den historischen Wandel der moralischen Vorstellungen innerhalb einer einzigen Gesellschaft anwendbar sind. Das verdeutlicht das folgende Beispiel: Früher starben viele Kinder bereits im ersten Lebensjahr und nur wenige erreichten überhaupt das Erwachsenenalter. Auch die Erwachsenen wurden ständig durch Hungersnöte, Kriege, Epidemien und andere tödliche Krankheiten stark dezimiert. Unter diesen Bedingungen war es für den wirtschaftlich einigermaßen gesicherten Bürger eine moralische Pflicht, möglichst viele Kinder zu zeugen und aufzuziehen. Er mußte die Belastungen durch die Kindererziehung aus Verpflichtung gegenüber der Allgemeinheit auf sich nehmen. Ganz anders heute: die medizinischen und technischen Fortschritte haben zu einer Übervölkerung geführt, so daß in unserer Zeit die moralische Pflicht gegenüber der Allgemeinheit in der Beschränkung des Nachwuchses und in einer gezielten Familienplanung liegt.

Wiederum ist hinter dem veränderten äußeren Verhalten das gleiche ethische Prinzip zu entdecken, nämlich die Rücksicht auf das Allgemeinwohl. *„Nicht die Moral, sondern die Zeiten haben sich geändert".*[54] Dabei können sich Aufklärungsprozesse, ein höherer Bildungsstand, ein größerer Informationsfluß, Mobilität usw. auswirken. Es brauchen sich aber keinesfalls auch immer die ethischen Grundsätze gewandelt zu haben, die das entsprechende Verhalten motivieren.

Patzig will damit nicht behaupten, daß in jedem Falle die Prinzipien gleich geblieben wären. Er beweist damit nur, daß in vielen konkreten Beispielen die vordergründige Berufung auf den Relativismus voreilig und falsch ist. So kehrt Patzig die Argumentationsrichtung um: nicht der Relativismus ist plausibel, sondern der phänomenologisch immer wieder vorgefundene Tatbestand, daß wir in den jeweiligen konkreten Situationen unsere moralischen Urteile zu begründen versuchen. Zusammenfassend stellt Patzig fest:

„Jedenfalls kann der ethische Relativismus kein Argument anführen, aus dem abgeleitet werden könnte, daß eine rationale Abwägung zwischen den verschiedenen moralischen Prinzipien, die hier miteinander konkurrieren, nicht möglich sei. Und solange das gilt, steht unserer von vornherein plausiblen Ansicht, moralische Werturteile müßten objektiv begründbar sein, nichts im Wege. Wenn überhaupt irgendwo, so gilt hier mit Recht der Grundsatz, daß der Skeptiker die *Beweislast* zu übernehmen habe."

54 a.a.O. S. 84

Begründungsversuche zur Ethik

„Der Relativismus ist also nicht widerlegbar; aber sein Anspruch, bewiesen zu sein, ist zurückgewiesen worden. Der Versuch einer philosophischen Ethik, d. h. einer Angabe von Begründungsprinzipien moralischer Forderungen, bleibt darum jedenfalls sinnvoll."[55]

(4) Nach dieser Kritik des relativistischen Arguments erscheint die Möglichkeit einer *Begründung der Ethik* nicht mehr von vornherein als antiquiert und sinnlos. Deshalb findet man auch heute solche Versuche. So sieht z. B. P. Lorenzen dasjenige als sittlich gerechtfertigt an, was sich in einer korrekt eingeführten, durch Konsens rekonstruierten Sprache („Orthosprache") formulieren läßt; bei N. Luhmann übernimmt diese Aufgabe ein systemfunktionales Verfahren und bei K. O. Apel und J. Habermas schließlich ein korrektes Diskursverfahren. Diesem letzten Beispiel wollen wir uns nun noch zuwenden.

(5) *Apel* kritisiert die Prämissen des szientistischen Rationalitätsbegriffs, von denen nach seiner Auffassung die meisten Theoretiker ausgehen, wenn sie in Anbetracht der Relativität der Normensysteme eine Begründung der Ethik ablehnen. Diese Prämissen sind:

„1. *Rationale Begründung* ist gleichbedeutend mit *formallogischer Deduktion* von Sätzen aus Sätzen in einem axiomatisierten syntaktisch-semantischen Satz-System.

2. *Intersubjektive Geltung* von Sätzen ist gleichbedeutend mit *objektiver Geltung im Sinne wertfreier Tatsachenfeststellung oder formallogischer Schlußfolgerungen.*

3. Aus *Tatsachenfeststellungen* lassen sich mittels logischer Schlüsse keine *Werturteile* oder *normativen Aussagen* ableiten (D. Humes Diktum)."

Den beiden ersten Prämissen setzt Apel folgende Antithesen entgegen:

„Ich glaube erstens, zeigen zu können, daß *philosophische Letztbegründung* nicht mit formallogischer Deduktion gleichzusetzen ist, sondern eher mit der Reflexion auf die subjektiv-intersubjektiven Bedingungen der Möglichkeit intersubjektiv gültiger Argumentation und damit des sprachvermittelten Denkens überhaupt, und ich glaube zweitens, zeigen zu können, daß zu den subjektiv-intersubjektiven Bedingungen der Möglichkeit aller Argumentation die Grundnormen einer intersubjektiv gültigen Ethik gehören."[56]

55 a.a.O. S. 89 bzw. 90
56 K. O. Apel: Die Konflikte unserer Zeit und das Erfordernis einer ethisch-politischen Grundorientierung, in: Praktische Philosophie/Ethik, hrsg. von Apel u. a., Reader zum Funk-Kolleg, Frankfurt 1980, S. 278 bzw. 287

Apel führt also die transzendentale Frage nach der Möglichkeit einer Ethik allgemeiner menschlicher Solidarität auf die Reflexion der Bedingungen zurück, die eine Argumentation überhaupt ermöglichen. Daß Menschen miteinander reden und argumentieren oder einen Diskurs führen, setzt bereits gewisse Zugeständnisse voraus, die *ethisch* interpretierbar sind. Jede logische Argumentation, jedes gelingende Gespräch, jeder Begründungsversuch und damit auch jede wissenschaftliche Tätigkeit bedarf gewisser ethischer Zugeständnisse. Ohne Ethik kein Gespräch, keine Argumentation, keine Wissenschaft!

Die Bedingungen der Möglichkeit gültiger Argumentation sind nach Apel

- *erstens* die Fähigkeit, eine Sprache logisch, grammatisch und semantisch einwandfrei zu verwenden („logisch-linguistische Kompetenz"), und
- *zweitens* die „unbegrenzte ideale Kommunikationsgemeinschaft" (pragmatischer Aspekt).

Während die erste Bedingung von der Sprachwissenschaft analysiert wird, ist die zweite Bedingung das Thema der philosophischen „Transzendentalpragmatik", in welcher sich die Begründung ethischer Normen vollzieht. Jeder Kritiker, Relativist und Skeptiker setzt im Vollzug seiner kritischen, relativistischen oder skeptischen Argumentation eine Reihe von Voraussetzungen, die es erst ermöglichen, daß er sinnvoll sprechen und sich verständigen kann. Hinter den Inhalten der Argumentation (dem propositionalen Gehalt) sind ethische Selbstverständlichkeiten verborgen, die man verstanden und akzeptiert haben muß, wenn man auf sie angemessen reagieren können soll (Sprechakttheorie: diese Sprachelemente sind „illokutiv" wirksam oder performativ). Genau genommen setzen die Argumentierenden voraus,

- daß sie sich der Argumentation in einem Diskurs öffnen, also den anderen anhören und antworten wollen;
- daß sie weder sich selbst noch andere belügen;
- daß sie begründete Argumente nicht ablehnen;
- daß sie die Diskurspartner als Personen, das heißt als zurechnungsfähige, gleichberechtigte, aufrichtige und wahrheitsfähige Subjekte anerkennen;
- daß keinerlei Einschränkungen und Tabus hinsichtlich der behandelten Themen angenommen werden;
- daß kein mündiger Mensch aufgrund bestimmter Eigenheiten (Rasse, Klasse usw.) vom Diskurs ausgeschlossen werden darf.

Die ideale Kommunikationsgemeinschaft

In diesen Prämissen sind auch menschliche Bedürfnisse als interpersonale Ansprüche enthalten, sofern sie gerechtfertigt werden können. Damit geht nach Apel diese *„Ethik des praktischen Diskurses"* weit über die Ethik des kategorischen Imperativs Kants hinaus. Sie fordert nicht nur die *innere* Freiheit des Subjekts, die mit dem Wollen des anderen verträglich ist, sondern zugleich die *politische* Freiheit, das heißt „die Situation, in der über alle inhaltlichen Ansprüche aller Mitglieder in der Kommunikationsgemeinschaft ein Konsens herbeigeführt werden kann."[57]

Obwohl es sich hier um Bedingungen des gelingenden Diskurses und der sinnvollen Begründung handelt, sind diese nicht schon in jeder Hinsicht und vollkommen realisiert. Oft genug versperren wir uns einer offenen Auseinandersetzung, versuchen Täuschungen, meiden bestimmte Menschen und schließen gewisse Themen aus der Auseinandersetzung aus. Aber damit geraten wir mit unseren eigentlichen Absichten und ethischen Grundeinstellungen in Widerspruch. Aus diesem Widerstreit zwischen Theorie und Praxis leitet Apel zwei Forderungen ab:

1. „Aus der Einsicht in den fundamentalen Widerspruch zwischen der Beschaffenheit der realen Kommunikationsgemeinschaft und der notwendigerweise kontrafaktisch antizipierten idealen Kommunikationsgemeinschaft ergibt sich zunächst einmal das Postulat, daß der Widerspruch geschichtlich aufzuheben ist; m. a. W.: gerade aus dem Grundwiderspruch ergibt sich das Ziel einer langfristigen Strategie ethisch-politischer Emanzipation. (Ich definiere ‚Emanzipation' als Realisierung der idealen Kommunikationsgemeinschaft repressionsfreier Beratung in der realen Kommunikationsgemeinschaft)".

2. „Aus der Einsicht, daß die ideale Kommunikationsgemeinschaft in der realen Kommunikationsgemeinschaft, also in der geschichtlich gewordenen Gesellschaft, verwirklicht werden muß, ergibt sich aber sogleich auch das ethische Postulat, *daß die Existenzerhaltung der realen Kommunikationsgemeinschaft sichergestellt werden muß*. . . Unter den Bedingungen der gegenwärtigen ökologischen Krise der wissenschaftlich-technischen Zivilisation z. B. muß die Realisierung einer sozial gerechten Gesellschaftsordnung, die den Bedingungen der idealen Kommunikationsgemeinschaft entspricht, im internationalen Maßstab vermittel werden mit der systemtheoretischen Vorbedingung, daß die Rettung der menschlichen Ökosphäre zu bewerkstelligen ist."[58]

---

57 a.a.O. S. 289
58 a.a.O. S. 290/91

183

Ethik 3.5–3.6

Damit sind wir bei dem Thema angelangt, das die ethische Diskussion der Gegenwart beschäftigt: die Frage nach neueren Formen der Ethik, welche die Probleme der Umweltzerstörung und der Friedenssicherung besser lösen als die individualistischen Ethiken früherer Zeiten.

3.6 Neuere Diskussionen: Neue Formen der Ethik?

(1) Kants Frage „Was sollen wir tun?" ist heute brisanter denn je. Das große Thema, welches die Gemüter bewegt und Ratlosigkeit verbreitet, heißt Überleben in einer gefährdeten Welt. Es ist dies kein akademisches Thema, sondern ein Problem, das uns alle angeht und jeden einzelnen elementar betrifft, angefangen von der schlechten Luft, die wir atmen müssen, bis zum Waldsterben und zur Angst vor dem Supergau im Atomkraftwerk.

Bevor wir uns der philosophischen Reflexion dieser Themen zuwenden, sollten wir uns aber darüber im klaren sein, daß philosophische Einsichten noch keine praktischen Auswirkungen haben müssen. Die philosophische Ethik handelt seit eh und je von dem, was sein *soll*. Ob man dieses Sollen auch ernst nimmt, steht auf einem anderen Blatt. Die Weltveränderungen werden vor allem durch politische, gesellschaftliche und wirtschaftliche Aktivitäten bewirkt. Aber die Philosophie sollte *Orientierungshilfen* bereitstellen und *Wege der Vernunft* aufzeigen; denn auch Ideen machen Geschichte.

Das ist alles leichter gesagt als getan. Unser Kulturbetrieb ist kein günstiger Nährboden für eine grundsätzliche Wende. Denn Künstler und Literaten werden nicht müde, die Absurdität unserer Existenz darzustellen und die verschiedenen Formen von Ausweglosigkeit dichterisch zu gestalten; Soziologen resignieren vor der Macht gesellschaftlicher Zwänge; Philosophen umkreisen in immer neuen Variationen das alte Lieblingsthema ihrer eigenen Impotenz; Erzieher predigen die Relativität der Werte, und das „Hinterfragen" der Intelligenz kennt keine Grenzen. In dieser Orgie kritischer Vernunft werden in der Umwelt- und Friedensfrage plötzlich höchste moralische Anforderungen gestellt. Ob in dieser Situation das Bewußtsein von der radikalen Bedrohung aller ausreicht, jene totalen Negationen als intellektuelle Spielereien zu entlarven und die Solidarität aller auf dem gleichen Planeten lebenden Menschen und Lebewesen als Grundwert wieder neu zu entdecken, das ist sicher – ganz im wörtlichen Sinne – die *letzte* Frage, die sich Menschen beantworten müssen.

„Neue Ethik"

(2) Durch die Gefahr einer *globalen* ökologischen und militärischen Katastrophe befinden wir uns heute in einer völlig neuen Situation, die vergangene Generationen nicht kannten. Deshalb wird immer wieder der Ruf nach *neuen* ethischen Formen laut. Dabei werden folgende Forderungen erhoben:
- erstens sollte die neue Ethik auch die *Zukunft* in ihren Verantwortungsbereich einbeziehen; sie muß eine *„Fernethik"* sein;
- zweitens sollte sie sich auf die *gesamte* Menschheit beziehen; sie muß eine *„globale Ethik"* sein;
- drittens schließlich sollte sie die *natürlichen Lebensbedingungen* ernst nehmen, die uns Menschen das Überleben ermöglichen; sie muß eine *„naturbezogene Ethik"* sein.

(3) Bei der Präzisierung dieser Forderungen verfällt man leicht in den Fehler, sich in Schuldzuweisungen zu verlieren. Man sucht eifrig nach Sündenböcken und ortet die Stellen, an denen sich die Sündenfälle ereigneten. Für den einen war es das christliche Denken mit dem Herrschaftsanspruch über die Natur, für den anderen vollzogen Descartes und seine rationalistischen Nachfolger den entscheidenden Schritt, für den dritten schließlich gibt es keinen Zweifel, daß die technischen Anwendungsmöglichkeiten des analytischen Denkens und das damit verbundene Profitdenken die Katastrophe vorprogrammiert haben. Solchen Behauptungen folgt dann immer ein Aufruf zur radikalen Umkehr, zum ganz Anderen und zur offenen Verweigerung.
Es ist aber durchaus denkbar, daß die entscheidenden Maximen in den tradierten ethischen Systemen zu finden sind. Warum sollte sich im kategorischen Imperativ Kants nicht der Begriff der Menschheit auch auf zukünftige Generationen beziehen, also als Fernethik interpretierbar sein? Da im Königsberg Kants weder Wälder starben noch Raketen die Menschheit bedrohten, war ein expliziter Hinweis auf zukünftige Generationen nicht aktuell und gewissermaßen außerhalb des Beispielkatalogs des Philosophen. Und warum sollte eine verantwortungsbewußte Ethik, wie sie von Rawls oder Frankena vertreten wird, nicht die wesentlichen Richtlinien für ein umweltbewußtes Handeln von Industrieunternehmen enthalten? Die Illusion, ganz Neues finden zu müssen, das dann alle Probleme schlagartig löst, könnte uns die letzten reellen Chancen zum Überleben verpassen lassen.

(4) Die Ethik der Gegenwart sollte weniger nach ganz neuen Lehren Ausschau halten, sondern vielmehr die positiven Elemente bisher gelebter und bewährter Lebensformen mit jenen neuen Forderungen in

Einklang bringen. Zweifellos zielten Ethiksysteme vergangener Zeiten zu stark auf innere Charakterstärke, auf Gleichmut, Ausgeglichenheit (ataraxia), Persönlichkeitsentwicklung, auf inneren Frieden, Glückseligkeit (eudaimonia) und auf ein gutes Gewissen als private Gesinnung. Affektive und auch wertethische Beziehungen waren weitgehend von der *Nächsten*liebe geprägt. Dieser Nächste war die eigene Familie und Verwandtschaft, die eigene Rasse oder das eigene Volk. Handlungen wurden im Utilitarismus unter dem Gesichtspunkt des spezifischen Nutzens gesehen, der sich am Nächsten orientierte. Die Ethik war alles andere als global.

Daß wir auch den noch nicht geborenen Generationen verpflichtet sind, die eines Tages vor dem Nichts stehen, das war zwar in ethischen Theorien der Vergangenheit stillschweigend mitgedacht, aber wegen der andersartigen Situation nie direkt Richtschnur menschlichen Handelns. Der Blickwinkel war auf die eigene Generation eingeengt. Die Ethik war „Nahethik".

Auch besteht kein Zweifel, daß die Forderung nach einer naturbezogenen Ethik bisher zu wenig beachtet wurde. Naturzerstörung und Naturausbeutung konnten in vergangenen Jahrhunderten wegen der geringen Ausmaße als spezielle Fehlhandlungen außer acht gelassen werden; trotzdem wurden sie auch damals schon moralisch verurteilt. Erst durch die Entstehung der Massengesellschaft mit ihren ungeahnten technischen Möglichkeiten nehmen die Eingriffe in die Natur solche Ausmaße an, daß sie heute die Existenz der Menschheit gefährden. Die Probleme werden aber nicht durch einen generellen Verzicht auf die Naturbeherrschung oder durch eine Verleugnung der Sonderstellung des Menschen gelöst. Wir müssen vielmehr unsere legitimen Ziele innerhalb einer ausbalancierten Naturordnung vernünftig, das heißt, den gegebenen Verhältnissen angepaßt, verfolgen. Die ethischen Reflexionen über Naturbezogenheit und Verantwortung für die Zukunft werden heute in der sogenannten Umweltethik behandelt.

(5) *Die ökologische Ethik* oder *Umweltethik* hat vielfältige Ziele. D. Birnbacher[59] faßt sie zusammen:

> „Ihre eine Aufgabe besteht darin, die in ökologischen Debatten meist implizit bleibenden Normsetzungen, Werthaltungen und Einstellungen mitsamt ihren deskriptiven und normativen Voraussetzungen zu klären, zu präzisieren und damit erst diskursfähig zu machen. Ihre andere Aufgabe besteht darin, Normen, Werte und Leitbilder des menschlichen Umgangs mit der Natur zu entwickeln und zu begründen."

59 Vgl. „Verantwortung für zukünftige Generationen", Stuttgart 1988 und „Information Philosophie" 1987, Heft 1, S. 19

Umweltethik

Die konkrete Ausgestaltung und Begründung solcher Zielsetzungen hängen von der Interpretation der Stellung des Menschen im Kosmos ab. Nach diesem anthropologischen Gesichtspunkt teilt W. K. Frankena die Umweltethik in *vier Formen* ein.

– Die *anthropologische* Umweltethik (z. B. die christliche Tradition), orientiert sich ausschließlich am Eigenwert des Menschen. Im jüdisch-christlichen Selbstverständnis ist nur der Mensch, als Abbild Gottes, heilig und damit unter moralischen Kategorien zu beurteilen. Der traditionelle Dualismus von Geist und Natur stellt den Menschen als Sonderwesen heraus und betrachtet ihn als Herren der Natur. Dabei besteht die Gefahr einer einseitig instrumentellen Beherrschung der Natur. Weil nur der Nutzen für den Menschen zählt, kann diese Einstellung zur Ausbeutung und Plünderung der Natur führen. Da jedoch dieser Standpunkt häufig durch religiöse Lehren motiviert wird, ist auch ein verantwortungsvolles Verhalten zur Natur denkbar: als Schöpfung Gottes hat die Natur ihren Eigenwert, der respektiert und für spätere Generationen erhalten werden muß.

– Die *pathozentrische* Umweltethik (z. B. J. Bentham, G. Patzig, D. Birnbacher) erweitert den Sonderstatus auf alle empfindungs- und leidfähigen Wesen. Die Natur ist nicht nur so weit schutzbedürftig, wie sie dem Menschen dient, sondern in Bezug auf alle leidensfähigen Naturwesen, die so zu moralischen Subjekten werden. Der Mensch hat die moralische Pflicht, auch höhere Tiere vor Schmerzen und Angst zu bewahren und seinen Umgang mit Tieren danach auszurichten.

– Die *biozentrische* Umweltethik (z. B. A. Schweitzer, H. Jonas, P. Singer) geht noch einen Schritt weiter und sieht auch im Umgang mit niederen Tieren und Pflanzen eine ethische Dimension. Die „Ehrfurcht vor dem Leben" (Schweitzer) wird zum Gewissen einer moralischen Verantwortung. Häufig unterscheidet man zwar noch verschiedene Werthöhen; aber diese betreffen nur quantitative Unterschiede, qualitativ besteht keine Differenz zwischen den mit Bewußtsein ausgerüsteten Menschen und der Vegetation.

– Die *holistische* Umweltethik (H. Sachsse, K. M. Meyer-Abich) schließlich spricht von der Rechtsgemeinschaft der gesamten, auch das Unbelebte einbeziehenden Natur. Der Mensch steht als gleichwertiges Glied in einem Kosmos des Ganzen. Mensch, Tier, Pflanze und Nichtlebendiges bilden eine große Alleinheit. Diese Einordnung bedingt moralische Verpflichtungen nicht nur gegenüber Menschen und Tieren, sondern auch gegenüber Luft und Wasser.

Bei praktischen ethischen Fragestellungen treten *Probleme der Abgrenzung* auf. Der pathozentrische Ansatz hat Schwierigkeiten mit der

Ethik 3.6

Frage, welche Lebewesen noch leiden, der biozentrische muß Wertunterschiede einführen, um die Moral nicht schon bei der Vernichtung von Bakterien zu strapazieren; die holistische Lehre schließlich gerät in Gefahr, Moral überhaupt nicht mehr definieren zu können, weil fast jedes Handeln des Menschen einen Eingriff in die Natur darstellt. Der Streit um Rechte und Pflichten droht, rein akademisch zu werden. Andererseits entstehen in der Umweltethik immer wieder engagierte Diskussionen über Fragen, die den Menschen unmittelbar betreffen. Dazu gehört vor allem die Beurteilung der *Tötung von Menschen,* die bewußtlos, schwer krank oder schwer behindert sind oder die als Föten noch nicht den Reifezustand der bewußten Person aufweisen. Hier prallen die Meinungen heftig aufeinander. Dabei ist die zugrundeliegende Anthropologie ausschlaggebend. Die ökologische Ethik wirft offensichtlich die Fragen eher nur auf, als daß sie Antworten anbieten würde. Ernst Tugendhat spricht pauschal von der „Hilflosigkeit der Philosophie angesichts der moralischen Herausforderungen der Zeit."[60] Trotzdem sollten wir nicht resignieren und die Vorschläge der ökologischen Ethik zur Kenntnis nehmen.

(6) Birnbacher hat in seinem Buch „Verantwortung für künftige Generationen"[61] *Praxisnormen* herausgearbeitet, die jenseits aller verfeindeten Positionen einen *groben Orientierungsrahmen* vorzeichnen, der zwar wenige Einzelheiten über die richtige *Mittelwahl* enthält, aber doch gewisse *allgemein anerkannte Ziele* formuliert. Es handelt sich v. a. um folgende Normen:

– *Die Norm der kollektiven Selbsterhaltung,* die eine Gefährdung der Gattungsexistenz des Menschen und der höheren Tiere verbietet. Sie steht gegen Nietzsches Satz: „Es sind schon viele Tierarten verschwunden; gesetzt, daß auch der Mensch verschwände, so würde nichts in der Welt fehlen"[62], der zwar nicht widerlegt werden kann, aber unserem Gefühl zuwiderläuft. Die Norm ist v. a. für Politiker von Bedeutung, die eine Verwendung von Atomwaffen in Kriegen befürworten. Sie betrifft aber auch die Sicherheitstechnik in Industrieanlagen und die Frage nach der Verwendung von Atomreaktoren überhaupt.

– *Die Norm der Erhaltung einer menschenwürdigen Zukunft.* Hier liegt der Schwerpunkt nicht auf der Quantität, sondern auf der Qualität der Existenz. Es bedarf größter Anstrengungen, die Zerstörungen der natürlichen Lebensbedingungen zu vermeiden und bisherige

60 „Information Philosophie" 1990, Heft 2
61 a.a.O. Abschnitt 6
62 Sämtliche Werke, München 1980, Band 13, S. 50

Umweltethik

Gleichgewichtsstörungen rückgängig zu machen. Dazu gehören Reinhaltung von Luft und Wasser, der Schutz der Biosphäre vor Verseuchungen, Sparsamkeit im Umgang mit Rohstoffen und Energie, die Vermeidung von Kriegen usw.

– *Die Norm der Wachsamkeit,* die dafür sorgt, daß keine zusätzlichen irreversiblen Risiken entstehen. Sie spielt z. B. in der Abwägung der Folgeschäden der Energiepolitik eine Rolle. Die Energieerzeugung durch fossile Stoffe enthält langfristig das Risiko der Anreicherung von Kohlendioxid in der Atmosphäre und damit des Treibhauseffektes. Die späteren Schäden (Erhöhung des Weltmeerspiegels, Verschiebung der Vegetationszonen) wären irreversibel, das Risiko des Eintretens aber ist noch reversibel, weil der CO_2-Gehalt abgebaut werden kann.

– *Die Norm der Erhaltung und Verbesserung* der vorgefundenen natürlichen und kulturellen Ressourcen. Für gegenwärtige und zukünftige Generationen muß eine positive Vorsorge getroffen werden. Dazu gehört z. B. der Artenschutz. Birnbacher bezieht die Normen in problematischer Weise auch auf die negative Eugenik, die voraussehbare Schäden für die Nachkommen vermeiden soll.

Daß die meisten Normen trotz des plausiblen Wortlauts zahlreiche „heiße Eisen" enthalten, wird deutlich, sobald man auf konkrete Anwendungen zu sprechen kommt. Dann kommen wieder die Gegensätze in den Grundauffassungen zum Vorschein.

(7) Trotzdem ist die theoretische Vermittlung durch philosophische Reflexion nicht wertlos. Sie fordert zum pragmatischen Konsens auf und übernimmt so eine regulative Funktion. Die moderne Ethik hat die Aufgabe, die drei Grundforderungen unserer Zeit, nämlich die Prinzipien einer Fernethik, einer globalen Ethik und einer naturbezogenen Ethik, klar herauszuarbeiten und als fundamentalen Maßstab bewußt zu machen.[63] In die gleiche Richtung müssen aber auch Kulturkritiker, Politiker, Künstler, Journalisten, Pädagogen und alle anderen Verantwortlichen, welche den objektiven Geist unserer Epoche prägen, einwirken. Nur so kann sich das Bewußtsein allmählich in eine Richtung höherer Verantwortung entwickeln. Ohne diese Hilfe verhallen die Aufrufe von Philosophen wie Stimmen in der Wüste. Sie finden dann vor allem bei denen kein Gehör, die an den Schaltstellen der Macht die Weichen für unsere Zukunft stellen.

---

63 Ein Beispiel einer naturbezogenen Ethik findet man in Konrad Lorenz: Abbau des Menschlichen, München/Zürich 1983

4. Vom Ganzen und von den Prinzipien – Metaphysik

4.1 Ein Zentralproblem: Von den Hintergründen des Selbstverständlichen

(1) Wir haben auf unserem bisherigen Weg philosophische Fragestellungen und Lösungsversuche kennengelernt, die zunächst den Menschen, dann die Welt der Wissenschaften und schließlich die sittliche Wirklichkeit betrafen. Wir begegneten dabei einer Vielfalt von Meinungen, Spekulationen, Vermutungen, Behauptungen und Theorien. Die Gefahr, angesichts dieser sich oft widersprechenden Standpunkte in Resignation zu verfallen und der Philosophie unwillig den Rücken zu kehren, ist groß. Sollten wir nicht einfach dem gesunden Menschenverstand sowie den exakten Wissenschaften vertrauen und uns auf deren Aussagen verlassen?
Schon in der Einleitung sahen wir, daß ein solches Verhalten auf die Auslieferung an zufällige Meinungen, an herrschende Ideologien und auf eingefahrene Praktiken hinausläuft. Wir stoßen sehr schnell wieder auf die philosophische Frage, wann etwas *mit Recht* selbstverständlich ist und wann wir Selbstverständlichkeiten als Vorurteile zurückweisen müssen. Zu diesem Zwecke müssen wir nach Begründungen und Argumenten suchen. Diese stehen in einem gegenseitigen Zusammenhang und verweisen auf weitere Begründungen. Im Idealfall sind Selbstverständlichkeiten erst dann durchschaut, wenn wir ein *Begründungsganzes* oder ein *System* kennen, in welchem die ersten Gründe oder Prinzipien unbezweifelbar gewiß sind und alle anderen Behauptungen in einem vernünftigen Licht erscheinen lassen. Insofern heißt, etwas *ganz* zu verstehen eigentlich, *das Ganze* zu verstehen.
Die Lehre vom Ganzen nennt man *Metaphysik*. Die Beschäftigung mit metaphysischen Fragen stellt demnach kein Privatvergnügen spekulativ veranlagter Individuen dar, sondern betrifft alle Menschen, welche die Problematik des vordergründig Hingenommenen kennen. Deshalb spricht Kant vom allgemeinen „metaphysischen Bedürfnis".

(2) Das Wort „Metaphysik" (meta ta physika = das hinter der Physik)

Zwei Bedeutungen von Metaphysik

bezeichnet einmal wörtlich diejenigen Werke des Aristoteles, die in der um 70 vor Christus durch Andronikos von Rhodos besorgten Ausgabe *nach der „Physik"* angeordnet waren. Zum anderen bedeutet Metaphysik spätestens seit dem Neuplatonismus im übertragenen Sinne auch eine philosophische Disziplin, die von dem handelt, was *hinter* der „Physis" (im Sinne von „Natur") liegt. Es ist durchaus denkbar, daß die Anordnung auch einen sachlichen Grund hatte; denn das Wort „Metaphysik" gibt die Grundidee der „ersten Philosophie", wie Aristoteles seine Lehre nannte, treffend wieder.

(3) Da der Ausdruck „hinter der Natur" auf zwei verschiedene Weisen interpretiert werden kann, erhalten wir *zwei Bedeutungen von Metaphysik*:
- Metaphysik als *Lehre von den Grundstrukturen der Natur* oder als Seinslehre des Natürlichen, post naturalia, später auch Ontologie oder *allgemeine Metaphysik* (metaphysica generalis) genannt,
- Metaphysik als Lehre von den die Erfahrung übersteigenden Hintergründen der Natur oder die *Seinslehre des Übernatürlichen*, supra naturalia, später auch Lehre vom Absoluten oder *spezielle Metaphysik* (metaphysica specialis) genannt.

(4) Die Tatsache, daß wir das metaphysische Bedürfnis zur Erforschung der Hintergründe des Selbstverständlichen verspüren, besagt noch nicht, daß es auch eine Befriedigung des Bedürfnisses gibt und metaphysische Überlegungen sicher zu einem Ergebnis führen. Wir entdecken in uns auch ein Verlangen nach Glück, ohne behaupten zu können, daß die Glücksvorstellungen immer realisiert werden.
Die heute weit verbreitete Skepsis gegenüber dem philosophischen Systemdenken ist zugleich ein Ausdruck unserer kritischen Einstellung zur Metaphysik. Durch die Loslösung der Einzelwissenschaften von der Philosophie im Laufe der Jahrhunderte wurden zahlreiche Fragestellungen, die früher in der allgemeinen Metaphysik aufgeworfen wurden, mehr und mehr von den Wissenschaften behandelt. Zugleich hat der Erfahrungsbegriff seine ursprüngliche Allgemeinheit verloren, und man überließ die Transzendenz den Theologen.
So wurde die Metaphysik beschnitten, zurückgedrängt, ja gemieden und verdächtigt. „Metaphysik" entwickelte sich im Laufe der Zeit zu einem Wort mit negativem Nebensinn. In unserer verwissenschaftlichten Welt wurde die naive Selbstsicherheit des gesunden Menschenverstandes, die auf Metaphysik glaubt verzichten zu können, durch die aufgeklärte Selbstgefälligkeit des wissenschaftlichen Denkens ersetzt,

die ihrerseits hochmütig auf die Metaphysik herabblickt. Erst die Erschütterung des wissenschaftlichen Weltbildes in der neuesten Zeit gibt uns wieder ein Gefühl für die Bedeutung und Unverzichtbarkeit metaphysischer Reflexionen.

4.2 Ein Lösungsversuch: Platons Ideenlehre – Das Höhlengleichnis

(1) Platon hat die Infragestellung des Selbstverständlichen und die damit verbundene philosophische Methode als Weg zum Eigentlichen in einem eindrucksvollen Gleichnis anschaulich werden lassen, im sogenannten Höhlengleichnis, das zugleich zu den bedeutendsten Beispielen der philosophischen Weltliteratur zählt.
Platons Schriften sind Dialoge, in denen oftmals Sokrates die wichtigsten Gedanken Platons vertritt. Das Höhlengleichnis findet man im 7. Buch des Dialogs „Der Staat" (Politeia). Dieser Dialog zählt neben dem „Symposion" (über den Eros als Verlangen nach dem Schönen und der Glückseligkeit) und dem „Phaidon" (über die Unsterblichkeit) zu den wichtigsten Schriften der mittleren Periode der platonischen Philosophie.

(2) Das Gleichnis beschreibt die Situation der Menschen und deren Bemühen, durch philosophische Bildung das eigentliche Sein zu schauen.

1. Teil des Gleichnisses: Die Beschreibung der Lage der Gefangenen
„Sokrates: Stelle dir Menschen vor in einer unterirdischen Wohnstätte mit lang nach aufwärts gestrecktem Eingang, entsprechend der Ausdehnung der Höhle; von Kind auf sind sie in dieser Höhle festgebannt mit Fesseln an Schenkeln und Hals; sie bleiben also immer an der nämlichen Stelle und sehen nur geradeaus vor sich hin, durch die Fesseln gehindert, ihren Kopf herumzubewegen; von oben her aber aus der Ferne von rückwärts leuchtet ihnen ein Feuerschein; zwischen dem Feuer aber und den Gefesselten läuft oben ein Weg hin, längs dessen eine niedrige Mauer errichtet ist, ähnlich der Schranke, die die Gaukelkünstler vor den Zuschauern errichten, um über sie weg ihre Kunststücke zu zeigen ... Längs dieser Mauer ... tragen Menschen allerlei Gerätschaften vorbei, die über die Mauer hinausragen, und Bildsäulen und andere steinerne und hölzerne Bilder und Menschenwerk verschiedenster Art, wobei, wie begreiflich, die Vorübertragenden teils reden, teils schweigen."

Platons Höhlengleichnis

2. *Teil des Gleichnisses:* Die Befreiung von den Fesseln innerhalb der Höhle.

„Wenn einer von ihnen entfesselt und genötigt würde, plötzlich aufzustehen, den Hals umzuwenden, sich in Bewegung zu setzen und nach dem Lichte emporzublicken, und alles dies nur unter Schmerzen verrichten könnte, und geblendet von dem Glanze nicht imstande wäre, jene Dinge zu erkennen, deren Schatten er vorher sah, was, glaubst du wohl, würde der sagen, wenn man ihm versichert, er hätte damals lauter Nichtigkeiten gesehen, jetzt aber, dem Seienden nahegerückt und auf Dinge hingewandt, denen ein stärkeres Sein zukäme, sehe er richtiger? Und wenn man zudem noch ihn auf jedes der vorübergetragenen Menschenwerke hinwiese und ihn nötigte, auf die vorgelegte Frage zu antworten, was es sei, meinst du da nicht, er werde weder aus noch ein wissen und glauben, das vordem Geschaute sei wirklicher als das, was man ihm jetzt zeige?"

3. *Teil des Gleichnisses:* Befreiung aus der Höhle.

„Wenn man ihn nun aber von da gewaltsam durch den holprigen und steilen Aufgang aufwärts schleppte und nicht eher ruhte, als bis man ihn an das Licht der Sonne gebracht hätte, würde er diese Gewaltsamkeit nicht schmerzlich empfinden und sich dagegen sträuben, und wenn er an das Licht käme, würde er dann nicht, völlig geblendet von dem Glanze, von alledem, was ihm jetzt als das Wahre angegeben wird, nichts, aber auch gar nichts zu erkennen vermögen? ...

Er würde sich also erst daran gewöhnen müssen, wenn es ihm gelingen soll, die Dinge da oben zu schauen, und zuerst würde er wohl am leichtesten die Schatten erkennen, darauf die Abbilder der Menschen und der übrigen Dinge im Wasser, später dann die wirklichen Gegenstände selbst; in der Folge würde er dann zunächst bei nächtlicher Weile die Erscheinungen am Himmel und den Himmel selbst betrachten, das Licht der Sterne und des Mondes schauend, was ihm leichter werden würde, als bei Tage die Sonne und das Sonnenlicht zu schauen."

4. *Teil des Gleichnisses:* Im Angesicht der Sonne.

„Zuletzt dann, denke ich, würde er die Sonne, nicht etwa bloß Abspiegelungen derselben im Wasser oder an einer Stelle, die nicht ihr eigener Standort ist, sondern sie selbst in voller Wirklichkeit an ihrer eigenen Stelle zu schauen und ihre Beschaffenheit zu betrachten imstande sein... Und dann würde er sich durch richtige Folgerungen klarmachen, daß sie es ist, der wir die Jahreszeiten und die Jahresumläufe verdanken und die über allem waltet, was in dem sichtbaren Raum sich befindet, und in gewissem Sinne auch die Urheberin jener Erscheinungen ist, die sie vordem in der Höhle schauten."

5. *Teil des Gleichnisses:* Die Rückkehr zu den Gefangenen.

„Wenn ein solcher wieder hinabstiege in die Höhle und dort wieder seinen alten Platz einnähme, würden dann seine Augen nicht förmlich eingetaucht

Metaphysik 4.2

werden in Finsternis, wenn er plötzlich aus der Sonne dort anlangte?...
Wenn er nun wieder bei noch anhaltender Trübung des Blicks mit jenen ewig
Gefesselten wetteifern müßte in der Deutung jener Schattenbilder, ehe noch
seine Augen sich der jetzigen Lage wieder völlig angepaßt haben – und die
Gewöhnung daran dürfte eine ziemlich erhebliche Zeit fordern –, würde er
sich da nicht lächerlich machen, und würde es nicht von ihm heißen, sein
Aufstieg nach oben sei schuld daran, daß er mit verdorbenen Augen wieder-
gekehrt sei, und schon der bloße Versuch, nach oben zu gelangen, sei verwerflich? Und wenn sie den, der es etwa versuchte, sie zu entfesseln und hin-
aufzuführen, irgendwie in ihre Hand bekommen und umbringen könnten, so
würden sie ihn doch auch umbringen?"[1]

(3) Eine mögliche Interpretation des Gleichnisses[2]

Zum 1. Teil. Das alltägliche Weltverständnis: die unmittelbaren Sinneserfahrungen samt den Bewegungen und die Sprache zeigen nicht
das Eigentliche, sind nur Andeutungen und Täuschungen; im Reich
der Sinne gibt es weder Beständigkeit noch Freiheit.

Zum 2. Teil. Erste Stufe der Erkenntnis: Schmerzhafter und verwirrender Verlust der Unmittelbarkeit. Aufsuchen der Gründe innerhalb
des Vergänglichen, das als Abbild eines Allgemeinen verstanden
wird. Der Standpunkt des empirischen Naturforschers.

Zum 3. Teil. Zweite Stufe der Erkenntnis: Die gewaltsame Befreiung
aus dem Reich der sinnlichen Erscheinungen zur Schau der Wesenhei-
ten, des Wahren, Maßvollen und Schönen in den Erscheinungen
(Ideen, Ideale). Der Standpunkt der Mathematiker und Künstler, die
mit dem „Auge des Geistes" schauen.

1 Politeia VII, 514a–517a, übersetzt von O. Apelt; Phil. Bibliothek 80, Leipzig 1923
2 Die Platon-Interpretation hat ganz verschiedene Schwerpunkte. Martens
zählt einige Möglichkeiten auf: die traditionelle (Betonung der inhaltlichen
Fragen wie Tugend, Staats- und Naturphilosophie), die existentialistische
(Sokrates als menschliches Vorbild, Platon als existentiell Fragender;
Friedländer, Guardini), die sprachanalytische und sprach-logische (Problem der Kopula und der Satztheorie; Geach, Vlastos), die erziehungsphi-
losophische (Stenzel, Jaeger) und schließlich die dialogisch-pragmatische
von Martens selbst. Vgl. dazu Martens: Zur Funktion der Umgangssprache
in Platons Philosophiedidaktik. In: Phil. Jahrbuch 85, Jg. II, 1978, S.
371–379. Neuerdings kann man als weitere Interpretation den Ansatz der
evolutionären Erkenntnistheorie (vgl. 1.6) anführen; dort werden Apriorität und damit Ideen genetisch erklärt, also vollständig relativiert.

Zum 4. Teil. Dritte Stufe der Erkenntnis: Entdeckung der höchsten Idee, des Seins als des Einen, Wahren, Guten und Schönen, als Urgrund alles Seienden. Die Grenze der menschlichen Erkenntnisfähigkeiten.

Zum 5. Teil. Der philosophische Bildungsauftrag: Philosophie als innere Verpflichtung zur Wahrheit. Die Weitergabe der Erkenntnis trotz der Gefahr des Scheiterns. Der Lebensweg des Sokrates als Vorbild.

(4) *Die Kerngedanken* der im Höhlengleichnis enthaltenen *Ideenlehre* lassen sich auf folgende Weise zusammenfassen:
– Die Welt der Naturdinge besteht aus Abbildern, „Schatten", Erscheinungen, Nachahmungen (Mimesis) der eigentlichen Wirklichkeit, und diese eigentliche Wirklichkeit ist das Reich der Ideen.
– Ideen erkennen wir dort, wo mehrere Einzeldinge mit denselben Namen versehen sind, in Formen, Gattungen, Allgemeinheiten, allgemeinen Begriffen (universalia), unvergänglichen Urbildern, prägenden Urtypen usw.
– Die Ideen sind geordnet und erhalten ihre Existenz von der höchsten Idee, dem letzten Prinzip des Seins.
– Ideen sind keine Phantasien der Menschen, sondern Voraussetzung für die Einzeldinge, die an den Ideen teilhaben (methexis). Sie sind das einzig Reale, das im Wandel der Dinge bleibt (realia, Realismus).

(5) Die entscheidende Grundhaltung, die hinter der Ideenlehre steht, erscheint uns heute fremd: die Vorstellung, daß das Veränderliche und das Vergängliche weniger wert sei als das Unveränderliche und Ewige. Wir sind heute so stark von historischen und evolutionistischen Vorstellungen geprägt, daß uns diese griechische Einstellung absurd erscheint. Wir wissen, daß alles im Fluß ist: biologische Arten, menschliche Gesellschaften, sittliche Normen, religiöse Gedanken, ja sogar wissenschaftliche Systeme. Überall dort, wo vom Ewigen und vom Absoluten die Rede ist, vermuten wir rückständige Ideologien, Erdichtungen, wertlose Konstruktionen und unkontrollierbare Spekulationen.
Nach Platon dagegen müssen wir etwas Identisches, Gleichbleibendes im Sein voraussetzen, weil sich nur unter dieser Annahme überhaupt Seiendes zeigt. Vergängliches, das heißt für Platon Geschichtliches und das von unseren Sinnen Erfahrene, läßt sich nur denken, wenn es

vom Ewigen und Unveränderlichen her interpretiert wird und insofern von diesem wesensmäßig abhängt.

Im modernen Denken wird die platonische These eingeschränkt: man weiß zwar, daß man in jedem Erkenntnisakt apriorische Voraussetzungen macht; diese werden aber nicht als ewig betrachtet, sie können sich im Laufe der Jahrhunderte wandeln. Trotzdem wird die *Bedeutung Platons für die Gegenwart* oft unterschätzt, wie die folgenden Hinweise zeigen.

- Die Begründung der Mathematik aus der Mengenlehre ist platonisch. Es gibt bis heute keine überzeugende nicht-platonische Begründung der Mathematik, die auch wirklich alle Bereiche umfaßt.
- Die Erforschung der Natur führt nur auf Wahrscheinlichkeiten; es fehlt die letzte Gewißheit; die Erfahrung der Sinnenwelt ist theoriegetränkt.
- Eine Begründung des Guten und der Ethik aus der vordergründigen und vergänglichen Welt der Fakten ist mehr als zweifelhaft.

4.3 Metaphysische Grundbegriffe

a) Das Seiende und das Sein

(1) Im Höhlengleichnis war die Rede von der Sonne, die alle Gegenstände sichtbar macht. Wir deuteten dieses Bild durch das Sein, das allen Dingen ihre Existenz gibt. Was bedeutet dieses Sein genauer? Vom Begriff des Seins muß zunächst der Begriff des Seienden unterschieden werden. Was ist das Seiende und wie verhalten sich beide Begriffe zueinander?

Gehen wir von der Alltagssprache aus, so erscheinen uns beide Begriffe künstlich und ohne Gebrauch. Wir verwenden allein die Wörter „ist" oder im Plural „sind"; nur die Philosophen substantivieren diese Wörter. Der Grund für diese Substantivierung liegt in der metaphysischen Aufgabe, das *Ganze* in den Griff zu bekommen.

Bei der Durchmusterung der Bereiche unserer Lebenswelt entdecken wir eine vielfältige Verwendung der beiden Wörter. Im Zimmer sind Stühle, in unserem Kopf Zahlen, Erwartungen und Phantasien; in der Vergangenheit sind historische Tatsachen, in der Zukunft neue Möglichkeiten der Daseinsgestaltung. Alles, was auf diese Weise mit den Wörtern „ist" bzw. „sind" kombinierbar ist, ist ein *Seiendes*: Dinge, Zahlen, Gefühle, Ereignisse, Phantasien, Möglichkeiten usw.

Das Seiende

Es gibt spezifische Wissenschaften, welche sich mit dem Seienden einer bestimmten Art befassen:

- die Mathematik ist die Lehre vom Seienden, sofern es quantifizierbar ist;
- die Physik ist die Lehre vom Seienden, sofern es raum-zeitlich meßbar ist;
- die Geschichte ist die Lehre vom Seienden, sofern es der Vergangenheit angehört; usw.

(2) Die Metaphysik betrachtet das Ganze, das heißt, sie abstrahiert von den speziellen Eigenschaften des Seienden und untersucht das *Seiende als solches* oder das *Seiende als Seiendes*. Von *Aristoteles* stammt die berühmte Formulierung von der Existenz einer Disziplin, die das Seiende als solches zum Gegenstand hat und heute Metaphysik heißt:

„Es gibt eine Wissenschaft, die das Seiende als solches (to on he on) betrachtet und die ihm an sich zukommenden Bestimmungen. Diese fällt mit keinem der Teilgebiete zusammen, weil deren keines das Seiende als solches allgemein untersucht, sondern sich einen Teil davon herausschneidet und dessen Bestimmungen betrachtet, wie z. B. die mathematischen Wissenschaften. Da wir aber die Grundlagen und obersten Ursachen suchen, so müssen diese natürlich von einem Wesen an sich handeln..." „Vom Seienden sprechen wir zwar in vielerlei Sinn, beziehen uns aber immer auf einen gewissen Kern und ein einziges Wesen, nicht nur in der Bezeichnung, sondern so wie in der Heilkunde, wo alles auf die Gesundheit abzielt... Und ebenso hat Heilkunst immer den Arzt im Auge, teils weil das ärztliche Wissen schon vorhanden ist, oder weil die Anlage dazu da ist, oder weil es sich um die Ausübung seines Berufes handelt. In ähnlicher Weise, wie hier, könnten wir noch andere Bereiche nennen. So also spricht man auch vom Seienden in vielen Bedeutungen, immer aber mit dem Blick auf einen gemeinsamen Ursprung."[3]

Wir fassen zusammen: Alles, was ist, ist ein *Seiendes*; die Wissenschaft vom Seienden als solchem und seinen Gründen ist die Metaphysik. Was aber ist das *Sein*?
Wenn wir Räumliches oder Zeitliches erleben, setzen wir voraus, daß es so etwas wie Raum und Zeit gibt. Raum und Zeit sind die Bedingungen für Räumliches und Zeitliches. Ähnlich kann man zu dem konkreten Seienden eine abstrakte Bedingung hinzudenken, welche diesem Seienden den Status gibt, daß es ist und nicht vielmehr nicht ist. Dieser letzte Begriff, Gedanke oder Grund, der allem die Existenz gibt, ist das Sein. Das Sein ist das Unbedingte, das als Bedingung für das Vorhandensein des Seienden gedacht wird.

3 Metaphysik III, 1003a/b, Übersetzung von P. Gohlke, Paderborn 1951

Metaphysik 4.3

(3) Falls man – wie in der Philosophie Heideggers – glaubt, über das Sein Wesentliches aussagen zu können, dann ist die Unterscheidung zwischen Sein und Seiendem, die sogenannte *ontologische Differenz*, von Wichtigkeit. Ist man – wie im Positivismus – dieser Möglichkeit gegenüber skeptisch und vermutet, daß die große Abstraktheit des Seinsbegriffs zugleich seine inhaltliche Leere bedingt, über die man nicht sprechen kann, dann wird man sich auf den Gebrauch des Wortes „Seiendes" beschränken.

b) Kategorien

(1) Können wir über das Seiende als Seiendes – nicht als Ausgedehntes, Meßbares, Vergangenes, Gehörtes usw. – überhaupt sinnvoll etwas aussagen? Nehmen wir die Primzahl zwei, die Völkerschlacht bei Leipzig und einen geträumten Zweikampf. Es handelt sich je um einen *Gegenstand* aus der Mathematik, der Geschichte und der Psychologie. Mit dieser Feststellung haben wir aber schon etwas ausgedrückt, was allen drei Arten von Seiendem gemeinsam ist: es sind jeweils „Gegenstände". Da die drei Gegenstände auch etwas Bestimmtes meinen, z. B. gerade eine Primzahl zu sein, so kann man an den Gegenständen weiter *„Eigenschaften"* entdecken, welche die Gegenstände als verschieden erscheinen lassen. Zwischen den drei Gegenständen lassen sich in bezug auf ihre Eigenschaften auch *„Beziehungen"* (Relationen) feststellen: im Begriff „Zweikampf" taucht die Zahl „Zwei" auf; möglicherweise steht der Kampf mit den am Abend in einem Buch gelesenen Ereignissen der Völkerschlacht in Zusammenhang.
So haben wir schon drei *Weisen* gefunden, *wie wir vom Seienden als solchem sprechen können*, ohne die Mathematik, die Geschichtswissenschaft oder die Psychologie bemühen zu müssen. *„Die Arten der Aussagen über Seiendes"* in diesem allgemeinen Sinn heißen nach Aristoteles *Kategorien*. Diese sind demnach Aussageformen, die verwendet werden müssen, wenn wir überhaupt etwas aussagen wollen. Man kann die Kategorien zudem zu den allgemeinsten Strukturen des Seienden zählen; die ihnen zugeordneten Begriffe sind denknotwendig. Man kann sich zwar eine Welt ohne Pferde oder Bäume vorstellen, nicht aber eine Welt ohne Gegenstände oder Eigenschaften.

(2) Wir haben bisher drei Kategorien kennengelernt: Gegenstand, Eigenschaft (Qualität) und Beziehung. Bei Aristoteles werden zehn solche Kategorien aufgezählt:

198

Substanz

Substanz (hängt mit Gegenstand zusammen) – Quantität – Qualität – Relation – Ort – Zeit – Lage – Haben – Tun – Leiden.

Meistens ist die Liste der Kategorien kürzer. Seit Kant deutet man die Kategorien als *Denk*formen und stellt diese den *Anschauungs*formen Raum (Ort) und Zeit gegenüber.
Die Diskussion der Kategorien ist ein Zentralthema der Metaphysik. Einige Hinweise zur *Kategorie der Substanz* sollen verdeutlichen, welche Probleme in diesem Zusammenhang auftauchen.

(3) Substanz (griechisch: ousia) bezeichnet die Kategorie des *Selbständigen, Zugrundeliegenden*. Wenn wir vor uns ein Buch sehen, so nehmen unsere Sinne die Form, die Farbe, die Härte und ähnliche Eigenschaften wahr. Zudem denken wir uns aber *ein Etwas* hinzu, *das diese Eigenschaften hat*, wobei dieses selbst nicht als Eigenschaft verstanden werden kann, sondern den Eigenschaften zugrunde liegt. Ähnliche Überlegungen stellen wir auch beim Menschen an. Unser Freund hat bestimmte Eigenschaften, er ist freundlich, hilfsbereit, jähzornig usw. Diese Eigenschaften erfahren wir im Umgang mit ihm. Zugleich denken wir uns aber einen Personkern hinzu, etwas, das jene Eigenschaften hat, gewissermaßen eine Seelensubstanz. Die Diskussion über die Natur der Seelensubstanz führte beispielsweise zur Frage nach der Unsterblichkeit der Seele.
Richtet man das Augenmerk bei der Substanz mehr auf das Begriffliche, so läßt sich Substanz in einem weiteren Sinn als *Wesentliches, Essentielles* auffassen. Im Begriff der Substanz eines Buches oder besser im „Wesen eines Buches" wird das an Merkmalen zusammengefaßt, was *notwendigerweise* zu einem Buch gehört: es muß Lesbares enthalten, sollte mehrere Seiten umfassen, usw.
Den Dingen kommen außer dem Wesen noch andere Bestimmungen zu, die nicht notwendig sind: das Buch kann rot eingebunden sein, es kann genau 35 Seiten umfassen, es handelt von Mathematik.
Diese zusätzlichen Bestimmungen, die nicht allen Büchern zukommen, haben demnach etwas Zufälliges an sich und heißen deshalb *Akzidenzen*.

(4) Bei einer bestimmten Aussage können nicht alle Kategorien Anwendung finden. Aristoteles betont ausdrücklich, daß beispielsweise die Akzidenz zu irgendeiner und nicht zu jeder der aufgezählten Kategorien gehört. Die Aussage „das Buch ist rot eingeschlagen" betrifft offensichtlich die Kategorie der Qualität und hat bezüglich der Röte nichts mit der Zeit zu tun.

Metaphysik 4.3–4.4

Neben den Kategorien gibt es aber einige Allgemeinbegriffe, die *allem* Seienden durchweg zukommen, nämlich die sogenannten *Transzendentalien*. Es sind dies Bestimmungen, die unmittelbar aus dem Wesen des Seins folgen und deshalb alles Seiende betreffen. Nach Thomas von Aquin werden meist drei Transzendentalien aufgezählt: Einheit, Wahrheit, Gutheit (unum, verum, bonum). Später wurde noch die Schönheit hinzugefügt; gelegentlich treten auch zusätzlich Etwas, Seiendes und Ding auf.

4.4 Abriß einiger Grundprobleme

a) Erste Prinzipien und letzte Gründe

(1) Der Versuch, das Ganze zu verstehen, führt durch schrittweises Zurückfragen auf einen Anfang (lat. principium), auf ein erstes Prinzip, aus dem sich alles Seiende und alles Geschehen erklären läßt. Das *erste* Prinzip kann auch als *letzter* Grund (gr. arché), als Urgrund alles Seienden gedeutet werden.

Thales von Milet, mit dem nach alter Tradition die Philosophie im 6. Jahrhundert vor Christi Geburt ihren Anfang nimmt, lehrte, daß alles seinen Ursprung im Wasser habe. Für Pythagoras war das erste, alles erklärende Prinzip die Zahl. Empedokles zählt „vier Elemente" auf: Erde, Wasser, Luft und Feuer. Bei Platon haben wir die höchste Idee als Grund des Seienden erkannt. Im 5. vorchristlichen Jahrhundert taucht bei Demokrit bereits das Atom (Unteilbares) als Erklärungsprinzip auf.

Daß es sich bei dieser Aufzählung von „Archai" nicht um eine Kuriositätensammlung handelt, sondern in jedem Falle gewisse Erfahrungen und Vermutungen zusammengefaßt und einheitlich ausgedrückt wurden, verdeutlicht ein Hinweis auf unsere modernen Vorstellungen, in denen ähnliches geschieht. Wenn wir heute im Physik- und Chemieunterricht gedankenlos das periodische System der Elemente zur Kenntnis nehmen, dann akzeptieren wir insofern eine Art Metaphysik, als damit auf dieser Wissensstufe die ersten Erklärungsgründe aller materiellen Erscheinungen gesetzt sind. Letztlich ist es aber doch auch ein phantastischer Gedanke, daß die Vielfalt der uns umgebenden Phänomene allein aus der Kombination von einer bestimmten Anzahl von Protonen und Neutronen samt zugehöriger Elektronen erklärt werden soll: *ein* Kügelchen ist Wasserstoff, *vier* Kügelchen dagegen ergeben

Erste Prinzipien

Helium, also einen Stoff mit ganz anderen Eigenschaften und Wirkungsweisen; und so sind alle Elemente nur durch die verschiedene Anzahl ihrer immer gleichen Bausteine erklärbar. Hier vereinigen sich nicht nur demokritische Gedanken (Atome) mit pythagoreischen Zahlenspekulationen, sondern in gleicher Weise auch empedokleische (Aufbau aller Stoffe aus Elementen) mit platonischen (Form und Struktur betreffenden) Vorstellungen.

Die Lehre von den „Urgründen" wird noch phantastischer, wenn man einen Schritt weitergeht und die atomaren Einheiten selbst erklärt. Plötzlich löst sich alles in Wellengleichungen auf, das heißt in numerische Beziehungen, die in ihrer Abstraktheit selbst die kühnsten Gedanken eines Platon oder Pythagoras übertreffen.

Trotz dieser Analogien zwischen Metaphysik und moderner Physik müssen wir einen entscheidenden Unterschied beachten. Für die Griechen war ein Prinzip stets dadurch ausgezeichnet, daß die Kenntnis der Bedeutungen der in ihnen auftretenden Begriffe ausreichte, um das Prinzip als *evident* zu verstehen. Es verstand sich gewissermaßen von selbst. Davon kann in den Erklärungen der modernen Physik keine Rede sein. Deshalb spricht man hier von Erklärungs*modellen*, die nicht als evidente und unvergängliche ontologische Strukturen mißverstanden werden dürfen und immer wieder revidierbar sind.[4] Insofern kann sich die Naturwissenschaft von der selbstsicheren Metaphysik distanzieren, welche eine Beschreibung eben jener Strukturen und deren Erklärung aus absoluten Prinzipien versuchte.

(2) Die Aussagen über erste Prinzipien und letzte Gründe enthalten noch eine Reihe grundsätzlicher Unklarheiten, die auch in der Mehrdeutigkeit des lateinischen Wortes „causa" zu erkennen sind. Causa heißt einerseits Grund, andererseits Ursache. In der Umgangssprache werden beide Begriffe oft gleichartig verwendet. In der Philosophie sollte man beide scharf trennen:

– *Grund* ist ein Seiendes, dessen *Gültigkeit* notwendigerweise die Geltung eines *Gedankens* (oder Urteils) im Gefolge hat. Zum Grund gehört eine *Folge*.
– *Ursache* ist ein Gegenstand oder ein Zustand, dessen *Vorhandensein* notwendigerweise die *Existenz* eines anderen Gegenstandes oder Zustandes im Gefolge hat. Zur Ursache gehört eine *Wirkung*.

Ist der Grund selbst ein Gedanke, so liegt ein *logisches* Verhältnis vor: es handelt sich um eine „Begründung"; man spricht auch vom *Er-*

---

4 Vgl. 2.4a

Metaphysik 4.4

kenntnisgrund. Der Grund, daß die Zahl 6 durch zwei teilbar ist, liegt darin, daß 6 eine gerade Zahl ist. Ebenso sind die Prämissen eines Schlusses Gründe der Konklusion („Folgerung"). Davon zu unterscheiden ist der *Realgrund*, der sich auf einen Erfahrungsinhalt oder dessen metaphysischen Hintergrund bezieht. Für diesen gilt der *„Satz des zureichenden Grundes"*: „Alles, was ist, muß einen zureichenden Grund haben, warum es ist" (Leibniz). Hier ist nicht an logische Folgerungen im Ideellen oder an Kausalität in den Erfahrungen gedacht, sondern an ein Verhältnis eines Realen zum Gedanken dieses Realen. Wenn beispielsweise nach Descartes die Idee der Vollkommenheit im menschlichen Bewußtsein vorgefunden wird, dann muß es danach ein Reales (nämlich Gott) geben, welches den Grund für diese Idee darstellt. Für einige Philosophen (wie Spinoza) fallen Realgrund und Erkenntnisgrund zusammen.

Der Zusammenhang zwischen *Ursache und Wirkung* heißt dagegen *Kausalnexus*. Da die Ursache selbst als Wirkung und die Wirkung als Ursache aufgefaßt werden kann, ergibt sich eine Kausalreihe. Der Kausalität in diesem Sinne liegt stets ein *zeitliches* Verhältnis zugrunde, das im Grund-Folge-Verhältnis keine Rolle spielt.

(3) Thomas von Aquin gibt auf eine Warum-Frage in Anlehnung an Aristoteles vier Antworten und kommt so zu einer Einteilung der Ursachen in *„vier causae"*: causa efficiens – causa finalis – causa formalis – causa materialis.

Warum ist ein Auge so beschaffen, wie wir es vorfinden? Für die heutige Biologie ist die Antwort klar: man weiß, daß in der DNS die Erbinformation mit Hilfe eines 4-Basen-Codes so festgelegt ist, daß der lebendige Zellenverband daraus das Auge aufbaut. Die Ursachen, welche das Auge auf diese Weise *bewirken* (c. *efficiens*), sind vielfältig: der bestimmte Code, die Struktur der entwicklungsfähigen Zellen, das Vorhandensein von geeigneten Baustoffen und Enzymen usw.

Die Antwort kann aber auch ganz anders ausfallen: das Auge ist so beschaffen, um den *Zweck* des Sehens zu erfüllen (c. *finalis*). Dann ist der Blick auf ein zu erreichendes Ziel gerichtet, nicht auf die vorangegangenen Stufen der Bewirkung. Aus der anthropologischen Diskussion wissen wir, daß dieser teleologische Gesichtspunkt in den modernen Wissenschaften weitgehend der kausalen Betrachtung im Sinne der causa efficiens weichen mußte.[5]

---

5 Vgl. 1.6

Beispiele von Prinzipien

Aristoteles verweist auf zwei weitere Ursachen, die eng mit seiner Metaphysik zusammenhängen: daß ein Auge gerade ein Auge und kein Baum ist, liegt daran, daß eine bestimmte *Form* oder Idee, welche die Struktur des Auges ausmacht, verwirklicht ist (c. *formalis*); zudem muß etwas *Materielles* vorhanden sein, in welchem sich die Form realisieren kann (c. *materialis*).

Bei Aristoteles findet man statt der Lehre von den vier Prinzipien auch eine vereinfachende Zweiteilung: die Lehre von *Akt und Potenz*. Danach ist die Materie (Hyle) zugleich die Möglichkeit oder Anlage (Dynamis, Potentialität) und die Form (Morphe) die Verwirklichung dieser Anlage (Energeia, Aktualität). Die Bewegung und Veränderung (Kinesis) ist der Übergang von Potenz zum Akt.

Diese Bestimmungen stehen im Zusammenhang mit dem Realgrund und haben in der modernen Betrachtungsweise an Gewicht verloren. Während deshalb der „Satz vom zureichenden Grund" kaum mehr diskutiert wird, sind die Prinzipien für den Erkenntnisgrund in die moderne Logik integriert worden. Es handelt sich um die logischen Grundprinzipien[6], insbesondere um das *Widerspruchsprinzip*: „Dasselbe kann demselben unter demselben Gesichtspunkt nicht zugleich zukommen und nicht zukommen", metasprachlich ausgedrückt: „Es ist unmöglich, daß sich widersprechende Aussagen zugleich wahr sind" (Aristoteles).[6a]

(4) Die metaphysische Prinzipien- oder Archéforschung stößt beim Weiterfragen notwendigerweise auf den absoluten Anfang, auf das Unbedingte, das Absolute, den Grund alles Seienden und alles Wissens von Seiendem. Dieses Letzte ist der *„Gott der Philosophen"*[7], bei Aristoteles der reine Denkakt des „unbewegten Bewegers". Gott bedeutet hier kein persönliches Gegenüber, wie er Gegenstand des religiösen Glaubens ist, sondern ein metaphysisches Grundprinzip, von dem die Deutung alles Seienden ausgeht.

---

6 Vgl. 1.4a und 1.5a bzw. Anhang B2d

6a Metaphysik 1005b und 1011b

7 Der Ausdruck wurde erstmals von Tertullian als Gegenbegriff zum christl. Gott, den „Gott Abrahams" verwendet. Vgl. dazu auch Pascals „Memorial". Einen historischen Überblick über den „Gott der Philosophen" findet man in: Weischedel, W.: Der Gott der Philosophen, 2 Bände, München 1979. Vgl. Auch Schulz, W.: Der Gott der neuzeitlichen Metaphysik, Pfullingen 1957

Wie die Spekulationen über die Ursachen auf eine „rationale Kosmologie" geführt haben, so begründeten die Reflexionen über das Absolute eine „rationale Theologie". Durch das Aufkommen der modernen Wissenschaften haben beide Disziplinen an Überzeugungskraft verloren. Die metaphysischen Fragestellungen der Neuzeit zielten daher in eine andere Richtung, die durch die Transzendentalphilosophie bestimmt ist.

b) Metaphysik als Transzendentalphilosophie

(1) Mit Descartes, dem „Vater der neueren Philosophie", setzt eine entscheidende Wende ein. Das durch die Renaissance und den Humanismus vorbereitete neue Welt- und Selbstverständnis des Menschen wird bei Descartes philosophisch artikuliert:

– der Mensch ist nicht mehr untergeordnetes Glied in einem von Gott erschaffenen und regierten Kosmos, sondern autonomes Subjekt;
– Erfahrung und Wissen sind nicht durch Autorität und Tradition vorgegeben und bestimmt, sondern sie sind Produkte der menschlichen Selbstgewißheit;
– Wissenschaft darf nicht aus metaphysischen Spekulationen hergeleitet werden, sondern muß sich an den strengen Methoden der mathematischen Naturwissenschaften orientieren.

Die beiden großen Themen der Neuzeit, das autonome Subjekt und die autonome Naturwissenschaft, stehen in Descartes' Dualismus von res cogitans und res extensa noch unversöhnt nebeneinander.[8] Alle metaphysischen Systeme nach Descartes, vor allem die philosophischen Gebäude von Spinoza und Leibniz, bemühen sich um eine Klärung des Verhältnisses des Menschen zu der von Autonomiebestrebungen und von wissenschaftlichen Entdeckungen geprägten Welt. Einen entscheidenden Schritt zum Verständnis dieses Verhältnisses vollzieht Kant in seiner Transzendentalphilosophie.[9]

(2) Die theoretische Grundfrage Kants lautet: Wie sind Mathematik und Naturwissenschaft, welche die modernen Erfahrungswissenschaften prägen, überhaupt möglich? Wenn die Naturwissenschaften die *Natur* erklären, so kann man die *Frage nach den Bedingungen der*

8 Vgl. 2.2
9 Vgl. 2.3c, 3.2 und 3.4a

Kants kopernikanische Wende

Möglichkeit von Naturwissenschaften als *meta*-physische Frage auffassen; denn sie fragt *hinter* die Natur zurück. Diese Metaphysik unterscheidet sich aber durch ihren *Bezug auf das menschliche Subjekt* entscheidend von der traditionellen Metaphysik. Kant deutet seinen neuen Ansatz geradezu als eine kopernikanische Tat:

> „Bisher nahm man an, alle unsere Erkenntnis müsse sich nach den Gegenständen richten; aber alle Versuche, über sie a priori etwas durch Begriffe auszumachen, wodurch unsere Erkenntnis erweitert würde, gingen unter dieser Voraussetzung zunichte. Man versuche es daher einmal, ob wir nicht in den Aufgaben der Metaphysik damit besser fortkommen, daß wir annehmen, die Gegenstände müssen sich nach unserer Erkenntnis richten, welches so schon besser mit der verlangten Möglichkeit einer Erkenntnis derselben a priori zusammenstimmt, die über Gegenstände, ehe sie uns gegeben werden, etwas festsetzen soll. Es ist hiermit eben so, als mit den ersten Gedanken des *Kopernikus* bewandt, der, nachdem es mit der Erklärung der Himmelsbewegungen nicht gut fort wollte, wenn er annahm, das ganze Sternheer drehe sich um den Zuschauer, versuchte, ob es nicht besser gelingen möchte, wenn er den Zuschauer sich drehen, und dagegen die Sterne in Ruhe ließ. In der Metaphysik kann man nun, was die *Anschauung* der Gegenstände betrifft, es auf ähnliche Weise versuchen. Wenn die Anschauung sich nach der Beschaffenheit der Gegenstände richten müßte, so sehe ich nicht ein, wie man a priori von ihr etwas wissen könnte; richtet sich aber der Gegenstand (als Objekt der Sinne) nach der Beschaffenheit unseres Anschauungsvermögens, so kann ich mir diese Möglichkeit ganz wohl vorstellen. Weil ich aber bei diesen Anschauungen, wenn sie Erkenntnisse werden sollen, nicht stehen bleiben kann, sondern sie als Vorstellungen auf irgend etwas als Gegenstand beziehen und diesen durch jene bestimmen muß, so kann ich entweder annehmen, die *Begriffe*, wodurch ich diese Bestimmung zu Stande bringe, richten sich auch nach dem Gegenstande, und dann bin ich wiederum in derselben Verlegenheit, wegen der Art, wie ich a priori hiervon etwas wissen könne; oder ich nehme an, die Gegenstände, oder, welches einerlei ist, die *Erfahrung*... richte sich nach diesen Begriffen."[10]

(3) Kant schreibt in seiner „Kopernikanischen Wende" dem Subjekt Anschauungs- und Denkformen zu, die, wie beim Betrachten der Welt durch eine farbige Brille, die unzugängliche Welt der Dinge an sich zu Gegenständen unserer Erfahrung formt. So stellt seine Lehre in bezug auf die metaphysica *generalis* (als Lehre von dem Seienden als solchem) eine folgenreiche *Neubegründung* dar. Die Geltung der Mathematik ergibt sich aus der von allen Menschen gleichartig an die Dinge an sich herangetragenen Raum-Zeit-Struktur, die Geltung der

---

10 Kritik der reinen Vernunft, Werke Bd. III, B XVI, XVII, S. 25/26

Physik ist eine Folge der Gleichartigkeit der Kategorien. Innerhalb der theoretischen Philosophie bleibt neben den mathematisch-naturwissenschaftlichen Analysen der Erfahrungswelt allein die transzendentale Frage nach der Möglichkeit solcher gegenständlicher Erkenntnis.

Diese Reflexion der *Grenzen* der reinen Vernunft bedeutet zugleich eine Absage an die traditionelle Metaphysik. Kant galt zu seiner Zeit als der „Alleszermalmer". Denn wenn Erfahrung wesensmäßig von den Strukturen des menschlichen Subjekts abhängt, dann ist uns der Blick über diese Grenze hinaus verstellt: eine metaphysica *specialis* als wissenschaftliche Lehre von der Seele, von der Welt als Ganze und von Gott als Inbegriff des Absoluten ist unmöglich. So präzisiert Kant in dieser „Kritik der reinen Vernunft" die allgemeine Skepsis, die sich im Zeitalter der allgemeinen Aufklärung und der Naturwissenschaften ausgebreitet hat.

(4) Daß Seele, Welt und Gott nicht Gegenstand unserer Erkenntnis werden können, liegt daran, daß uns hier keine Anschauungen gegeben sind. Unsere anschauliche Erfahrung bezieht sich stets auf Teilbereiche; das *Ganze* dagegen, dieses eigentliche Thema der klassischen Metaphysik, ist nur begrifflich faßbar; Begriffe ohne Anschauung aber sind leer.

Die Art und Weise, wie früher über Seele, Welt und Gott Erkenntnisaussagen vorgetäuscht wurden, unterzieht Kant einer radikalen Kritik:

- *In der rationalen Psychologie* wurde die Seele als immateriell, unzerstörbar, persönlich und geistig bewiesen. Aber diese Psychologie arbeitet insofern mit einem leeren Begriff, als die Seele ein bloßes Bewußtsein ist, das alle Begriffe begleitet und so nicht selbst gegenständlich werden kann.

- *In der rationalen Kosmologie* stößt Kant auf Antinomien, das heißt auf Thesen und Antithesen, die sich gleichermaßen aus der falschen Annahme der gegenständlichen Gegebenheit der Welt ableiten lassen. Kant „beweist" sowohl die *These*: „Die Welt hat einen Anfang in der Zeit, und ist dem Raum nach in Grenzen geschlossen", als auch zugleich die *Antithese*: „Die Welt hat keinen Anfang, und keine Grenzen im Raume, sondern ist, sowohl in Ansehung der Zeit, als des Raumes, unendlich" (1. Antinomie).[11] Ähnliche sich

11 a.a.O. Bd. IV, B 454/455 S. 412/413

Das metaphysische Bedürfnis

widersprechende Thesen können auch bezüglich der Teilbarkeit der Materie und seiner mechanischen Zusammenhänge aufgestellt und „bewiesen" werden.

– *In der rationalen Theologie* führt Kant seine berühmt gewordenen Widerlegungen der ontologischen, kosmologischen und physiko-theologischen Gottesbeweise durch. Gegen den ontologischen Gottesbeweis von Anselm von Canterbury und von Descartes argumentiert er, daß im *Begriff* eines Dinges noch nicht die *Existenz* dieses Dinges beschlossen ist.

(5) Kant beseitigt aber nicht einfach die Metaphysik des Unbedingten, sondern er versucht zugleich zu verstehen, warum die Menschen in ihrem „metaphysischen Bedürfnis" immer wieder über die Erfahrungs-erkenntnis hinausgehen und das Absolute erfassen wollen. In der Vorrede zur „Kritik der reinen Vernunft" schreibt Kant:

> „Die menschliche Vernunft hat das besondere Schicksal in einer Gattung ihrer Erkenntnisse: daß sie durch Fragen belästigt wird, die sie nicht abweisen kann, denn sie sind ihr durch die Natur der Vernunft selbst aufgegeben, die sie aber auch nicht beantworten kann, denn sie übersteigen alles Vermögen der menschlichen Vernunft.
>
> In diese Verlegenheit gerät sie ohne ihre Schuld. Sie fängt von Grundsätzen an, deren Gebrauch im Laufe der Erfahrung unvermeidlich und zugleich durch diese hinreichend bewährt ist. Mit diesen steigt sie (wie es auch ihre Natur mit sich bringt) immer höher, zu entfernteren Bedingungen. Da sie aber gewahr wird, daß auf diese Art ihr Geschäft jederzeit unvollendet bleiben müsse, weil die Fragen niemals aufhören, so sieht sie sich genötigt, zu Grundsätzen ihre Zuflucht zu nehmen, die allen möglichen Erfahrungsgebrauch überschreiten und gleichwohl so unverdächtig scheinen, daß auch die gemeine Menschenvernunft damit im Einverständnisse stehet. Dadurch aber stürzt sie sich in Dunkelheit und Widersprüche, aus welchen sie zwar abnehmen kann, daß irgendwo verborgene Irrtümer zum Grunde liegen müssen, die sie aber nicht entdecken kann, weil die Grundsätze, deren sie sich bedient, da sie über die Grenze aller Erfahrung hinausgehen, keinen Probierstein der Erfahrung mehr anerkennen. Der Kampfplatz dieser endlosen Streitigkeiten heißt nun *Metaphysik.*"[12]

Diese Grundsätze, die über die Erfahrung hinausgehen, sind aber nicht ganz wertlos. Denn wenn wir den Inbegriff des Subjekts (Seele), aller Erscheinungen (Kosmos) und aller überhaupt möglichen Bestimmungen (Gott) bilden, dann verfügen wir über sogenannte *regulative Ideen*, die wir immer mitdenken müssen, wenn wir gegenständliche

---

12 a.a.O. Bd. III, A VII/VIII, S. 11

Metaphysik 4.4–4.5

Erkenntnis erlangen wollen. Denn Naturerkenntnis setzt voraus, daß es ein Naturganzes gibt, die Erscheinungen der äußeren Sinne also zusammengehören. Das Ganze wirkt als Leitgedanke, eben als „Regulativ" der konkreten Forschung. Bei der Seele und bei Gott ist es ähnlich. Die Wissenschaften müssen so vorgehen, als ob diese Gegenstände wirklich vorhanden wären; denn diese Synthesen sind für unsere Erkenntnis unentbehrlich. Die Idee Gottes erhält bei Kant, allerdings auf dem Umweg über die praktische Vernunft, noch eine zusätzliche Konkretisierung: Gott ist der Garant der Sittlichkeit und der Unsterblichkeit der Seele.

(6) Kants Aufweis der Grenzen der Vernunft blieb nicht unwidersprochen. *Hegel* und andere deutsche Idealisten kritisierten dessen Dualismus. Denn bei Kant stehen die Dinge an sich und die Erscheinungen ebenso unvermittelt nebeneinander wie die theoretischen und praktischen Vernunftvermögen (vgl. 4.5a). Später – zum Beispiel in der Philosophie Heideggers – konzentrierte sich die Kritik auf den Subjektbegriff Kants, der die Grundlage der gesamten kritischen Philosophie darstellt (vgl. 4.5b). Von empiristischer Seite her griff man die aus der Subjektivität entfaltete Apriorität der Kernthesen Kants an; der Positivismus glaubte, auf Aprioritäten ganz verzichten und so der letzten Form von Metaphysik endgültig den Garaus machen zu können (vgl. 4.5c).

4.5 Einige Repräsentanten und Kritiker der Metaphysik

a) Hegel und das System

(1) Hegel knüpft an zwei Mängel früherer metaphysischer Entwürfe an. *Einmal* sind die Prinzipien der klassischen Metaphysik nach Hegel in ihrer Isolierung abstrakt und steril. Denn was ist schon damit gewonnen, wenn man behauptet, alles Seiende müsse aus dem Wasser oder aus dem Feuer erklärt werden? Damit wird man der Vielfalt der Erscheinungen nicht gerecht. *Zum anderen* gibt sich Hegel nicht mit der Neubegründung der Metaphysik durch Kants Transzendentalphilosophie zufrieden. Alle Erkenntis bezieht sich bei Kant nur auf Erscheinungen; das Ding an sich – also das Eigentliche – wird nicht erfaßt. Zudem erscheint das Ganze, das selbst Kant als denknotwendig erkannte, nur als regulative Idee ohne echten Erkenntniswert. Die Erkenntnis des Unbedingten ist nur ein illusorischer subjektiver Schein.

Das Absolute bei Hegel

Hegel betrachtet daher das Absolute nicht als einen isolierten Anfang und ruhenden Pol mit bestimmten Attributen und Fähigkeiten, sondern als das sich entfaltende Ganze selbst. Zudem handelt seine Philosophie nicht nur von „Erscheinungen". Der „Fehler" Kants war die Annahme, daß ein autonomes Subjekt als transzendentales Bewußtsein den Dingen an sich seine Form aufprägt und so ein isoliertes Subjekt als konstituierende Instanz der eigentlichen Welt *gegenübersteht*. Hegel betrachtet das Absolute, Eigentliche zugleich als Subjekt, dessen Inhalt lebendige Bewegung ist. Seele, Kosmos und Gott gehen in *einem* Begriff des Absoluten auf.

> „Das Wahre ist das Ganze. Das Ganze aber ist nur das durch seine Entwicklung sich vollendende Wesen. Es ist von dem Absoluten zu sagen, daß es wesentlich *Resultat*, daß es erst am *Ende* das ist, was es in Wahrheit ist; und hierin eben besteht seine Natur, Wirkliches, Subjekt oder Sichselbstwerden zu sein."[13]

(2) So entwickelt Hegel ein metaphysisches System des absoluten Geistes (oder Gottes): Der absolute Geist ist am Anfang reines Ansichsein, reiner Begriff. Durch Entäußerung wird dieser zur Natur und zum leiblich-seelischen Dasein des Menschen. Als Mensch verfügt er über Bewußtsein und gestaltet die Geschichte. In den Bewußtseinsakten und im geschichtlichen Geschehen wendet sich der Geist zu sich selbst zurück und wird so für-sich. Kunst, Religion und Philosophie schließlich bedingen die Versöhnung des Geistes mit sich selbst; dadurch wird er im An-und-für-Sich wirklicher absoluter Geist. Alles Wirkliche – seien es Naturvorgänge, geschichtliche Ereignisse, Bewußtseinsstufen des Menschen oder geistige Idealgebilde – ist Erscheinung des absoluten Geistes und deshalb vernünftig:

> „Was vernünftig ist, das ist wirklich; und was wirklich ist, das ist vernünftig."[14]

(3) Wenn alles Wirkliche eine Erscheinung des Geistes ist, so fällt die Metaphysik mit der Logik zusammen. Diese sogenannte *dialektische Logik* hat die Aufgabe, die Selbstbewegung des Geistes als Notwendigkeit darzustellen. Dazu bedarf sie des Begriffs des vorwärtstreibenden Widerspruchs. Die Kantischen Antinomien verwandeln sich bei

---

13 Phänomenologie des Geistes, hrsg. von J. Hoffmeister, Hamburg 1952[6], S. 21

14 Grundlinien der Philosophie des Rechts. Theorie-Werkausgabe, Frankfurt, Bd. 7, 1970, S. 24

Metaphysik 4.5

Hegel zu notwendigen Widersprüchen, welche den einen Gedanken aus dem anderen verstehen lassen sollen. So versucht er, alle bedeutsamen Begriffe, Gedanken, Ideengebäude, historische Ereignisse, politische Bewegungen, sittliche, juristische und religiöse Entwicklungen als ein großes Ganzes zu begreifen, in welchem immer wieder die gleiche Dialektik wirkt:

— am Anfang die denkende Betrachtung eines Begriffs („Affirmation", „These");
— der Aufweis eines inneren Widerspruchs im Gedachten („Negation", „Antithese");
— schließlich die Aufhebung des Widerspruchs in einem dreifachen Sinne („Negation der Negation", „Synthese"):
  – Aufhebung als Beseitigung (negatio)
  – Aufhebung als Bewahrung (conservatio),
  – Aufhebung als Hinaufheben auf eine höhere Stufe (elevatio).

Drei Beispiele zur Verdeutlichung dieser Dialektik:

(α) Die Dialektik von Sein, Nichts und Werden. Das reine Sein steht am Anfang des Hegelschen Systems. Es ist das „unbestimmte einfache Unmittelbare".[15] Wer das *reine* Sein denkt, darf aber keine inhaltlichen Bestimmungen mitdenken. Mit dem Gedanken des Seins ist also infolge dieser Abstraktion auch der Gedanke des Nichts erfaßt. Da Sein und Nichts notwendigerweise zugleich gedacht werden müssen, denkt man letztlich zugleich das *Werden*, die Einheit von Sein und Nichts:

> „Das Nichts ist als dieses unmittelbare, sich selbstgleiche, ebenso umgekehrt *dasselbe*, was das Sein ist. Die Wahrheit des Seins, so wie des Nichts ist daher die Einheit beider; diese Einheit ist das *Werden*".[16]

(β) Die Dialektik von Herr und Knecht. Wenn jemand Herr im Sinne einer Herrschaft ausübenden Instanz ist, dann ist dieser – obwohl er sich als *selbständiges* Bewußtsein auffaßt – stets auf *andere* angewiesen; er ist „durch ein *anderes* Bewußtsein mit sich vermittelt."[17] Die Dinge, über welche der Herr verfügt, stehen ihm nur durch die Bearbeitung durch den anderen, den Knecht, zur Verfügung. Weil der Herr den Knecht zwischen sich und dem Ding eingeschoben hat, wird

15 Logik (Teil 1 der Enzyklopädie der philosophischen Wissenschaften) a.a.O. Band 8 § 86
16 a.a.O. § 88
17 Phänomenologie, S. 146

Beispiele zur Dialektik

er letztlich unselbständig; er ist zugleich nicht-selbständiges Bewußtsein, „knechtisches Bewußtsein".

Umgekehrt sieht sich der Knecht zunächst so, als ob er nur *für andere* da wäre. Aber indem er in der Arbeit *sich selbst* wiederentdeckt, gelangt er zum Bewußtsein seiner Selbständigkeit. Während in der Begierde des Herrn das Ding verschwindet, erscheint im gebildeten Stück Arbeit das selbständige Sein des Knechts. In der Arbeit, die zunächst nur für den Herrn da zu sein scheint, findet der Knecht sich selbst wieder.

Die Einheit der unvermittelten Begriffe Herr und Knecht führt auf eine neue Stufe des Bewußtseins, auf ein Selbstbewußtsein, das im Durchschauen des Herr-Knecht-Verhältnisses frei ist und denkt. Das herrschende und dienende Bewußtsein wird zum freien, denkenden Bewußtsein:

> „Im Denken *bin* ich *frei*, weil ich nicht in einem Anderen bin, sondern schlechthin bei mir selbst bleibe..."[18]

(γ) *Die Dialektik der Liebe.* Auch ein so konkretes Phänomen wie die Liebe ist nicht ohne Widerspruch denkbar, sobald man es auf den Begriff bringen will; denn Liebe ist keine Individualeigenschaft, sondern stets ein Prozeß, der auf einen anderen zielt:

> „Liebe heißt überhaupt das Bewußtsein meiner Einheit mit einem anderen, so daß ich für mich nicht isoliert bin, sondern mein Selbstbewußtsein nur als Aufgebung meines Fürsichseins gewinne und durch das Mich-Wissen, als der Einheit meiner mit dem anderen und des anderen mit mir..."

> „Das erste Moment in der Liebe ist, daß ich keine selbständige Person für mich sein will und daß, wenn ich dies wäre, ich mich mangelhaft und unvollständig fühle. Das zweite Moment ist, daß ich mich in einer anderen Person gewinne, daß ich in ihr gelte, was sie wiederum in mir erreicht. Die Liebe ist daher das ungeheuerste Widerspruch, den der Verstand nicht lösen kann, indem es nichts Härteres gibt als diese Punktualität des Selbstbewußtseins, die negiert wird und die ich doch als affirmativ haben soll. Die Liebe ist das Hervorbringen und die Auflösung des Widerspruchs zugleich: als die Auflösung ist sie die sittliche Einigkeit."[19]

Die Bemerkung Hegels, daß der Verstand den Widerspruch nicht lösen kann, weist auf die Auflösung des Widerspruchs auf höherer Ebene hin. Während die Liebe als Empfindung zum Fundament der Familie erklärt wird, muß diese wiederum als Element des Staates ge-

18 a.a.O. S. 152
19 Philosophie des Rechts, S. 307/308

sehen werden, wo die Liebesbeziehung zum Gesetz wird, dessen Inhalt durchaus vernünftig ist.

(4) Nach Hegel ist es die Aufgabe der Philosophie, die dialektische Selbstentfaltung des Geistes systematisch nachzuzeichnen. Den drei Stadien der Selbstentfaltung entsprechen drei philosophische Disziplinen:

- der Weltgeist im Zustand des *An-sich-Seins* führt zur *Logik*, sie behandelt die Welt nur als Gedachtes;
- das zweite Stadium betrifft das *Anderssein*, die Entäußerung und Selbstentfremdung des Geistes; da diese in Raum und Zeit erfolgt, ergibt sich die *Philosophie der Natur*, das System der Erfahrungswissenschaften;
- den Höhepunkt stellt die *Philosophie des Geistes* dar, die den subjektiven, den objektiven und den absoluten Geist betrachtet. Es beginnt der Weg zum *Für-sich-Sein*, das in der Familie, in der Gesellschaft, im Staat und in der Geschichte seine objektive Manifestation erfährt. Erst im Reich des absoluten Geistes, in Kunst, Religion und Philosophie, wird der Geist in sich zurückkehrend zum *An-und-für-sich-Sein*.

Das Zusichselbstkommen des Geistes ist zugleich ein geschichtlicher Prozeß. Deshalb betont Hegel die ausschlaggebende Rolle der Geschichtsphilosophie. Geschichtliche Ereignisse und Katastrophen, die Taten großer Männer der Geschichte, politische und gesellschaftliche Entwicklungen sind keine Konglomerate sinnloser Zufälligkeiten, sondern sie haben ihren tieferen Sinn, ihre innere „Vernunft", sie bilden den „Zeitgeist". Durch die „List der Vernunft" handelt der Weltgeist in freien Einzelnen oft gegen deren persönliche Absichten und realisiert das Notwendige. Individuen, ja Völker und Epochen sind nur Durchgangsstadien in einem großen Weltprozeß, dem Hegel auf die Spur gekommen zu sein glaubt.

Während die Lehre vom absoluten Weltgeist nach der Epoche des deutschen Idealismus von niemandem mehr vertreten wird, findet die Idee vom durchschaubaren Weltprozeß immer wieder Nachahmer. Sie wurde auch zum Ausgangspunkt der Geschichtsdeutung durch Marx. Die These vom fruchtbaren Widerspruch eröffnet zugleich Ideologien Tür und Tor, die durch die Berufung auf die Dialektik ihren Ansichten einen wissenschaftlichen Anstrich geben können.

Metaphysikkritik

b) Heidegger und das Ende der Metaphysik

(1) In Marx, Kierkegaard und Nietzsche erwuchsen dem spekulativen Denken Hegels ganz verschiedenartige Kritiker. Während Marx die materialistisch-gesellschaftliche Basis allen Seins betonte, kritisierte Kierkegaard als erster Existenzphilosoph die Abstraktheit des idealistischen Denkens und rehabilitierte die Stellung des Einzelnen mit seinen konkreten Ängsten und Nöten. Nietzsche schließlich wandte sich gegen die gesamte abendländische Kultur, die im System Hegels nochmals ihren philosophischen systematischen Ausdruck fand. Seine Verkündigung des Nihilismus will die letzten Reste einer säkularisierten christlichen Ethik beseitigen. Nach dem „Tode Gottes" ist es an der Zeit, die Konsequenzen dieser Tötung zu ziehen und die Metaphysik als die Lehre von der Wahrheit abzuschaffen.

(2) „Der revolutionäre Bruch im Denken des 19. Jahrhunderts" (K. Löwith)[20] führt mit geradezu Hegelscher Konsequenz zur Lehre vom Ende der klassischen Metaphysik, wie sie in neuester Zeit vor allem von Heidegger vertreten wurde.

Heidegger stellt die Frage „Was ist Metaphysik?" Insofern sie stets nur das Seiende als das Seiende vorstellt, vergißt sie das Sein selbst, den Grund des Seienden. Die Metaphysik von Thales bis Nietzsche hat nie nach der Wahrheit des Seins gefragt. „Sie nennt das Sein und meint das Seiende als das Seiende".[21] Sie enthält nur Aussagen (Logos) über das Seiende (on), das einmal als *Ganzes* des Seienden (Ontologie), einmal als *höchstes* Seiendes (Theologie) gemeint ist. Die Metaphysik erscheint so als eine onto-theologische Philosophie. Deshalb fordert Heidegger eine *Überwindung* dieser Metaphysik des Seienden, ein „Andenken an das Sein selbst".[22]

Zu diesem Zweck charakterisiert er zunächst die Wissenschaften, die dem Wesentlichen aller Dinge auf die Spur kommen wollen. Ihr Ziel ist einzig und allein die Sache selbst:

> „Erforscht werden soll nur das Seiende und sonst – nichts; das Seiende allein und weiter – nichts; das Seiende einzig und darüber hinaus – nichts. Wie steht es um dieses Nichts? Ist es Zufall, daß wir ganz von selbst so sprechen? Ist es nur so eine Art zu reden – und sonst nichts?"[23]

20 So der Untertitel des einflußreichen Buches „Von Hegel zu Nietzsche", Stuttgart 1964[5]
21 Was ist Metaphysik? Frankfurt 1960[8], S. 11
22 a.a.O. S. 9
23 a.a.O. S. 26

Metaphysik 4.5

Heidegger gibt sich nicht mit logischen Überlegungen zufrieden, die eine solche Frage nach dem Nichts nicht zu thematisieren erlauben. Er ist vielmehr überzeugt, daß das „Nicht" der Logik und die gedankliche Verneinung nur möglich sind, weil ihnen ein ursprünglicheres „Nichts" zugrunde liegt. Denn dieses Nichts erfahren wir in der Grundstimmung der Angst. „Die Angst offenbart das Nichts".

> „Das Nichts enthüllt sich in der Angst – aber nicht als Seiendes. Es wird ebensowenig als Gegenstand gegeben. Die Angst ist kein Erfassen des Nichts. Gleichwohl wird das Nichts durch sie und in ihr offenbar, wenngleich wiederum nicht so, als zeigte sich das Nichts abgelöst ‚neben' dem Seienden im Ganzen, das in der Unheimlichkeit steht."[24]

Menschliches Dasein ist „Hineingehaltensein in das Nichts"; damit übersteigt es das Seiende als Ganzes. So wird das Nichts zur Bedingung von Selbstsein und Freiheit. Weil wir uns ständig an das Seiende verlieren, übersehen wir das Ursprüngliche im Nichts, das sich in Verabscheuung und Verbieten, im Schmerz des Versagens und im Entbehren äußert. Dieses so gestimmte Übersteigen des Seienden im Ganzen offenbart zugleich die Endlichkeit des Menschen.

Versucht man, die Seinsvergessenheit und Seinsverlassenheit zu überwinden, dann wird die Erfahrung des Nichts im Menschen, dem „Platzhalter des Nichts", folgenreich; „das Nichts west als das Sein":[25]

- Die Logik, welche das Nichts zur harmlosen Verneinung macht, „löst sich auf im Wirbel eines ursprünglicheren Fragens".

- „Die Überlegenheit der Wissenschaft wird zur Lächerlichkeit", weil sie die Machbarkeit, Berechenbarkeit und das Herstellen von Seiendem allein im Auge hat.

- Das Sichloslassen in das Nichts ist „das Freiwerden von den Götzen, die jeder hat und zu denen er sich wegzuschleichen pflegt".

- Es ergibt sich eine neue Anthropologie: „Einzig der Mensch unter allem Seienden erfährt, angerufen von der Stimme des Seins, das Wunder aller Wunder: *Daß* Seiendes *ist*".

- „Das Sein ist kein Erzeugnis des Denkens. Wohl dagegen ist das wesentliche Denken ein Ereignis des Seins."

- Dieses wesentliche Denken versteht sich als „Freiheit des Opfers", als „verborgener Dank", als „Widerhall der Gunst des Seins, in der sich das Einzige lichtet und sich ereignen läßt: Daß Seiendes ist".

- Es widerstrebt der „Sucht nach Zwecken" und dem Anklammern an

24 a.a.O. S. 33
25 a.a.O. S. 38 bzw. 45

Das Sein bei Heidegger

Seiendes; es denkt vielmehr seine Geschichtlichkeit als „Ankunft des Unwandelbaren", über das wir nicht verfügen können.
– Philosophie wird zum dichterischen Stammeln: „Der Denker sagt das Sein. Der Dichter nennt das Heilige".[26]

Heidegger verwahrt sich ausdrücklich dagegen, seine Philosophie des Seins als Philosophie des Nichts, der Angst oder des bloßen Gefühls zu verharmlosen. Er bemerkt dazu:

„Die vorwiegenden Bedenken und Irrmeinungen zu dieser Vorlesung lassen sich in drei Leitsätzen sammeln. Man sagt:
1. Die Vorlesung macht das ,Nichts' zum alleinigen Gegenstand der Metaphysik. Weil jedoch das Nichts das schlechthin Nichtige ist, führt dieses Denken zur Meinung, alles sei nichts, so daß es sich nicht lohne, weder zu leben noch zu sterben. Eine ,Philosophie des Nichts' ist der vollendete ,Nihilismus'.
2. Die Vorlesung erhebt eine vereinzelte und dazu noch gedrückte Stimmung, die Angst, zu der einzigen Grundstimmung. Weil jedoch die Angst der seelische Zustand der ,Ängstlichen' und Feigen ist, verleugnet dieses Denken die hochgemute Haltung der Tapferkeit. Eine ,Philosophie der Angst' lähmt den Willen zur Tat.
3. Die Vorlesung entscheidet sich gegen die ,Logik'. Weil jedoch der Verstand die Maßstäbe alles Rechnens und Ordnens enthält, überantwortet dieses Denken das Urteil über die Wahrheit der zufälligen Stimmung. Eine ,Philosophie des bloßen Gefühls' gefährdet das ,exakte' Denken und die Sicherheit des Handelns."[27]

c) Wittgenstein und die analytische Negation der Metaphysik

(1) Während Heidegger die klassische Metaphysik als notwendiges Denkereignis versteht, das seine Philosophie des Seins überhaupt erst ermöglicht hat, vertreten zahlreiche moderne Philosophen die Meinung, daß sowohl die Metaphysik des Seienden als auch die Philosophie des Seins im Sinne Heideggers nichts anderes als philosophische Erdichtungen ohne Wirklichkeitsgehalt und Wahrheitswert sind. Die meisten Einwände in dieser Richtung entstammen der sogenannten *analytischen Philosophie*, die vor allem in den Formen des Neopositivismus und der sprachanalytischen Philosophie auftritt.
Im Neopositivismus[28] orientiert man sich am Dreistadiengesetz des

26 a.a.O. S. 37, 40, 42, 46, 47, 49–51
27 a.a.O. S. 45
28 vgl. 2.5a

klassischen Positivismus (Comte), wonach Religion – Metaphysik – Naturwissenschaft die drei Etappen sind, in welchen sich menschliches Wissen im Laufe der Geschichte realisiert hat. Die Metaphysik ist demnach das letzte vorwissenschaftliche Stadium. Nach der Entwicklung der modernen Naturwissenschaften erscheinen die metaphysischen Begriffe in einer entsprechenden logischen Analyse als sinnlos und leer. In der „wissenschaftlichen Weltauffassung" wird verdeutlicht, daß Metaphysik nur der unverbindliche Ausdruck eines Lebensgefühls ist. Aber da die Kunst das adäquate Ausdrucksmittel für Lebensgefühle ist, sollten Metaphysiker lieber schweigen. Deshalb polemisiert Carnap:

> „Metaphysiker sind Musiker ohne musikalische Fähigkeit. Dafür besitzen sie eine starke Neigung zum Arbeiten im Medium des Theoretischen, zum Verknüpfen von Begriffen und Gedanken. Anstatt nun einerseits diese Neigung im Gebiet der Wissenschaft zu betätigen und andererseits das Ausdrucksbedürfnis in der Kunst zu befriedigen, vermengt der Metaphysiker beides und schafft ein Gebilde, das für die Erkenntnis gar nichts und für das Lebensgefühl etwas Unzulängliches leistet."[29]

(2) Im Neopositivismus sind die *logische* Analyse und die Übersetzung der philosophischen Probleme in eine logisch konstruierte *Kunst*sprache bei der Beurteilung der Metaphysik ausschlaggebend. In der *sprachanalytischen Philosophie*[30] dagegen bezieht man sich auf die *Umgangssprache* (ordinary language philosophy). Dabei wird Sprache nicht nur als neutrales Instrument der Informationsübertragung angesehen, sondern als ein universelles Vermögen, Wirklichkeit zu konstituieren. Denn Sprachgewohnheiten färben nicht nur auf den Denkinhalt ab, sondern sie prägen diesen. Wenn wir also die Sprache durchleuchten, erfahren wir Einzelheiten über die Struktur des Denkens und über die durch das Denken erfaßte Wirklichkeit. Schon für Humboldt war die Sprache ein geistiges Schaffen, ein „Umschaffen der Welt in das Eigentum des Geistes".[31] In neuerer Zeit vertrat B. L. Whorf das sogenannte linguistische Relativitätsprinzip, wonach „kein Individuum (die) Freiheit hat, die Natur mit völliger Unparteilichkeit

---

29 Überwindung der Metaphysik durch logische Analyse der Sprache, in: Logischer Empirismus – Der Wiener Kreis (hrsg. v. H. Schleichert) München 1975, S. 170
30 Vgl. Anhang B2a
31 Siehe dazu L. Weisgerber: Grundzüge der inhaltsbezogenen Grammatik, Düsseldorf 1962³, S. 17 ff.

Wittgensteins Philosophiekritik

zu beschreiben".[32] Menschen mit verschiedenen sprachlichen Ordnungsschemata werden unbewußt zu verschiedenen Beobachtungen und Bewertungen geführt.

(3) Als eigentlicher Wegbereiter der sprachanalytischen Philosophie gilt *L. Wittgenstein.* Schon in seiner Frühphilosophie, in welcher er durch die Verwendung von Kunstsprachen ungewollt dem Neopositivismus entscheidende Impulse gab, ist Wittgenstein überzeugt, daß die Philosophie eigentlich nur Sprachkritik sei.[33] In seiner Spätphilosophie verfolgte er diesen Gedanken konsequent weiter. An zahlreichen Stellen entwickelte er den *therapeutischen Aspekt* seiner Philosophie. Er entdeckte, daß in der Philosophie sprachliche Ausdrücke anders verwendet werden als im Alltag:

> „Wenn die Philosophen ein Wort gebrauchen – ‚Wissen‘, ‚Sein‘, ‚Gegenstand‘, ‚Ich‘, ‚Satz‘, ‚Name‘ – und das Wesen des Dings zu erfassen trachten, muß man sich immer fragen: Wird denn dieses Wort in der Sprache, in der es seine Heimat hat, je tatsächlich so gebraucht? – *Wir* führen die Wörter von ihrer metaphysischen, wieder auf ihre alltägliche Verwendung zurück."[34]

Diese Zurückführung enthält einen destruktiven Zug, ja eine „Negation der Philosophie"[35]:

> „Denn die Klarheit, die wir anstreben, ist allerdings eine *vollkommene.* Aber das heißt nur, daß die philosophischen Probleme *vollkommen* verschwinden sollen".[36]

Auch innerhalb der traditionellen Philosophie gab es immer wieder Philosophen, welche die Bedeutung der Sprache zur Klärung philosophischer Probleme erkannten. Aber in den sprachkritischen Überlegungen Platons, Aristoteles' oder Lockes werden trotzdem die uralten Fragen einer „philosophia perennis" abgehandelt. Für die radikale analytische Sprachkritik dagegen ist die Philosophie insgesamt ein Sprachmißbrauch:

> „Eine ganze Wolke von Philosophie kondensiert zu einem Tröpfchen Sprachlehre".[37]

---

32 Vgl. 2.5a
33 Tractatus logico-philosophicus, 4.0031
34 Philosophische Untersuchungen, in: Schriften 1, Frankfurt 1960, § 116
35 So der Untertitel der Abhandlung „Wittgenstein" von W. Schulz, Pfullingen 1967
36 Philosophische Untersuchungen, § 133
37 a.a.O. II, S. 534

Metaphysik 4.5

(4) Die therapeutische Interpretation des sprachanalytischen Ansatzes ist nicht die einzige. Am Beispiel der Deutung der *Religionsphilosophie* läßt sich zeigen, wie die Analytiker auch einen *positiven* Beitrag zur Philosophie liefern können.

Religionsphilosophie versteht sich als philosophische Disziplin, welche sich mit der Religion beschäftigt. Sie erhebt dabei den paradoxen Anspruch, etwas in ein vernünftiges Gesamtkonzept einordnen zu wollen, was seinem Wesen nach, eben weil es Religiöses ist, nicht voll begreifbar ist. Dieses Dilemma wird von vielen dadurch gelöst, daß man die religiösen Probleme als Scheinprobleme auflöst (so Feuerbach, Marx) oder auf andere, beispielsweise ethische Erscheinungen reduziert. Die analytische Religionsphilosophie dagegen akzeptiert die religiösen Phänomene und versucht, diese in ihren Wechselwirkungen mit der allgemeinen philosophischen Vernunft zu erfassen.

Was heißt das genauer? Die Religionsphilosophie beschreibt zunächst religiöse Phänomene. Wittgenstein spricht beispielsweise von den folgenden Erfahrungen, die man als religiös bezeichnen kann: vom Staunen über die Existenz der Welt, vom Gefühl der Geborgenheit und von der Erfahrung der persönlichen Schuld. Andere Menschen glauben an einen persönlichen Gott, dessen Inkarnation in der menschlichen Geschichte für sie bedeutsame Heilskonsequenzen bewirkt. Wieder andere berufen sich auf biologische und physikalische Weltdeutungen, um in einer Art Pantheismus eine allgemeine Sinndeutung zu finden. Bei vielen übernimmt diese Sinngebungs-Funktion die Gesellschaft. In all diesen Fällen werden Kontingenzerfahrungen bewältigt, das heißt, das ursprünglich Sinnlose und Bedrohliche wird durch die Gesamtdeutung sinnvoll und für uns Menschen erträglich.

Nach Auffassung der Analytiker finden wir uns stets schon in einer derartigen sinnvoll gedeuteten Wirklichkeit vor, die als Lebenswelt unsere Vorstellungen und Entscheidungen wertmäßig mitbestimmt. Wir haben immer schon Kontingenz bewältigt, sonst könnten wir nicht existieren. Aber die Kontingenzbewältigung erfolgt legitimerweise nicht durch die Philosophen, wie es in dem Pantheismus-Beispiel (z. B. durch Spinoza) geschieht. Sondern die Philosophie hat die Aufgabe, die spezielle Art der Sinngebung und Bewältigung kritisch zu untersuchen. Das heißt, die Religionsphilosophie muß folgende Fragen zu lösen versuchen:
– Wie funktioniert religiöse Sprache?
– Welches sind ihre spezifischen Sprachregeln?

Analytische Religionsphilosophie

- Sind diese Qualifikationen intersubjektiv verständlich?
- Sind die Aussagen in sich stimmig und widersprechen sie sich nicht fortwährend?
- Welche Leitbegriffe bestimmen und normieren die Gesamtsicht?
- Sind die Ableitungen aus den Leitbegriffen überzeugend?

Religionsphilosophie ist demnach nicht dazu da, unseren Glauben zu stützen oder zu unterminieren („1. und 2. Bochenski-These").[38] Sie kann uns auch nicht zum Glauben führen. Denn sie fragt nur, was sein muß, *wenn jemand glaubt.* Sie hat ihre Aufgabe dann erfüllt, wenn sie durch kritische Analyse zeigt, daß das Geglaubte unter Wahrung der Vernunftprinzipien vertretbar und damit eine verantwortungsbewußte Existenzform ist.[39]

Auch in anderen Streitfragen traut der Analytiker der Philosophie nicht allzuviel zu. Er entwirft nicht „große Lösungen" und „weltbewegende Erkenntnissysteme", sondern analysiert vorgeschlagene Lösungen und vertretene Erkenntnissysteme auf ihre innere Stimmigkeit und Vernünftigkeit. Insofern hat die Sprachkritik durchaus eine positive Funktion: sie zeigt auf, wo Unsinn gedacht wird, weil sich das Gedachte selbst aufhebt, und sie bestätigt solche Gedanken, die sich vernünftig in eine vertretbare Lebensform einordnen lassen.

(5) Die Vorstellung der analytischen Philosophie, daß mit der Berufung auf die Umgangssprache alle metaphysischen Probleme aus der Welt geschafft sind, hat die Philosophen zu heftiger Gegenkritik veranlaßt:

- Die sprachanalytische Philosophie enthält ein normatives Dogma, nämlich daß der Sprachgebrauch an sich unantastbar und unhintergehbar sei. Wie lassen sich neue Entwicklungen und revolutionäre Änderungen erklären, wenn die Sprache einerseits Wirklichkeit konstituiert, andererseits aber alles so lassen soll, wie es ist?
- Die Sprachanalyse ist vage und unpräzise, weil sie die zugrundeliegenden Strukturen nicht explizit machen kann. Immer wieder wird

---

38 In dem Vortrag: „Zur Religionsphilosophie" zur Eröffnung des 8. Internationalen Wittgenstein-Symposiums in Kirchberg am 16. 8. 1983 hat Bochenski zwölf Thesen aufgestellt, welche die Aufgabe der Religionsphilosophie umreißen.

39 In K. Wuchterl „Philosophie und Religion – Zur Aktualität der Religionsphilosophie", Bern/Stuttgart 1982, wird dieser sprach-analytische Ansatz weiterentwickelt.

Metaphysik 4.5–4.6

vom falschen Sprachgebrauch gesprochen, ohne daß der richtige
Gebrauch begründet werden könnte.
– Die Sprachanalyse verläßt sich auf die „heile Welt des common
sense". So bleibt sie blind für wissenschafts- und gesellschaftskriti-
sche Entwicklungen. Lebenswelten sind keine unveränderlichen
Größen, sondern befinden sich in ständiger Veränderung.
– Das Beharren auf das in der Sprache zum Ausdruck kommende
Selbstverständnis ist selbst ein metaphysischer Akt, nämlich eine
einseitige Stellungnahme gegen die Fähigkeit des reflexiven Den-
kens, das sich selbst zum Problem macht. Aber das Verschließen der
Augen vor den philosophischen Problemen ist noch keine Bewältigung dieser Probleme.[40]

4.6 Neuere Diskussionen: Deskriptive Metaphysik und prag-
matische Offenheit

(1) Der Einfluß des wissenschaftlichen, analytischen, psychologischen
und soziologischen Denkens auf die Philosophie hat seine unverkenn-
baren Spuren hinterlassen. Das philosophische Selbstbewußtsein hat
gelitten. Natur- und Sprachwissenschaftler, Kulturkritiker und Theologen, Psychologen und Journalisten streiten der Philosophie ihre
Kompetenz ab. Zugleich betreiben sie unter dem Deckmantel anderer
Kompetenzen selbst eine Art Philosophie. Es ist erstaunlich, mit welcher Selbstsicherheit und Naivität dabei uralte Gedanken und Kli-
schees als moderne Kritik angeboten werden.
Doch Philosophie darf sich nicht von den sogenannten Fachleuten
blenden lassen. Sie hat die Aufgabe, solchen schnellen Antworten immer wieder ihr Grundprinzip der kritischen Frage entgegenzustellen
und dabei zugleich darauf zu bestehen, von der Wahrheit zu sprechen.
Adorno beschreibt diesen Widerspruch als das eigentliche Element
der Philosophie:

„Der Totalitätsanspruch der traditionellen Philosophie, kulminierend in der
These von der Vernünftigkeit des Wirklichen, ist nicht zu trennen von Apo-
logetik. Die aber ist absurd geworden. Philosophie, die sich noch als total,
als System aufwürfe, würde zum Wahnsystem. Gibt sie jedoch den Anspruch
auf Totalität auf, beansprucht sie nicht länger mehr, aus sich heraus das
Ganze zu entfalten, das die Wahrheit sein soll, so gerät sie in Konflikt mit ih-

40 Zur Darstellung und ausführlichen Kritik der sprachanalytischen Methode
siehe K. Wuchterl: Methoden der Gegenwartsphilosophie, Bern/Stuttgart
1977, S. 69 ff.

220

Deskriptive Metaphysik

rer gesamten Überlieferung... Nicht länger ist sie dann ein sich selbst genügender, stringenter Begründungszusammenhang."

„Philosophie, wie sie nach allem allein zu verantworten wäre, dürfte nicht länger des Absoluten sich mächtig dünken, ja müßte den Gedanken daran sich verbieten, um ihn nicht zu verraten, und doch vom emphatischen Begriff der Wahrheit nichts sich abmarkten lassen. Dieser Widerspruch ist ihr Element. Es bestimmt sie als negative. Kants berühmtes Diktum, der kritische Weg sei allein noch offen, gehört zu jenen Sätzen, in denen die Philosophie, aus der sie stammen, die Probe besteht, indem sie, als Bruchstück, das System überdauern."[41]

Welchen Stellenwert hat dann die Metaphysik in einer Zeit, in der man der Rede von der Wahrheit des Ganzen, von Weltweisheitslehren, von großen Systemen und von Letztbegründungen so kritisch gegenübersteht?

(2) Nach einer Epoche der Metaphysikfeindlichkeit im Neopositivismus und Neomarxismus, sowie nach Heideggers „Überwindung der Metaphysik" ist diese Disziplin heute durchaus wieder ein Thema der Philosophie. Dabei schlägt sich allerdings die Erfahrung jener Kritiken im Metaphysik-Begriff selbst nieder. Metaphysik ist nicht mehr die Lehre von den ewigen Wahrheiten einer transzendenten Welt, sondern sie erinnert sich ihrer ontologischen Thematik. Die Einsicht, daß der Empirismus mit theoriegetränkten Objekten arbeitet und daß die Bewußtseins-, Sozial- und Seinsphilosophien sprachliche Implikationen enthalten, die ein bestimmtes ontologisches Verständnis voraussetzen, zeigt die Bedeutsamkeit bestimmter Grundkategorien in allen philosophischen Reflexionen. Metaphysik betrifft daher heute die Analyse der ontologischen Voraussetzungen, die in den philosophischen und wissenschaftlichen Theorien über die Wirklichkeit gemacht werden. Die einst spekulative Metaphysik ist zu einer *deskriptiven Metaphysik* geworden.

Mathematiker sprechen von der Existenz von Primzahlen, Irrationalzahlen und Integralen; Physiker fordern die Existenz von Elementarteilchen; Systemtheoretiker verstehen das Universum als ein Gebilde fließender Gleichgewichtszustände; Soziologen beschreiben Staats- und Gesellschaftsgebilde; Philosophen schließlich kennen Reflexionen und Intentionen, Willensakte und Bewußtseinsvorgänge. In allen diesen Theorien wird von Seiendem gesprochen, aber in je verschiedenem Sinne. Mit der Verbreitung einer bestimmten Theorie hat man sich auf eine bestimmte *Ontologie* verpflichtet (Quine: ontological commitment), d. h. man bekennt sich zu einer Realitätsannahme, die man zu rechtfertigen, mit anderen zu vergleichen und als bes-

41 Wozu noch Philosophie? in: Eingriffe, Frankfurt 1963, S. 13 u. 14

Metaphysik 4.6

ser auszuweisen hat. In einer exakten Theorie treten die Seinsannahmen als Variablenbereiche hinter den Quantoren auf: „Es gibt x, für die gilt...“; „Für alle x gilt...“. Das jeweils Seiende ist die Einsetzung für die Variable x. Deshalb definiert Quine: Sein ist Wert-einer-Variablen-Sein („To be ist to be the value of a variable“).[42] Metaphysik beschreibt diese Einsetzungsbereiche oder das für diese Theorie Seiende als solches (Aristoteles).

(3) Die metaphysischen Entwürfe betreffen demnach keine spektakulären Systemgebäude oder universelle Weltanschauungen, sondern ontologische Seinsannahmen, die allein unser Sprechen und Theoretisieren über Wirklichkeit ermöglichen. Die Frage, ob es einige Gemeinsamkeiten für alle Entwürfe gibt oder je nach Untersuchungsbereich ganz verschiedenartige Annahmen zweckmäßig sind, ist offen. Dem einseitigen Absolutheitsanspruch ist die Toleranz gewichen, die Theorie den je anstehenden Problemen anzupassen. So stellt man auch in der Metaphysik eine *pragmatische Wende* zur Offenheit fest. Dies ist nicht gleichbedeutend mit postmoderner Beliebigkeit oder mit vollständiger Relativität. Denn Theorien werden in gewissen Lebensformen entwickelt, denen selbst wieder Seinsannahmen zugrundeliegen, die sich kommunikativ bewährt haben. Diese gilt es herauszuarbeiten und auf Widerspruchsfreiheit zu überprüfen.

(4) Der traditionellen Metaphysik werden nicht nur durch die Beschränkung auf die Deskription Grenzen gesetzt. Man kann auch den Primat der Theorie, der den metaphysischen Deskriptionen zugrundeliegt, anzweifeln, indem man auf die Verschiedenartigkeit der ontologischen Ebenen in Theorie und Praxis verweist. Weil sich Theorien auf das Allgemeine beziehen, die Praxis dagegen das Einzelne und Konkrete in seiner jeweiligen Situationsgebundenheit betrifft, betont man im sogenannten *Neo-Aristotelismus* (H. Schnädelbach) die Rolle der politischen Öffentlichkeit und des bürgerlich-demokratischen Konsenses zur Rechtfertigung menschlichen Handelns. Die Metaphysik wird durch Handlungstheorien verdrängt, weil einzelwissenschaftliche Theorien die Probleme des Handelns nicht angemessen erfassen können (H. Lenk, D. Davidson u. a.). Aber selbst hier werden ontologische Voraussetzungen gemacht, die als metaphysische Konstitutions-Theorien von Intentionalität u. ä. mitgedacht werden müssen.

(5) Das völlige Verschwinden der Frage nach den letzten Dingen und nach dem Sinn des Seins aus der klassischen Metaphysik bereitet auch

---

42 Bezeichnung und Existenz. In: Sinnreich J.: Zur Philosophie der idealen Sprache, München 1972, S. 31

Zur pragmatischen Wende

Unbehagen. Einige vermissen die traditionelle Funktion der Philosophie als *Vermittlerin von Lebensweisheit.* Zwar werden Fragen des Glücks und des normativen Verhaltens in der Ethik und in der Handlungstheorie diskutiert, aber auch dort fehlt das große Pathos der Heilsverkündigung durch philosophische Vernunft.

Während noch um die Jahrhundertwende das Faktum des verbreiteten Sinnverlusts als Befreiung von einer Illusion (Nietzsche) oder gar als Heilung von einer Krankheit (Freud) gedeutet wurde, empfinden wir die Sinnleere heute wieder als Mangel. Sinn betrifft offensichtlich dasjenige, was für die Gesamtsicht von Wichtigkeit ist und mit dem Ende der System-Metaphysik verlorenging. Die Protestbewegungen der Gegenwart verstehen sich als Reaktionen auf ein vordergründiges Sichabfinden mit dem Sinnverlust. Sie suchen ihr Heil in außerkirchlicher Religiosität, fernöstlicher Meditation und in okkulten Wissenschaften. Auch weltliche Institutionen versprechen neue Sinnerfahrungen. Psychologische Beratungsstellen, Therapie- und Sozialeinrichtungen versuchen, den Einzelmenschen aus den Nöten der nihilistischen Verneinung herauszuführen.

Auch Philosophen fühlen sich verpflichtet, das unbefriedigte „metaphysische Bedürfnis" durch philosophische Praxen zu erfüllen. Gerd B. Achenbach und andere bieten philosophische Vernunft in alter sophistischer Tradition zu hohen Preisen als Religionsersatz an. Ebenso setzt man sich in der New Age-Bewegung über die Grenzen der Vernunft hinweg, um die sich ernsthafte Denker seit Kant bemühen. Obskure Weltsysteme und Heilslehren treten unter dem Deckmantel der Philosophie auf und verheißen letzte Sinnerfüllung.

(6) Sowohl die pragmatische Wende innerhalb der deskriptiven Metaphysik als auch die Exzesse einer käuflichen oder prophetischen Weisheitslehre bedeuten eine erneute Hinwendung zum Menschen, dem Zentralthema aller Philosophie. So schließt sich der Kreis. Am Anfang stand das Thema „Mensch", und am Ende sind wir wieder bei diesem Thema angelangt. Der „Mythos Philosophie", der einst in seinem Absolutheitsanspruch die Religion und alle Wissenschaften verdrängen wollte, wird wieder zur „Magd", die uns hilft, in den konkreten Situationen Grundorientierungen und intellektuelle Selbstsicherheit zu finden.

Anhang A   Drei Lebensbilder: Sokrates –
Kant – Wittgenstein

Wenn Philosophie etwas mit Lebensweisheit zu tun hat, dann stellt sich die Frage, ob nicht die Biographie eines Philosophen eine notwendige Voraussetzung zum Verständnis seiner Philosophie ist. In *Sokrates* bestätigt sich der enge Zusammenhang von Philosophie und Lebensweg; denn sein Leben ist zugleich seine Philosophie. Aber Sokrates hat keine philosophische Lehre im üblichen Sinne hinterlassen. Bei *Kant* und den meisten anderen Philosophen spielt die Biographie eine ganz unwesentliche Rolle; das philosophische Werk ist allgemein und spricht für sich. Trotzdem werfen biographische Kenntnisse gelegentlich interessante Schlaglichter auf einzelne philosophische Probleme, wie man am Beispiel des Lebens und der Lehre *Wittgensteins* erkennen kann. Die Biographie kann in Einzelfällen Motivationen und Ursprünge bestimmter philosophischer Thesen, die Wirkungsmächtigkeit philosophischer Lehren und vor allem die Lebendigkeit des abstrakt Gedachten verdeutlichen.

A1. Sokrates (469–399 v. Chr.)

Sokrates gehört zu den wenigen Philosophen, die für ihre philosophische Überzeugung in den Tod gegangen sind. Die griechische Patristik hat ihn deshalb mit Christus verglichen; beide haben sich der Wahrheit geopfert. Aber Sokrates hat keine Religion verkündet und kein philosophisches System geschaffen, auf welche sich Kritiker und Richter in ihrem Urteil beziehen könnten. Als Sohn eines einfachen Bildhauers und einer Hebamme geboren, äußerlich von fast häßlichem Aussehen, ohne festen Beruf, ohne aufsehenerregende Karriere, mit einer streitsüchtigen Frau verheiratet, lebt er das Leben eines Außenseiters ohne bemerkenswertere Ereignisse, wenn man von einigen heldenhaften Episoden aus seiner Soldatenzeit absieht.

Seine wichtigste Beschäftigung ist das Gespräch in aristokratischen Freundeskreisen und in der Öffentlichkeit mit einfachen Bürgern. Er gründet keine Schule und hält keine Vorlesungen, sondern knüpft an die persönliche Situation des Gesprächspartners an, befragt ihn nach

Sokrates

seinen Problemen, übernimmt zunächst ironisch die Rolle dessen, der sich belehren läßt, bis er dann durch hartnäckiges Weiterfragen den Standpunkt der anderen verunsichert und prinzipiell in Frage stellt („sokratische Ironie"). Niemand ist vor seinen bohrenden Fragen sicher. Was ist Gerechtigkeit, fragt er den Richter; was ist Tapferkeit, soll der Feldherr beantworten; was ist Frömmigkeit, Tugend oder Patriotismus, sind die herausfordernden Fragen an die nächsten. Was auf viele nur als Belästigung oder als Allüre eines Taugenichts wirkt, was die Ehefrau Xanthippe zur keifenden Furie macht, weil Frau und Kinder vernachlässigt werden, das alles hat durchaus seinen Sinn und seine Methode.

Seit Jahren wurde das alte mythologische Weltbild und die auf religiöse Fundamente errichtete Staatsordnung durch eine um sich greifende Aufklärung verunsichert. Durch die Tätigkeit der Sophisten hat sich der Blick von den alten kosmologischen Spekulationen abgewandt und neuerdings auf die politische und gesellschaftliche Praxis gerichtet. An die Stelle von Fragen nach altehrwürdigen Wahrheiten traten persönliche Interessen, politische Karriere und egoistische Bereicherung. Die sophistische Rhetorik stellte alle Mittel zur Erreichung solch eigennütziger Ziele zur Verfügung. Und gegen eben diese praktische Selbstsicherheit, die auf ethische Rechtfertigung und auf Begründung durch Wahrheit glaubt verzichten zu können, richtet sich Sokrates. Sein Fragen zielt auf die Entlarvung der Unwissenheit der sich ihrer Sache so sicheren Gesprächspartner. Damit will Sokrates nicht etwa die Grundlagen des Staates und der Sittlichkeit in Frage stellen – dies haben schon die Sophisten zur Genüge getan –, sondern es geht ihm um den Nachweis, daß die sophistische Praxis auf Sand gebaut ist. Nach Sokrates ist rechtes Denken nur möglich, wenn es persönlich verantwortet werden kann. Man kann sich nicht unter dem Deckmantel der Demokratie auf die Meinung der verderbten Massen berufen. Klarheit der Überzeugung, Deutlichkeit der Begriffe und Mut zur Wahrhaftigkeit sind ausschlaggebend. Theoretische Überlegung und praktisches Handeln müssen zusammenfallen: Das Böse ist auf Irrtum zurückführbar, das Gute ist das Vernünftige; Weisheit und Tugend sind eins. Seine Gespräche zielen so auf die alles entscheidende Frage, wie man sich verhalten muß, um ganz Mensch zu sein.

Die Intensität und Ehrlichkeit des Fragens bezaubert die Jugend Athens. Weil Sokrates keine inhaltliche Lehre vermittelt, ist der persönliche Kontakt entscheidend. Dem Außenstehenden muß das radikale Infragestellen verdächtig erscheinen. So geschieht es denn auch, daß man ihn vor Gericht zitiert und der Verführung der Jugend sowie

Anhang A

der Zersetzung des Götterglaubens anklagt. Aber Sokrates lenkt nicht etwa ein, sondern er reizt in seiner Verteidigungsrede die Richter durch die selbstbewußte Behauptung, daß er im Auftrag des Gottes Apollon handle. Nach der Verurteilung zum Tode weigert er sich, die von Freunden wohlvorbereitete Flucht zu ergreifen. Sokrates will nicht gegen die Gesetze des Staates verstoßen, in welchem er ein Leben lang als Bürger gelebt hat.

Im Kreise seiner Freunde trinkt er den Schierlingsbecher; er klagt nicht, sondern er tröstet vielmehr in der Gewißheit der Unsterblichkeit seiner Seele die anwesenden Freunde und sogar den Wärter, der ihm den Giftbecher reicht. Platon, der bedeutendste Schüler des Sokrates, schildert in ergreifenden Worten die letzten Stunden seines Meisters. Der Bericht schließt mit den Worten:

„Als ihm nun schon der Unterleib fast ganz kalt war, da enthüllte er sich, denn er lag verhüllt, und sagte, und das waren seine letzten Worte: O Kriton, wir sind dem Asklepios einen Hahn schuldig, entrichtet ihn den, und versäumt es ja nicht. – Das soll geschehen, sagte Kriton, sieh aber zu, ob du noch sonst etwas zu sagen hast. Als Kriton dies fragte, antwortete er aber nichts mehr, sondern bald darauf zuckte er, und der Mensch deckte ihn auf; da waren seine Augen gebrochen. Als Kriton das sah, schloß er ihm Mund und Augen.

Dies... war das Ende unseres Freundes, des Mannes, der unserm Urteil nach von den damaligen, mit denen wir es versucht haben, der trefflichste war, und auch sonst der vernünftigste und gerechteste."[1]

A2. Immanuel Kant (1724–1804)

Kants Leben geht ganz und gar in dessen Gedankenwelt auf. Von kaum einem Philosophen kann man mit gleichem Recht sagen, daß er nur für seine Lehre lebte und sich durch nichts von seiner „vorgezeichneten Bahn" abbringen ließ. Losgelöst von seinem Denken wäre sein Leben der Inbegriff des Philister-Daseins: eingezwängt in einen vorprogrammierten Tagesablauf und in eine streng pietistische Moral, eingesperrt in die Enge seiner Heimatstadt Königsberg, die er nie verließ, erlebte er Jahre ohne aufsehenerregende Ereignisse. Zielstrebig ging Kant im engen Kreis seiner Freunde und Gleichgesinnten der Beschäftigung als Universitätslehrer und Erzieher nach. Aber so farblos sein Lebenslauf war, so revolutionär waren seine Gedanken. Was er in langen Jahren sorgfältigen Denkens und stillen Reifens der Öffentlichkeit übergab, – erst mit 57 Jahren schloß er sein epochemachendes Hauptwerk, die „Kritik der reinen Vernunft", ab, – hat die Philoso-

1 Phaidon 118a, Übersetzung von F. Schleiermacher

Kant

phie-Geschichte so entscheidend geprägt, daß man Kant sicherlich zu den bedeutendsten Philosophen aller Zeiten rechnen kann.

Kant stammt aus einfachen bürgerlichen Verhältnissen. Der Vater war Sattlermeister. Die Mutter erzog die Kinder im Geist des Pietismus, den Kant auch im Collegium Fridericianum kennenlernte, wo er für das Universitätsstudium vorbereitet wurde. Er wandte sich im Studium zuerst der Theologie zu, wechselte aber zur Philosophie und Naturwissenschaft über. Nach dem Examen verdiente er seinen Unterhalt als Hauslehrer, Privatdozent und Hilfsbibliothekar. Es las bis zu dreißig Stunden wöchentlich: Untersuchungen zu Vulkanen, Erdbeben, Winden innerhalb der physikalischen Geographie, aber auch logische, mathematische, metaphysische, anthropologische, theologische und moralphilosophische Themen umfaßten sein Vorlesungspensum. In seiner „Theorie des Himmels" entwickelte er eine später viel beachtete Hypothese über die Entstehung der Sonnen und Planeten aus dem Urnebel („Kant-Laplacesche Nebularhypothese"). Erst 1770 erhält der bescheidene, von seinen Schülern und Freunden zwar hoch verehrte, aber von der akademischen Fachwelt kaum beachtete Philosoph eine Professur für Logik und Metaphysik. Jetzt endlich konnte er sich ohne Geldsorgen seinen philosophischen Gedanken widmen, die schließlich in seiner umwälzenden Transzendentalphilosophie gipfelten. Nur eine konsequente Tageseinteilung und eine strenge Selbstdisziplin ermöglichten es dem körperlich nicht sehr widerstandsfähigen Denker, seine Aufgaben bis ins hohe Alter zu bewältigen. Er stand um 5 Uhr früh auf und arbeitete bis zum Vorlesungsbeginn; nach der Lehrtätigkeit zog er sich wieder in die Studierstube zurück. Um 13 Uhr nahm der Junggeselle im Kreis seiner Freunde das Mittagsmahl ein, das sich infolge der Gespräche oft lange hinzog. Dann kam der Spaziergang, von dem Heinrich Heine berichtet:

„Aufstehen, Kaffeetrinken, Schreiben, Kollegienlesen, Essen, Spazierengehen, alles hatte seine bestimmte Zeit, und die Nachbarn wußten ganz genau, daß die Glocke halb vier sei, wenn Immanuel Kant in seinem grauen Leibrock, das spanische Röhrchen in der Hand, aus seiner Haustüre trat, und nach der kleinen Lindenallee wandelte, die man seinetwegen noch jetzt den Philosophengang nennt. Achtmal spazierte er dort auf und ab, in jeder Jahreszeit, und wenn das Wetter trübe war oder die grauen Wolken einen Regen verkündigten, sah man seinen Diener, den alten Lampe, ängstlich besorgt hinter ihm drein wandeln mit einem großen Regenschirm unter dem Arm, wie ein Bild der Vorsehung."[2]

2 Zur Geschichte der Religion und Philosophie in Deutschland, in: Auswahl aus seinen Werken, Berlin 1947, S. 358

Anhang A

Der Abend war der Lektüre und Gesprächen mit Besuchern gewidmet. Pünktlich um 22 Uhr ging er zu Bett.

Daß Kants Zeitgenossen und Mitbürger die Bedeutung dieses zurückgezogen lebenden und etwas wunderlichen Gelehrten durchaus erkannt hatten, wurde bei seinem Tode offenbar. Als der fast Achtzigjährige starb, erlebte Königsberg einen Leichenzug, wie ihn die Stadt noch nie gesehen hatte: Der gesamte Verkehr stand still, alle Glocken der Stadt läuteten und eine unübersehbare Menschenmenge gab dem Philosophen die letzte Ehre. Der Grund für diese Achtung konnten nicht die abstrakten philosophischen Theorien sein, um deren Verständnis sich die Fachwelt bemühte, sondern die meisten ahnten wohl, was Popper vermutet:

> „Ich möchte die Vermutung wagen, daß damals, im Jahre 1804, unter der absoluten Monarchie Friedrich Wilhelms III., jenes Glockenläuten für Kant ein Nachhall der amerikanischen und französischen Revolutionen, ein Nachhall der Ideen der Jahre 1776 und 1789, war. Kant war für seine Mitbürger zu einem Symbol dieser Ideen geworden, und sie kamen zu seinem Begräbnis, um einem Lehrer und Verkünder der Menschenrechte, der Gleichheit vor dem Gesetz, des Weltbürgertums, des ewigen Friedens auf Erden und – was vielleicht noch wichtiger ist – der Selbstbefreiung durch das Wissen zu danken."[3]

A3. Ludwig Wittgenstein (1889–1951)

Während das persönliche Schicksal des Sokrates diesen zum Inbegriff der philosophischen Existenz werden ließ und Kant durch seine intellektuelle Hochleistung in die Geistesgeschichte eingegangen ist, kann man bei Wittgenstein weder das eine noch das andere behaupten. Obwohl er ein aufregendes und in vieler Hinsicht bemerkenswertes Leben extremster Intensität und Originalität führte und obwohl man ihn wegen seiner philosophischen Analysen zu den einflußreichsten Philosophen des 20. Jahrhunderts zählt, ist Wittgenstein für die meisten Gebildeten ein Buch mit sieben Siegeln.

Das Leben Wittgensteins ist voller außergewöhnlicher Ereignisse. Schon die häusliche Umgebung, in welcher er aufwächst, ist alles andere als alltäglich. Bei den Wittgensteins, die gewissermaßen „die Krupps von Österreich" repräsentieren, verkehren nicht nur die Industriellen und Finanziers Wiens, sondern es gehen auch die Maler der Wiener Sezession und insbesondere Musiker wie Johannes Brahms,

3 Die offene Gesellschaft und ihre Feinde, I, S. 9

Joseph Joachim, Gustav Mahler und Bruno Walter, die Wagner-Kritiker E. Hanslick und M. Kalbeck und Persönlichkeiten wie Sigmund Freud ein und aus. In dieser hochkultivierten, aber zugleich auch übersensibilisierten und von Spannungen reichen Atmosphäre erlebt Wittgenstein die ersten Schicksalsschläge: zwei seiner Brüder begehen Selbstmord, ein dritter endet später im Weltkrieg auf die gleiche Weise. Ludwig entwickelt sich zum komplizierten Einzelgänger und Asketen, der immer wieder die Einsamkeit sucht. Zur Philosophie findet er erst auf Umwegen. Nach einer Privaterziehung in Wien und dem Realschulbesuch in Linz wird er in Berlin und in England zum Ingenieur ausgebildet. Über die Mathematik stößt er auf die Logik und Grundlagentheorie. Die Bekanntschaft mit Russell führt ihn schließlich zur Philosophie.

Alles was Wittgenstein anpackt, weist Spuren seiner Genialität auf. Als Ingenieur entwickelt er einige wichtige Patente. In der ersten Begegnung mit Russell ist dieser sofort von dessen Genialität überzeugt. Es entsteht eine langjährige Freundschaft. Das einzige von Wittgenstein selbst veröffentlichte philosophische Werk, der nur einige Dutzend Seiten umfassende „Tractatus logico-philosophicus", erregt in den Fachkreisen sogleich Aufsehen. Es ist während des Ersten Weltkrieges entstanden. Nach seiner Rückkehr aus italienischer Gefangenschaft verschenkt er, der damals zu den reichsten Bürgern des Landes gehört, sein gesamtes Vermögen an seine Verwandtschaft. Schon vor dem Krieg hatte er anonym eine große Summe an bedürftige Künstler wie Trakl, Rilke, Lasker-Schüler, Kokoschka und Loos gespendet. Als Dreißigjähriger drückt er nochmals die Schulbank, um Volksschullehrer zu werden. Diesen Beruf übt er dann auch sechs Jahre lang in ärmlichsten Verhältnissen aus. Von Philosophie ist keine Rede mehr. Was war geschehen? Während des Krieges lernte er Tolstojs Evangelienkommentar kennen, in der neunmonatigen Gefangenschaft am Fuße des Monte Cassino wirkten die Ideen vom „einfachen Leben" weiter. Zugleich sieht er seine philosophische Mission als beendet an. Er ist überzeugt, im „Traktat" alles Wesentliche gesagt zu haben. Das Buch endet mit einer Paradoxie und mit dem Satz „Wovon man nicht sprechen kann, darüber muß man schweigen". Lange Jahre hindurch versuchen seine Freunde vergeblich, ihn wieder für die Philosophie zu gewinnen.

Das einfache Schulmeisterdasein und seine komplizierte Persönlichkeitsstruktur können auf die Dauer nicht harmonieren. Nach einer schweren persönlichen Krise widmet er sich zwei Jahre lang der Architektur. Das Palais Stonborough, das er seiner Schwester Margarete in

Anhang A

Wien baut, ist in die Geschichte der Architektur eingegangen und steht heute unter Denkmalschutz. Dann kehrt er endlich 1929 nach Cambridge zur Philosophie zurück.

Hatte er einst durch seinen „Traktat" ungewollt den Neopositivismus entscheidend beeinflußt, so begründen nun seine neuen „Philosophischen Untersuchungen" die sogenannte sprachanalytische Philosophie, die für eine Generation lang das Denken in den angelsächsischen Ländern bestimmt. In eigenwilligen, an die sokratische Dialogmethode erinnernden Seminarveranstaltungen legt er seine Idee über den Sprachgebrauch, über Sprachspiele und Lebensform, über den Mißbrauch der Sprache durch Philosophie dar. 1938 erwirbt er die britische Staatsangehörigkeit; ein Jahr darauf erhält er einen philosophischen Lehrstuhl. Aber nur eine kurze Zeit kann er eine solche akademische Stellung mit seinem Gewissen vereinbaren. Er legt sein Amt nieder und zieht sich wieder in die Einsamkeit zurück.

Als Wittgenstein 1951 in Cambridge an Krebs stirbt, gelten seine letzten Worte seinen Freunden: „Sagen Sie ihnen, daß ich ein wundervolles Leben gehabt habe!" So waren Leben und Lehre Wittgensteins bis zur letzten Minute von Widersprüchen und Spannungen geladen. Der Ingenieur verfängt sich in der praxisfernen Grundlagentheorie, der Logiker und Grundlagenmathematiker spürt die Grenzen des Formalismus, der Fanatiker der Präzision wird ein Opfer seiner sprachlichen Lapidarität, seine Reserve gegenüber klassischen Formulierungen schlägt um in eine neue Form von Metaphysik, die angebliche Sprachlosigkeit des Existentiellen empfiehlt sich als eine neue Form sprachlicher Kommunikation innerhalb autonomer Lebenswelten.

Die Philosophie Wittgensteins beginnt erst nach seinem Tode zu wirken. Dabei greifen nicht nur Philosophen seine originellen Gedanken auf und entwickeln daraus verschiedene Versionen einer analytischen Sprachphilosophie, sondern auch Sprachwissenschaftler, Psychologen, Wissenschaftstheoretiker, Pädagogen und Soziolinguisten berufen sich auf seine Ideen. Das Leben Wittgensteins dient Dichtern wie S. Maugham und T. Bernhard als Vorlage für Romanfiguren.[4] Die eigentlichen philosophischen Intentionen Wittgensteins aber sind unnachahmlich; denn, wie K. T. Fann treffend formuliert:

„Wittgenstein war ein leidenschaftlicher Denker, dem philosophische Probleme als quälende ‚persönliche' Probleme erschienen. Liest man seine Tagebücher, so sieht man Laokoon mit der Schlange ringen. Für Wittgenstein

---

4 Vgl. S. Maugham „Auf Messers Schneide"; T. Bernhard „Der Kegel" und „Wittgensteins Neffe".

Wittgenstein

bedeutet die Philosophie ein Besessensein; ein Philosoph sein bedeutet ein solch intensives Ringen mit den Problemen, daß man sich ständig am Rande des Wahnsinns befindet. Ähnlich wie die Existentialisten windet sich Wittgenstein beim Philosophieren beständig in Seelenqualen. Nicht zufällig waren Augustinus, Kierkegaard und Dostojewskij Wittgensteins Lieblingsautoren."[5]

Literatur

Martin, G.: Sokrates, Rowohlts Bildmonograhie Nr. 128, Reinbek 1979

Schultz, U.: Kant, Rowohlts Bildmonographie Nr. 101, Reinbek 1965

Weischedel, W.: Die philosophische Hintertreppe, München 1981

Wuchterl, K., Hübner, A.: Wittgenstein, Rowohlts Bildmonographie Nr. 275, Reinbek 1979

5 Die Philosophie Wittgensteins, München 1971, S. 101

Anhang B
Problemskizzen

B1. Zur Anthropologie

a) Fünf Grundideen vom Wesen des Menschen (nach Scheler)

(1) Die religiöse Anthropologie. Die Idee des Menschen ist ein Produkt des religiösen Glaubens; sie greift auf jüdisch-christliche Mythologien zurück und ist daher für eine autonome philosophische Anthropologie irrelevant.

(2) Die Idee vom homo sapiens (oder animal rationale). Dem Menschen kommt ein spezifisches gotthaftes Agens zu, die Vernunft (Ratio, Logos), die alle andere Natur subjektiv nicht enthält. Die Vernunft ist ontologisch zugleich Prinzip der Welt, das heißt, objektiv betrachtet durchwaltet die Vernunft auch die Natur; daher ist der Mensch der Welt- und Gotteserkenntnis fähig. Vernunft als Prinzip der Weltkonstruktion.
Die Vernunft ist absolut konstant und auch unabhängig von den Trieben zur Verwirklichung ihrer Ziele fähig.
Vertreter: Platon, Aristoteles, Thomas, Descartes, Leibniz, Kant.
Bei Hegel wird der statische Logos historisch dynamisiert. Vernunft als Werdeprozeß. Geschichte als Geschichte des Selbstbewußtwerdens der ewigen Gottheit.

(3) Die Idee des homo faber (Naturalismus, Positivismus, Pragmatismus). Kein Wesensunterschied zwischen Tier und Mensch. Mensch als Triebwesen, Geist als Moment der Innenseite des allgemeinen Lebensprozesses. Mensch als Zeichen- und Werkzeugtier. Glaube an eine sinnvolle Evolution.
Drei Urtriebe: Fortpflanzungs-, Macht- und Ernährungstrieb (vgl. Freud–Nietzsche–Marx).
Vertreter: Hume, Comte, Darwin, Feuerbach, Schopenhauer, Haeckel.

(4) Der dionysische Triebmensch. Ausschaltung des Geistes und Rückgewinnung der Einordnung in das Lebensganze. Einsfühlung innerhalb des Lebensdranges.
Der Mensch als dekadentes Wesen und Deserteur des ursprünglichen wesenhaften Lebens, als Sackgasse des Lebens überhaupt.
Der Mensch als infantiler Affe mit gestörter innerer Sekretion (L. Bolk). Geist und Leben als antagonistische Mächte.
Vertreter: Nietzsche, Neuromantik, Klages, Spengler.

(5) Die Idee vom postulatorischen Atheismus
Freiheit, Verantwortung und Sinn des Daseins sind nur möglich, wenn es keinen Gott gibt.

Existenzphilosophie

Äußerste Steigerung der Souveränität (vgl. Übermensch).
Antithese zu Kants postulatorischem Theismus.
Vertreter: N. Hartmann, Kerler, Stefan-George-Kreis, Sartre.

Literatur
Scheler, M.: Mensch und Geschichte, in: Philosophische Weltanschauung,
  Bern 1954, Dalp-TB, erstmals erschienen in Monatsschrift „Die Neue Rund-
  schau", November 1926
Scheler, M.: Zur Idee des Menschen, in: Vom Umsturz der Werte, ges. Werke
  Bd. 3, Bern 1955[4]

b) Mensch und Existenz.

Die Existenzphilosophen lehnen eine allgemeine Anthropologie als philosophische Lehre ab, weil die Philosophie in ihren Augen nicht objektives, von der
individuellen geschichtlichen Person losgelöstes Wissen bereitzustellen hat,
sondern auf diese Einzelexistenz in ihrer Einmaligkeit zielt.

(1) Die Reflexion der Innerlichkeit (Kierkegaard)

Wesentliches Erkennen betrifft die Existenz	Unwesentliches Erkennen betrifft objektives Wissen
Existenzielles (subjektives, konkretes) Denken	Abstraktes Denken
Probleme: Tod, Angst, Verzweiflung, Selbstmord, Einsamkeit, Sünde	Logik, Mathematik, Natur-, Geistes- und Gesellschaftswissenschaften
Radikaler Zweifel (Verzweiflung)	theoretischer (methodischer) Zweifel (Descartes)
Heroisches Ausharren in der Verzweiflung (Camus) oder Sprung in den Glauben (Kierkegaard)	Illusionäre Überwindung des Zweifels im Selbstbewußtsein

(2) Existenzialanalyse (Heidegger)

Menschliche Existenz als Dasein (Fundamentalontologie)	Abstrakte Ontologie: Der Mensch als wissenschaftliches Objekt; existentia und essentia
Grundstrukturen: Existenzialien	Grundformen: Kategorien
Dasein als Sorge; Existenz als Eigentlichkeit	Vorhandensein als defizienter Modus des Zuhandenseins
Jemeinigkeit, Faktizität, Verstehen	Allgemeinheit; Logik und Erklärung
Verfallenheit (Gerede, Neugier, Zweideutigkeit)	Vernunft, Klarheit und Eindeutigkeit
Geschichtlichkeit, Zeitlichkeit, Sein zum Tode	Zeitloser Kosmos mit sinnvoller Einordnung der Menschen und alles Seienden

Problemskizzen: Anthropologie

(3) Existenzerhellung (Jaspers)
Vorstufe: Philosophische Weltorientierung
Gegenständliches Wissen als Ziel der Wissenschaften.
Aufdeckung der Fragwürdigkeit der objektiven Welt der Wissenschaften.
Mangel einer letzten Verstehbarkeit und Fehlen einer absoluten Weltordnung.
Transzendieren der Wissenschaften hin zur Philosophie des Menschen.

Philosophische Existenzerhellung
Aufdeckung der Fragwürdigkeit des Menschen.
Befreiung von erdichteten Sicherheiten, aber auch von skeptischer Verzweiflung durch Aktivierung des Eigentlichen im Menschen.
Entscheidung zur philosophischen Existenz der Selbstgewißheit ermöglicht sinnvolles Handeln als einzelner und in der Gemeinschaft.
Unbedingter und vorläufiger Charakter der Existenz.
Existenzerhellung als Appell.

Existenz	– Sein des Objektiven
absolutes Bewußtsein	– empirisches Bewußtsein
Freiheit	– kausale Determination
Unbedingtheit	– Zweckgerichtetheit
Geschichtlichkeit	– Einbindung in einen Kosmos
Grenzsituation	– Weltsituationen in geschichtlicher
(Tod, Krankheit, Leid, Schuld...)	Objektivität

Vollendung in der philosophischen Metaphysik
Existenz ist nur möglich in bezug auf Transzendenz.
Existentielle Vergewisserung des Absoluten als dauernder Prozeß des Scheiterns.
Vernehmen der Rätselhaftigkeit des Absoluten in der Form von Chiffren.
Sichoffenbaren der Transzendenz in der Dialektik von Hingabe und Scheitern.

Literatur

Bollnow, O.: Existenzphilosophie, Stuttgart 1955[4],

Grzesik, I. (Hrsg.): Texte der Existenzphilosophie mit Kommentarband, München 1974[3]

Heidegger, M.: Sein und Zeit, Tübingen 1957[8]

Heinemann, F.: Existenzphilosophie, lebendig oder tot? Stuttgart 1954, Urban TB

Jaspers, K.: Philosophie, 3 Bände, Berlin, Göttingen, Heidelberg 1956[3]

Kierkegaard, S.: Die Krankheit zum Tode/ Furcht und Zittern, Frankfurt/ Hamburg 1959

Stegmüller, W.: Hauptströmungen der Gegenwartsphilosophie Band 1, Stuttgart 1973[5]

Geschichtsphilosophie

c) Mensch und Geschichte

Die philosophischen Vorstellungen vom Wesen des Menschen sind mitbestimmt von den jeweiligen geschichtlichen Epochen. Mit deren Wandlungen verändern sich die anthropologischen Lehren.

Einige Grundmodelle, in denen das Verhältnis von Mensch und Geschichte erfaßt wird:

(1) Das zyklische Modell von der ewigen Wiederkehr des Gleichen	Einordnung des Menschen in das Naturganze; Orientierung am Naturrhythmus	Unterodnung der Individualität unter das Naturallgemeine	Altindische, babylonische, griechische Kultur
(2) Das lineare Modell der gerichteten Geschichtlichkeit	Der Mensch als Mitstreiter im kosmischen Heilskampf zwischen Gut und Böse; als Gestalter seiner Zukunft	Einmaligkeit, Unwiederholbarkeit, Individualität, Zukunftshoffnung	Altiranische, jüdische, christliche Kultur (Zarathustra, Augustinus)
(3) Evolutionsmodelle	Der Mensch als Produkt einer allgemeinen Entwicklung, die durch geistige (Hegel), ökonomische (Marx) oder biologische Prinzipien (Darwin, Spengler, Vollmer) bestimmt ist	Erklärung des Individuellen aus dem Allgemeinen des Bewußtseins, der Gesellschaft oder der Gattung	Europäische Neuzeit und Moderne
(4) Das skeptische Modell des Historismus	Der Mensch ist als geschichtliches Wesen nicht fixierbar und im ständigen Wandel. Unmöglichkeit der Identifizierung von prägenden Faktoren und von Großprognosen	Der Mensch als Freiheit und als Handelnder in nicht wiederholbaren Situationen	Historismus, Existentialismus, kritischer Rationalismus (Dilthey, Heidegger, Popper)

Problemskizzen: Anthropologie

Literatur

Anacker, U. und Baumgartner, H. M.: Artikel „Geschichte" in: Handbuch philosophischer Grundbegriffe, Hrsg. von Krings, H. u. a., München 1973, S. 547–557

Baumgartner, H. M. und Rüsen, J. (Hrsg.): Seminar: Geschichte und Theorie, Frankfurt 1976

Collingwood, R. G.: Philosophie der Geschichte, Stuttgart 1955 (Original 1946)

Marquard, O.: Schwierigkeiten mit der Geschichtsphilosophie, Frankfurt 1974

Müller, A. und Reckermann, A. (Hrsg.): Philosophie und Geschichte, Aschendorffs philosophische Textreihe, Kurs 4, Münster 1978[2]

Reinisch, L. (Hrsg.): Der Sinn der Geschichte, München 1974[5]

Popper, K. R.: Das Elend des Historizismus, Tübingen 1965

d) Mensch und Gesellschaft

Besonders durch den Einfluß des marxistischen Denkens wurde die Bedeutung der Gesellschaft für die Anthropologie ins allgemeine Bewußtsein gehoben. Der Marxismus richtet sich sowohl gegen den „Jargon der Eigentlichkeit" (Adorno) als auch gegen zeitlose Werttheorien humanistischer und christlicher Traditionen.

(1) Prämissen des orthodoxen Marxismus

Dialektischer Materialismus (Diamat)	Historischer Materialismus (Histomat)
Theorie des allgemeinen Seins	Systematik der gesellschaftlichen Entwicklung
Sein als dialektischer Prozeß	Der Mensch verändert die Welt; Gesellschaft als Grundbedingung menschlicher Existenz
Entwicklung als einheitlicher, notwendiger und erkennbarer Vorgang in revolutionären Sprüngen 1. Gesetz vom Übergang der Quantität zur Qualität 2. Gesetz von der gegenseitigen Durchdringung der Gegensätze	Die Geschichte des Menschen vollzieht sich in fünf Stufen (Urgemeinschaft, Sklaverei, Feudalismus, Kapitalismus, Sozialismus) Optimistische Lehre von der Emanzipation des entfremdeten Menschen zum neuen freien Menschen, Kultur

Gesellschaftsphilosophie

3. Gesetz von der Negation der Ne- als Überbau ökonomischer Lebens-
gation bedingungen;
Abhängigkeit von Produktions-
verhältnissen und -kräften.
Prinzip der Parteilichkeit in der
Philosophie.

(2) Wandlungen im Neomarxismus
Abkehr vom autoritären orthodoxen Marxismus; Rekurs auf den „frühen
Marx" und damit auf einen ökonomischen Humanismus.
Zweifel an der Kraft der Dialektik zur Selbsterlösung („negative Dialektik",
Adorno).
Umdeutung der Emanzipationsziele zur Utopie (Bloch).
Verlagerung der Träger der Revolution vom Proletariat auf die Außenseiter
der Gesellschaft (Marcuse).
Einschränkung der Erkenntnis auf das, woran wir leiden (Horkheimer) und
das durch Systemveränderung verbessert werden kann.
Glaube an die Kraft des Diskurses als Mittel der Emanzipation (Habermas).

Literatur
Adorno, T.: Negative Dialektik, Frankfurt 1966
Bochenski, I. M.: Der sowjetrussische dialektische Materialismus (Diamat)
München 1956[2], Dalp-TB
Fleischer, H.: Marxismus und Geschichte, Frankfurt 1969
Garaudy, R.: Marxismus im 20. Jahrhundert, Reinbek 1969
Habermas, J.: Zur philosophischen Diskussion um Marx und den Marxismus.
In: Theorie und Praxis, Neuwied 1963
Marcuse, H.: Der eindimensionale Mensch, Neuwied 1968
Wetter, G. A.: Dialektischer Materialismus, Freiburg 1956[3]

B2. Zur Wissenschaftstheorie

a) Wissenschaft und Sprache („Sprachanalyse")

Sprache wird nicht nur als Instrument der Informationsübertragung angesehen, sondern als Element unserer Denkinhalte, Anschauungen und wissenschaftlichen Behauptungen. Unsere Sprachgewohnheiten färben auf das Ge-
sagte ab; daher ist Sprachanalyse notwendig. Je nachdem, wie Sprache verstanden wird, gibt es eine Philosophie der Idealsprache (Sprache als logisch struk-
turiertes Idealgebilde) und eine Philosophie der Normalsprache (Sprache als
pragmatisches Kommunikationssystem des Alltags).

Problemskizzen: Wissenschaftstheorie

(1) Erkenntnisprobleme der Idealsprachphilosophie

Sinnkriterien zur Festlegung, wann Sätze empirisch *sinnvoll* und wann sie, weil metaphysisch und spekulativ, *sinnlos* sind:

 I. Forderung nach vollständiger prinzipieller Verifizierbarkeit
 II. Forderung nach vollständiger prinzipieller Falsifizierbarkeit
 III. Forderung nach partieller Bestätigbarkeit
 IV. Forderung nach vollständiger Übersetzbarkeit in eine empiristische Sprache.

Semantische Theorien über Sinn und Bedeutung (Meaning and Reference):

- Freges Grundunterscheidung: Sinn als Gegebenheitsweise des Gegenstands; Bedeutung identisch mit Gegenstand als gemeintes Objekt.
- Russels empirische Wende: Erkenntnis durch Bekanntschaft (unmittelbarer Zugang zu Einzeldingen und Universalien) und durch Beschreibung (meist durch Namen, welche die Überschreitung der Grenzen der persönlichen Erfahrung ermöglichen).
- Carnaps Theorie der Extensionen (Begriffsumfänge) und Intensionen (Begriffsinhalte).
- Quines Kritik des Sinnbegriffs und seine Kritik am Begriff der Analytizität.
- Bildtheorie des frühen Wittgenstein: Isomorphie zwischen der Struktur der Welt und der Struktur der Sprache; Philosophie als reine Sprachkritik.

(2) Probleme der Normalsprachphilosophie

- Hinwendung zur Alltagssprache; Analyse ihrer Sprachgewohnheiten und Sprachregeln.
- Zurückführung der sprachlichen Bedeutung auf sprachliches Verhalten: „Die Bedeutung des Worts ist sein Gebrauch in der Sprache" (L. Wittgenstein).
- Die Funktionseinheiten der Sprache heißen bei Wittgenstein Sprachspiele. Diese sind durch Lebensformen bestimmt.
- Auswirkungen auf die Philosophie:
  (I) Therapeutischer Aspekt: Philosophische Probleme verschwinden durch Klärung von Sprachspielverwechslungen (Wittgenstein) oder von Kategorienfehlern (G. Ryle).
  (II) Handlungstheoretischer Aspekt: Primat der (Sprach-) Praxis vor der Theorie. Pragmatische Wende. Lösung philosophischer Probleme durch die Realisierung des adäquaten Sprachspiels (z. B. des Schmerzempfindens).
  (III) Linguistischer Aspekt: Sprachanalyse als Grundlage für Konstitutionstheorien (B. L. Whorf), für Sprechakttheorien (J. L. Austin; J. R. Searle) und für Transformationsgrammatiken (N. Chomsky).

Literatur

Savigny, E. von: Analytische Philosophie, Alber Kolleg Philosophie, Freiburg/München 1970

Sinnreich, J. (Hrsg.): Zur Philosophie der idealen Sprache. Texte von Quine, Tarski, Martin, Hempel und Carnap; dtv WR 4113, München 1972

Wuchterl, K.: Methoden der Gegenwartsphilosophie, UTB 646, Bern 1977

Definitionslehre

b) Definitionstheorien

(1) Traditionelle Definitionslehren
– Realdefinitionen als Wesensbestimmungen
– Nominaldefinitionen als sprachliche Vereinfachungen

Grundregel: Eine Definition geschieht durch Angabe des genus proximum (des Gattungsbegriffs) und der diffentia specifica (des Artmerkmals).

Weitere Regeln: Definitionen müssen das Wesen betreffen. Definitionen dürfen nicht zirkulär, nicht negativ und nicht unklar sein.

(2) Moderne Definitionslehre
– Explizitdefinitionen mit Hilfe logischer Äquivalenzen
– Partielle Definitionen mit Hilfe bedingter Äquivalenzen
– Rekursive Definitionen als regelhafte Erzeugung von Ausdrücken aus Grundtermen.
– Grenzfälle: implizite Definitionen durch Axiomensysteme, ostensive Definitionen durch Zeigehandlungen, Explikationen als Präzisierung vager Terme.

Grundprinzipien
– Eliminierbarkeitskriterium: Ersetzung des vorgegebenen Begriffs durch eine Menge von Begriffen, welche die logische Äquivalenz erhalten.
– Nichtkreativitätskriterium: Die Definition stellt nur Zusammenhänge analytischer Art her; sie ist zur Ableitung von Tatsachenwissen überflüssig.

Literatur

Essler, W.: Wissenschaftstheorie I, Definition und Reduktion; Alber Kolleg Philosophie, Freiburg/München 2. Auflage 1982

Savigny, E. von: Grundkurs im wissenschaftlichen Definieren; dtv, WR 4062, München 3. Aufl. 1973

c) Letztbegründungsversuche in der Gegenwart

(1) der Konstruktivismus der Erlanger Schule	*Gegentheorien*
Methodische Strenge *und* normative Grundlegung als wichtigste Ziele	Kritischer Rationalismus: methodische Strenge ohne normative Basis. Kritische Theorie: Normative Strenge ohne methodische Basis
Begründung durch die elementare	Theoretische Evidenz als letzte Be-

239

Problemskizzen: Wissenschaftstheorie

Praxis des Miteinanderlebens	gründungsbasis (Aristoteles, Descartes, Husserl) Münchhausen-Trilemma (Albert): Infiniter Prozeß, logischer Zirkel oder Abbruch der Begründung
Unhintergehbarkeit des Sprachvermögens; aber Begründbarkeit des faktischen Sprachgebrauchs	Sprache als Instrument der Vernunft (rationalistische Tradition) Hinnahme des faktischen Sprachspiels (analytische Philosophie)
Lehr- und Lernbarkeit von Sprachhandlungen ohne Zirkularität	Hermeneutischer Zirkel als unvermeidbare Verstehensstruktur
Rekonstruktion der Wissenschaftssprache, die auf das alltägliche Reden und auf wissenschaftliche Theorien Rückwirkung hat; Rekonstruktion des philosophischen Sprechens	Wissenschaft als autonomer theoretischer Entwurf (Kritischer Rationalismus) oder als logisch abgesicherte Erfahrungstheorie (Neopositivismus)

(2) Phänomenologie
Der oberste Grundsatz „Zu den Sachen selbst!" führt auf „Phänomene". Realisierung des Weges zum Phänomen durch mehrstufige Reduktionen

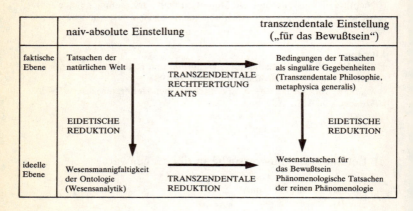

Eidetische Reduktion: Außerkraftsetzung der Generalthesis (der Überzeugung, daß die naiv vorgefundene Welt die wirkliche ist) ebnet den Zugang zum Eidos (Wesen). Entscheidendes Verfahren der Frühphänomenologie (M. Scheler, R. Ingarden, A. Pfänder, A. Reinach, D. v. Hildebrand, A. Koyré, E. Stein, H. Conrad-Martius).

Phänomenologie

Transzendentale Reduktion: Außerkraftsetzung des natürlich Gegebenen nicht durch Reflexion auf das Wesen, sondern durch die Bezugnahme auf das Bewußtsein. Gegenständliches wird zum Korrelat des Bewußtseins (Intentionalität). Absolutheit des Bewußtseins: nulla re indiget ad existendum (es bedarf keiner Sache zur Existenz). Vgl. das cogito bei Descartes. Vertreter v. a. E. Husserl; ferner O. Becker, W. Szilasi; Wirkungen auf M. Heidegger, J. P. Sartre, M. Merleau-Ponty, P. Ricœur

Phänomenologische Reduktion (oder phänomenologische Epoché): Kombination beider Reduktionen. Erfassung des Wesens als notwendiges Korrelat des Bewußtseins. Reduktion alles Sinnes auf das absolute Bewußtsein, das Residuum der transzendentalen Reduktion.

(3) Transzendentaler Pragmatismus
Nach K. O. Apel ist die Erkenntnis kein reiner Bewußtseinsprozeß (vgl. Phänomenologie), sondern ein zeichen- und sprachvermittelter realer historischer Interpretationsprozeß. Dieser vollzieht sich in allgemeinen Interaktionsgemeinschaften. Deren Realität bedarf als Bedingung ihrer Möglichkeit (transzendental) der Prämissen einer universalen idealen Kommunikationsgemeinschaft: Behauptungen setzen voraus, daß der Sprecher diese für wahr hält und durch Argumentation die Wahrheit begründen kann. Durch den damit ermöglichten Konsens ist echte Erkenntnis in der jeweils historisch andersartigen Situation möglich. Durch das Gespräch vollzieht sich eine gültige Universalisierung und damit vernünftige Intersubjektivität. Auf diese Weise werden handlungsleitende Normen unterstellt und für eine allgemeine Begründung eingesetzt (vgl. Ethik 3.5b).

Literatur
Bochenski, I. M.: Die zeitgenössischen Denkmethoden, Dalp TB 304, Bern, 1959[2]
Kamlah, W./Lorenzen, P.: Logische Propädeutik. Vorschule des vernünftigen Redens; Bi-TB 227/227a, Mannheim 1967
Wuchterl, K.: Methoden der Gegenwartsphilosophie, UTB 646, Bern 1987[2]

d) Formale Logik

Die formale Logik ist eine notwendige Bedingung zur Beschreibung der Zusammenhänge unserer Welt. Dabei werden Idealisierungen vorgenommen in dem Sinne, daß das Seiende als Selbstidentisches gedacht wird. Deshalb ist formale Logik nie zugleich hinreichende Bedingung für die Erkenntnis. Geschichtlichkeit, Einmaligkeit, Reflexivität und Subjektivität bedürfen weiterer methodischer Hilfsmittel.

Problemskizzen: Wissenschaftstheorie

(1) Klassische Theorie
Formale Logik als Lehre von der Folgerichtigkeit; dazu gehört im einzelnen die
Lehre vom Begriff – vom Urteil – vom Schluß („Syllogistik")

(α) Zum Begriff
Begriff als Denkakt, der die Elemente des Urteils liefert.

Begriffsumfang (Extension): Menge der unter den Begriff fallenden Gegenstände

Begriffsinhalt (Intension): Die Gesamtheit der wesentlichen Merkmale des Begriffs

Begriffsarten:
– qualitative oder klassifikatorische; z. B. rot, Mensch.
  Einordnung in Klassen.
– quantitative oder metrische; z. B. Höhe, Temperatur.
  Zuordnung von Zahlen.
– komparative; z. B. wärmer, härter. Zuordnung von Relationen.

(β) Zum Urteil
Urteil als Akt des Bejahens oder Verneinens der Beziehung zweier Begriffe
(Subjekt und Prädikat).

Urteilsarten nach Aristoteles:
– bejahend allgemeine: Alle S sind P; SaP
– verneinend allgemeine: Kein S ist P; SeP
– bejahend besondere: Einige S sind P; SiP
– verneinend besondere: Einige S sind nicht P; SoP

Urteilsarten nach Kant:
– der Quantität: allgemeines, besonderes, einzelnes Urteil;
– der Qualität: bejahendes, verneinendes, unendliches Urteil;
– der Relation: kategorisches, hypothetisches, disjunktives Urteil;
– der Modalität: problematisches, assertorisches, apodiktisches Urteil.

(γ) Zum Schluß
Schluß als verbindliches Verfahren der Ableitung eines Urteils (der Konklusion) aus einem oder mehreren anderen Urteilen (den Prämissen). Gültige
Formen aus zwei Prämissen und einer Konklusion heißen Syllogismen.
Beispiele:
Aus MaP und SaM folgt SaP (modus barbara)
Aus MeP und SaM folgt SeP (modus celarent)

(δ) Die logischen Grundprinzipien
Satz von der Identität: A ist A

Satz vom ausgeschlossenen Widerspruch: Es ist unmöglich, daß A und Nicht-A
zugleich wahr sind

Satz vom ausgeschlossenen Dritten (Tertium non datur): A oder Nicht-A; ein
Drittes gibt es nicht.

242

Logik

(2) Moderne Theorie (der „elementaren Logik")
Formale Logik als Lehre von den Implikationen von Aussagen und Aussageformen. Aussagen sind Schreibfiguren, denen eindeutig Wahrheitswerte „wahr" oder „falsch" zugeordnet sind.
Aussageformen sind Schreibfiguren mit Variablen, die durch Ersetzung der Variablen in Aussagen übergehen.
Aussageformen mit einer Variablen (für Namen) heißen Begriffe.

(α) Die *Aussagenlogik* (oder Junktorenlogik) handelt von der Verknüpfung der Aussagen und deren Negationen durch Junktoren (v. a. „und" „oder", „wenn – dann", „genau dann – wenn")
Definitionen der Junktoren durch Wertetafeln

A	B	$A \wedge B$	$A \vee B$	$A \to B$	$A \leftrightarrow B$
W	W	W	W	W	W
W	F	F	W	F	F
F	W	F	W	W	F
F	F	F	F	W	W

(β) Die *Prädikatenlogik* (oder Quantorenlogik) handelt von der Verknüpfung von Aussagen, die in Quantoren, Namenvariable und Prädikate zerlegbar sind.
Allaussagen: Für alle x gilt: fx; $\wedge$xfx
Existenzaussagen: Es gibt x, für die gilt: fx; $\vee$fx
Logische Gesetze (Tautologien) sind Aussageformen, die bei allen Einsetzungen (also „in allen denkbaren Welten", Leibniz) wahr werden. Die gültigen Schlußregeln beruhen auf Tautologien:
Beispiele von gültigen Schlüssen:
Modus ponens: A→B, A imp B („imp": „es folgt logisch")
Modus tollens: A→B, →B imp →A
Kontraposition: A→B imp →B → →A
Allbeseitigung: $\wedge$xfx imp fa
Existenzeinführung: fa imp $\vee$x fx
Abhängigkeit der Quantoren: $\wedge$xfx imp →$\vee$x→fx

(γ) *Axiomensystem für die Aussagenlogik* (nach Lukasiewicz)
A→ (B→A)
[A→ (B→C)] → [(A→B) → (A→C)]
[→A→ →B] →[B→A]
Modus ponens

Literatur
Menne, A.: Einführung in die Logik, UTB 34, München 1981[3]
Kutschera, F. v., Breitkopf, A.: Einführung in die moderne Logik; Freiburg, München 1971
Savigny, E. v.: Grundkurs in logischem Schließen, dtv, München 1976

B3. Zur Ethik

a) Der Werturteilsstreit

(1) Der Werturteilsstreit vor und nach dem 1. Weltkrieg
Hauptvertreter: Max Weber (1864–1920) und Eduard Spranger (1882–1963)
Grundpositionen:

Positivismus-Empirismus	*Geisteswissenschaftlich-hermeneutische Richtung*
Prinzipielle Trennung von Wert und Realität	Enge Verflochtenheit von Wert und Wirklichkeit
Voraussetzungslosigkeit der Wissenschaften	Für Geistes- und Sozialwissenschaften ist die Voraussetzungslosigkeit utopisch
Wissenschaftliche Tätigkeit als wertfreie Tatsachenfeststellung	Verstehen als Prozeß, der Werturteile als Basis des Vorverständnisses setzt
Wertfragen sind vor-rational und durch empirische Forschung ersetzbar	Wertfragen sind Ausdruck einer normierenden Weltanschauung
Operationalisierbare Lernprozesse führen zur Einsicht in Entstehung und Geltung von Normen	Wissenschaftliche Aufgabe ist die Zurückführung der Werte auf ihre weltanschaulichen Ursprünge.

Die Vermittlung durch Max Weber
Die Wertsphäre hat ihre Existenzberechtigung, kann aber nicht wissenschaftlich analysiert werden.
Werte sind für jeden Menschen von Bedeutung, aber nicht wissenschaftlich vermittelbar; denn die Wissenschaft ist wertfrei.
Folgen für die Politik: Der Wissenschaftler darf keine politischen Aussagen unter dem Deckmantel der Wissenschaft machen. Politik gehört nicht in den Hörsaal!
Die wissenschaftliche Analyse politischer Gebilde und die praktische Parteinahme sind zweierlei und nicht aufeinander zurückführbar.
Aufgabe der Wissenschaft: Idealtypische Analyse der Wirklichkeit. Idealtypen sind aber nicht reale Kräfte oder Tendenzen, sondern Grenzbereiche, die nichts mit dem Seinsollen der Werte zu tun haben.
Grenzen der Wissenschaft im praktischen Leben: Aufweis der verschiedenen letzten Stellungnahmen zu praktischen Problemen. Angabe der Tatsachen, die sich aus der getroffenen Wahl ergeben.

Werturteilsstreit

(2) Der Werturteilsstreit als Positivismusstreit der Sechziger Jahre
Hauptvertreter: Karl Popper, Hans Albert – Theodor W. Adorno, Jürgen Habermas.

a) Grundpositionen

„Positivismus" einschließlich kritischer Rationalismus und analytische Philosophie	Neomarxistische Dialektik („Kritische Theorie", „Neue Linke")
Wertfreiheit der Wissenschaften. Bezug auf eine objektive widerspruchsfreie Wirklichkeit	Normative Bindung der Forschung an die Lebenspraxis
Wahl der Forschungsgegenstände, der wissenschaftlichen Kategorien und der wissenschaftlichen Sprache aus dem objektiven Sinnzusammenhang des Seienden	Objektivität nur durch Reflexion der gesellschaftlichen Bedingtheit von Erkenntnisinteressen
Methoden der Kritik, der Falsifikation („trial and error"), der objektiven deduktiven Logik	Ganzes als dialektische Einheit, nicht falsifizierbar, nur aus der Geschichte verstehbar; Dialektik des hermeneutischen Zirkels
Interessen und Werturteile steuern zwar den Forschungsprozeß, betreffen aber nicht die inhaltliche Wahrheit (nur Entdeckungs-, nicht Begründungskontext)	Werturteile bestimmen in der Form von Erkenntnisinteressen, die gesellschaftlich vermittelt werden, die inhaltliche Wahrheit
Konservative Evolution durch Sozialtechnologie	Revolutionäre Gesellschaftsveränderung
Aufgeklärte Rationalität als Grundlage	Gesellschaftswissenschaft als Grundwissenschaft

b) Gegenseitige Vorwürfe

Dialektik als Immunisierungsstrategie	Positivismus als Ausdruck einer auf Herrschaft zielenden Gesellschaftsstruktur
Totalität als Fetisch, der Dezisionen als objektive Erkenntnisse hinstellt	Wertfreiheit als einseitige Beschränkung auf ein technisches Erkenntnisinteresse
Hermeneutisches Vorverständnis als ideologische Vorentscheidung ohne Faktenbezug	Tatsachen als Folgen einer bestimmten Gesellschaftsordnung

Problemskizzen: Ethik

Literatur

Adorno, T., Popper, K. u. a.: Der Positivismusstreit in der deutschen Soziologie, Berlin 1969

Rombach, H. (Hrsg.): Wissenschaftstheorie 1, Studienführer; Freiburg, Basel, Wien 1974, bes. H. Kanz: Voraussetzungslosigkeit und Wertproblem; H. Beck: Der Positivismusstreit.

b) Deontische Logik und der naturalistische Fehlschluß

(1) Deontische Logik oder Logik des Sollens beschränkt sich nicht auf die deskriptiven Aussagen (der Aussagen- und Prädikatenlogik), sondern bezieht normative Aussagen ein. Dazu verwendet sie zusätzlich „deontische Operatoren": („p" ist eine Aussage im Sinne der Aussagenlogik).

Vp: Es ist verboten, daß p

Ep: Es ist erlaubt, daß p   elementare Normsätze

Op: Es ist geboten, daß p

Die deontische Logik handelt von der Verknüpfung elementarer Normsätze. Die zugehörigen Gesetze finden v. a. in juristischen und ethischen Untersuchungen Anwendungen.

Beispiele deontischer Schlüsse:

Vp imp O (→p); Ep imp →Vp imp →O (→p);

Op v Oq imp O (pvq).

Dagegen ist falsch: O (pvq) imp Op v Oq.

(2) Der naturalistische Fehlschluß. Für zahlreiche ethische Begründungsversuche ist die Frage von Bedeutung, ob moralische Urteile aus Tatsachenurteilen logisch ableitbar sind. Anders formuliert: lassen sich präskriptive Urteile aus deskriptiven, läßt sich das Sollen aus dem Sein logisch ableiten?

Die deontische Logik gibt darauf eine eindeutige Antwort:

Falls die Prämissen nur deskriptive Aussagen enthalten, dann kann die Konklusion keine (ethisch relevanten) Normsätze enthalten.

Wer trotzdem vom Sein auf das Sollen schließt, begeht einen logischen Fehler, den „naturalistischen Fehlschluß".

Die Annahme der „normativen Kraft des Faktischen" ist demnach nicht durch einen gültigen logischen Schluß zu rechtfertigen, sondern enthält einen zusätzlichen normativen Akt.

Literatur

Frankena, W. K.: Analytische Ethik. Eine Einführung, dtv, München 1972

Kutschera, F. v.: Einführung in die Logik der Normen, Werte und Entscheidungen, Freiburg, München 1973

c) Tugendlehren

Die Transformation der Frage: „Was soll ich *tun*?" in die Frage: „Was soll ich *sein*?" führt auf Dispositionen und Eigenschaften des Charakters; diese heißen Tugenden. Sie können *positiv* als Ausdruck einer allgemeinen sittlichen Grundhaltung und als Ergebnisse der Aneignung des Sittengesetzes interpretiert werden. Die wichtigsten Tugenden heißen dann Kardinaltugenden. Oder aber man ordnet in einer eher *negativen* Deutung durch Relativierung die Tugenden fundamentaleren Regulativen unter.

(1) Die Kardinaltugenden
Nach Platon: Weisheit – Gerechtigkeit – Tapferkeit – Besonnenheit. Sie stellen unter den Seelenteilen die harmonische Ordnung her.

Nach Aristoteles ist die sittliche Tugend die Haltung, in der jeweiligen Situation jeweils die neue Mitte zwischen den Extremen des Übermaßes und des Mangels zu finden.

– Tapferkeit zwischen Tollkühnheit und Feigheit	praktische
– Besonnenheit zwischen Zügellosigkeit und Stumpfheit	oder ethische Tugenden
– Seelengröße zwischen Aufgeblasenheit und Kleinmut	(aretai ethikai)

Daneben gibt es theoretische oder dianoetische Tugenden (aretai dianoetikai); diese betreffen das richtige Verhalten der theoretischen Vernunft (z. B. Weisheit).
Nach Thomas sind die Kardinaltugenden noch durch die christlichen (theologischen) Tugenden zu ergänzen: Glaube – Hoffnung – Liebe.

(2) Zur Relativierung des Tugendbegriffs
In der Neuzeit werden Tugenden zu bestimmten Dispositionen innerhalb gesellschaftlicher Funktionen,
– zu „bürgerlichen Tugenden": Fleiß – Ordnung – Sparsamkeit – Pünktlichkeit usw.
– zu Nützlichkeiten für die sozialistische Revolution: Mut – Solidarität – Freundschaft – Bereitschaft zur Systemveränderung
– zu Identifikationstechniken der Psychoanalyse („Internalisierung von Tugenden")
– zur Anpassung an eine verwissenschaftlichte Welt: Klarheit – Zuverlässigkeit – Kritikfähigkeit usw.

(3) Rehabilitierung der Tugend
Bei *Scheler* wird sie als Bewußtsein eines in sich selbst Guten und Rechten beschrieben, das unsere Personstruktur prägt. Tugend ist ein lebendiges Machtbe-

Problemskizzen: Metaphysik

wußtsein zum Guten. Das Sittengesetz ist ihm nur unpersönliches Surrogat für mangelnde Tugenden. Die zentralen Tugenden sind Demut und Ehrfurcht.

Nach Höffe ist Tugend „die Disposition (Charakter) der emotionalen und kognitiven Fähigkeiten und Kräfte, das sittlich Gute zu verfolgen, so daß es weder aus Zufall noch aus Gewohnheit oder sozialem Zwang, sondern aus Freiheit, gleichwohl mit einer gewissen Notwendigkeit, nämlich aus dem Können und der (Ich-)Stärke einer sittlich gebildeten Persönlichkeit heraus geschieht".[6]

Nach Bollnows „Einfacher Sittlichkeit" wird dieser Phänomenbestand auf „einfache" Tugenden zurückgenommen wie Offenheit – Ehrlichkeit – Gründlichkeit – Mitleid – Kameradschaft – Anständigkeit, die aber gleichwohl überzeitliche Bedeutung haben.

Literatur
Bollnow, O. F.: Einfache Sittlichkeit, Göttingen 1957
Scheler, M.: Zur Rehabilitierung der Tugend, in: Vom Umsturz der Werte, Ges. Werke 3, Bern 1955

B4. Zur Metaphysik

a) Die Metaphysik als kosmologische Arché-Forschung

Die Frage nach dem Urstoff:

Thales (um 625–545 v. Chr.):	Wasser
Anaximander (611–545):	Luft
Heraklit (um 536–470):	Feuer
Empedokles (um 490–430):	Feuer, Wasser, Luft und Erde
Anaxagores (um 500–428):	Homöomerien als kleinste Bestandteile mit stofflichen Qualitäten
Demokrit (um 460–360):	Atome als letzte unteilbare Bestandteile

Die Frage nach Wirkungsprinzipien:

Pythagoras (um 580–500):	Harmonie aller Bewegungen, Zahl
Heraklit:	Werden und Veränderung (panta rhei) im Logos (als gestaltende Vernunft)
Parmenides (540–480):	Das Denken des ruhenden Seins
Empedokles:	Kräftespiel von Liebe und Haß
Demokrit:	Mechanische Wirbelbewegungen ohne Vernunftzwecke
Platon (427–347):	Ideen
Aristoteles (384–322):	Form und Materie: Potenz und Akt

6 O. Höffe: Lexikon der Ethik, München 1977, S. 243/244

Christliche Metaphysik

Literatur
Capelle, W. (Hrsg.): Die Vorsokratiker, Stuttgart 1953[4]
Glockner, H.: Die europäische Philosophie von den Anfängen bis zur Gegenwart; Stuttgart 1958

b) Patristik und Scholastik als christliche Metaphysik

1. *Patristik* (Lehre der Kirchenväter): Philosophisch-theologische Ausgestaltung der christlichen Lehre in der Auseinandersetzung mit der griechisch-römischen und orientalischen Tradition.

   Tertullian (150–220 n. Chr.): Grenzziehung zwischen menschlichem Denken und Gotteserkenntnis; credo quia absurdum (ich glaube, weil es unbegreiflich ist).

   Origines (185–254): Vermittlung der klassischen Philosophie mit dem alexandrinischen Hellenismus und mit dem Judentum.

   Augustinus (354–430): Kritik am Skeptizismus der platonischen Akademie. Synthese aus christlichem Dogma und platonischer Philosophie. Fundierung der Gotteserkenntnis in der Selbsterkenntnis.

2. *Scholastik:* Synthese von Glauben und Wissen. Aufwertung der Philosophie als Wissenschaft, doch in normativer Abhängigkeit vom christlichen Glauben.

   Vorscholastiker Johannes Eriugena (Johannes Scotus, um 810–877): Identität von wahrer Philosophie und wahrer Religion. Einbeziehung des Pseudo-Dionysius als Grundlage des späteren Mystizismus. Christliche Schöpfung als neuplatonische Emanationslehre.

   Frühscholastiker Anselm von Canterbury (1033–1109): Ausarbeitung der wissenschaftlichen Einsicht aus der Unmittelbarkeit des Glaubens; credo ut intelligam (ich glaube, damit ich einsehe). Der ontologische Gottesbeweis.

   Hochscholastik:
   Albertus Magnus (1193–1280): Wendung vom platonischen Augustinismus zum Aristotelismus. Systematische Reproduktion und Umbildung der gesamten aristotelischen Philosophie unter Berücksichtigung arabischer Kommentare. Versöhnung der christlichen Lehre mit der neuen Philosophie. Einbeziehung von Naturforschungen.

   Thomas von Aquin (1225–1274): Vollender des scholastischen Aristotelismus; Höhepunkt der Scholastik. Scharfe Grenzziehung zwischen Glauben und Wissen; Offenbarungssätze als übervernünftig und widerspruchsfrei: Gott als reine Aktualität läßt sich nur a posteriori (aus der Welt als Werk Gottes) beweisen. 1323 Heiligsprechung; doctor communis (der allgemein anerkannte Lehrer der Kirche).

Problemskizzen: Metaphysik

Duns Scotus (um 1266–1308): Kritiker des Thomismus. Primat des Willens gegenüber dem Intellekt. Göttlicher Wille als letzter Grund der sittlichen Ordnung.

Wilhelm von Ockham (um 1300–1349): Erneuerer des Nominalismus und Konzeptualismus im Gegenzug gegen den thomistischen und scotistischen Realismus (vgl. Universalienstreit). Kritische und skeptische Tendenzen. Keine Möglichkeit der Ableitung theologischer Sätze aus der Vernunft.

Spätscholastik: Weiterentwicklung des Nominalismus. Auflösung der Einheit aus Glauben und Wissen. Starke mystische Tendenzen.

Literatur
Wöhler, H.-V.: Geschichte der mittelalterlichen Philosophie, Berlin 1990
Pieper, J.: Scholastik. Gestalten und Probleme der mittelalterlichen Philosophie, München 1960

c) Der Universalienstreit

Problemstellung: Die Frage nach der logischen, ontologischen und metaphysischen Stellung der Gattungsbegriffe (= universalia).

Grundlegung in der griechischen Klassik: Platon – Aristoteles – Stoa.

Höhepunkt in der Scholastik: Roscelin, Abaelard, Duns Scotus, Wilhelm von Ockham.

Moderne Diskussion: Russell, Wittgenstein, Quine, Lesniewski, Kotarbinski, Stegmüller.

Die Positionen:

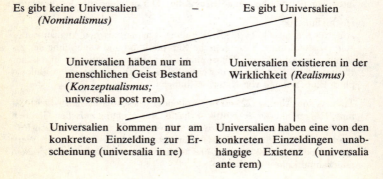

Universalienstreit

Die klassische Alternative (Platon):

Konkret-singulär	abstrakt allgemein
Körper in Raum und Zeit	Ideen (Klassen, Eigenschaften)

Moderne Kritik an der Verbindung „abstrakt-allgemein" (Stegmüller):

	konkret	abstrakt
singulär	Individuen in Raum und Zeit	abstrakte Individuen wie die Zahl 3, die Klasse der Paare...
generell	Prädikate im Bewußtsein (Konzeptualismus) oder im Sprachgebrauch (Wittgenstein)	die Ideen Platons

Moderne Positionen

Der Realismus Husserls: Sinn und Bedeutung existieren als ideale Gebilde; auch Prädikatunterschiede sind Namen. Verstehen einer Bedeutung setzt einen intentionalen Akt voraus, der auf Allgemeines geht (Phänomenologie); gegen Psychologismus.

Der Nominalismus Quines: Die Ontologie kommt explizit in den gebundenen Variablen der verwendeten Sprache zum Vorschein. „Sein" heißt, Wert einer gebundenen Variablen zu sein. Die elementare Logik ist nominalistisch; die Klassenlogik ist platonistisch und muß daher eliminiert werden. Beschränkung auf Individuen.

Der Antiessentialismus Wittgensteins: Dinge, die gleich benannt werden, müssen darüber hinaus nicht eine gemeinsame Eigenschaft haben (vgl. Familienähnlichkeiten beim Spielbegriff). Es gibt verschiedene sprachabhängige Klassifikationen; trotzdem ist eine objektive Rechtfertigung möglich, weil Klassifikationen auf menschliche Interessen zurückführbar sind.

Literatur

Küng, G.: Ontologie und Analyse der Sprache. Eine Untersuchung zur zeitgenössischen Universaliendiskussion. Wien 1963

Stegmüller, W.: Das Universalienproblem einst und jetzt, Darmstadt 1965[2] (zusammen mit Glauben, Wissen, Erkennen).

Windelband, W. – Heimsoeth, H.: Lehrbuch der Geschichte der Philosophie, Tübingen 1950[4], insbes. § 23, der Universalienstreit.

Anhang C
Literatur und Übersichten

C1. Primärtextquellen zur Vertiefung und Erweiterung der einzelnen Kapitel

Aus der Fülle der Textsammlungen zur Philosophie sind im folgenden drei Reihen für den gymnasialen Bereich (Aschendorff, Patmos, Schroedel) und zwei Reihen (UTB; Reclam) für den universitären Bereich ausgewählt und ausführlich aufgezählt. Es dürfte keine Schwierigkeiten bereiten, entsprechende Texte aus anderen Sammlungen, die eingeführt oder leicht zugänglich sind, zu finden und zur Vertiefung heranzuziehen. Verlag und Titel einiger weiterer Reihen, die für spezielle Kapitel geeignete Primärtexte zur Verfügung stellen, sind angefügt.

Aschendorff, Münster – Aschendorffs phil. Textreihe, hrsg. von A. Müller und A. Reckermann

A1 Einführungskurs (ohne Kommentar)
A2 Erkenntnis- und Wissenschaftstheorie
A3 Phil. Aspekte der Politik
A4 Philosophie und Geschichte
A5 Ethik als phil. Theorie des Handelns
A6 Anthropologie als phil. Reflexion über den Menschen

Patmos, Düsseldorf – Philosophisches Kolleg, hrsg. von E. Menne und W. Trutwin

P1	Wissenschaftstheorie	P5	Sprachphilosophie
P2	Einladung zur Philosophie	P6	Metaphysik
P3	Ethik	P7	Erkenntistheorie
P4	Anthropologie	P8	Religionsphilosophie

Schroedel, Hannover – Materialien für die Sekundarstufe II, Philosophie, hrsg. von E. Martens u. a.

S1 Diskussion – Wahrheit – Handeln
S2 Das Interesse an Freiheit
S3 Richtig oder falsch? Phil. Fragen zur Logik
S4 Was sollen wir tun? Probleme der Ethik
S5 Sprache in Theorie und Praxis
S6 Wohin mit der Religion? Aspekte der Religionsphilosophie
S7 Was heißt Glück?

Textsammlungen

S8 Was ist der Mensch? Aspekte der phil. Anthropologie
S9 Das Schöne und die Kunst. Über Ästhetik
S10 Philosophieren anfangen
S11 Wissenschaft und Alltag

Reclam, Stuttgart – Geschichte der Philosophie in Text und Darstellung, hrsg.
von R. Buber

R1	Antike	R5	Rationalismus
R2	Mittelalter	R6	Deutscher Idealismus
R3	Renaissance und frühe Neuzeit	R7	19. Jahrhundert
R4	Empirismus	R8	20. Jahrhundert

UTB-Reihe, Auswahl: Schöningh, Paderborn, Philosophische Arbeitsbücher,
Diskurs, hrsg. von W. Oelmüller u. a.

U1	Politik	U4	Geschichte
U2	Sittliche Lebensformen	U5	Kunst und Schönes
U3	Religion	U6	Metaphysik

Weitere Textreihen

BS Texte der Philosophie, hrsg. von E. Hunger u. a., BSV, München 1961.
DI Philosophie der Technik, hrsg. von K. H. Delschen u. J. Gieraths, Die-
    sterweg, Ffm. 1982.
QU Philosophiekurs Ethik, hrsg. v. J. Ossner u. a., Quelle & Meyer, Heidel-
    berg 1980.
Kl Erkenntnistheorie, hrsg. v. B. Heller, Kletts Arbeitstexte Phil., Stuttgart
    1983.
Re Erkenntnis und Sein I (Epistemologie), II (Ontologie), Arbeitstexte für
    den Unterricht, Reclam, Stuttgart 1978.

(Nach Verlag, Band und Verfasser oder Stichwort folgt die Seitenzahl)

1. Anthropologie

1.1 A6 Mirandola 1; Kant 19; Marquard 112. P2 Kant 25. P4 Kant 32; Platon
     80. S8 Mirandola 41; Kolakowski 74. R5 Geulincx 140. U2 Skinner 371.
     U3 Moses 101. Re II Ortega 122.
1.2 A6 Scheler 65. P4 Scheler 23, 33. S8 Scheler 32.
1.3 A2 Platon 2; Aristoteles 10. P4 Scheler 33; Bloch 39; Roth 65; Pieper 71.
     P4 Rucker 45; Schindewolf 46; Bachmann 53. S8 Hegel 22; Fichte 23;
     Darwin 29; Scheler 32; Plessner 36; Buytendijk 38. U6 Platon 101. Re II
     Stegmüller 52; Person 120; Sartre 207.
1.4a P4 Haeckel 48; Monod 50. R8 Bergson 55. Kl Lorenz 54; Monod 56.

Anhang C1

1.4b P4 Freud 41; Coreth 75; Platon 80; Descartes 83; Plessner 83; Lenk 40. P5 Ryle 153. R5 Descartes 99. R8 Bergson 55; Freud 76; Wittgenstein (II) 412. U2 Freud 273. Re II Leibniz 29.

1.5a P4 Platon 80. P6 Nestle 29; Platon 92; Epikur 96. S8 Aristoteles 12.

1.5b A6 Feuerbach 26; Marx 35. P4 Marx 37, 108, 117; Kreybig 109; Illich 110. P8 Feuerbach 71; Marx 74; Nietzsche 76. S8 Feuerbach 42; Hegel 55; Marx 55; Engels 57. R7 Marx 262. U3 Feuerbach 190, Marx/Engels 199.

1.5c A6 Gehlen 83. P4 Gehlen 61, 112, 118, 136; Plessner 83; Portmann 137. S8 Gehlen 30; Gehlen 65. U3 Gehlen 291. Re II Gehlen 140.

1.6 P4 Bachmann 53. S8 Kolakowski 74. Kl Evolutionäre Erkenntnistheorie 54.

2. Wissenschaftstheorie

2.1 A1 Bacon 4; Schelling 70. P1 Einstein 43. P2 Nietzsche 104. S10 Russell 15. R5 Leibniz 231.

2.2 A2 Descartes 16. P1 Jaspers 38. P2 Descartes 99; Weizsäcker 119. R5 Mersenne 91; Descartes 99; Leibniz 231. U2 Descartes 177. Re II Descartes 87.

2.3 A2 Aristoteles 10; Locke 24; Kant 36. P1 Klaus 52; Stegmüller 68, 78, 82; Hessen 70; Warnock 79; Kraft 80, 82; Popper 83, 88. P7 Bochenski 34; Leibniz 51; Locke 53; Kant 60; Kosing u. a. 87. P8 Flew 107; Mitchell 109; Hick 111; Zahrnt 116. S3 Russell 33; Wittgenstein 37. R7 Rickert 332; Re I Popper 113. R5 Malebranche 169; Pascal 182. R6 Kant 40. R8 Moore 369; James 428.

2.4a A2 Hume 30; Weizsäcker 112. P1 Hempel 54; Stegmüller 82; Popper 83; Lakatos 88. R8 Wittgenstein 292; Carnap 327; Popper 347. Re I Popper-Seiffert 113.

2.4b A1 Horkheimer/Adorno 46; Platon 53. A2 Popper 86; Habermas 100. A4 Hegel 72; Comte 86. P1 Wagner 59; Diederichsen 61; Heidegger 96; Bultmann 96; Gadamer 99. P2 Bloch 110; Zeitlupe 138; Voltaire 140; Wittmann 141; Habermas 150. P7 Adorno 176. S2 Heilberger 46. R6 Hegel 374. R7 Humboldt 40; Dilthey 385; Mill 292. R8 Dilthey 190; Gadamer 245. U2 Lübbe 344.

2.4c A2 Nietzsche 80. P1 Planck 103; Jaspers 103; Heidegger 103; Helmholtz 112; Weizsäcker 112; Born 114; Mohr 116; Pawlow 125. R8 Bloch 505.

2.5a P1 Wetter 76; Stegmüller 78, 82; Warnock 79; Kraft 80, 82; Popper 83, 85, 87; Lakatos 88; Albert 89. P2 Ayer 123. P5 Wittgenstein 123. R8 Russell 270; Wittgenstein 290.

2.5b A1 Horkheimer/Adorno 46. A2 Habermas 100. P1 Horkheimer 62, 91; Marcuse 92; Habermas 93; Wieland 95. P2 Bloch 110; Mittelstraß 128; Habermas 130. R8 Horkheimer 470; Adorno 513. U2 Horkheimer 311; Kolakowski 378.

2.5c P1 Crombie 23; Price 25; Popper 29; Kuhn 32; Weizsäcker 36; Jaspers 38; Schmitz 68; Kolakowski 107. P2 Popper 37. R7 Comte 267.

Texte zur Ergänzung

2.6 P1 Buchholz 106; Huxley 108. P2 Fichte 46; Marx 48; Dessauer 49; Jaspers 51; Weizsäcker 53; Wagner 60; Heidegger 63; Gehlen 65. R8 Bloch 505. U2 Freud 273; Foucault 362; Skinner 371. DI Jünger 65; Ottmann 112.

3. Ethik

3.1 A5 Schulz 84. P3 Hartmann 65; Gut 118, 119. S4 Beck 27. S8 Herder 21. QU Reiner 9. BS Hartmann 84.

3.2 A5 Kant 35, 39. P3 Kant 23, 87, 106, 122; Gebote 19, 20, 23, 24, 25; Wickler 39; Roth 67; Singer 134. P8 Kant 103. S4 Kant 58, 61. S8 Kant 63. R6 Kant 64, U2 Kant 196. QU Kant 48.

3.3a A5 Frankena 62. P3 Frankena 12; Wittgenstein 70; Hoerster 115; Hare 135. S4 Frankena 24. QU Hoerster 37.

3.3b A5 Kant 45; Hegel 52; Frankena 69; Schulz 100. P3 Weischedel 62; Klassifikation 75; Scheler 123; Hoerster 126; Hartmann 133; S4 Patzig 15; Frankena 24. QU Patzig 11.

3.3c A5 Aristoteles 6; Stoa 23; Cicero 26; Mark Aurel 30; Schulz 85. P3 Epikur 90; Stoa 91; Aristoteles 92; Hobbes 92; Bentham 96; Eichhorn 121; Moore 125. S4 Rousseau 46; Moore 52; Freud 64; Szczesny 72, U2 Platon 114; Aristoteles 130; Epikur 147; Diogenes 151; Seneca 156; Mill 245; Schopenhauer 251; Nietzsche 259.

3.4a A5 Kant 48; Schulz 92. P3 Weischedel 68. P4 Coreth 88; Spinoza 89; Danner 90; Hartmann 93; Sartre 95; Dienelt 96; Kant 97; Schaff 100. S8 Herder 21. U2 Sartre 353. QU Freiheit und Determinismus 17.

3.4b P3 Freud 40; Skinner 50; Hobbes 92; Nietzsche 53. S4 Schulz 43. U2 Schopenhauer 251; Nietzsche 259. R7 Schopenhauer 130. QU Stirner 41.

3.4c S8 Aristoteles 18.

3.4d A3 Aristoteles 29; Hobbes 56. A5 Platon 1; Cicero 26; Kant 40; Nietzsche 57; Frankena 74. P2 King 87; Buber 87. P3 Piaget 16; Bergpredigt 20; Menschenrechte 26; Lorenz 34; Bentham 96; Weber 98; Paulus 104; Sedlmayr 104; Bollnow 109; Singer 76. Kohl u. a. 141. S4 Mill 48; Kant 58. R5 Hobbes 32; Locke 47; Montesquieu 62. R8 Moore 369. U2 Weber 285. QU Mill 43.

3.5a A3 Platon 1; Aristoteles 29; Machiavelli 34; Hobbes 49; Locke 60; Montesquieu 70; Hegel 72. A5 Schulz 92. P3 Piaget 16; Bentham 96; Sedlmayr 104; Bollnow 109. S4 Rousseau 46. S8 Schlözer 45; Hobbes 45; Kant 52; Buber 53. R5 Bodin 26; Hobbes 32; Locke 47; Montesquieu 62; Rousseau 78. U2 Weber 285.

3.5b A5 Nietzsche 57; Schulz 84. P3 Russell 14; Wickler 14; Hartmann 69; Apel 71; Purtill 76; Gut 119; Scheler 132; Hartmann 133. S4 Plack 11; Hoerster 34; Kamlah 40; Moore 52; QU Frankena 56; Rawls 59.

3.6 P2 Fichte 46; Weizsäcker 53; Horkheimer 62; Gehlen 65, 80; Mitscherlich 66; Habermas 68; Nietzsche 81; Mao Tse-tung 83; Tolstoj 84; Gandhi 85; Buber 87; Reichert 88. P3 Gehlen 74; Albert 99; Nietzsche 107; Klomps 111. S4 Marković 68; Szczesny 72. S8 Kolakowski 74. R8 Horkheimer

Anhang C1–2

470; Bloch 505. U2 Marcuse 301; Sartre 353. DI Jonas 139. QU Aktuelle Probleme der Ethik 73.

4. Metaphysik

4.1 P6 Erste Orientierungen 11; Stegmüller 17; Nestle 29; Schopenhauer 32; Frey 132. R6 Fichte 122. R7 Comte 270. U6 Schopenhauer 213; Adorno 269.

4.2 A1 Platon 53. P6 Platon 92. R1 Platon 163, 198. U6 Platon 104; Whitehead 247. B5 Platon 6. Re I Platon 15.

4.3 P6 Martin 47. R1 Aristoteles 53. U6 Aristoteles 116. B5 Aristoteles 9. Re II Sein 161.

4.4a A1 Schelling 70; Nietzsche 78. P6 Jaeger 42; Heidegger 43. R1 Aristoteles 53; Platon 163; Plotin 369. R7 Schelling 105. U6 Anaxagoras 93; Thomas v. Aquin 146; Wilhelm v. Ockham 155. B5 Aristoteles 39; Cassirer 48. Re I Aristoteles 26. Re II Substanz 94.

4.4b A2 Kant 36, 53. P6 Agazzi 125. P7 Kant 60. R6 Kant 40. Kant 98; Anselm 99; Körner 103. U6 Kant 188. Re I Hume 35; Kant 51. Re II Ding an sich 37; Kant 42, 90.

4.5a A1 Hegel 15; Platon 53. P6 Hegel 58; Marcuse 140. P7 Hegel 67. S3 Helberger 46. R6 Hegel 332. R7 Marx 232. U6 Hegel 206. Re I Hegel 74.

4.5b P1 Heidegger 96, 103. P6 Heidegger 43. P7 Heidegger 182. R8 Heidegger 122. Re I Heidegger 92. Re II Heidegger 125.

4.5c A1 Bacon 4. P1 Warnock 79. P6 Carnap 112; Wittgenstein 115. P8 Otto 26; Grabner-Haider 37. R8 Wittgenstein 292, 412; Carnap 327; Moore 369. U6 Carnap 256. Re II Carnap 213.

4.6 P6 Stegmüller 17; Frey 133. S10 Sölle 97. R8 Moore 369; James 428; Bloch 505. U6 Merleau-Ponty 284; Kolakowski 291.

C2. Weiterführende Literatur

Da die angegebenen Werke selbst wieder zahlreiche Literaturhinweise enthalten, werden hier nur einige Einzeltitel ausgewählt. Außerdem findet man in den Anmerkungen weitere Publikationen. Zur allgemeinen Information siehe: L. Geldsetzer: Allg. Bücher- und Institutionenkunde für das Philosophiestudium, Freiburg/München 1971.

(0) Gesamtdarstellungen

Aster, E. v.: Geschichte der Philosophie, Stuttgart 1968[15]

Bochenski, I. M.: Europäische Philosophie der Gegenwart, Bern/München 1947[2]

Bochenski, I. M.: Die zeitgenössischen Denkmethoden, Bern 1965[3]

Glockner, H.: Die europäische Philosophie von den Anfängen bis zur Gegenwart, Stuttgart 1960[2]

Weitere Literatur

Martens, E./Schnädelbach, H. (Hrsg.): Philosophie – Ein Grundkurs, Hamburg 1984 (oder 1985)

Speck, J. (Hrsg.): Grundprobleme der großen Philosophen; mehrere Bände, Göttingen ab 1972

Stegmüller, W.: Die Hauptströmungen der Gegenwartsphilosophie, 2 Bände, Stuttgart 1960², 1975

Überweg, F.: Grundriß der Geschichte der Philosophie in 5 Bänden, Berlin 1923–1928

Wuchterl, K.: Methoden der Gegenwartsphilosophie, Bern/Stuttgart 1977

Wuchterl, K.: Grundkurs: Geschichte der Philosophie, 2. Aufl., Bern 1990

(1) Zur Anthropologie

Ditfurth, H. v.: Der Geist fiel nicht vom Himmel. Die Evolution unseres Bewußtseins, Hamburg 1976

Fink, E.: Grundphänomene des menschlichen Daseins, Freiburg/München 1979

Gehlen, A.: Anthropologische Forschung, Reinbek 1961

Plessner, H.: Philosophische Anthropologie, Frankfurt 1970

Spaemann, R./Löw, R.: Die Frage Wozu? München 1981

Vollmer, G.: Evolutionäre Erkenntnistheorie, Stuttgart 1981

Wuketits, F. M.: Biologische Erkenntnis. Grundlagen und Probleme, Stuttgart 1983

(2) Wissenschaftstheorie

Hübner, K.: Kritik der wissenschaftlichen Vernunft, Freiburg/München 1978

Kuhn, T. S.: Die Struktur wissenschaftlicher Revolutionen, Frankfurt 1967

Kutschera, F. v.: Wissenschaftstheorie, 2 Bde, München 1972

Popper, K. R.: Logik der Forschung, Tübingen 1971⁵

Rapp, F.: Analytische Technikphilosophie, Freiburg/München 1978

Ströcker, E.: Einführung in die Wissenschaftstheorie, Darmstadt 1973

Adorno, T. W.: Negative Dialektik, Frankfurt 1975

Gadamer, H.-G.: Wahrheit und Methode, Tübingen 1965²

Marcuse, H.: Der eindimensionale Mensch, Neuwied/Berlin 1970

(3) Ethik

Birnbacher, Dieter: Verantwortung für zukünftige Generationen, Stuttgart 1988

Frankena, W. K.: Analytische Ethik. Eine Einführung, München 1972

Kutschera, F. von: Grundlagen der Ethik, Berlin/New York 1982

Lorenz, K.: Das sogenannte Böse, Wien 1963

Patzig, G.: Ethik ohne Metaphysik, Göttingen 1971

Sachsse, H.: Technik und Verantwortung, Probleme der Ethik im technischen Zeitalter, Freiburg 1972

Spaemann, R.: Moralische Grundbegriffe, München 1982

Anhang C3

Ströker, E. (Hrsg.): Ethik der Wissenschaften? Philosophische Fragen, München 1984

(4) Metaphysik

Martin, G.: Einführung in die allgemeine Metaphysik, Stuttgart 1974

Marx, W.: Einführung in Aristoteles' Theorie vom Seienden, Freiburg 1972

Risse, W.: Metaphysik, München 1973

Sarlemijn, A.: Hegelsche Dialektik, Berlin/New York 1971

Tugendhat, E.: Vorlesungen zur Einführung in die sprachanalytische Philosophie, Frankfurt 1976

C3. Einige philosophische Wörterbücher und Zeitschriften

Eine ausführliche Aufzählung findet man in L. Geldsetzer: Allgemeine Bücher- und Institutionenkunde für das Philosophie-Studium, Freiburg/München 1971

(1) Wörterbücher

Austeda, F.: Wörterbuch der Philosophie, Humboldt-TB, Berlin o. J. (um 1973)

Braun, E./Radermacher, H.: Wissenschaftstheoretisches Lexikon, Styria, Graz/Wien/Köln 1978

Diemer, A./Frenzel, I.: Philosophie. Fischer-Lexikon, TB Frankfurt 1958; Aufgliederung nach ausführlich dargestellten Sachgebieten.

Höffe, O.: Lexikon der Ethik, Beck-TB, München 1977

Schischkoff, G.: Philosophisches Wörterbuch, Kröner Taschenausgabe, Stuttgart 1974[19]

Ausführliche deutschsprachige Lexika zum Nachschlagen in Bibliotheken:

Mittelstraß, J. (Hrsg.): Enzyklopädie Philosophie und Wissenschaftstheorie, 3 Bände, BI, Mannheim/Wien/Zürich ab 1980

J. Ritter: Historisches Wörterbuch der Philosophie, mehrere Bände, Basel 1971 ff.

(2) Deutsche Zeitschriften

Kant-Studien, Phil. Zeitschrift der Kant-Gesellschaft, Hrsg. G. Funke und J. Kopper; nicht nur auf die Philosophie Kants festgelegt; vierteljährlich, seit 1896, Bonn.

Philosophisches Jahrbuch, Zeitschrift der Görres-Gesellschaft, hrsg. von H. Krings. L. Oeing-Hanhoff, H. Rombach, A. Baruzzi, A. Halder, halbjährlich, seit 1892, Freiburg/München

Philosophischer Literaturanzeiger, hrsg. von G. Wohlandt, R. Lüthe, S. Nachtsheim, vierteljährlich, seit 1948, Meisenheim

Philosophische Rundschau, Zeitschrift für philosophische Kritik, hrsg. von R. Bubner und B. Waldenfels, vierteljährlich, seit 1953, Tübingen.

Zeitschrift für philosophische Forschung, Hrsg. H. M. Baumgartner und O. Höffe, vierteljährlich, seit 1947, Meisenheim

C4. Zeittafel: Bedeutende Philosophen

1. GRIECHISCHE PHILOSOPHIE

			Geistesgeschichtliches	Allgem. Geschichte
Vorsokratiker				
600 vor Chr.	Thales	ca. 625–545	Anfang der Philosophie	Griechische
	Pythagoras	ca. 580–500	Zahl als universelles Ordnungsprinzip	Kolonisation
500 vor Chr.	Parmenides	ca. 540–480	Sein als Gedachtes	Perserkriege
	Heraklit	ca. 536–470	„Alles fließt"; Logos-Begriff als Weltgesetz	Zeitalter des
	Protagoras	480–410	„Mensch als Maß aller Dinge"; Sophistik	Perikles
	Demokrit	ca. 460–360	Atomistisches Weltmodell; Materialismus	
Griechische Klassik				
	SOKRATES	469–399	Mensch als sittliches Wesen;	Vormacht
			„Sokratische Methode"	Sparta
400 vor Chr.	PLATON	427–347	Grundlegung der abendländischen Geist- und	
			Ideenlehre	
	ARISTOTELES	384–322	Philosophie als Wissenschaft	Alexander
			Höhepunkt des systematischen Denkens	der Große
Epigonen				
300 vor Chr.	Skeptiker	365–275	Relativismus in Moral und Erkenntnis	Hellenismus
	(z. B. Pyrrhon)			
	Epikur	341–270	Maßvoller Genuß als höchstes Gut	
	Stoa (z. B.	280–209	Sittengesetz als Vernunftgesetz.	
	Chrysippos)		Begierdefreier Seelenzustand (Ataraxia)	
200 *nach* Chr.	Neuplatoniker	204–269	Religiöse Metaphysik; Emanationslehren	CHRISTI
	(z. B. Plotin)			GEBURT
				Römisches Imperium

2. CHRISTLICHE PHILOSOPHIE

Patristik

		Geistesgeschichtliches	*Allgem. Geschichte*
400	AUGUSTINUS	354–430	Christlicher Platonismus und christliche Selbsterfahrung; Bekenntnisse	Niedergang des römischen Reiches

Scholastik

| 1000 | Anselm | 1033–1109 | Vermittlung von Wissen und Glauben. Ontologischer Gottesbeweis. Universalienstreit | Normannen in England |
| 1200 | THOMAS VON AQUIN | 1225–1274 | Christlicher Aristotelismus; Doctor ecclesiae; Theologische Summe | Hochmittelalter Kreuzzüge |

Mystik

| 1300 | Meister Eckhart | 1260–1327 | Religiöse Unmittelbarkeit durch mystisches Erleben | |

3. PHILISOPHIE DER NEUZEIT

Systematiker

1600	DESCARTES R.	1596–1650	Vater der neuzeitlichen Philosophie. Rationalismus; Cogito ergo sum. Grundlegung der modernen Naturwissenschaften	30jähriger Krieg
	Hobbes T.	1588–1679	Naturalismus. Lehre vom Staatsvertrag	
	Spinoza B.	1632–1677	Pantheismus. Ethik more geometrico	
1700	LEIBNIZ G. W.	1646–1716	Monadenlehre, Grundlegung der Aufklärung Mathesis universalis	

Zeittafel

Englischer Empirismus	(Bacon F.	1561–1626	Begründer des Empirismus. Methode der Induktion)	Aufstieg Englands
	Locke J.	1632–1704	Begründer der Erkenntnistheorie. Sensualismus	
	Hume D.	1711–1776	Kritischer Positivismus und Skeptizismus Untersuchungen zur Induktion und Kausalität	
Französische Aufklärung	Voltaire F. M.	1694–1778	Vernunftprinzip und Fortschrittsidee	Französische Revolution
	Rousseau J. J.	1712–1778	Kulturpessimismus: „Zurück zur Natur!"	
Deutscher Idealismus 1800	KANT I.	1724–1804	Transzendentalphilosophie. Kritik der reinen und der praktischen Vernunft	
	Fichte J. G.	1762–1814	Wissenschaftslehre als System der Freiheit	Herrschaft Napoleons
	HEGEL G. W. F.	1770–1831	Spekulative Geistesmetaphysik. Dialektik. Höhepunkt der Philosophie als System	
19. Jahrhundert	Schelling F. W. J.	1775–1854	Identitätsmetaphysik, Romantik	Restauration Industrialisierung
	SCHOPENHAUER A.	1788–1860	Welt als Wille und Vorstellung. Pessimistische Metaphysik des Irrationalen	
	Kierkegaard S.	1813–1855	Vorläufer der (christlichen) Existenzphilosophie	
	Feuerbach L.	1804–1872	Atheistische Anthropologie	
	MARX K.	1818–1883	Historischer Materialismus. Kommunistisches Manifest. Philosophie als Weltveränderung. Anthropologie der Arbeit	

4. NEUERE PHILOSOPHIE

Vorläufer	Dilthey W.	1833–1911	Grundlegung der Geisteswissenschaften. Philosophie der Geschichtlichkeit	Gründung des Deutschen Reiches
	Nietzsche F.	1844–1900	Metaphysik der Endlichkeit. Allgemeine Kulturkritik. Lehre vom Übermenschen, vom Willen zur Macht und der Heraufkunft des Nihilismus	
20. Jahrhundert	Neukantianismus (z. B. Cassirer E.)	1887–1945	Methodologische und wertethische Rehabilitierung der Lehre Kants	1. Weltkrieg
Phänomenologie	Husserl E.	1859–1938	Philosophie als strenge Wissenschaft der Wesensstrukturen und der Bewußtseinsleistungen. Phänomenologie der Lebenswelt	
	Scheler M.	1874–1928	Phänomenologie der Emotionen und der sittlichen Praxis (materiale Wertethik); Grundlegung der philosophischen Anthropologie	
Existenzphilosophie	Marcel G.	1889–1973	Christlicher Existenzialismus	2. Weltkrieg
	Jaspers K.	1883–1969	Existenzielles Erleben der Wahrheit im Angesicht der Transzendenz	
	Heidegger M.	1889–1973	Fundamentalontologie (Existenzanalyse) und Philosophie des Seins	
	Sartre J. P.	1905–1980	Existenzialismus als Humanismus: Der Mensch als absolute Freiheit	
Analytische Philosophie	Russell B.	1872–1970	Moderne Aufklärung durch logische Strenge „Sprachliche Wende": Philosophie als Sprachkritik. Grundlegung der sprachanalytischen Philosophie	
	Wittgenstein L.	1889–1951		

Zeittafel

	Carnap R.	1891–1970	Logischer Neopositivismus. Theorien zur Induktion und Wahrscheinlichkeit
	Popper K. R.	1902	Kritischer Rationalismus. Falsifikationismus und Probabilismus. Die offene Gesellschaft
Kritische Theorie	Adorno T. W.	1903–1969	Dialektik der Aufklärung und Negative Dialektik
	Horkheimer M.	1895–1973	Wissenschaftlicher Sozialismus; Einheit von Theorie und Praxis
	Habermas J.	1929	Sozialphilosophische Untersuchungen. Erkenntnis und Interesse
Hermeneutiker	Gadamer H.-G.	1900	Philosophie als sprachvermittelter Interpretationsprozeß
	Apel K. O.	1922	„Pragmatische Wende". Prinzipien der Interpretationsgemeinschaft

Anhang C5–6

C5. Einige Werke der philosophischen Weltliteratur in zeitlicher Reihenfolge

Anfang 4. Jh. v. Chr.
Platon: Der Staat (Politeia). Dialog in 10 Büchern

Mitte 4. Jh. v. Chr.
Aristoteles: Metaphysik, Lehrschriften (Vorlesungen) in 14 Büchern

413–426
Augustinus: Bekenntnisse (Confessiones) in 13 Büchern

1266–1273
Thomas von Aquin: Theologische Summe (Summa theologiae) in drei Teilen

1641
Descartes, R.: Meditationen über die Grundlagen der Philosophie (Meditationes de prima philosophia); 2. um einen Anhang erweiterte Auflage 1642; Paris

1677
Spinoza, B.: Die Ethik nach geometrischer Methode (more geometrico) in fünf Teilen; Opera posthuma; Amsterdam

1714
Leibniz, G. W.: Monadologie in 90 Paragraphen. Posthum veröffentlicht; geschrieben auf französisch, deutsch erstmals 1720; Frankfurt/Leipzig

1748
Hume, D.: Untersuchungen über den menschlichen Verstand (An Enquiry concerning human understanding; zuerst: Philosophical Essays concerning h. u.); London

1781
Kant, I.: Kritik der reinen Vernunft; zweite umgearbeitete Auflage 1787; Riga

1807
Hegel, G. W. F.: Die Phänomenologie des Geistes, als erster Band eines „Systems der Wissenschaft" konzipiert; Bamberg/Würzburg

1819
Schopenhauer, A.: Die Welt als Wille und Vorstellung; 2 Bände; 1. erweiterte Auflage 1844, Leipzig

1913
Husserl, E.: Ideen zu einer reinen Phänomenologie und phänomenologischen Philosophie, in: Jahrbuch für Phil. u. phän. Forschung, Band I,1; 2. Aufl. mit Korrekturen und Sachregister 1922; Halle

1927
Heidegger, M.: Sein und Zeit, in: Jahrbuch für Phil. u. phän. Forschung, Band VIII, Halle

1934
Popper, K. R.: Logik der Forschung; mehrere Neuauflagen mit Verbesserungen und Anmerkungen; Wien

1953
Wittgenstein, L.: Philosophische Untersuchungen, deutschenglisch, posthum veröffentlicht; Oxford

1960
Gadamer, H.-G.: Wahrheit und Methode; 3. erweiterte Auflage 1972; Tübingen

Historischer Einführungskurs

C6. **Ein Gang durch die Geschichte** (Skizze eines historischen Einführungskurses)

Obwohl das vorliegende Lehrbuch weitgehend systematisch aufgebaut ist, kann durch geeignete Umordnung der Inhalte auch ein historischer Kurs durchgeführt werden:

1. *Allgemeine Einleitung:* Von der Philosophie im allgemeinen A–E

2. *Die Geburt der Philosophie in der Vorsokratik:* Erste Prinzipien und letzte Gründe 4.4a – Kosmologische Arché-Forschung B4a

3. *Die Blütezeit der griechischen Philosophie:*
   a) Sokrates: Ein Lebensbild A1
   b) Platon: Anthropologie 1.5a – Höhlengleichnis und Ideenlehre 4.2
   c) Aristoteles: das Seiende und das Sein 4.3a – Kategorien 4.3b – Anthropologie 1.5a – Eudämonismus 3.4c

4. *Die christliche Synthese aus Glauben und Wissen:* Christliche Tradition im Leib-Seele-Problem 1.4b – Patristik und Scholastik B4b – Erste Prinzipien und letzte Gründe bei Thomas 4.4a

5. *Die Philosophie im Umbruch der Neuzeit:*
   a) Descartes und die Wende zum autonomen Subjekt: Grundlegung 2.2 – Metaphysik als Transzendentalphilosophie 4.4b (1)
   b) Die Zeit der großen Systeme: Spinozas Freiheitslehre 3.4a
   c) Kants kopernikanische Wende: Ein Lebensbild A2 – Urteils- und Erkenntnisarten 2.3c – Ethik 3.2, 3.4a – Metaphysik als Transzendentalphilosophie 4.4b
   d) Hegel als Höhepunkt der spekulativen Philosophie: 1.5b, (2) Dialektik 2.4b (7) – Hegel und das System 4.5a

6. *Stationen auf dem Weg zur Gegenwart:*
   a) Schopenhauer: Die Mitleid-Theorie 3.4b
   b) Marx: 1.5b
   c) Nietzsche: Einleitung C
   d) Freud: Psychoanalyse 1.4b

7. *Philosophie im 20. Jahrhundert:* Grundformen der Gegenwartsphilosophie
   a) Phänomenologie: Schelers Grundlegung der Anthropologie 1.2
   b) Philosophie der Existenz: Sartres Freiheitslehre 3.4a – Heidegger und das Ende der Metaphysik 4.5b
   c) Analytische Philosophie: Wittgenstein, ein Lebensbild A3 – Vom „Wiener Kreis" zu K. Popper 2.5a – Die analytische Kritik der Metaphysik 4.5b

Anhang C6

d) Philosophische Hermeneutik und kritische Theorie:
Wissenschaftstheorie der hermeneutischen Wissenschaften 2.4b – Von
Horkheimer bis Habermas 2.5e

e) Die pragmatische Wende: 4.6 – T. S. Kuhn und die Wissenschaftsgeschichte 2.5c

Sachregister

Absolutes (Unbedingtes) 62, 191,
  197, 203, 207, 209, 221
Akzidens 199
analytisch 90f., 110f.
Angst 214f.
Anschauungsform (Raum, Zeit)
  92, 161, 199, 205
Anthropologie, philosophische,
  Abschnitt 1
Antinomie 206
a posteriori 90f., 110f.
a priori 89f., 92f., 110f., 196,
  205
Arbeit 64f.
Arché 200, 203, 248
Atheismus 52, 62–64, 233
Aufklärung 119f.
Axiomatik 88

Begriff 59, 195
Begründung 123, 142f., 148, 176,
  181, 190, 196, 201f.
Behaviorismus 52f., 56, 77
Beobachtung 96–98, 118
Bewegung 61
Bewußtsein 42, 46f., 53–57, 62f.,
  73–75, 84, 210f.
Biologie 32, 42, 46, 60, 67f., 72

Chaos 108f.
Cogito sum 83f.

Darwinismus 40, 54
  Neo- 41
Deduktion 87f., 181
Definitionstheorie 239
Determinismus 151, 158f.
Dialektik 62, 65f., 107, 119, 154
  negative 120, 210–212, 245

Didaktik 11
Ding an sich 157
Diskurs 182f.
Drei-Stadien-Gesetz (Positivismus)
  108, 215f.

Egoismus, ethischer 159f.,
  161
Emanzipation 121f., 183
Emergenz 74f.
Empirie 20, 86, 90
Empirismus 85f., 95, 110f. 113,
  244f.
  naiver 95f., 98
Energeia 61
Entelechie 41f., 48, 61
Entfremdung 65f., 119f.
Epikureismus 149
Epiphänomenalismus 47
Erkenntnisinteresse 121f., 131
Erkenntnistheorie, Abschnitt 2
  evolutionäre (Anthropologie) 41,
  72, 74, 194
Erklärung 98–100, 105f.
Erklärungsmodell 201
Erziehung 69
Es 50
Essenz 155
Ethik, Abschnitt 3
  christliche 169, 187
  deontologische 147f.
  deskriptive 141
  Fern- 185, 189
  Gesinnungs- 170f.
  globale 185, 189
  marxistische 178
  naturbezogene 185, 189
  neue 184f.
  normative 134, 141, 146, 148
  Situations- 148

Sachregister

teleologische 147f., 160, 164
Umwelt- 186f.
Verantwortungs- 170f.
Eudämonismus 137, 148, 150,
161–163
Evolution 39f., 43, 55, 50, 73–77
Abschnitte 39
biologische 45f., 73
kosmologische 45
des Menschen 41, 46, 55
Existenz 155
Existenzphilosophie 155, 194,
233f.

Fairneß 166f., 174–176
Falsifikation 94, 97, 111, 115,
127
Fehlschluß, liberaler 176
naturalistischer 246
Finalität siehe Teleologie
Form 61
Formalismus, ethischer 148f.,
168
Forschergemeinschaft 118, 125,
128
Fortschritt 21, 120, 123–132
Freiheit 28f., 33, 37, 48f., 52, 65,
69, 76, 78, 89, 130, 138–144,
151–158, 170, 174, 194, 214
absolute 155f.
Grundformen 151f.
politische 183
Friede 150, 184
Fulguration 74, 76f.
Für-sich-Sein 31, 35f., 62, 212

Ganzes, Abschnitt 4; 107, 190,
196f., 206, 208f.
Gebote, Fundamentalgebote 136
Gehirnbiologie 56–58
Geist 33–37, 48f., 52f., 60,
66, 68, 71, 73, 100, 102, 209,
212

Geisteswissenschaften siehe Wissen-
schaften, hermeneutische
Gerechtigkeit 167f., 171, 174f.
Geschichte 59f., 65, 102, 105f.,
108, 116, 129, 155, 195, 197, 209,
212, 216, 235f.
Gesellschaft 65f., 174
offene 116
Gesellschaftstheorie 116, 236f.
Gesetz 94, 96f., 106, 111
Sitten- 138f., 157
Gesunder Menschenverstand 23f.,
88, 190
Gewissen 73, 153
Glück 132, 135, 148–150, 164,
222
Glückseligkeit siehe Eudämonismus
Goldene Regel 168
Gott 17f., 49, 60–64, 67, 82, 84f.,
148f., 153f., 169, 203, 206–209
Grund 24, 134, 190f., 197, 201–203
Satz des zureichendes Grundes
202f.
Grundrechte 169f.
Gutes, Abschnitt 3; 134f., 139,
147f., 150
höchstes Gut 148f., 163

Harmonie, prästabilierte 48
Hedonismus 149
Hermeneutik 101, 244
Höhlengleichnis 192–195
Horizontverschmelzung 103f.
Humanismus, Humanität 65, 120,
132, 156, 186, 204
Hypothese 94, 96f.

Ich 50, 84
Idealismus, deutscher 61f., 107,
208, 212
Idee 59f., 92, 192, 194f.
regulative 207f.
Identitätslehre 48, 53, 57f.
Imperativ 144f.
hypothetischer 137, 139

Sachregister

kategorischer 136, 139f., 144, 165f., 168, 185
 der Technik 131
Indeterminismus 151, 157
Induktion 86, 88, 113f., 127
 vollständige 88
Instinkt 32, 38, 70
Institution 70–72, 172f.
Intelligenz 32f., 42, 57
Interaktionstheorie 58, 75
Introspektion 53f.
Ironie, sokratische 225

Kategorie 82, 91, 198–200
Kausalität 74, 87, 91, 140, 157
Kognitionswissenschaft 56f.
Kommunikationsgemeinschaft, ideale 122, 182f.
Kommunikationsprozeß 54, 122
Kompetenz, kommunikative 122
Konstruktivismus 239f.
Kontingenz 90, 218
 -bewältigung 218
 -erfahrung 218
Kopernikanische Wende 73, 92, 205
Körper 39, 47f., 53, 60
Kosmologie, rationale 204, 206f.
Kosmos 27f., 37, 55, 60
Kritik 115–117
Kritische Theorie 118–122, 245
Kultur 33, 69f.
 -kritik 50f.
 künstliche Intelligenz 55f.
Kybernetik 29, 44, 56, 74

Lamarckismus 40, 43
Laplacescher Dämon (Weltgeist) 108, 158
Leben 31–34, 37, 41f., 44, 61, 67, 73, 77, 170
Lebensbilder, Kant 226
 Sokrates 224
 Wittgenstein 228
Lebensform 126

Legalität 146f.
Leib 34f., 37, 42, 47f., 54, 67
Letztbegründung 79, 81f., 115f., 181, 239f.
Liberalismus 172
Liebe 63, 138, 169, 211
Liebesgebot 168f.
Logik 87, 89, 91, 99f., 111, 114, 119f., 212, 215
 der Argumentation 141, 143, 182f.
 deontische 144, 246
 formale 241–243
 der Forschung 128
Logos 37, 60, 213

Marxismus 62, 65f., 154, 176, 236
 Neo- 25, 116, 237
Materialismus 47, 52, 65f., 74
Mathematik 80, 85, 87, 111, 194, 196f.
Maxime 138–140
Mensch, Abschnitt 1; 12, 77f., 223
 Definitionen 38
 Endlichkeit 67, 82, 214
 als homo sapiens 59, 232
 als Kulturwesen 69f.
 als Mängelwesen 68f., 71
 Wesen 155, 232
Metaethik 140–144
Metaphysik, Abschnitt 4; 140, 190f., 197, 207
 allgemeine (m. generalis) 191
 deskriptive 220f.
 spezielle (m. specialis) 191, 206f.
 als Transzendentalphilosophie 204–207
Methode 85, 204
 analytische 94f., 215–220
Methodenanarchismus 128f.
Mitleid 160f.
Modell 97, 113, 125, 201

Sachregister

Molekularbiologie 39, 41, 47
Monismus 47 f.
Mythos 113

Nächstenliebe 186, 198
Natur 27, 30, 152, 191, 212
Neo-Aristotelismus 222
Neutralitätsthese der Metaethik 142
Nichts 210, 213–215
Nihilismus 17, 213, 215
Normsätze 144 f.
Notwendigkeit 153–157

Ökologie 183, 185 f.
Ontologie 191, 213, 221
ontologische Differenz 198
Ordnung 108 f.

Panpsychismus 48
Paradigma 124–127
Parallelismustheorie 48
Patristik 249
Person 30, 33, 36 f., 71, 139, 157
  rationale 173
Pflicht 138
Phänomen, religiöses 218
Phänomenologie 25, 30, 240 f.
Philosophie, analytische 25, 92,
  215–220
  christliche 28, 48 f., 54, 148, 169
  Definitionen 15 f., 23, 25 f.
  erste (prima philosophia) 191
  Erwartungen 16
  als Lebenshilfe 12
  praktische 133
  sprachanalytische 216 f., 230
  als Sprachkritik 111, 217
  Standortbestimmung 17, 220 f.,
  223
  als Wissenschaft 12
Physik 89, 113, 158, 197, 201
Physikalismus 47, 74
Planetisation 55
Positivimus 108, 198, 244 f.
  Neo- 53, 110 f., 215 f., 230

-Kritik 119
-Streit 118, 122, 245
Pragmatik 194
  transzendentale 182 f., 241
pragmatische Wende 220 f., 222 f.
Praxis 65 f., 121
Neo-Aristotelismus 222
Prinzip, ethisches 143
  der Fairneß 166 f., 174 f.
  der Gerechtigkeit 144, 167, 169,
  174 f.
  der Gleichheit 144, 166 f., 174
  der Goldenen Regel 168
  Liebesgebot 168 f.
  der Nächstenliebe 168
  der Nützlichkeit 164, 169
  der Wohlfahrt 168 f.
  des Wohlwollens 144, 169
Prinzip, metaphysisches, Abschnitt
  4; 190 f.
  als causa, siehe Ursache
  erstes 200–209, 248
  des Widerspruchs 203
prognostische Relevanz 112
Psyche siehe Seele
Psychoanalyse 50–52
Psychologie 29, 162
  der Forschung 128
  rationale 206

Rationalismus 85, 87
  kritischer 95, 98, 115–117, 122,
  124
Rationalität 126 f.
Rechtfertigung 24, 123, 128 f. 143
Reduktionismus 43, 49 f., 74
Reflexion 37, 55
  kritische 24
Relativismus 135, 171 f., 179–181
  Arten 177 f.
  Kritik 177 f.
Relativitätsprinzip, linguistisches
  216
Religion 17 f., 62–64, 218 f.
  Religionskritik 18 f., 50 f., 62 f.
Religionsphilosophie 218 f.

270

Sachregister

Renaissance 204
Revolution 116
   wissenschaftliche 123f., 126f.

Scholastik 91, 249f.
Seele, Psyche 32, 34f., 37, 47–55,
   60f., 199, 206f.
Seiendes 59, 196–199, 213–215
Sein 192, 195–198, 210, 213–215
Seinsvergessenheit 214
Selbst 57
Selbstbestimmung 153f.
Selbstbewußtsein 33, 36f., 57f.,
   62f., 85
Selbstgewißheit 83, 204
Selbstorganisation der Materie 44,
   109
Selektion, Auslese 40, 46, 73, 75
Sinneserfahrung 85f., 194
Sinnfrage 16, 221–223
Sinnkriterium 110–112
Sinnvermittlung 104
Sittlichkeit 37, 73, 77f., 134f., 140,
   150, 157, 208, 225
Skepsis 83
Sonderstellung des Menschen 18,
   27f., 30f., 59, 61f., 186
Sophisten 19, 225
Sozialismus 66
Sozialverhalten 39
Sprachanalyse 54, 194, 218f.
Sprache 53f., 70, 75, 182, 216,
   237f.
   Alltags-, Umgangs- 216f., 237f.
   Beobachtungs- 95, 111f.
   Kritik 111
   theoretische 112
   Zweistufentheorie 111f.
Sprachspiel 54
Spekulation 30, 62, 98, 111,
   204
Stoff, Materie 61
Subjekt, autonomes 204f., 209
Substanz 83, 111, 199
Sünde 49, 51

synthetisch 90f., 110f.
System 190, 208–212, 220f.
Systemtheorie 46, 74, 77

Technik 109, 116, 121, 129–132
Teleologie 40f., 65, 75f.
teleomatisch 40, 45
teleonom 40, 45
Theologie 67, 213
   rationale 204, 206
Theorie 96f.
   wissenschaftliche 94f., 112, 115f.,
   128
Tod 132
Tradition 24, 31, 39, 117
transzendent 91
transzendental 91
Transzendentalien 200
Transzendentalphilosophie 90, 92,
   204–208
Transzendentalpragmatik 182
Tugend 163, 167, 247f.

Über-Ich 50
Übermensch 67
Umwelt 30, 184
Unbedingtes siehe Absolutes
Unbewußtes 50f.
Universalienstreit 250f.
Unmittelbarkeit 24, 67
Unsterblichkeit 49, 60f., 149, 208
Ursache, causa 201–203
   efficiens 202
   finalis 202
   formalis 203
   materialis 203
Urteil, Arten 89f.
   deskriptives 142, 146
   Erläuterungs- 90
   Erweiterungs- 90
   präskriptives 142, 146
   Verpflichtungs- 146
   Wert- 146
Utilitarismus 146–167, 186
   Handlungs- 165–167

Sachregister

Kritik 175 f.
Regel- 165 f.
sozialer 149
Utopie 66, 115 f., 120, 150

Verallgemeinerung in der Ethik,
siehe kategorischer Imperativ,
165 f.
Verifikation 93 f., 111
Vernunft 27, 37, 42, 60, 65, 67, 78,
84, 133 f., 138 f., 142, 163, 172 f.,
207, 209, 212
emanzipatorische 122
Grenze 20
instrumentelle 121, 131
praktische 121, 139, 144
reine 19 f., 207
Verstand 37, 86
Verstehen 100 f., 103 f., 121
Vertragstheorie 172 f.
Vitalismus 41–43, 47
Vorverständnis 103 f.

Wahrheit, Abschnitt 2; 67, 92 f.,
115, 200, 221
Adäquations-, Korrespondenz-
theorie 93
Tatsachen- 93
Vernunft- 93
Wahrscheinlichkeit 43, 74, 88,
114 f., 158, 196
Welt 206 f.
Drei-Welten-Lehre 37, 57 f.
Weltoffenheit 33, 38 f., 70
Wert 145
Einteilung 145
-Ordnung 145, 155

Werturteilsstreit 109, 244 f.
Wesen 89, 194, 199
Widerspruch 106 f., 120, 209–211
Widerspruchsfreiheit 99 f.
Wiederkehr des Gleichen 28,
39
Wiener Kreis 110 f.
Wille, freier, siehe Freiheit
guter 137, 139
Wirklichkeit 96–98, 112, 216
Wissen, Abschnitt 2
Wissenschaft 20 f., 94, 197
analytische 121
außerordentliche 124, 126
axiomatisch-deduktive 88
Einteilung 89, 121
Erfahrungs- 89
Feindlichkeit, Pessimismus 22,
109
Formal- 89
Geschichte 123 f.
hermeneutische, Geisteswissen-
schaft, 89, 100–106, 121
idiographische 95
kritische 122
Natur- 105
nomologische 95
Normal- 124, 126 f.
Wissenschaftstheorie, Abschnitt 2;
123
nach-Kunsche 123, 127
Würde des Menschen 29, 170

Zeichen 103 f.
Zirkel, hermeneutischer 103
Zufall 44
Zweifel 83

Namenregister

(Namen aus Literaturangaben ab Anhang C sind nicht aufgenommen)

Abaelard 250
Achenbach G. B. 223
Adler A. 51
Adorno T. W. 118–120, 122, 220, 236f., 245f.
Agassiz L. 40
Albert H. 98, 240, 245
Albertus Magnus 49, 249
Anacker U. 236
Anaxagoras 248
Anaximander 248
Andronikos von Rhodos 191
Anselm von Canterbury 207, 249
Apel K.-O. 122, 177, 181–183, 241
Apelt O. 194
Aristipp 149
Aristoteles 25, 38, 40, 42, 48f., 59–61, 80, 88, 92, 126, 134, 148, 150, 161–163, 191, 197–199, 202f., 217, 222, 232, 240, 242, 247f., 250
Arkesilaos 83
Augustinus A. 25, 49, 79, 148, 231, 235, 249
Austin J. L. 238

Bacon F. 115, 120
Barry B. 176
Bauer B. 62
Baumgartner H. N. 236
Beck H. 246
Becker O. 241
Bense M. 103
Bentham J. 149, 164f., 170, 187
Bergson H. 42
Bernhard T. 230
Betti E. 102
Bien G. 14, 78

Birnbacher D. 186f.
Bloch E. 237
Bochenski I. M. 219, 237, 241
Bolin W. 63
Bolk L. 232
Bollnow O. F. 221, 234, 248
Bonaventura 73
Brahe Tycho 123
Brahms J. 228
Breitkopf A. 243
Buber M. 157
Buchenau A. 81
Buhr M. 25
Busch H. J. 78

Camus A. 233
Capelle W. 249
Christus 48, 62, 152
Carnap R. 53, 110f., 113f., 127, 216, 238
Chomsky N. 238
Collingwood R. G. 236
Comte A. 111, 119, 216, 232
Conrad-Martius H. 240

Darwin Ch. 28–30, 40f., 54, 67, 72, 76, 232, 235
Daub K. 62
Davidson D. 222
Descartes R. 35, 38, 47, 58, 79, 81–87, 92, 94, 108, 185, 202, 204, 207, 232f., 240f.
Demokrit 200, 248
Dilthey W. 101, 235
Dostojewski F. M. 231
Driesch H. 42
Dühring E. 155
Duns Scotus 250

Namenregister

Eccles J. C. 36, 48, 58, 74, 158
Eigen M. 43
Einstein A. 80, 108, 117, 124, 126
Empedokles 40, 200, 248
Engels F. 64f., 154
Epikur 25, 148f.
Essler W. 239

Fann K. T. 230
Feigl H. 48, 53, 57, 110
Feuerbach L. 61–65, 67, 218, 232
Feyerabend P. 21f., 128f.
Fichte J. G. 69, 170
Fischer A. 46
Fleischer H. 237
Frankena W. K. 141, 148, 167–169,
     187f., 246
Frege G. 111, 238
Fresnel A. J. 126
Freud S. 28–30, 48–52, 223, 229
Friedländer P. 194
Friedrich Wilhelm III. 228

Gadamer H.-G. 103
Galilei G. 123
Garaudy R. 237
Gardner 57
Geach P. T. 194
George St. 233
Gehlen A. 38, 67–72
Gigon O. 162
Gilson S. 250
Glockner H. 249
Glaukon 172
Gödel K. 110
Goethe J. W. v. 42
Gohlke P. 197
Gröschel K. F. 62
Grzesik I. 234
Guardini R. 194

Habermas J. 118, 121f., 183, 237, 245
Haeckel E. 232
Hahn E. 110
Hanslick E. 229

Hartmann N. 233
Hegel G. W. F. 19, 25, 34, 62,
     64–68, 107, 153–155, 208–214,
     232, 235
Heidegger M. 21, 25, 79, 92, 132, 198,
     208, 221
Heimsoeth H. 251
Heine H. 227
Heinemann F. 234
Heisenberg W. 23, 108
Hempel C. G. 76, 99, 113, 238
Heraklit 28, 248
Hesse H. 24
Hildebrand D. v. 240
Hitler A. 115, 138
Hobbes T. 172
Hoerster N. 166–168
Höffe O. 150, 164, 173, 176, 248
Hoffmeister J. 209
Hofstadter D. R. 57
Homer 113
Horckheimer M. 118–120, 237
Hübner A. 231
Hübner K. 105f., 130
Hume D. 113f., 126, 183, 232
Huning A. 130
Husserl E. 79, 240f., 251
Huxley T. H. 40

Ingarden R. 240

Jaeger W. 28, 194
Janssen P. 69
Jaspers K. 234
Jesus siehe Christus
Joachim J. 229
Jodl J. 63
Johannes Eriugena (Scotus) 249
Jonas H. 187
Jung C. G. 51

Kalbek M. 229
Kaltenbrunner G. K. 46
Kamlah W. 241

Namenregister

Kant I. 11f., 14, 20, 25, 27, 36, 62, 89–92, 119, 133, 136–140,142, 147–150, 153, 156f., 159, 161, 167f., 170, 183–185, 190, 199, 204–209, 221f., 224, 226–228, 232f., 240, 242
Kanz H. 246
Kepler J. 123
Kerler D. H. 233
Kierkegaard S. 213, 231, 233f.
Klages L. 73, 232
Klaus G. 25
Koestler A. 42f.
Kokoschka O. 229
Kolakowski L. 31
Kopernikus N. 28–30, 126, 205
Kotarbinski T. 250
Koyré A. 240
Kraft V. 110
Krings H. 236
Kripke S. 92
Kriton 226
Krupp 228
Kuhn T. S. 21, 122–124, 126f.
Kull U. 31
Küng G. 251
Kutschera F. v. 145, 243, 246

Lakatos I. 117f., 128
Lamarck J. B. P. 40
Laplace P. S. 108, 158, 227
Lasker-Schüler E. 229
Lavoisier A. L. 126
Leibniz G. W. 42, 48, 92, 202, 204, 232
Lenin W. I. 65f.
Lenk H. 21, 130f., 222
Lesniewski S. 250
Linné C. v. 38
Locke J. 86, 217
Löhnysen W. v. 160
Loos A. 229
Lorenz E. 109
Lorenz K. 22, 74, 78, 189
Lorenzen P. 181, 241

Löw R. 77
Löwith K. 213
Luhmann N. 181
Lukasiewicz J. 243

Mahler G. 229
Mao Tse Tung 66
Marcuse H. 118, 120f., 237
Marquard O. 222, 236
Marsal D. 14
Martens E. 12, 194
Martin G. 231
Martin R. M. 238
Marx K. 61f., 64–66, 116, 119, 153, 155, 212f., 218, 235, 237
Matthäus 169
Maugham S. 230
Mayr E. 32, 40, 44–46
McCarthy 56
Menger A. 243
Menne A. 243
Merleau-Ponty M. 241
Meyer-Abich K. M. 187
Mill J. St. 111, 165
Monod J. 44, 47
Moore G. E. 165
Müller A. 236
Müller H. 14
Musgrave A. 118

Napoleon B. 90
Neurath O. 110
Newton I. 80, 117f., 123, 126
Nietzsche F. 17f., 34, 38, 62, 67, 148, 188, 213, 223, 232

Oppenheim P. 76, 99
Origines 249
Ottmann H. 176

Parmenides 248
Pascal B. 203
Patzig G. 177–180, 187
Pawlow I. P. 49
Peirce Ch. S. 103, 158
Pfänder A. 240

Namenregister

Pieper, J. 250
Planck M. 108, 124, 126
Platon 12, 25, 49, 60f., 79, 83, 92,
 107, 116, 161, 167, 172, 192,
 194–196, 200f., 217, 226, 232,
 247f., 250f.
Plessner H. 68
Popper K. R. 36f., 57, 74f., 94, 98,
 110f., 114–117, 122, 127, 157f.,
 228, 235f., 245f.
Prigogine I. 110
Ptolemäus 126
Pyrrhon 83
Pythagoras 200f., 248

Quine W. O. v. 92, 113f., 221, 238,
 250f.

Ratzinger J. 73
Rawls J. 171–176, 185
Rebstock H.-O. 14
Reckermann A. 236
Reichenbach H. 111
Reinach A. 240
Reinisch L. 236
Rensch B. 74
Ricœur P 241
Rilke R. M. 229
Rombach H. 246
Ropohl G. 131
Roscelin 250
Rosseau J. J. 38
Rüsen J. 236
Russell B. 25, 100, 111, 229, 238,
 250
Ryle G. 238

Sachsse H. 187
Sartre J. P. 18f., 148, 153, 155f., 233,
 241
Savigny E. v. 238f., 243
Scheler M. 30–34, 37f., 55, 58f.,
 67–69, 71, 145, 157, 168, 232f.,
 240, 247f.
Schiller F. 38

Schlechta K. 18
Schleichert H. 20, 216
Schleiermacher F. 226
Schnädelbach H. 222
Schopenhauer A. 34, 159–161, 232
Schultz U. 231
Schulz W. 69, 203, 217
Schweitzer A. 187
Searle J. R. 57, 238
Sextus Empiricus 83
Sidgewick H. 167
Siewing R. 46
Singer M. G. 167
Singer P. 9, 77f., 187
Sinnreich J. 92, 113, 222, 238
Sloman A. 57
Sokrates 18f., 25, 79, 192, 194,
 224–226, 228
Spaemann R. 74f.
Spencer H. 72
Spengler O. 232, 235
Sperry R. W. 57
Spinoza B. de 48, 153–156, 202, 204,
 218
Spranger E. 244
Stalin J. 66
Stein E. 240
Stegmüller W. 44f., 76, 92, 112,
 126, 128, 234, 250f.
Stenzel J. 194
Stonborough M. 229
Strauß D. F. 62
Szilasi W. 241

Tarski A. 238
Taylor G. R. 46
Teilhard de Chardin 40, 48, 54f.
Tertullian 203, 249
Thales von Milet 200, 213, 248
Thielicke H. 152
Thomas von Aquin 25, 42, 49, 148,
 200, 202, 232, 247, 249
Tolstoj L. N. 229
Trakl G. 229
Tugendhat 188

276

Namenregister

Vlastos G. 194
Vollmer G. 35, 46, 73, 235

Wagner R. 229
Waismann F. 110
Wallace A. R. 28
Walter B. 229
Watson J. B. 49
Weber M. 170f., 244
Weischedel W. 12, 203, 231
Weisgerber L. 216
Weizsäcker C. F. v. 22
Wetter G. A. 237
Whitehaed A. N. 92

Whorf B. L. 216, 238
Wiener N. 29
Wilhelm von Ockham 250
Windelband W. 95, 251
Wittgenstein L. 23, 26, 35, 48,
    53f., 111f., 215, 217–219, 224,
    228–231, 238, 250f.
Wuketits F. M. 46

Xanthippe 225

Young T. 126

Zarathustra 67, 235
Zimmerli 130

Prof. Dr. Kurt Wuchterl

Analyse und Kritik der religiösen Vernunft

Grundzüge einer paradigmenbezogenen
Religionsphilosophie

Uni-Taschenbücher (UTB) Band 1543

309 Seiten, kartoniert DM 29.80
ISBN 3-258-04079-6

Die «Analyse und Kritik der religiösen Vernunft» sucht
eine Klärung der religiösen Situation unserer Zeit, indem
sie die Grundlagen und Prämissen unserer gegenwärtigen
Kulturszene auf den Begriff bringt, die sich in den Widersprüchen einer diffusen Religiosität und eines unverbind-
lichen, gegenaufklärerischen Nihilismus' darstellt. Das
Buch klärt in einer systematischen Religionsphilosophie
einerseits den Anspruch, über religiöse und verwandte
Phänomene überhaupt etwas Sinnvolles sagen zu können,
und zieht andererseits die Grenzen gegenüber den Versuchen, alles aus Vernunft sagen zu wollen.

Haupt

Prof. Dr. Kurt Wuchterl

Grundkurs: Geschichte der Philosophie

Uni-Taschenbücher (UTB) Band 1390

2., unveränderte Auflage, 295 Seiten,
kartoniert DM 28.80
ISBN 3-258-04130-X

Das Werk versucht, wirkungsgeschichtlich bedeutsame
Höhepunkte und Persönlichkeiten der europäischen Philosophie zu beschreiben und in deren Wechselwirkung
mit der allgemeinen Kulturgeschichte zu charakterisieren. Da sowohl die Ursprünge des Philosophierens als
auch hervorragende Ausformungen der Philosophie
durch die sogenannten Klassiker und die wichtigsten
Neuansätze in den einzelnen Epochen im Vordergrund
stehen, ist das Buch zugleich als Einführung in die Philosophie geeignet.

Haupt

Prof. Dr. Kurt Wuchterl

Methoden der Gegenwartsphilosophie

Uni-Taschenbücher (UTB) Band 646

2., verbesserte und neubearbeitete Auflage,
338 Seiten, 39 grafische Darstellungen,
kartoniert DM 29.80
ISBN 3-258-03659-4

In dem Buch wird versucht, die wichtigsten Methoden der Philosophie der letzten Jahrzehnte zu charakterisieren, ihre einflußreichsten Repräsentanten vorzustellen, Varianten zu umreißen und die gegenseitigen Kritiken darzustellen. Weil der Methodenbegriff in einem sehr weiten Sinn verwendet wird, kann die Arbeit zugleich als Einführung in zahlreiche inhaltliche Problemstellungen dienen, wie sie in Wissenschaftstheorie, Sprachanalyse, Dialektik, Hermeneutik, Systemtheorie, Phänomenologie, Pragmatismus und Konstruktivismus auftreten.

Haupt